I 2

life,

[i.

r old Gme

e of ' bod

dy, life ',

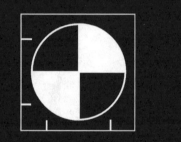

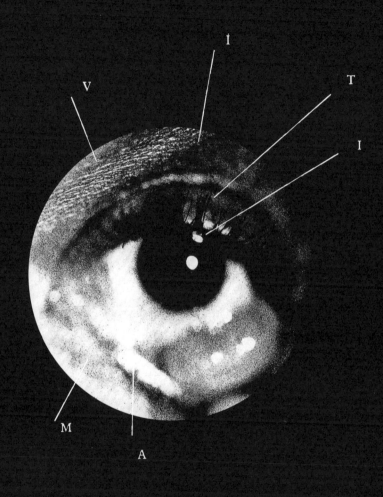

CRIME SCENE
DARKSIDE

VICTIM: THE OTHER SIDE OF MURDER
© 1982 by Gary Kinder

Imagens: DarkSide, ©Getty Image, ©AdobeStock,
©Shutterstock, ©Dreamstime

Tradução para a língua portuguesa
© Dalton Caldas, 2023

Diretor Editorial
Christiano Menezes

Diretor Comercial
Chico de Assis

Diretor de MKT e Operações
Mike Ribera

Diretora de Estratégia Editorial
Raquel Moritz

Gerente Comercial
Fernando Madeira

Gerente de Marca
Arthur Moraes

Gerente Editorial
Marcia Heloisa

Editora
Talita Grass

Capa e Projeto Gráfico
Retina 78

Coordenador de Arte
Eldon Oliveira

Coordenador de Diagramação
Sergio Chaves

Designer Assistente
Jefferson Cortinove

Finalização
Sandro Tagliamento

Preparação
Retina Conteúdo

Revisão
Lúcio Medeiros
Renato Ritto
Vinicius Tomazinho

Impressão e Acabamento
Ibsis Gráfica

DADOS INTERNACIONAIS DE CATALOGAÇÃO NA PUBLICAÇÃO (CIP)
Jéssica de Oliveira Molinari - CRB-8/9852

Kinder, Gary
   Vítima / Gary Kinder ; tradução de Dalton Caldas. — Rio de Janeiro : DarkSide Books, 2023.
   368 p.

   ISBN: 978-65-5598-246-6
   Título original: Título original: Victim: The Other Side of Murder.

   1. Vítimas de crimes - Utah 2. Naisbitt, Cortney, 1957-
   3. Andrews, William 4. Pierre, Dale, 1953-
   I. Título II. Caldas, Dalton

23-0528   CDD 364.155

Índices para catálogo sistemático:
1. Vítimas de crimes

[2023]
Todos os direitos desta edição reservados à
 Entretenimento LTDA.
Rua General Roca, 935/504 — Tijuca
20521-071 — Rio de Janeiro — RJ — Brasil
www.darksidebooks.com

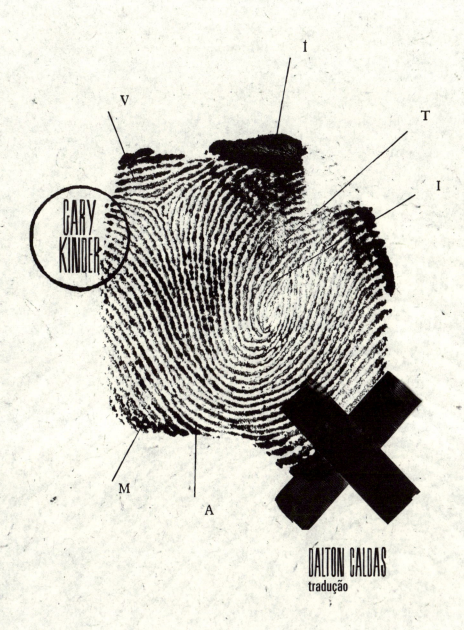

SUMÁRIO

NOTA DO AUTOR	15
VÍTIMAS	17
ASSASSINATOS	31
DESCOBERTA	65
DILEMA	83
PRISÃO	127
FUNERAL	167
COMA	197
"CACETE!"	227
PESADELO	237
PIERRE	263
RECUPERAÇÃO	285
RETORNO	305
EPÍLOGO – EDIÇÃO DE 1980	323
EPÍLOGO – EDIÇÃO DE 1990	345
AGRADECIMENTOS	364

Este livro é dedicado com amor
Às duas pessoas cuja influência
Há muito tempo me preparou para escrevê-lo –
Minha mãe e meu pai

A história em si
Pertence à família Naisbitt,
E eu estou em dívida com cada um deles
Por compartilharem sua parte dela comigo

NOTA DO AUTOR

Gary Kinder

Vítima é uma história real. Nenhum nome ou fato foi alterado. Todo o material que não veio da minha própria experiência foi tirado de registros da polícia, hospitais e da Força Aérea, transcrições de julgamentos, correspondências ou entrevistas com as pessoas diretamente envolvidas. Em alguns casos, presumi as consequências físicas que resultaram de alguma ação, mas utilizei entrevistas e registros como guias.

Com exceção do autor do crime, Dale Pierre, nenhum personagem que aparece neste livro recebeu promessa de pagamento por sua colaboração. Pierre recebeu, talvez, algo em torno de 25 livros, canetas, lápis, papel e outros materiais educativos por ter concordado em responder perguntas e fornecer informações a respeito de seu passado.

O Hospital St. Benedict estava situado no alto da margem leste com vista para Ogden, Utah. Era uma estrutura antiga de três andares feita de tijolinho, e em seu terraço brilhava uma cruz branca fluorescente. À noite, o panorama que se espalhava diante dela era uma cidade de 100 mil habitantes, com luzes piscando ao longe até as margens do Grande Lago Salgado.

Aquela noite de segunda-feira, 22 de abril de 1974, estava quente e a escuridão havia caído sobre a cidade. O setor de emergência do St. Benedict estava calmo. Às 22h40, dr. Jess Wallace, da emergência, estava no corredor falando com dr. James Allred quando uma campainha alta tocou. Wallace correu para o escritório e ligou o rádio de emergência, uma linha direta entre o hospital e as ambulâncias da emergência. O motorista na linha estava falando tão rápido que Wallace mal podia entendê-lo. Segundos depois, o motorista desligou e Wallace só ficou sabendo que uma ambulância estava chegando com duas pessoas baleadas na cabeça. Elas chegariam ao hospital em três minutos.

"Fique por perto, posso precisar de você", Wallace disse para Allred.

Em seguida, acionou um botão, acendendo uma luz vermelha no painel do andar de cima. "Alerta de emergência" reverberou pelos alto-falantes do hospital. Lá embaixo, no meio da cidade, as luzes vermelhas da ambulância começavam a girar silenciosamente pela noite.

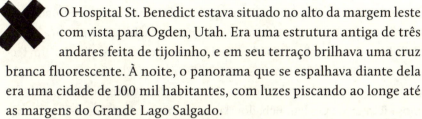

As portas de vidro da sala de emergência foram abertas e, logo, aos dois médicos no corredor juntaram-se enfermeiras da Terapia Intensiva e Cuidados Cardíacos, um paramédico, um fisioterapeuta de respiração, um técnico em radiologia, e a supervisora de enfermagem. Eles ficaram esperando perto das portas pela ambulância que com certeza trazia dois corpos da famosa Rua 25 de Ogden. Bêbados da rua eram constantemente levados ao hospital para levarem pontos na cabeça, fecharem uma facada ou receberem declaração de morte ao chegar por qualquer motivo que fosse. Uma das pessoas perto da porta disse que, desta vez, era bem provável que um deles tivesse atirado na mulher e depois virado a arma para si mesmo. Cada membro da equipe só tinha medo, na verdade, de ficar encarregado de tirar os sapatos, as meias ou as roupas de baixo de uma das vítimas.

Enquanto a equipe esperava nas portas da sala de emergência, a ambulância ziguezagueava pelos quarteirões da cidade, indo em direção ao hospital. O trânsito estava calmo, e os poucos carros nas ruas se afastavam com o som das sirenes se aproximando. A escolta, de motocicleta, passava primeiro, e 100 metros atrás dela vinha a ambulância a 80 quilômetros por hora. A oito quadras da cidade, elas viraram à direita na Harrison, aceleraram por alguns quarteirões, depois frearam e viraram à esquerda na escola. Atrás da moto, o motorista da ambulância disparou ladeira acima, virou à direita, desligou a sirene e correu pelos últimos dois quarteirões até o letreiro de EMERGÊNCIA em neon laranja.

A ambulância circulou sob o pórtico de tijolinhos, com as luzes vermelhas ricocheteando pelas paredes, como um sinistro estrobo vermelho, e refletindo na equipe que estava à espera. Viram o motorista saltar do banco da frente, ele se movia sem aquela rapidez controlada que os assistentes de ambulância em geral demonstravam. Ele estava gritando, mas ninguém conseguia entendê-lo. O motorista correu até a traseira da ambulância e abriu as portas. Lá dentro, dois assistentes ajoelhados estavam tentando bombear oxigênio nas vítimas. Eles pareciam assustados. A equipe, naquele momento, ao observar o motorista, percebeu o que antes era apenas uma impressão. Alguma coisa tinha dado errado.

De repente, todos os três assistentes estavam gritando ao mesmo tempo. Pedaços e fragmentos desconexos sobre tortura e assassinato em massa. Uma garota estuprada. Um homem estrangulado. Uma caneta esferográfica enterrada no ouvido de uma vítima. Cinco pessoas com mãos e pés amarrados baleadas na cabeça, sangue e vômito por toda a parte, a coisa mais repugnante que todos já tinham visto. Eles gritavam que havia ainda mais corpos no porão da *Ogden Hi-Fi Shop*.

Os paramédicos empurraram as macas para fora da ambulância e a equipe de emergência logo entrou em ação para ajudar. Mãos se estenderam e abaixaram os corpos sob a luz vermelha.

Na primeira maca, de vestido vermelho, estava uma delicada mulher loira com um grande anel de diamante na mão esquerda e um anel de jade na direita. Atrás dela estava um garoto adolescente de jeans e camisa xadrez marrom, com os cabelos loiros um pouco compridos e de corte bagunçado. Ele tentava respirar como um peixe à beira da morte. Sua pele estava azul claro, o cabelo loiro salpicado de sangue e manchas de vômito. Da sua boca saíam marcas vermelhas atravessando as bochechas e o queixo. O cabelo da mulher estava encharcado de suor, fazendo-a parecer quase careca. Na parte de trás da cabeça, seu cabelo loiro estava emaranhado em torno de um buraco ensanguentado, e as mesmas marcas vermelhas estranhas rodeavam sua boca. Os dois corpos fediam a sangue e vômito.

O grupo de profissionais, que menos de sessenta segundos atrás temia apenas meias grudadas e roupas de baixo manchadas, agora estava olhando para dois corpos que não eram das sarjetas remotas da Rua 25, mas do seu próprio mundo seguro.

A confusão atravessou as portas da entrada e foi levada por seis metros pelo corredor até a sala de trauma. Dr. Wallace acompanhou a correria. Por um instante achou que a mulher parecia familiar. Ele gritou para o motorista.

"Tem ideia de quem são?"

"Não!", gritou o motorista de volta.

"E essas marcas ao redor da boca?"

O motorista sequer tinha notado.

"Não sei", falou.

Um assistente seguiu acompanhando o garoto, tentando injetar oxigênio em seus pulmões com um respirador manual preto. Wallace segurou seu braço.

"Pare um minuto", disse. "Vamos ver o que temos aqui primeiro."

Wallace correu na frente até a sala de trauma, virou-se e ficou olhando incrédulo para os corpos que passavam pela porta.

"Pelo amor de Deus, desde quando vocês os trazem aqui ao contrário?", gritou. "Virem os corpos para que a gente possa trabalhar!"

Ele passou os olhos rapidamente sobre os corpos. O garoto estava tentando respirar, mas a mulher fazia apenas um esforço de tempos em tempos. Wallace começou a gritar ordens.

"Jim, veja o que consegue fazer pela mulher. Chad, vá com Jim. Bote um tubo nela o mais rápido possível. Andy, você e Vicky ficam comigo. Ginny, tire duas fotos de cada um deles, da mulher primeiro."

Dr. Allred e o fisioterapeuta respiratório Chad Nielsen empurraram a maca da mulher para a sala do outro lado do corredor. Na sala de trauma, a enfermeira Vicky Moyes puxou a cortina para fechá-la. Com uma rede feita com lençol, balançaram o corpo do garoto da maca da ambulância para a mesa de trauma. Vicky cortou a camisa dele com uma tesoura e tirou sua calça.

Desde o momento em que os olhos de Wallace fizeram contato com o corpo do garoto, ele começou automaticamente a catalogar seus ferimentos e sinais vitais: buraco de bala atrás da cabeça do lado direito; corpo flácido, azul-claro; marcas vermelhas em torno da boca — sem explicação. O corpo do garoto agora jazia despido e inconsciente sobre a mesa. Logo, Wallace começou a examinar mais de perto. As pupilas do garoto estavam dilatadas e não reagiram à luz. Seu coração estava palpitando de forma descontrolada. Os pulmões mal se expandiam. Havia um gorgolejo apertado em seu peito. Um odor peculiar emanava de sua boca. Dr. Wallace segurou o sensível tendão de Aquiles do garoto e o apertou entre os dedos. O garoto nem se mexeu.

Wallace olhou para aquele rosto jovem, agora cinza e tentando respirar. "Ok, precisamos tentar alguma coisa", disse. "Vicky, faça uma intravenosa, veja se consegue botar um pouco de pressão no sangue dele. Andy, me passe o laringoscópio, e deixe o tubo pronto."

Ele ficou atrás da cabeça do garoto. Andy Toloma, o técnico de medicina, pegou um longo e fino cilindro cromado no carrinho de instrumentos e colocou na mão estendida do médico. Wallace segurou o queixo do garoto com uma das mãos, puxando-o para trás na tentativa de formar uma linha reta da boca até a traqueia. Com o ponto de luz brilhante do laringoscópio, procurou as pregas vocais esbranquiçadas na garganta do garoto.

"Andy, prepara o tubo..." Ele parou. "Espere um minuto, espere um minuto. A garganta dele está tão inchada que não consigo nem ver as malditas pregas vocais!"

Wallace largou o laringoscópio, tirou o tubo de plástico da mão de Andy e enfiou uma das pontas na boca do garoto. Colocou o ouvido sobre a outra ponta do tubo e tentou ouvir as trocas de ar. De forma rápida e suave, manipulou o tubo endotraqueal por uma massa de tecido inchado, descendo mais pela garganta do garoto. Por fim, o tubo empurrou uma aba triangular de pele e deslizou para dentro da traqueia.

Levantando-se bem rápido, disse para Andy, "Bote o respirador e comece a bombear".

Andy afixou um balão preto de um litro à boca do tubo. Uma máquina encheu o balão com oxigênio. Ele bombeou manualmente o oxigênio para os pulmões do garoto.

A enfermeira estava lutando com uma agulha no braço do garoto. Dr. Wallace contornou a mesa.

"Qual o problema, Vicky?"

"As veias dele afundaram."

"Deixa eu tentar. Prepare o frasco."

Wallace segurou o braço do garoto e enterrou a agulha bem fundo na carne. Ela atingiu a veia de primeira. Vicky chegou e prendeu o tubo a um frasco suspenso de dextrose.[1] Wallace olhou para cima.

"Que diabo é isso?"

Ele olhou para as válvulas plásticas do balão que Andy estava apertando. Uma espuma rosa, sangrenta, estava escorrendo da garganta do garoto. Wallace não conseguia pensar em uma explicação para esse edema pulmonar, a não ser que o garoto, além de ter sido baleado, também tivesse engolido algum tipo de cáustico.

---

[1] A dextrose, também conhecida por soro glicosado ou solução de dextrose, é um tipo de açúcar produzido em laboratórios a partir do amido de milho. É um carboidrato simples, ou seja, eleva a glicemia mais rapidamente. [Nota da Editora, daqui em diante NE.]

"Vicky, veja se consegue aspirar esse troço. Andy, é melhor se preparar para uma traqueo. Continuem bombeando e aspirando. Preciso dar uma olhada na mulher."

No outro lado do corredor, dr. Allred também havia inserido um tubo endotraqueal na mulher. Chad estava colocando uma bomba manual de oxigênio semelhante nela. Ginny Tolsma estava tentando fazer uma radiografia da cabeça da mulher quando dr. Wallace entrou às pressas.

"Meu bem", dr. Wallace disse para ela, "você vai ter que ser um pouco mais rápida. Precisa terminar a mulher e ir logo atender o garoto. Talvez eu precise fazer uma traqueo nele. Precisamos logo dessas imagens."

Um pouco nervosa, Ginny realinhou uma chapa fotográfica embaixo da cabeça da mulher e aproximou a grande máquina. Ela fez a imagem, removeu a chapa, segurou outra chapa ao lado da cabeça da mulher e fez a segunda imagem. Em seguida, saiu do caminho e arrastou o aparelho de Raios X até o outro lado do corredor.

Os dois médicos já estavam examinando a mulher. Ela estava suja de sangue e vômito. Sua respiração era esporádica e apenas superficial na inspiração. O coração havia parado de bater. Sua pressão sanguínea era zero.

Wallace disse, "Não tem muito o que salvar aí, né?".

"Jess, ela não tem a menor chance", disse Allred. "Não sei nem por que estamos dando suporte a ela."

"Sei que ela não está respondendo, mas quero que Hauser dê uma olhada antes de pararmos a ventilação." Olhando para o rosto da mulher, disse: "Rapaz, ela me parece familiar".

Dr. James Hauser, o neurocirurgião convocado por dr. Wallace na hora do alerta, apareceu na sala e entrou pela cortina.

"A gente acha que a mulher não tem chance", disse Wallace. "Dê uma olhada rápida nela, depois precisa correr do outro lado do corredor e examinar o garoto."

Dr. Hauser sentiu a pele da mulher, que estava fria e úmida. Com o polegar e o indicador, abriu a pálpebras dela e jogou uma luz em suas pupilas, que estavam grandes e sem reação.

"Isso não está nada bom", comentou. "Há quanto tempo ela está aqui?"

"No máximo quatro ou cinco minutos", disse Wallace.

"Quanto está a pressão dela?"

"Não está dando leitura", disse Allred.

Dr. Hauser foi meticuloso, porém rápido em seu exame. Quando estava terminando, Ginny Tolsma trouxe as radiografias. O crânio sombreado da mulher estava marcado por dois pontos metálicos brilhantes. A bala entrou em seu cérebro logo acima da orelha direita, partindo-se em duas. Um pedaço do projétil seguiu em frente. O outro desceu em direção ao tronco cerebral. Os três médicos apenas passaram os olhos pelas imagens.

"Acho que você deve parar", disse dr. Hauser para Chad. "Não há mais nada que possamos fazer por ela."

Chad parou de apertar a bomba preta, e a mulher não fez mais nenhuma tentativa de respirar.

Dr. Wallace e dr. Hauser correram para o outro lado do corredor. Andy estava bombeando oxigênio para os pulmões do garoto. De tempos em tempos, retirava o balão e Vicky passava um fino tubo sugador dentro da via aérea de plástico do garoto, tentando aspirar as bolhas. Porém elas inundavam a via respiratória cada vez mais rápido e cada vez mais vermelhas. Como uma máquina, os pulmões dele estavam fabricando quantidades enormes de espuma avermelhada. Essa espuma desviava do tubo de sucção, transbordava e se espalhava pelo rosto do garoto. Quando dr. Wallace entrou correndo na sala, ele logo se concentrou no líquido rosa borbulhante.

"Esse negócio não consegue sugar mais rápido?"

"Não", disse Vicky. "E está piorando."

Wallace olhou rapidamente para os olhos do garoto e pensou ter visto uma ligeira reação das pupilas. Para Hauser, elas pareciam fixas e dilatadas.

"Em todo caso, vá em frente e dê uma olhada melhor nele", falou Wallace, "enquanto eu faço a traqueo."

A pressão sanguínea do garoto ainda era zero. Sua pele estava azul e úmida. Ele fazia tentativas intermitentes de respirar. Seu braço esquerdo tinha se levantado ligeiramente da mesa, com a mão virada para fora e aberta, flexionada. Com o braço rígido, tentava arranhar o ar.

O sangue que jorrava do tubo endotraqueal do garoto começou a espirrar, e Andy amarrou às pressas um avental em Wallace, enquanto o médico se preparava para abrir a garganta do garoto.

"Jess, não há nada que possa fazer por este rapaz", disse Hauser. "Não dou mais que alguns minutos para ele."

"Bom, ele não vai morrer na minha sala de emergência", disse Wallace.

"Essa posição descerebrada[2] da mão", continuou o neurocirurgião, "e as pupilas fixas com esse tipo de ferimento na cabeça... Nunca na vida vi um paciente nesta situação que tenha sobrevivido."

Wallace tinha filhos pouco mais novos que o garoto. Quando o corpo foi retirado da ambulância, Wallace primeiro se espantou com o quanto ele era jovem, e depois com sua dificuldade para respirar.

"Pode ser", anuiu com Hauser, "mas ainda está tentando respirar, e nós vamos fazer essa traqueo e ver se conseguimos levar um pouco de ar para ele. Não posso ficar sentado aqui e vê-lo morrer."

"A sala de emergência é sua", disse Hauser, "faça o que quiser. Porém estou desaconselhando qualquer heroísmo".

Andy havia preparado a mesinha auxiliar com os instrumentos da traqueotomia. Wallace pegou um bisturi na bandeja e, com cuidado, cortou a garganta do garoto na base do pescoço. Andy puxou a pele para trás com uma pinça hemostática para expor o tecido por baixo. Vicky bombeava e aspirava o garoto pelo tubo ainda em sua boca. Os grossos antebraços do dr. Wallace estavam levantados e os olhos fixos na abertura da garganta do garoto. Com cautela, cortou o tecido ao redor da traqueia. Andy afastou a incisão ainda mais. A cartilagem traqueal apareceu. Andy prendeu um gancho nela, torceu-a de leve e segurou firme enquanto dr. Wallace fez um buraco nela do tamanho de uma moeda pequena. Andy abriu a cartilagem. Wallace pegou o novo tubo plástico de cinco polegadas. Ao mesmo tempo em que Andy puxou o tubo endotraqueal da boca do garoto, Wallace inseriu o tubo da traqueostomia pela cartilagem da garganta. Vicky amarrou-o com fita de algodão, recolocou a bomba manual no novo tubo e continuou a bombear e aspirar o rapaz. Uma operação delicada que em geral leva quinze minutos tinha levado pouco menos de três, e não havia sangradores

---

2 É uma postura corporal anormal em que o paciente mantém os braços e as pernas esticados, os dedos dos pés apontando para baixo e a cabeça e o pescoço arqueados para trás. Os músculos ficam tensos e mantêm-se rígidos. Esse tipo de postura, em geral, indica que houve danos graves no cérebro. [NE]

para amarrar. Andy afixou um umidificador ao balão de oxigênio a fim de aquecer e umedecer o ar para os pulmões do garoto, enquanto Vicky tentava aspirar as bolhas que saíam do novo tubo de traqueostomia.

Assim que terminou de examinar o garoto, dr. Hauser recebeu um bipe da central do hospital para outra emergência no Hospital McKay--Dee. Antes de sair da sala de trauma, pegou a ficha do garoto e, na seção Observações do Médico, escreveu às pressas à seguinte anotação:

> Jovem rapaz branco com ferimento a bala no occipício D — fez traqueo por onde há muitas secreções espumosas rosadas. Respirando com vigor, contudo sem qualquer reação. Pupilas dilatadas e fixas.
>
> Impressão: ferimento terminal na cabeça.

Alertaram a Terapia Intensiva para que pudessem se preparar para receber o garoto. Com o tubo de traqueostomia agora inserido, ele foi imediatamente levado da sala de trauma, passou pelo corredor, entrou no elevador e subiu até a Terapia Intensiva no terceiro andar. O fio do acesso intravenoso estava pendurado em seu braço, e uma enfermeira corria ao lado da maca segurando o frasco de dextrose. Vicky corria do outro lado, bombeando oxigênio na espuma que enchia sua nova via respiratória.

Dr. Wallace desamarrou o avental da cintura e ficou observando o grupo prestando socorro ao garoto.

"Andy", falou ele, sem se virar, "estamos mandando o garoto lá para cima somente para morrer". Ele enrolou o avental manchado de sangue no punho e o jogou em um canto. "Que droga", disse, "talvez Hauser tivesse razão."

A maca e as enfermeiras viraram a esquina no final do corredor e desapareceram. Dr. Wallace ainda ficou olhando para lá por mais alguns segundos. "A coisa toda foi surreal", comentou mais tarde, "porque eu estava olhando para duas pessoas, uma que estava morta e uma que estava com ferimentos graves sem motivo nenhum. Sabe, você vê gente que bateu de carro e, mesmo sendo difícil de justificar, dá para entender como aconteceu. Você vê uma criança correr pela rua e ser atropelada e morta, é perturbador e desconcertante. Viver tem um certo aspecto de roleta-russa. Mas para alguém sair e realmente tentar matar essas pessoas... não dá para entender como a mente de alguém pode ser tão perversa. Foi isso que tornou tudo tão surreal, ficar sentado ali olhando, ver a situação em que o menino estava e saber que alguém tinha feito aquilo com o mesmo sentimento como se esmagasse um inseto."

Ele se virou e falou para Frances Heward, a supervisora de enfermagem, "Fran, por que você e Andy não levam a mulher para o necrotério? Vamos precisar do corpo dela preservado para o médico-legista".

Já fazia quase meia hora que as vítimas de tiro incomuns haviam chegado. Suas identidades ainda eram desconhecidas. O corpo da pequena mulher de cabelos loiros, listada como Mary Doe, foi colocado na unidade de refrigeração superior do minúsculo necrotério do St. Benedict. Lá em cima, na Terapia Intensiva, o adolescente John Doe estava vomitando sangue dos pulmões em esguichos de quase um metro.

Ninguém esperava que ele sobrevivesse. Até dr. Wallace, quando mandou o garoto para a UTI, listara-o como "sem código", o que significava que, se o menino parasse de respirar ou o coração parasse de bater, nenhuma medida de salvamento deveria ser tomada. Se o cérebro dele paralisasse ao ponto de perder a capacidade da função primária de pedir oxigênio, não havia sobrado nada nele para salvar, em todo caso.

O corpo dele continuou na maca, sem vida suficiente para justificar a transferência para uma cama mais permanente. Eles empurraram a maca para a UTI e direto para a unidade 1, um cubículo com uma grande frente envidraçada. O garoto ficou lá atrás do vidro parecendo um homem, bem mais velho. Seu corpo estava manchado de cinza e branco. As bochechas estavam fundas e os olhos escuros e parecendo ocos. As unhas estavam azul-acinzentadas. A espuma ensanguentada se acumulava em seus pulmões, subia até o tubo na garganta, enchia cada vez mais, até que a tentativa ofegante de buscar oxigênio explodia a espuma como um pequeno gêiser rosado pela boca do tubo. A espuma rosa e aguada espirrava nas enfermeiras e nos técnicos, e até mesmo as paredes do pequeno quarto ficaram manchadas com respingos cor-de-rosa.

Chad Nielsen e John Smith, os fisioterapeutas respiratórios, montaram um pequeno ventilador de pressão no cubículo. Dr. Hauser também havia deixado instruções para que não fizessem nenhum tipo de salvamento.

"Façam a sucção, se quiserem", disse ele, "mas se ele parar de respirar, não o ressuscitem. Não quero que vocês bombeiem ar em um corpo que não está pedindo."

Eles ajustaram o ventilador para Demanda, de forma que só mandasse ar para o pulmão do garoto caso ele iniciasse cada respiração. Como as bolhas a serem aspiradas estouravam e simplesmente se formavam outra vez em volta do tubo de sucção, nebulizaram álcool etílico e também borrifaram a substância na traqueia do garoto. O vapor tinha o objetivo de quebrar a tensão da superfície das bolhas e reduzi-las a um líquido, que então poderia ser aspirado com facilidade.

Enquanto estavam borrifando o vapor de álcool na via respiratória do garoto, John viu dois policiais entrarem na UTI e ficarem ao lado da mesa das enfermeiras. Ele entregou o tubo de sucção para Chad e saiu do cubículo em direção ao local onde os policiais estavam parados. Eles ainda estavam chamando o garoto de John Doe.

"Vocês ainda não identificaram essas pessoas?", perguntou John.

Um dos policiais disse que não, e John falou que talvez pudesse ajudá-los a eliminar algumas possibilidades.

"Um amigo meu no programa de terapia respiratória está estudando lá embaixo", disse. "Ele namorava uma garota cujo primo é dono da Hi-Fi Shop."

A polícia sabia apenas que os corpos tinham sido encontrados no porão da conhecida loja de equipamentos de som no centro de Ogden; ainda não tinham nenhuma pista sobre a identificação das vítimas. Eles pediram a John que chamasse seu amigo para dar uma olhada no garoto.

John foi para trás da mesa e ligou para Ray Moser.

"Ray, a polícia está aqui na UTI. Falei do seu namoro com Claire. Eles querem que você suba e dê uma olhada nesse garoto."

"Acho que não posso ajudar muito", disse Ray. "Eu estava no corredor quando vocês passaram com eles e não reconheci nenhum dos dois."

"Suba assim mesmo e diga isso pessoalmente", disse John. "Eles só estão tentando eliminar algumas possibilidades."

Ray deixou seus estudos e subiu correndo pelas escadas até o terceiro andar. Ele entrou na Terapia Intensiva e, pela grande janela de vidro, viu John e Chad pulverizando álcool na via aérea do garoto. Os policiais estavam logo à direita da entrada. Ray olhou para eles e entrou no cubículo.

Dr. Wallace tinha tratado mais alguns pacientes e depois deixou dr. Allred no comando da sala de emergência. Ele subiu rapidamente para verificar se o garoto ainda estava vivo. Quando entrou pela porta, Ray Moser estava chegando perto de John, Chad e algumas enfermeiras para dar uma olhada no garoto. Wallace esperou na entrada com os policiais. Ray ficou lá dentro apenas por alguns segundos. Quando saiu, a expressão casual em seu rosto havia se transformado em descrença.

"É Cortney", balbuciou ele, "Cortney Naisbitt."

Wallace ficou incrédulo. "O filho de By Naisbitt?"

"Sim, senhor. Eu namorei a irmã dele, Claire."

"Tem certeza?"

"Sim, eu o vi passar uns minutos atrás e pensei, 'Bom, quem quer que seja, não vai resistir'. Mas é o Cortney."

Um dos policiais tirou um pequeno bloco de anotações do bolso e escreveu o nome da vítima. "Você se importaria de descer conosco para dar uma olhada na mulher?"

"Não", disse Ray, "claro que não."

Dr. Wallace já tinha corrido para dentro do cubículo. John e Chad ainda estavam borrifando uma fina nuvem de álcool etílico na via aérea do garoto, mas o álcool estava sendo vencido pelo edema. A espuma sangrenta borbulhava para fora dos pulmões, atravessava a nuvem e jorrava pelas linhas do ventilador.

Wallace viu a espuma rosa escorrendo para dentro dos tubos. "O que diabos vocês estão fazendo?", gritou. "Ele está tentando respirar! Não dá para limpar esse troço?"

"Dr. Hauser falou para a gente só manter", explicou John, "para não fazer nada a não ser nebulizar e aspirar o que fosse possível."

"Nem a pau! Não vamos ficar aqui sentados apenas observando o garoto morrer!"

"Você quer que a gente coloque álcool puro direto no tubo?"

"Qualquer coisa!", disse Wallace. "Botem mais ar para ele nesse ventilador. Vou ligar para Rees, depois ver se consigo falar com Hauser outra vez. Se esse menino aguentou esse tempo todo, talvez tenha uma chance."

Chad e John começaram uma prática intensa. John esguichava 20 ml de álcool etílico na via aérea do garoto. Chad tapava a mangueira do ventilador por cima da boca do tubo. O álcool fazia seu trabalho nas bolhas. Chad removia a mangueira do ventilador. John aspirava uma pequena quantidade do fluido. Então começavam tudo de novo.

Enquanto os esforços de conter o edema do garoto continuavam no cubículo, dr. Wallace telefonou para dr. Richard Rees, cirurgião torácico experiente no uso de sistemas complicados de suporte à vida.

"Dick? Jess Wallace. Escute, estou com o menino de By Naisbitt na UTI. Ele foi baleado na cabeça, está com os pulmões cheios, pode ter sofrido morte cerebral de fato. Mais ainda está vivo. Botei um tubo no garoto. Preciso que você ajude a ressuscitá-lo."

Em seguida, ligou para a casa de dr. Hauser, mas ele ainda não havia voltado da emergência no McKay-Dee. Wallace deixou recado com a esposa de Hauser.

"Diga a Jim que o garoto que ele viu mais cedo ainda está vivo e tentando respirar. Rees está a caminho, e eu gostaria que Jim voltasse e desse mais uma olhada nele também. E diga-lhe que acabamos de descobrir que é o filho de By Naisbitt."

Uma rápida ligação para a casa de Byron Naisbitt não foi atendida. Quando Wallace desligou o telefone, a supervisora de enfermagem entrou na UTI.

"Fran", disse Wallace, "aquele garoto ali é o menino de By Naisbitt!"

"Você está brincando", disse ela, "não pode ser."

"Um amigo acabou de identificar. Tentei entrar em contato com By, mas ele não está em casa. Veja se consegue falar com Paul, irmão dele, ou qualquer outra pessoa da família. Não sei o que diabos está acontecendo, mas alguém precisa estar aqui com esse garoto!"

Naquela tarde, Cortney Naisbitt vinha apressado pela calçada no centro de Ogden, com seu reflexo surgindo e sumindo nas vitrines das lojas. Aos 16 anos, Cortney estava se desenvolvendo nos moldes de seu pai e dos dois irmãos mais velhos, todos homens muito bonitos. Com cerca de 1,80 metro de altura, era magro e musculoso. Seu cabelo era loiro e caía em uma franja inclinada sobre a testa daquele rosto parecido com o de um elfo: o queixo um pouco pontudo, olhos verde-acinzentados, nariz com sardas e um sorriso travesso com dentes retos e brancos. Enquanto caminhava, parecia pular, com os cabelos loiros subindo e descendo suavemente sobre a testa, o rosto mal escondendo uma sensação de alegria. De todas as tardes, aquela havia sido a mais empolgante da sua vida.

O sol do final de abril lançava as sombras quadradas dos prédios nas ruas da cidade e queimava o trânsito que entrava nos cruzamentos da movimentada Washington Boulevard. Quando Cortney chegou em frente à *Inkley's*, uma loja de variedades que vendia filmes e câmeras fotográficas, uma garota alta e bonita com lábios brilhosos e cabelos ruivos atravessou a faixa de pedestres e correu até ele na calçada. A garota estava sorrindo e acenando, e ao chegar mais perto gritou, "Cortney!".

Cortney quase não reconheceu sua antiga coleguinha do bairro, Cora Beth Baggs. Cora também tinha 16 anos, e eles não se viam desde que a garota havia se mudado do bairro no terceiro ano. Agora ela estava diante dele, parecendo vagamente com a garotinha que Cort conheceu na infância.

A testa de Cortney se enrugou. "Cora Beth?"

"Isso!", confirmou, sorrindo. "Nossa, Cort, como estão as coisas?" E antes que ele pudesse responder, emendou: "Você ainda está morando lá em cima na Mitchell Drive? Tenho muita saudade daquela vizinhança. Eu gostava tanto de lá".

"Isso mesmo", disse Cortney, "você se mudou, tipo, no terceiro ou quarto ano."

"Terceiro", disse ela. Então segurou o braço dele e riu. "Lembra das caças aos ovos de Páscoa?"

A celebração da Páscoa na Mitchell Drive era um evento da vizinhança, com centenas de ovos coloridos e dezenas de crianças procurando por eles. Cora e Cortney relembraram as caças aos ovos e discutiram sobre quem tinha encontrado o maior número deles. Cora foi quem falou mais. Sentia que podia falar com Cortney sobre qualquer coisa e ser escutada. "Ele estava leve e muito agradável naquele dia. Muito feliz", comentou tempos depois.

Por fim, ela lhe questionou, "Bem, o que você tem feito?".

"Acabei de fazer um solo", disse Cortney.

"De avião?"

"Sim, primeira vez."

"Cortney", exclamou, "que emocionante!"

Mas antes que Cortney pudesse contar qual foi a sensação de estar sozinho nos controles de uma aeronave, Cora o interrompeu para lhe perguntar se conhecia uma amiga dela que também estava fazendo aulas de voo. Quando Cortney disse que não, Cora mudou de assunto.

"Você vai entrar na Inkley's?", ela perguntou. "Preciso pegar umas fotos."

"Eu também", disse Cortney. "Minha mãe e meu pai acabaram de voltar de Hong Kong."

Na Inkley's, Cortney botou as fotos na conta dos pais, e o atendente lhe entregou um grande saco de slides coloridos. De posse da sacola, Cortney ficou olhando o balcão das câmeras até Cora aparecer atrás dele e cutucar suas costelas. "Para onde você vai agora?"

"Para a Hi-Fi Shop", disse Cortney. "Quer ir andando comigo até lá?"

Cora tinha, desde a época da escola, uma paixão pelo primo de Cortney, Brent Richardson, dono da Hi-Fi Shop. Ela falou, "Está bem".

Andaram em direção à loja, e Cora contou a Cortney como os pais estavam "pegando no pé dela" para que chegasse cedo em casa com o carro durante a semana. Falou que nem devia estar indo até a Hi-Fi Shop com ele. Contudo, quando chegaram na frente da loja, perguntou a Cortney: "Você sabe se Brent está aí?".

"Ele está fora da cidade", disse Cortney. "Acho que quem está trabalhando é Stan."

"Sei. Bom", disse Cora, "acho melhor eu ir para casa então. Estou com o carro da minha mãe e ela disse, 'Esteja em casa às 18h!'" Ela olhou para o relógio. "Já vou chegar meio atrasada, são 17h50 agora." Em seguida, acrescentou: "Você sabe onde moro, não sabe? Bem em frente à casa da sua avó."

"Isso mesmo", disse Cortney.

"Bom, agora que você sabe onde moro, apareça qualquer hora para me visitar."

"Claro, eu adoraria", disse Cortney. "Não vejo você há tanto tempo."

"Vou cobrar. Preciso ir. Bom te ver, Cortney."

"Bom te ver, Cora Beth. Tchau", disse Cortney.

Cora tinha deixado o carro de sua mãe na vaga logo atrás da Casa dos Tecidos, algumas portas depois da Hi-Fi Shop. Ela se virou, fez outro aceno de adeus para Cortney e depois desapareceu loja adentro.

Cortney se virou e andou entre as vitrines cheias de equipamentos de som da Hi-Fi Shop, parando para pegar a maçaneta da porta e abri-la. A porta de vidro se fechou atrás dele com um estalo metálico, e o ambiente tranquilo e aconchegante da loja logo abafou o barulho da rua. A Hi-Fi Shop era uma loja estreita, estendendo-se até o beco onde Cortney estacionara seu carro. À medida que Cortney caminhava em direção aos fundos, o carpete estampado e macio silenciava seus passos rápidos. Ele estava com pressa, saltando com suas passadas longas pelas prateleiras de discos e balcões de vidro, pelos recantos sombreados de *receivers* e amplificadores iluminados por pequenas lâmpadas no teto. Tirando o barulho do pacote em sua mão, a loja estava em silêncio.

O horário de fechamento às segundas-feiras era 18h. Os funcionários da loja, Stan Walker e Michelle Ansley, deveriam estar desligando os equipamentos, colocando os discos de volta nas capas e totalizando os recibos do dia na caixa registradora. Não havia ninguém, nem mesmo na frente da loja. A caixa registradora estava em silêncio. Do meio da loja, Cortney viu Stan na sala de som, a última sala antes da porta que dava para o beco. Na sala de som, conjuntos de alto-falantes no chão e pendurados na parede se conectavam a um painel de controle mestre, onde o som podia ser alternado de um aparelho para outro a fim de se realizar comparações. Stan estava de pé contra a parede da direita. Parado. Dois passos depois dele estava o patamar das escadas que viravam à direita e desciam para o porão. Do lado de trás do patamar estava a porta que dava para o beco.

Quando Cortney entrou na sala, um feixe brilhante de luz solar do fim de tarde entrou pelos grossos tijolos de vidro da janela traseira e se dispersou sobre as enormes caixas de som apoiadas no chão. Cortney atravessou aquele jogo de luz esfumaçado.

"Valeu por ter me deixado estacionar atrás da loja, Stan."

"Pare, Cortney", disse Stan.

Cortney já tinha passado por ele e estava quase com a mão na maçaneta.

"Pare, Cortney! Ele vai atirar em você!"

No entanto, na pressa de chegar em casa, ele havia virado a maçaneta e começado a sair pela porta.

De repente, à sua esquerda, ouviu outra voz.

"Se der outro passo, meto uma bala em você."

Cortney parou e se virou, e ali, do outro lado do largo feixe de luz, estava um homem alto e negro. Apontando uma arma para o seu rosto.

Cortney bateu a porta e jogou as mãos para o alto, soltando o pacote de slides no chão.

"Nossa, se você não tivesse falado", balbuciou Cortney, "eu jamais saberia que tinha uma arma."

Em seguida, Cortney estava rolando pela escada abaixo, sendo chutado e esmurrado na barriga. O joelho de alguém bateu em seu saco. Ele caiu no porão e ficou deitado no carpete felpudo, suado, assustado, tentando recuperar o fôlego. Outro homem estava à espera nas sombras do porão.

Era um homem negro baixo, com menos de 1,70 metro. Quando caminhava pelo recinto, sua bunda empinava de tal maneira que parecia estar se pavoneando. Isso o fazia parecer quase corpulento, mas seu corpo era rígido. Grossos feixes de músculo se espalhavam de seus braços e peito, subiam pelos ombros e escalavam seu pescoço que apoiava uma cabeça inchada e disforme. Sua testa alta se inclinava até chegar na nuca. Embora a cabeça fosse grande para aquele corpo, seus olhos pareciam pequenos e definidos demais naquela cabeça, afiados e brilhantes demais para a grande testa lisa, o nariz largo e os lábios bulbosos. Ele puxou as mãos de Cortney para trás e as amarrou com fio de plástico de caixa de som, e depois amarrou os pés.

Cortney ficou deitado paralelo à parede à direita da escada, com a cabeça em direção ao outro canto. Ele esteve naquele lugar muitas vezes. Foi decorado para parecer uma sala. Um carpete felpudo verde cobria o chão de 16 metros quadrados. Três paredes estavam pintadas de cor clara e a quarta, oposta à escada, tinha um painel de madeira deslizante, onde atrás ficava a oficina e o estoque. Perpendicular a ele, havia um rack de mostruário cheio de novos amplificadores quadrifônicos ligados a um console para demonstração. Naquela tarde, a sala estava cheia de caixas e amplificadores aguardando conserto.

Stan também havia sido amarrado no chão do porão e agora estava com a cabeça virada para a parede oposta a Cortney. Um rapaz alto e robusto de 20 anos, Stan ficou encarregado da loja enquanto Brent Richardson estava em San Francisco para uma feira de negócios de um dia. Stan tinha grossos cabelos castanhos e um largo sorriso de dentes brancos e ligeiramente imperfeitos. Gostava de usar botas pesadas de caminhada e camisas xadrezes com as mangas dobradas, o que, na opinião de Brent, fazia com que parecesse um lenhador alegre. Mas Stan tinha talento para eletrônicos e sistemas de som e um jeito fácil de lidar com os clientes.

Na noite da sexta-feira anterior, a Hi-Fi Shop tinha patrocinado uma festa na Ben Lomond High School e Stan fora o DJ. Brent o ajudara a montar o equipamento de som e Michelle, que trabalhava na loja havia apenas uma semana, os acompanhou. Quando o equipamento estava instalado e Stan estava fazendo os testes com seus sons favoritos do Jethro Tull, Michelle arrastou Brent para a pista de dança. Os cabelos castanhos de Michelle caíam em cachos soltos até os ombros, emoldurando o rosto de lindas feições de porcelana. Aos 19 anos, Michelle tinha 1,68 metro de curvas. Embora estivesse noiva, adorava flertar, e Brent a achava calorosa e divertida; era um lado de seus funcionários que ele via raras vezes. Brent contratara Michelle porque gostava de ter meninas bonitas e inteligentes trabalhando na loja. Faziam bem aos negócios.

Agora, Michelle estava caída ao lado de Stan, os dois estirados na frente da parede de amplificadores, com as mãos e pés amarrados com firmeza aos fios de caixa de som.

O homem negro que havia chamado Cortney de volta à loja agora estava no porão, vigiando-os. Fisicamente, tinha pouca semelhança com o homem que amarrou Cortney. Era alto e atlético. Acima do lábio superior havia um bigode distinto e bem-aparado. De pé no porão perto do pé da escada, ele segurava um .38 na mão.

Lá em cima, Cortney podia ouvir o homem baixo e outro homem no beco do estacionamento atrás da loja, um deles tirando o velho jipe utilitário de Stan de perto da entrada dos fundos e o outro entrando de ré com uma caminhonete ou van no mesmo lugar. O barulho do escapamento chegou bem perto da parede do lado de fora, com o cano de descarga ecoando alto na porta traseira. Quando o motor foi desligado, os passos começaram: rápidos, passos pesados saindo, uma pausa na porta dos fundos, passos longos entrando outra vez. Alguns passos estalavam ou rangiam quando os homens pisavam em flocos derramados do material de embalagem. De vez em quando vinha um *tum!* abafado, quando um deles batia na grade metálica de proteção contra fogo logo acima da cabeça de Cortney.

Cortney, Stan e Michelle continuaram amarrados e deitados no chão entre as caixas e amplificadores, sem saber o que seus captores haviam planejado para eles depois que o movimento no andar de cima enfim parasse. Eles ficaram lá durante uma hora, uma hora de rangidos, estalos, passos e batidas lá em cima e de silêncio no porão. Mais cedo, um dos homens havia ameaçado atirar em todos caso alguma coisa desse errado. Deitados no porão, Stan e Cortney tentaram falar com o homem que agora lhes apontava a arma. Eles imploraram que os deixassem em paz, que levassem os equipamentos e fossem embora. Stan foi quem falou mais. Ele era bom em argumentar com as pessoas. Mas então Cortney falou alguma coisa sobre o equipamento de som que os homens estavam tirando da loja, algo que apenas saiu de sua boca e que Stan achou que irritaria o homem.

"Cale a boca", sussurrou ele para Cortney, "quer que atirem na gente?"

"Eles vão atirar, de um jeito ou de outro", disse Cortney. "Não vão?"

Naquela tarde, depois da escola, Cortney foi à sua aula de voo no Aeroporto Municipal de Ogden, chegou cedo, como sempre, e andou por entre as fileiras de aviões particulares leves, com as asas e caudas ancoradas por correntes penduradas. Ele ouviu os motores agudos dos aviões pequenos taxiando lá na pista, depois o ronco recuando enquanto decolavam, ganhavam altitude e encolhiam na distância. Em instantes, os aviões seriam pontos brancos silenciosos contra as montanhas.

Voar havia se tornado uma obsessão para Cortney. Desde o jardim de infância, levava modelos de aviões para a escola e os montava usando litros de cola. Depois, avançou para os sofisticados aviões de grande envergadura controlados por rádio e os leves planadores de balsa com um fino tecido esticado e pintado com verniz brilhante. Ele era fascinado por toda a física daquilo, a maneira como o vórtice, o vácuo e a velocidade das moléculas de ar se juntavam para levantar uma asa de forma tão simples e sem esforço. Os sonhos de Cortney eram cheios de asas, de nuvens e de céu, da mesma forma que a rainha do baile e a corrida da vitória se fundiam nos desejos da maioria dos garotos.

O instrutor de voo de Cortney era Wolfgang Lange, um alemão de 36 anos atarracado, de rosto redondo com olhos azuis-claros e alegres. Quando Wolfgang falava sobre voar, suas mãos flutuavam e faziam arcos como se fossem aviõezinhos.

"Cort era um menino feliz e um pouco sabe-tudo, como todos que têm 16 anos", relembrou Wolfgang. "Mas era um aluno fácil de ensinar. Muito, muito fácil. Eu o chamei de vagabundo de aeroporto, porque vinha para cá mesmo quando não iria voar. Lhe perguntei uma vez, 'O que vai fazer quando se formar no colégio? Vai ser médico?'. E ele falou, 'Ah, não, quero ser engenheiro aeronáutico'. Tinha talento para isso. Eu lhe mostrava uma manobra uma única vez e ele dominava. Algumas vezes precisei até segurá-lo um pouquinho para colocá-lo em seu lugar. Tento ensinar juízo a eles também. Mas era uma alegria quando voávamos juntos. Quando ficava sabendo que ele viria, tinha certeza de que seria fácil para mim. Cortney simplesmente amava voar."

Era um dia quente no começo da primavera. A neve tinha desaparecido do chão até a metade da altura do incrível paredão de rocha conhecido como a frente da montanha Wasatch. Os picos irregulares permaneciam com neve até mesmo no verão. Pouco antes das 16h30 Cortney foi até o pequeno prédio da Cessna, onde ficava a sala de Wolfgang. Wolf estava esperando por ele.

"Olá, Cort", saudou.

"Oi, Wolf."

"Fez sua lição de casa?"

"Claro", disse Cortney. "Sei o que vamos fazer. Tenho quase certeza de que sei fazer isso."

"Alguma pergunta?", indagou Wolf. "Alguma coisa que não entendeu?"

Cortney repetiu o que sempre dizia. "Não. Vamos voar."

Saíram da sala e passaram por uma fileira de aviões estacionados até chegarem a um Cessna 150 Skyhawk vermelho e branco. Após remover as correntes presas e inspecionar o exterior do avião, Cortney subiu para o assento esquerdo e Wolfgang para o direito.

"Ok", disse Wolf, "o avião é seu. Estou só observando."

Cortney pilotou o Cessna em grandes arcos pelo aeródromo, aterrissando e depois ganhando velocidade para decolar outra vez. Wolfgang tinha uma política de nunca contar a um aluno quando ele voaria solo pela primeira vez. Isso deixaria o aluno nervoso e sem dormir na noite anterior. Em algum momento entre dez e catorze horas no ar, o aluno começava a reconhecer naturalmente seus próprios erros antes que o instrutor o fizesse. Nesse ponto, Wolfgang saía do avião. Ao avaliar o desempenho de Cortney naquela tarde, soube que seu aluno estava pronto para voar sozinho.

Quando pousaram após o terceiro *touch-and-go*, Wolfgang pegou o microfone do rádio ao lado do joelho direito de Cortney.

"Controle de Ogden, aqui é Wolf. Estou com um primeiro solo aqui, então deem um pouco de espaço a ele, ok?"

Wolfgang recolocou o microfone no lugar e olhou para Cortney. "Agora, quero que suba de novo. Vou descer do avião. Lembre-se, eu peso 79 quilos. Quando eu descer, o avião vai voar mais rápido porque vai ser só você aqui. E vai deslizar mais longe. Então precisa fazer as correções adequadas. Mantenha o nariz para baixo quando for subir."

"Saquei", disse Cortney.

"Espere um minuto. Quando descer e começar a deslizar, precisa fechar seu manete um pouco antes, porque ele vai deslizar mais. Entendeu?"

"Sim."

"Alguma dúvida sobre alguma coisa?"

"Não."

"Ok, quero que volte e faça três *touch-and-go*, como acabamos de fazer, e aí na quarta vez faça um pouso completo. Está nervoso? Você não parece nervoso."

Cortney fez que não com a cabeça.

"E Cortney, não fique zunindo a três metros do deck como gosta de fazer. Lembre-se, juízo."

Wolf saiu do avião e fez sinal para Cortney, que estava a uma distância segura da hélice. Cortney conferiu mentalmente o nível de óleo, o dreno de gás para eliminar a água do combustível, o botão para bombear o combustível direto para os cilindros.

"Tudo certo!", gritou ele pela janela.

A hélice girou devagar, ligou e disparou até ficar invisível. O avião vibrou, e o barulho alto da hélice encheu a cabine. Cortney verificou a pressão do óleo e, então, ligou para a torre a fim de obter a liberação.

"Controle de Ogden, aqui é o Cessna um-um-zero-nove-dois no prédio Cessna para taxiar para decolagem."

"Recebido, Cessna um-um-zero-nove-dois, está liberado para taxiar até a pista três-quatro. O vento está dois-sete-zero em seis, altímetro nove-nove-oito."

A hélice puxou a leve aeronave lentamente pela pista de táxi. Cortney levou o avião até a linha de parada, adjacente à pista de decolagem, que parecia sumir na base das montanhas a quilômetros de distância. Cortney puxou o manete devagar. O avião avançou, cheio de ruído e vibração, ganhando velocidade até disparar em direção ao ponto a cem quilômetros por hora. Cortney estendeu a mão perto do joelho direito e virou o compensador para elevar o nariz, mas só um pouco, como Wolfgang lhe alertara. Em seguida, as rodas saltaram da pista e ele estava subindo, inclinado em direção ao céu.

Cortney ganhou altitude, passando sobre a rodovia, sobre a cidade, na direção da muralha ondulada e coberta de branco da Cordilheira Wasatch. Em um longo e grande arco, inclinou o avião para a esquerda, seguindo na direção oeste para a Ilha de Antelope, a grande montanha que saía do meio das águas brilhantes do Grande Lago Salgado. Ele olhou para os quadrados verdes e marrons das plantações na planície lá embaixo, os telhados enfileirados das áreas residenciais e estacionamentos de trailers, as poças secas com crostas brancas deixadas pela vazante do lago salgado. Aquela visão já tinha sido sua muitas vezes antes, mas agora ele estava pela primeira vez voando sozinho acima de tudo aquilo.

Circulou de volta para o sul e pegou o microfone do rádio perto do joelho.

"Torre de Ogden, aqui é Cessna um-um-zero-nove-dois preparado para aterrissar."

"Recebido, Cessna zero-nove-dois, liberado para aterrissagem."

O Cessna vermelho e branco se aproximou da pista pelo Sudoeste. No último minuto, Cortney se lembrou de subir o manete devagar. O avião flutuou para baixo em direção à pista. O concreto entrou em foco nítido e passava rapidamente debaixo dele. A aeronave inclinou um pouco para a esquerda, a roda esquerda encostou, e logo depois a direita. O avião deu um pulo. Cortney pegou velocidade outra vez, chegou em cem por hora, girou o compensador e decolou para sua segunda volta em torno do aeroporto.

Quando aterrissou pela quarta vez, Cortney taxiou até o fim da pista, trocando as frequências do rádio.

"Controle de Ogden, aqui é Cessna um-um-zero-nove-dois, saindo da ativa, desejo taxiar até o prédio da Cessna."

"Recebido, Cessna zero-nove-dois, liberado para taxiar ao prédio Cessna."

Cortney conduziu o avião pela pista de táxi, manobrou-o para a vaga disponível perto do prédio e desligou o motor. Wolfgang estava assistindo tudo, desde o momento em que seu aluno taxiou para a pista da primeira vez até pousar da última vez. Ele abriu a porta de Cortney.

"Viu?", disse ele. "Ele voa sem o instrutor."

Cortney pulou para fora do cockpit. "Foi mais fácil do que achei que seria!"

"Aquela primeira aterrissagem que você fez foi um pouco tosca, porém não foi ruim."

"Eu sei, quase esqueci de fechar o manete como me disse."

"Você vai aprender. Quando vier da próxima vez, daremos uma volta juntos primeiro, depois deixo você voar solo de novo."

"Está bem!"

"Enquanto isso, melhor ir para a aula teórica hoje à noite."

"Sim, Instrutor Mestre."

"Estou falando sério."

"Ok, eu vou, eu vou. Só acho que estou perdendo tempo naquela academia."

"Eu sei, mas precisa passar no exame escrito, caso contrário não vai poder tirar o brevê. Então levanta esse traseiro, você não tem muito tempo antes da aula começar às 19h. Venha ao escritório agora para preenchermos seu diário de bordo."

Quando entraram na sala, Wolf disse para a secretária, "Pegue a tesoura, vamos cortar a camisa dele!"

Durante meses Cortney esperou por aquele momento. Era uma espécie de cerimônia informal, mas importante, como um piloto ganhando sua insígnia. Cortney puxou a camisa para fora, a secretária cortou a barra traseira e a pregou no mural junto das outras barras. Enquanto Cortney e Wolfgang preenchiam o diário de bordo, ela datilografou um cartão e o pregou logo acima da barra. O cartão dizia:

Cortney Naisbitt Segunda-feira, 22 de abril de 1974 — Wolfgang Lange

Wolfgang assinou o diário de bordo de Cortney, que foi até o mural e olhou para a barra com seu nome em cima. "Não vejo a hora de contar para minha mãe e meu pai", falou à secretária.

"Cort!", disse Wolfgang. "Aula teórica."

"Já sei, estou indo."

Cortney estava saindo pela porta quando o telefone do escritório tocou. A ligação era para ele.

Mais uma hora havia se passado no porão. Agora era pouco depois das 20h. O veículo estacionado na porta dos fundos deu a partida e saiu pelo beco cinzento, e o outro deu ré em seu lugar. O homem alto que estava vigiando Cortney e os outros no porão voltou para o andar de cima, e os passos lá no alto começaram de novo. Várias vezes eles atravessaram a sala de som até a porta dos fundos da loja. Estavam cruzando a sala de som fazia pouco tempo quando, de repente, acima da sua cabeça, Cortney ouviu dois homens correndo. Os homens correram até a porta de trás e desceram as escadas com passos rápidos e indistinguíveis. Eles ficaram na penumbra aos pés de Cortney, longe do feixe de luz que ainda descia pelas escadas. Um deles era o homem mais alto que antes apontara o .38 para Cortney, Stan e Michelle. O outro era o baixo da testa alta. Cortney ouviu os dois ofegando.

No beco, a porta de um carro bateu. Cortney ouviu passos esmagando o cascalho. Eles pararam perto da porta dos fundos; por alguns segundos, os pés se arrastaram. Em seguida, ouviu os passos outra vez. Vinham em direção à porta.

A Hi-Fi Shop estava em silêncio quando a porta se abriu.

Gary Naisbitt não tinha pensado naquilo durante seis semanas. Quando acordou, naquela manhã, de repente se lembrou: "É segunda, dia 22! Tenho que fazer uma obturação no dente hoje!".

Aos 29 anos, Gary Naisbitt era um homem bonito: 1,80 metro, magro, musculoso, com cabelos castanho-claros e muito lisos. Era o filho mais velho dos Naisbitt, o solitário da família, intenso, articulado, introspectivo. Apesar de ter se formado em Química e alemão estava envolvido no ramo imobiliário, porém havia se tornando cada vez mais infeliz com a profissão. Sua infelicidade se intensificou quando Eva, sua esposa dinamarquesa, o deixou e voltou para a Dinamarca.

O consultório do dentista ficava em Ogden, a 40 km do apartamento de Gary em Centersville. Ele chegou alguns minutos atrasado, fez sua obturação e saiu com o maxilar dormente. Era tarde demais para voltar para o escritório e, já que estava na cidade, parecia um bom momento para procurar uma casa que prometera encontrar para um amigo.

Gary conversou com um proprietário até o fim da tarde. Ao sair, percebeu que não tinha comido nada desde o café da manhã. A anestesia já havia passado fazia tempo e estava ficando com fome. Talvez eu dê um pulo nos meus pais e veja o que tem para o jantar, pensou.

Estava a caminho da casa dos pais quando pensou melhor se deveria vê-los outra vez em tão pouco tempo. Na sexta-feira eles tinham voltado após duas semanas em Hong Kong, e ele passou o fim de semana com a família. Seu pai bateu todos os rolos de filme da viagem na velocidade errada, mas Gary e Cortney levaram os filmes para revelação especial na Inkley's. As fotos ficariam prontas na segunda ou na terça. Foi um fim de semana agradável, mas Gary não quis voltar à casa deles tão cedo.

Não, acabei de ficar em casa o fim de semana todo, raciocinou, se aparecer hoje de novo, vão ficar se perguntando por que estou aqui, e eles sempre querem saber se estou trabalhando, ganhando dinheiro, e não tenho feito nada há algum tempo, então o que tenho para contar?

Logo ele se lembrou da televisão que deveria pegar na casa do tio a apenas duas quadras dali. Bem, decidiu, vou dar só uma passadinha, dizer oi, ser simpático e talvez ficar para jantar.

Sua mãe estava deitada no sofá da sala. Carol Naisbitt era uma mulher diminuta. Os finos cabelos loiros estavam curtos e ela usava um penteado bufante com a franja desfiada sobre a testa. Talvez por sua vivacidade, Carol ainda tinha o corpo esbelto e delicado aos 52 anos. Não era uma mulher linda, não na mesma medida que seu marido era muito bonito. Mas Carol possuía duas qualidades duradouras que a tornavam supreendentemente atraente: gosto requintado e uma energia charmosa que atraía as pessoas ao seu redor desde que era uma menina.

Gary abriu a porta com seu "O que tá rolando?" de costume.

"Oi", respondeu sua mãe. "Nada, só lendo um pouquinho."

"Lendo um pouquinho", repetiu Gary. "Como está se sentindo agora?"

"Melhor", disse ela. "Estou com a mesma dor de cabeça que tive o fim de semana todo, fora isso, tudo bem."

"Deve ser só jet lag", disse Gary. Ele não conseguiu pensar em mais nada para dizer, até que se lembrou das fotos. "E as fotos, já voltaram da Inkley's?"

Sua mãe disse que não, mas que Cortney ainda estava no aeroporto. "Por que você não liga e vê se estão prontas?", sugeriu ela. "E depois peça a Cortney para pegá-las a caminho de casa."

Gary ligou para a Inkley's. As fotos já tinham sido reveladas e estavam prontas para retirada, então ligou para Cortney no aeroporto.

"Aguarde um minuto", disse a secretária que atendeu. "Ele está saindo pela porta agora." Gary conseguiu ouvi-la ao fundo. "Cortney, telefone para você."

Cortney pegou o telefone.

"Alô?"

"Cort? Que bom que achei você antes de sair."

"Ah, oi, Gary."

"Como foi sua aula de voo hoje?"

"Bom, eu... hum, foi boa, é, foi boa."

"Você está engraçado."

"Engraçado para rir ou engraçado estranho?"

"Não, deixa para lá", disse Gary. "Quer me fazer um favor quando estiver voltando para casa? Só vai levar um minuto." Cortney não disse nada. "Quero que passe na Inkley's e pegue as fotos da viagem de mamãe e papai."

"Gary, eu... bom, é que eu queria ir logo para casa. Tenho curso às 19h, preciso jantar e me arrumar."

Gary pediu outra vez e Cortney disse, "Tudo bem, acho que só vai levar alguns minutos."

"Valeu", disse Gary, "me salvou a viagem. Pode estacionar atrás do banco e validar o tíquete do estacionamento na Inkley's, ou então pode estacionar atrás da Hi-Fi Shop. Mas, se fizer isso, não fique o dia todo conversando com Brent, venha logo para casa. Estou ansioso para ver se essas fotos saíram direito."

"Ok, ok, sem problema. Vai ficar para o jantar de novo?"

"Sim, acho que sim."

"Ok, te vejo depois então. Preciso ir."

"Obrigado, Cort."

Cortney desligou antes que Gary pudesse se despedir.

Gary disse para sua mãe, "Nossa, Cort estava agitado ao telefone, qual o problema dele?".

"Não sei", disse a mãe, "talvez ele tenha voado solo hoje. Wolfgang nunca avisa, mas Cortney falou que já tinha entendido tudo." Ela riu de leve. "Talvez queira nos fazer uma surpresa."

A escola de aeronáutica de Cortney era na Weber State College, a apenas algumas quadras de distância da casa dos Naisbitt. Sua mãe deixava o jantar pronto para ele às 18h. Às 18h30 ele ainda não havia aparecido. Ela guardou a comida de volta no forno para não esfriar.

"Onde será que Cortney está?", perguntou para Gary. "Vai se atrasar para a aula."

Gary estava dando uma olhada no jornal da tarde.

"Deve estar na loja falando com Brent. Falei para ele não ficar de conversa, mas, se ele voou solo hoje, deve estar contando tudo para Brent."

Enquanto Gary e sua mãe estavam falando sobre Cortney, Byron Naisbitt chegou em casa do hospital. Nos círculos médicos de Ogden, o obstetra moreno de olhos castanhos era conhecido como Raposa Prateada. Aos 51 anos, seus cabelos grisalhos eram o toque final de um semblante forte, quase latino. Sua voz era grave e rouca e, embora fosse desafinado, parecia estar sempre cantando. Quando não estava cantando, fazia bico e assoviava. Quando não estava cantando ou assoviando, cantarolava. Era um homem de peito largo, robusto e, embora tivesse a reputação de ser reservado fora do consultório, era agradável com os pacientes, que o adoravam. Fazia o parto de quase 400 bebês por ano. Uma grande parte da população de Ogden abaixo de 21 anos tinha nascido nas suas mãos e nas do seu irmão mais novo, Paul.

A porta dos fundos se fechou e ele entrou na sala adjacente à cozinha.

"Olá! Ei, Garrr! Cadê Cort?"

"Não sei, By", disse Carol indo até ele. "Estou com o jantar dele pronto há meia hora, assim ele poderia ir direto para a aula, mas ele ainda não chegou em casa."

"Você acha que o danado voou solo hoje?"

"Não sabemos. Gary falou com ele no telefone cerca de uma hora atrás e ele parecia animado com alguma coisa, mas não disse mais nada."

"Bom, caramba, se você está preocupada com ele, está aí sua resposta. O malandrinho ainda está no aeroporto comemorando com os amigos."

"By, ele não é de ficar lá sem ao menos ligar. Você sabe disso."

"Ei, calma aí, baixinha", comentou, usando o apelido dela. "Só tem meia hora." Ele deu um abraço rápido e afetuoso na esposa. "Se a gente se aborrecesse toda vez que um filho estivesse meia hora atrasado, já tinha ficado louco. Não é, Gar?" Ele piscou para Gary e soltou a esposa. "Vamos comer! Esse papo todo me deixou com fome."

No jantar, Byron e Gary conversaram sobre uma transação imobiliária recente que estava começando a azedar para o lado deles. Carol não prestou muita atenção e ficou arrastando o garfo pelo prato, ciscando a comida. Toda vez que um carro passava pela casa, seus olhos saltavam para o alto e disparavam de um lado para o outro enquanto escutava. À medida que cada barulho desaparecia, sua cabeça se abaixava e ela voltava a empurrar a comida pelo prato.

Byron a observou pelo canto do olho. Por fim, abaixou o garfo.

"Ok, Gary, o que Cortney disse quando conversaram pelo telefone?"

Carol se virou e olhou para Gary.

"Eu só liguei para ele no aeroporto, ele ficou enrolando um pouco e disse que a aula tinha sido boa, aí eu pedi que passasse na Inkley's a caminho de casa e pegasse as fotos da viagem de vocês, aquelas que você estragou..."

"Essas câmeras vagabundas", disse Byron.

Gary riu e olhou para a mãe. A expressão dela não mudou. Ela ainda estava olhando para o filho, esperando que contasse o resto da história.

"Enfim", continuou Gary, "falei que talvez ele pudesse estacionar atrás da loja de Brent, mas pedi para não ficar de papo com Brent o dia todo. Aí ele me perguntou se eu ia ficar para jantar, falei que provavelmente sim, e ele disse, 'Ok, te vejo quando chegar em casa'. Ele ainda deve estar lá conversando com Brent."

"A Hi-Fi Shop fecha às 18h", lembrou Carol aos dois. "Já passou das 19h."

Byron pensou nisso por um segundo.

"Imagino que ele tenha começado a conversar com Brent e tenha ficado até depois que a loja fechou, aí percebeu que estava tarde e decidiu ir direto para a aula sem passar em casa. Faz sentido, não faz?"

Carol sacudiu a cabeça para olhar para o marido. "Faz sentido ele não ligar para casa e avisar o que ia fazer?"

"Na empolgação toda", disse Byron, "ele talvez tenha esquecido. Até parece que ele nunca esqueceu de ligar para casa antes."

Carol se levantou e começou a tirar os pratos vazios da mesa. "Não importa o que vocês dois digam. Sei que alguma coisa está errada e vocês não vão me convencer do contrário!"

Byron olhou para Gary e fez sinal com a cabeça que os dois deveriam se retirar para a sala.

Em silêncio, Carol enxaguou os pratos e os colocou na lava-louça. Agora eram 19h30. Ela tirou o jantar ressecado de Cortney do forno e o jogou no triturador de lixo. Em seguida, desamarrou o avental, apagou as luzes da cozinha e passou pelo marido e pelo filho sem dizer uma palavra. Eles ouviram o barulho das chaves do carro dela e a observaram passar de volta pela sala e sair pela porta dos fundos sem nem ao menos olhar na direção deles.

O porão da Hi-Fi Shop se clareou e logo ficou cinzento outra vez, quando a porta dos fundos se abriu e fechou. De costas para Cortney, os dois homens ficaram na penumbra ao lado da escada, com as armas em punho. Os passos pararam no alto da escada. Em seguida, entraram devagar pela sala de som. Eles não eram tão distintos, tão intencionais quanto os passos dos homens, e sim contemplativos, como se passeassem por um museu. Passaram por cima da cabeça de Cortney, desviaram da grade metálica e pararam onde ficava o escritório. Do escritório dava para ver tudo até a frente da loja.

Por um breve período, os passos permaneceram parados e a loja ficou em silêncio. Em seguida se viraram e retornaram, agora mais decididos, um pouco mais rápidos. Encostaram de leve na grade. O homem baixo subiu devagar as escadas, com o corpo de lado e encostado no corrimão. Os passos seguiram por cima da cabeça de Cortney até o meio da sala de som. O homem mais alto foi silenciosamente até a base da escada e apontou a arma para cima. O outro homem ficou agachado no alto. Os passos se aproximaram da porta de trás. Deram a volta para descer as escadas. O homem baixo levantou a arma no nível dos olhos. Cortney ouviu alguém se sobressaltar.

O homem alto se assustou. "O que você está fazendo aqui, cara?", gritou para cima da escada.

Não houve resposta. O homem baixo virou a arma na direção do porão. Os passos, agora mais pesados, desceram as escadas. O homem alto os acompanhou com o cano do revólver.

Um homem apareceu na parte de baixo da escada. Tinha os braços grossos e o peito como um barril. Ele andou devagar até o meio da sala e parou, com as mãos na cintura, enquanto os dois homens apontavam as armas para ele.

Cortney ouviu Stan lamentar, "Por que você foi descer, pai?"

Mal pronunciou a última palavra e o som de um tiro explodiu contra as paredes acústicas.

O homem alto deu um salto e se virou para o homem baixo atrás dele. "Por que você fez isso, cara?"

Houve outro clarão, outra explosão.

Michelle gritou, "Só tenho 19 anos, não quero morrer!"

Cortney gritou para a parede. "Sou novo demais para morrer!"

O cheiro de pólvora queimada pairou pela sala.

Então Stan falou, "Peguem as coisas e vão, não podemos identificar vocês".

"Peguem os aparelhos e saiam", acrescentou seu pai. "Não podemos identificar vocês, não vamos identificar vocês."

O sr. Walker ainda estava de pé no meio da sala. Cortney ouviu Stan e Michelle implorando aos dois homens. Ninguém foi baleado. Na exaltação repentina, o homem baixo apenas havia metido duas balas na parede.

Os dois homens ficaram ao pé da escada, segurando as armas e discutindo. O homem baixo balançava sua arma raivosamente na direção da parede sul.

"E eu, que sou fichado?", disse ele. Seu jeito de falar era peculiar, quase cantado, porém grave e correto.

"*Você* já foi fichado antes", disse o alto, "mas eu não tenho ficha, cara."

Do meio da sala, o sr. Walker disse, "Se vocês levarem as coisas e forem embora, nós não vamos identificar vocês".

Cortney ainda estava de frente para a parede. No beco, ouviu outro carro chegar. A porta do carro abriu e se fechou com uma batida. Passos, curtos e apressados, entraram nos fundos da loja vizinha Kandy Korn. O homem baixo parou de discutir e subiu os degraus. Ele abriu a porta dos fundos e saiu para o beco. Passos leves estavam se arrastando perto do carro que acabara de estacionar.

"Su pai taí?", disse o homem.

"Quê?" Era a voz de uma menina pequena.

"Su pai taí nesse loja?"

"Desculpe, senhor", disse ela, "não estou conseguindo entender."

"Su pai, ele tá nesse loja?"

"Ah. Não, minha mãe está lá, ela é a dona."

As vozes pararam. O homem alto estava parado no pé da escada, apontando a arma para o sr. Walker. Seus olhos passavam do porão para a porta lá em cima e voltavam de novo. Cortney ouviu o homem baixo entrar pela porta e começar a descer as escadas. O alto olhou para cima.

"O que vai fazer agora?", perguntou.

"O que falei que íamos fazer", disse o homem baixo. Ele falou ao alto para pegar a garrafa, que ele encontraria alguma coisa na sala dos fundos para encher.

O homem baixo puxou para o lado a porta de correr que dava para a oficina, subiu na ponta dos pés e, com um movimento da mão, girou uma lâmpada dentro do bocal. Em pouco segundos, voltou com um copo verde de plástico. A porta de correr ficou entreaberta, permitindo que uma fresta de luz saísse da oficina para a sala em frente, que estava escurecendo rapidamente.

O sr. Walker ainda estava no meio da sala. O homem alto apontava a arma para ele. Com a outra mão, pegou um recipiente de quase 30 cm de altura, enrolado em uma sacola de papel pardo. Girou a tampa e entornou um grosso líquido azul no copo verde que o homem baixo estava segurando.

Cortney ouviu Michelle dizer, "O que é isso?"

"É uma mistura de vodca e uma droga alemã", disse o homem mais alto. "Vai fazer vocês dormirem por algumas horas."

O homem baixo deu uma risada do fundo da garganta, mas não disse nada. Entregou o copo para o sr. Walker e fez sinal para que ele desse o líquido aos três jovens deitados no chão. Sr. Walker ficou parado. O homem empurrou o copo mais perto dele, mas o sr. Walker virou o rosto.

O homem alto girou bruscamente o cilindro de seu revólver. "Cara, tem uma arma na sua cabeça!"

Sr. Walker não se mexeu.

O homem baixo botou o copo sobre uma banqueta. Com a arma, fez sinal para sr. Walker ficar na frente da porta que dava para a oficina. Ele pegou um pedaço de fio em uma pilha no chão e amarrou as mãos do sr. Walker para trás.

"Deita", ordenou ele.

O sr. Walker se ajoelhou sobre uma passadeira de plástico que ia do pé da escada até a porta da oficina. O homem baixo grunhiu ao amarrar os últimos nós apertados em volta dos tornozelos do sr. Walker, em seguida o deixou deitado de bruços.

Ele se levantou do chão e pegou sua arma. O outro homem havia recolocado a tampa na garrafa e estava apontando o revólver para o sr. Walker.

"E agora?", perguntou.

O homem baixo o puxou para perto do último degrau, onde os dois homens conversaram em um sussurro conciso, com o baixo balançando a arma sobre a sala e dizendo outra vez que havia sido fichado. Mas o outro homem não tinha sido fichado e parecia não se importar com ser identificado. Ele estava começando a parecer menos seguro de si.

"Não posso continuar com isso", afirmou para o baixo. "Sou arregão."

Antes que pudesse dizer mais alguma coisa, outro carro entrou no beco e estacionou. A porta bateu. Passos foram em direção à porta da Hi-Fi Shop.

"Senhora, deixou o farol ligado", gritou a menina com quem o homem baixo havia falado apenas alguns minutos antes.

Carol Naisbitt saiu de ré cantando pneu da garagem de casa, na encosta leste com vista para Ogden. Depois parou abruptamente o carro, botou a marcha em *drive* e pisou fundo no acelerador. Se seu marido e filho não estavam preocupados com Cortney, ela não tinha medo de sair para procurá-lo sozinha.

Ela dirigiu a perua da família até a Weber State College e percorreu os estacionamentos do pequeno campus procurando o velho Buick marrom de Cortney. Quando não viu o carro, estacionou e procurou sua sala de aula. Olhou lá dentro. Cortney não estava lá. Voltou para casa, ignorou o marido e o filho, foi até seu quarto e ligou para o amigo de Cortney, Chris Southwick.

"Não, sra. Naisbitt", disse Chris. "Não vejo Cort desde a escola à tarde."

Ligou para outros dois amigos de Cortney, mas nenhum deles tinha nada a acrescentar à história de Chris.

Com essa nova informação, desceu as escadas pisando firme e confrontou Byron e Gary. Nenhum dos dois sequer teve a chance de levantar a cabeça quando ela entrou.

"O carro de Cortney não está em lugar nenhum do campus. Ele não está na sala de aula. Chris não o vê desde a escola. Nem Dave, nem Kelly. A Hi-Fi Shop fechou há duas horas..." Ela começou a chorar conforme enumerou os fatos.

Gary já tinha visto aquela cena antes. Pelo que se lembrava, sua mãe estava sempre preocupada com um de seus quatro filhos.

"Mãe, escute", disse ele. "Cortney já está com 16 anos, sabe se cuidar. Você se preocupou comigo, se preocupou com Brett, se preocupou com Claire, e aconteceu alguma coisa com a gente? Não. Essa preocupação toda a troco de nada. Agora fique calma. Se alguma coisa estivesse errada, ele teria avisado. Ele só se distraiu em algum lugar.

O marido dela não disse nada.

Os olhos de Carol brilharam. Ela se virou em um gesto abrupto e subiu as escadas outra vez. Em alguns minutos, com os olhos vermelhos e inchados, voltou para a sala. Estava com raiva e magoada.

"Vocês não estão nem um pouco preocupados?", gritou. "Aconteceu alguma coisa com Cortney! Eu sei! E vocês não querem nem me ajudar a encontrá-lo!"

"Carol! Isso não tem cabimento", disse o marido, "e acho que já foi longe demais. Cortney me falou hoje de manhã que tinha dois trabalhos de escola para fazer para amanhã. Aposto com você que ele está neste momento com a bunda sentada na biblioteca fazendo esses trabalhos. Agora eu queria que você se acalmasse um pouco. Controle-se. Você está exagerando. Não há motivo para agir dessa forma..."

Os olhos dela tremeram ao olhar para o marido. "Como é que você pode ficar aí sentado inventando desculpas? Ele está no aeroporto! Está falando com Brent! Está na aula! Está na biblioteca!" Ela imitou o marido. "Quantas desculpas mais você vai inventar?"

"Você sabe que estou de plantão esta semana toda", disse Byron. "Preciso ficar do lado do telefone. Que diabos você quer que eu faça?"

"Quero que fique sentado aí despreocupado com o seu filho mais novo, é isso que quero!"

Byron olhou para o teto, contraindo o maxilar. Carol pegou as chaves do carro outra vez e saiu correndo de casa, batendo a porta. Eles ouviram os pneus cantando pela segunda vez e roncando rua abaixo.

"Você estava certo", disse Byron para Gary. "Ela sempre se preocupou demais com vocês. Gosto desse brio dela, mas às vezes fica um pouco demais. Acho que ela vai ficar bem."

A porta dos fundos da Hi-Fi Shop abriu com tudo. Carol Naisbitt olhou para baixo das escadas, diretamente para o cano do revólver do homem mais alto.

"O que você está fazendo aqui, cara!"

"Estou procurando meu filho", ralhou ela. "O que está acontecendo aqui?"

Quando Cortney ouviu a voz de sua mãe no alto da escada, disse para si mesmo, "Puta merda!". Mas ele ainda estava amarrado e indefeso, de frente para a parede, com medo de falar. Ele não disse nada enquanto sua mãe estava no patamar lá em cima. Em seguida, o homem baixo correu escada acima, espremeu-se ao lado dela e fez sinal para que descesse até o porão. Quando chegaram lá embaixo, ele correu outra vez para cima, fechou a porta e puxou o trinco com um estalo agudo.

A luz agora estava fraca. Apenas a lâmpada da oficina lançava um leve brilho pela fresta deixada pela porta de correr. O homem baixo logo desceu as escadas, pegou Carol pelo braço, puxou-a até o canto perto de Cortney e empurrou seus ombros para baixo com firmeza. Ela se curvou de maneira desajeitada, ficou de quatro e por fim se deitou no chão. A alguns centímetros de seu rosto estava a nuca de Cortney. Nem Cortney nem sua mãe disseram nada.

Com Cortney virado para a parede, o homem se ajoelhou sobre Carol e amarrou suas mãos e pés. Quando passos novamente foram ouvidos no estacionamento, o homem parou para olhar para cima. Mas então a porta de um carro abriu e se fechou, o motor ligou e o carro deu ré, rolou sobre o cascalho em direção à saída e virou à direita na Avenida Kiesel.

O estacionamento estava em silêncio outra vez. O porão também estava silencioso, a não ser pelos passos do homem baixo andando até a banqueta e pegando o copo verde com o líquido azul.

O homem atravessou a sala de novo com o copo na mão. Ajoelhou-se ao lado de Carol, colocou-a sentada e pôs a borda do copo em seus lábios.

"Vamos fazer uma festinha", disse ele.

"Eu não bebo", disse Carol.

"Vai beber isso aqui", disse o homem. Ele segurou a cabeça dela por trás. O copo foi pressionado contra seus dentes.

"O que é isso", perguntou ela.

"É vodca e alguma droga alemã", disse o homem mais alto. "Só vai te fazer dormir."

Cortney ouviu sua mãe engolir o líquido em um grande gole. Ela engasgou e começou a tossir alto, soltando o líquido pela boca e pelo nariz. O homem a abaixou de volta no carpete onde ficou deitada, ainda arfando e cuspindo.

Ele foi até o outro lado da sala, estendeu o copo e o homem alto o encheu de novo com a garrafa no saco de papel. Cortney ouviu o homem vindo em sua direção. O homem passou por cima de Carol, virou Cortney de costas e o levantou pelo pescoço até ficar sentado. A borda do copo estava em seus lábios e a mão do homem segurava a base de seu pescoço. O cheiro que saía do copo ardeu suas narinas quando o copo se inclinou para cima. O líquido viscoso encostou em seus lábios, que de repente pareciam estar queimando. Depois Cortney abriu a boca e o líquido entrou até derramar em seu queixo. Sua garganta se contraiu e, sacudindo a cabeça, ele engoliu. O líquido queimou sua garganta e desceu até o peito. Ele engasgou, tossiu violentamente e vomitou enquanto o homem o abaixou sobre o carpete. Sua boca e esôfago estavam em chamas, e a ardência estava começando a chegar em seu estômago.

Ele se deitou de lado outra vez, com gotas de suor sobre a testa. O estômago e o peito se revirando em convulsões. Atrás dele, sua mãe estava gemendo baixo e cuspindo. Tossiu. Sua garganta inchou e o lábio inferior se encolheu quando engasgou, e em seguida vomitou mais. Lágrimas molhavam ao redor de seus olhos. Na boca e nos lábios, feridas estavam começando a se formar. Algumas gotas do líquido ainda estavam grudadas em seu queixo e bochechas, queimando sua pele.

Do outro lado da sala ouviu o líquido chacoalhando na garrafa enquanto enchiam o copo outra vez. Passos leves passaram atrás dele. O homem grunhiu com o esforço para levantar Stan. Stan bebeu do copo, tossiu explosivamente e começou a cuspir. O homem voltou para pegar mais líquido e retornou até Michelle. Ela engoliu também, mas suas tossidas e cuspidas não foram tão altas quanto as dos outros.

O quinto copo foi para o sr. Walker. O homem o levantou e derramou o fluido em sua boca. O cheiro pungente apunhalou seu nariz, e as mucosas de sua boca pareciam chamuscadas. Fingiu engolir. Quando o homem o abaixou de volta às sombras, abriu a boca e deixou o líquido cáustico vazar sobre o ombro e no carpete. Em seguida, tossiu e cuspiu como ouvira os outros fazerem. Sr. Walker tinha trabalhado em projetos de eletrônica com Stan e tinha algum conhecimento sobre produtos químicos, em especial sobre aqueles fortes o bastante para corroer metal. Pelos vapores pungentes e a ardência em sua boca, supôs que o líquido escorrendo em seu ombro era ácido clorídrico.

Depois que o homem baixo empurrou o sr. Walker no chão, encheu o copo pela sexta vez e voltou até Stan, fazendo-o beber outra vez. Dessa vez Stan começou a vomitar de maneira abundante. Cortney havia parado de vomitar, mas o líquido cáustico queimava sua garganta, forçando-o a tossir e cuspir. Os gemidos baixos, as cuspidas e as tosses impulsivas foram aumentando com cada copo que o homem servia, até a sala se encher dos sons de ânsia de vômito. Para impedir que cuspissem o composto ácido, o homem baixo tentou cobrir as bocas deles com fita crepe, mas gotas do ácido tinham se formado em seus lábios e queixos, e a fita não grudava.

Nenhuma luz brilhava no porão agora. Lá fora, um poste iluminava o beco do estacionamento como um luar suave, e a luz entrava vagamente pelo tijolo de vidro na sala de som acima. Apenas uma fresta cinzenta caía sobre os dois homens que agora estavam amontoados na base das escadas, cochichando. Cortney ouviu suas vozes aumentando e diminuindo, mas não conseguia entender o que estavam dizendo. Seus pulsos estavam irritados pelo atrito com o fio e a pele começava a se rachar. Seus braços e ombros pareciam rígidos. Se ele fizesse força contra o fio, tentando esticá-los, seus músculos se contraíam e formigavam. Mas a dor do lado de fora de seu corpo era apenas dormência. Do lado de dentro, o líquido cáustico estava queimando sua garganta, descendo pela mucosa de seu esôfago e chegando ao estômago.

A conversa perto da escada parou.

"Que horas são?", Cortney ouviu o homem baixo perguntar.

O homem mais alto levantou o relógio até a luz fraca.

"Nove horas."

A essa altura, Cortney conseguia distinguir os dois homens pelos passos: o baixo pisava leve nas escadas, de maneira quase delicada, enquanto o maior era pesado. Deitado na escuridão, Cortney ouviu passos pesados subirem as escadas e os do homem baixo em seguida.

O trinco da porta se abriu com um estalo e o homem alto saiu por ela. Quando a porta se fechou e o trinco se travou, o veículo estacionado nos fundos ligou e o escapamento reverberou contra a porta até os pneus avançarem e se moverem devagar sobre o cascalho.

O homem baixo desceu as escadas com passos leves, cruzou a sala e abriu a porta de correr. Entrou na oficina e outra vez estendeu a mão para girar a lâmpada no bocal. A luz amarelada entrou pela porta, e com ela a sombra do homem, deslizando de um lado para o outro sobre o carpete, ficando maior e depois diminuindo, às vezes desaparecendo por completo. Algumas vezes Cortney o ouviu depois da oficina, mexendo em caixas no fundo do estoque.

Pouco depois ouviu o mesmo veículo dando ré na direção do prédio. O motor desligou, e deram cinco batidas secas na porta dos fundos. O homem baixo desenroscou a lâmpada na oficina, fechou a porta de correr e subiu as escadas correndo. O trinco estalou para trás e a porta se abriu. Cortney ouviu os passos pesados do homem alto entrando.

O porão estava escuro. A fresta de luz que antes descia pelas escadas tinha passado de dourada para cinza, e o cinza escureceu aos poucos até somente a fraca luz do poste atravessar a janela de tijolo de vidro, e até isso desaparecia agora na escuridão na base da escada. Quando Cortney abria os olhos, não conseguia ver nada. Atrás dele, ouviu a respiração rouca de sua mãe. As tosses do fundo do peito dela sacudiam seu corpo e quebravam o silêncio, assim como as tosses dos outros. Cortney queimava por dentro, e bolhas estavam começando a se formar em sua garganta, dificultando sua respiração. Tentou expelir as bolhas tossindo, mas toda vez que tossia elas logo se formavam outra vez.

Lá em cima, os dois homens se movimentavam como antes, de um lado para outro, pisando na grade metálica. Mas agora não havia mais padrão de passos pesados e rápidos saindo e passos longos entrando. Eles iam de um lado a outro da loja, começando perto da entrada da rua e indo até a sala de som nos fundos, acima da cabeça de Cortney. Ele ouviu o barulho de panos ou lenços de papel, sons de limpeza, como se os homens estivessem tirando o pó das prateleiras e equipamentos. Os passos e os barulhos atravessaram a sala de som e terminaram na porta dos fundos, onde um dos homens esfregou a maçaneta com força.

O homem baixo desceu pé ante pé as escadas escuras, tateou pela sala até a porta de correr e outra vez enroscou a lâmpada na oficina. O brilho se espalhou para a sala escura onde Cortney e os outros estavam caídos, iluminando partes dela e deixando o resto com uma leve sombra cinzenta. Na penumbra, o homem alto desceu as escadas com passos pesados e os dois começaram a limpar e esfregar o porão.

Quando terminaram, os homens ficaram na fresta de luz que saía pela porta de correr da oficina. Cortney ouviu o estalo fino e seco de borracha, como luvas cirúrgicas sendo esticadas. O homem baixo ficou de pé sobre o sr. Walker. Ele se curvou e tirou o relógio do pulso do sr. Walker. Depois meteu a mão no bolso de trás dele e puxou sua carteira. Abriu a carteira e deu uma olhada no conteúdo.

O homem mais alto estava observando.

"Quanto ele tem aí?", perguntou.

"Cinco pratas", informou o homem baixo. Ele tirou o dinheiro da carteira.

"Não", disse o alto, "leve tudo."

O homem baixo se levantou e enfiou a carteira na calça. Cortney ouviu passos leves vindo em sua direção, depois sentiu a mão deslizar em seu bolso de trás e tirar sua carteira. Ele não tinha relógio nem anéis, mas, deitada ao lado, sua mãe estava usando joias caras: um relógio Rolex de ouro, um grande anel de diamante e um chamativo anel de ouro e jade. Michelle também estava usando relógio, um anel de noivado de brilhante na mão esquerda e outro anel de ouro com um rubi na direita. Em seu pescoço havia um colar de ouro. O homem pegou a bolsa de Carol, a de Michelle e tirou as carteiras dos homens, mas, quando terminou, as joias das duas mulheres ficaram intactas.

Na base da escada, agora, os dois homens estavam discutindo. Suas vozes eram baixas, e as palavras, difíceis de distinguir, mas estava claro que a discussão era sobre o que fazer com os reféns. A conversa ia e voltava, ficando cada vez mais alta, até que por fim Cortney ouviu o mais alto dizer: "Não, não consigo, cara! Tenho medo!".

O homem baixo respondeu alguma coisa e em seguida falou, "Me dê uns trinta minutos".

O mais alto subiu as escadas correndo. O trinco estalou. A porta se escancarou e logo fechou de novo.

Depois que Carol saiu de casa batendo os pés, Byron e Gary continuaram conversando na sala.

Gary disse, "Mamãe está nervosa demais por Cort não estar em casa na hora".

"É assim que sua mãe é", disse Byron.

"Mas eu acho que às vezes ela exagera."

"Ela está mais agitada que de costume", admitiu Byron. "Mas talvez tenha algo errado."

"Você acha que ele não parou para falar com Brent?", perguntou Gary.

"Ah, provavelmente parou. Aí eu imagino que ele tenha decidido tentar recuperar a nota de inglês com aqueles dois trabalhos de que falou." Byron se recostou no sofá e colocou o telefone no chão, onde pudesse atender com facilidade. "Você disse que queria falar sobre Eva?"

A conversa se voltou para o recente divórcio de Gary. Ele conhecera Eva na Capela Sistina em Roma. Casaram-se em Utah. Durante um ano, Gary tentou o doutorado em toxicologia e Eva trabalhou como secretária de ala em um hospital. Sua tristeza por estar longe da família e dos amigos se tornou uma depressão e, por fim, largou Gary e voltou para a Dinamarca. O problema era previsível desde o começo, mas Gary ainda se sentia culpado pela relação. Explorar o fracasso dela com seu pai era uma boa terapia para ele.

Por volta das 21h, o telefone tocou.

"Dr. Naisbitt?", disse a pessoa na linha. "Aqui é Dave. A sra. Naisbitt ligou um tempo atrás perguntando por Cort. Ele já voltou?"

"Oi, Big D! Não. Acho que ele está na biblioteca fazendo alguns trabalhos da escola para amanhã."

Dave Whiteley era colega de Cortney na escola. Enquanto Cortney fazia aula de voo com Wolfgang na Cessna, Dave estava aprendendo a voar no programa Piper.

"Fiquei sabendo que Wolf deixou ele voar solo hoje", disse ele.

"Não falei com ele", disse Byron, "mas achamos que sim."

"Bem, diga a ele que liguei para saber como foi. Eu o verei amanhã quando passar para buscá-lo antes da escola."

"Está bem, Dave, vou dizer. Até mais tarde."

Em pouco tempo o telefone tocou outra vez. Byron atendeu no primeiro toque.

"Ora, que beleza, pegando o telefone tão rápido assim", disse a voz do outro lado. Era seu irmão, Paul. "Está fazendo o quê?"

"Nada, só de papo com Gary."

"Alguma ligação dos meus pacientes?"

"Não, até agora nenhuma."

Paul aproveitou a oportunidade para implicar com o irmão por ser "um pé no saco de estar por perto" quando deveria estar de plantão, e disse que era bom mesmo que ficasse coladinho naquele telefone o tempo todo. "Estamos indo deitar aqui já, já", comentou. "Vou dormir melhor sabendo que está exatamente aí."

"Faça isso, irmãozinho", riu Byron.

Eles desligaram e Byron se recostou outra vez no sofá, com as mãos entrelaçadas atrás da cabeça. "Agora, onde estávamos?"

Os dois homens conversaram até quase 22h. Quando Gary foi embora, seu pai estava deitado no sofá, lendo, da mesma maneira que sua mãe estava quando ele chegou para vê-los quase cinco horas antes. Não tinha planejado ficar tanto tempo, mas isso também adiava ter que ir para casa sozinho. Mesmo agora, ainda perturbado por seus problemas pessoais, Gary evitou voltar para seu apartamento e resolveu ver um filme no drive-in.

Dando uma olhada no jornal do dia com seus óculos de leitura, Byron agora estava sozinho em casa. Uma vez por mês, de uma quarta-feira a outra, ficava de plantão nos dois hospitais de Ogden. Em breve, seu grupo médico receberia os pequenos pagers portáteis, o que lhe daria um pouco mais de liberdade quando estivesse de plantão. Mas, por enquanto, precisava ficar perto de um telefone. Em geral as ligações eram frequentes e ele atendia com "Oi, e aí?" ou "Olá, *señorita!*" ou "Minha nossa, o que está acontecendo aí?". Mas nessa noite as coisas estavam quietas. O silêncio, interrompido apenas pela farfalhada do jornal, era um sutil lembrete: *Onde será que Carol e Cortney estão?*

Quando Carol não voltou após sua saída tempestuosa, presumiu que ela tivesse encontrado Cortney na biblioteca e estivesse lá ajudando-o com os dois trabalhos que precisava fazer. Já era depois das 22h e Byron estava preocupado por eles não estarem em casa. *A biblioteca não fecha às 22h? Ou será que é às 21h? Eles devem chegar em casa logo. Byron, que diacho, você está pensando igual a Carol. Pare de se preocupar.* Continuou a ler o jornal.

Secretamente, Byron se preocupava com os filhos quase tanto quanto Carol. Contudo aprendera a ser mais discreto, o que era um alívio quando, como sempre acontecia, não havia motivo para se preocupar. Ainda assim, era estranho Cortney não ter ligado.

Byron deixou o jornal se dobrar em suas mãos e refletiu sobre a imitação de Carol das suas desculpas. *Ele está no aeroporto! Está falando com Brent! Está na aula! Está na biblioteca!* Carol tinha razão. Cortney parecia não estar em nenhum dos lugares onde deveria estar. *O que será que o danado fez? E cadê Carol? Byron! Pare de se preocupar.* Voltou ao jornal.

Enquanto o homem alto saía correndo da loja, a porta no topo da escada bateu e se fechou. O barulho logo se dispersou pelo porão e desapareceu. No silêncio que se seguiu, o homem baixo começou a se mover devagar pela sala. Da oficina, uma fresta de luz caía sobre o carpete, iluminando o homem por um instante enquanto passava pela luz e entrava de novo na escuridão. Ele examinou cada passo, indo sem hesitar em direção ao canto onde Cortney estava. Cortney ouviu sua mãe respirando atrás dele, agora mais rápido e de maneira irregular. O homem se aproximou e ajoelhou ao lado dela. Na escuridão, estendeu a arma, tateando com o cano até encontrar a parte de trás da cabeça dela. Em seguida, o canto da sala explodiu. Cortney ouviu a bala entrar na cabeça de sua mãe e um instante depois seu sangue jorrar e espirrar no carpete a centímetros dele.

O homem endireitou os joelhos e passou por cima do corpo de Carol. Agora estava parado acima de Cortney, com a arma ainda na mão. Ele se abaixou e Cortney sentiu a boca quente da arma percorrendo os cabelos da sua nuca. A arma parou e o homem apertou o gatilho. O ar em volta da cabeça de Cortney explodiu e a bala se enterrou em seu crânio. O corpo de Cortney ficou mole e desabou para frente.

O homem se levantou. Os estrondos da arma desapareceram entre as paredes, e o cheiro de pólvora se espalhou pela sala. Pelos próximos minutos ele andou pelas sombras, e apenas o barulho ritmado de seus passos rompiam o silêncio. Com a cabeça virada para as escadas, o sr. Walker estava contra a luz que brilhava da oficina para a sala.

O homem cruzou de volta pela luz e parou com os pés perto da cabeça do sr. Walker. Endireitou o braço que segurava a arma na direção do vulto deitado a seus pés e puxou o gatilho. A bala rasgou o carpete ao lado da cabeça do sr. Walker e ricocheteou em uma parede. O homem deu um passo para a direita, por cima de Michelle, abaixou-se atrás de Stan e disparou uma bala atrás da cabeça dele. Antes que o barulho diminuísse, o homem se virou, atravessou a sala e correu para cima das escadas.

Michelle sussurrou para a sombra à sua frente: "Stan? Você está bem?".

Stan ainda estava vivo. Sua voz estava baixa, porém clara. "Levei um tiro", disse ele.

Um momento depois, o homem desceu apressado os degraus até o porão, cruzou a sala e parou perto da cabeça do sr. Walker. Dessa vez o homem se aproximou e ajustou a mira, e dessa vez ele não errou.

A cabeça do sr. Walker deu um solavanco e uma pontada quente se espalhou por trás dela. Ele lutou para se manter lúcido. Dois vezes dois são quatro, pensou, dois vezes três são seis. Mexeu os dedos das mãos e os dos pés dentro dos sapatos.

Só restava Michelle. O homem agora estava parado por cima dela com a arma na mão, e Michelle lhe implorou que não a matasse. Ele não disse nada enquanto desamarrou seus pés, depois as mãos e a puxou até ela ficar de pé. Com a arma em uma das mãos, a fez passar pelo corpo do sr. Walker e atravessar a porta de correr. Apesar do tumulto em sua cabeça, sr. Walker os ouviu passarem da área da oficina até o final do porão. Lá, o homem fez Michelle tirar a roupa: a calça jeans, a blusa, o sutiã e a calcinha. Ela as empilhou de forma organizada em uma mesa. Pelos próximos vinte minutos, enquanto os quatro corpos jaziam imóveis na sala da frente, o homem estuprou Michelle.

Quando o homem e Michelle saíram da sala, o sr. Walker ouviu um farfalhar de papel nos fundos do porão, mas depois não ouviu mais nada. O barulho em seus ouvidos lhe dava a sensação de estar em um esconderijo de caçar patos, próximo demais do disparo acidental de uma espingarda. Seu ombro doía tanto onde o líquido cáustico tinha escorrido e queimado sua pele que ele estava prestes a perder a consciência. Então rolou meio de bruços e ficou imóvel, fingindo estar morto. Do outro lado da sala, ainda firmemente amarrados, Cortney e sua mãe estavam lado a lado, com o suor secando em seus corpos, o sangue coagulando em volta dos buracos irregulares, do tamanho de um dedo, abertos atrás de suas cabeças. A pele ao redor das suas bocas se ulcerava, e o cáustico fazia buracos nas roupas onde havia espirrado. Sr. Walker ouviu Stan no outro canto ainda respirando.

A luz da oficina ainda atravessava a porta de correr. As passadas de Michelle, agora apenas de meias batendo no chão de concreto, arrastaram-se dos fundos do porão até a oficina. Elas foram acompanhadas pelos passos mais distintos e decididos do homem baixo. A lâmpada exposta lançou suas sombras à frente em direção à sala.

Na porta de correr, Michelle hesitou. O homem atravessou a sala na frente dela, pisou de leve em volta dos pés de Cortney e abriu a porta de um banheiro de funcionários adjacente à escada. Sr. Walker abriu um olho e viu os sapatos e a barra da calça do homem ao passar. Michelle, agora apenas de meias brancas de algodão, seguiu-o até o banheiro, onde o homem tinha acendido a luz. Em meio ao zumbido se acalmando em seus ouvidos, sr. Walker ouviu Michelle urinando no banheiro.

"Nossa, precisava muito fazer, não é?", ela brincou com o homem. Mas sua voz estava tensa e ela estava tossindo.

Deu descarga na privada. Enquanto rodopiava, Michelle saiu do banheiro, implorando ao homem para levá-la com ele. Seu jeito leve e forçado havia sumido. O homem fez sinal para ela voltar ao seu lugar no chão. Ela atravessou a sala pouco a pouco e parou onde antes estava deitada, entre sr. Walker e Stan, despida, assustada, implorando. Forçou-a a se deitar outra vez com a cabeça ao lado da do sr. Walker, deixando-a desamarrada, deitada de bruços, e subiu correndo as escadas.

Quando os passos dele chegaram no topo e ela os ouviu na sala de som acima, Michelle se levantou e cutucou sr. Walker com o cotovelo.

"Você está bem?", perguntou baixinho.

O sr. Walker não disse nada. Pouco a pouco, abriu um olho para indicar que ainda estava vivo. Na luz fraca, ele pôde ver seu ombro e seu seio direito nus. Ele não sabia se Michelle tinha visto seu olho aberto. Em um instante, fechou o olho de novo e continuou se fingindo de morto.

Segundos depois, os sapatos do homem foram ouvidos outra vez, batendo rapidamente nos degraus de madeira. Ele desceu o último degrau, marchou sobre o carpete e se ajoelhou ao lado do sr. Walker. Seus dedos grossos apalparam a garganta do sr. Walker, procurando, apertando as veias de seu pescoço, tentando sentir o pulso. Sr. Walker ficou imóvel enquanto os dedos agarravam seu pescoço.

Os dedos se afastaram, e por um momento houve silêncio e escuridão. Em seguida, um estalo rompeu o silêncio e um forte feixe de luz brilhou nos olhos do sr. Walker. Seu rosto permaneceu caído. Da mesma forma repentina que a luz havia disparado na direção de seu rosto, ela se afastou. Um cilindro de partículas de poeira iluminadas agora se inclinou em direção ao teto, e depois para uma parede. E de volta para os olhos do sr. Walker. E se afastaram de novo. E voltaram outra vez. Em seguida, o homem se virou e o feixe de luz passou sobre o cabelo de Michelle, e um tiro novamente estilhaçou o silêncio. Antes que toda a força da explosão tivesse batido, outro estrondo veio do canto acima de Stan. As explosões estalaram mais alto, mais potentes que antes. À medida que foram diminuindo, o sr. Walker ouviu Michelle gemendo de leve, e depois tudo ficou silencioso outra vez. No silêncio, o homem baixo se afastou. Quando voltou, instantes depois, o sr. Walker se sentiu sendo levantado e um fio sendo colocado em volta de seu pescoço.

O corpo do sr. Walker estava mole, pesando fortemente contra os esforços do homem para levantá-lo. Quando o laço se fechou em sua garganta, ele expandiu com cuidado apenas os músculos do pescoço até sentir sua pele esticar. O homem apertou o fio com força, e apertou de novo e de novo, até se enterrar na carne protuberante do sr. Walker e comprimir sua traqueia. Mas, quando o homem puxou o fio para apertar pela última vez e por fim o abaixou de volta no carpete, o sr. Walker relaxou devagar o pescoço e descobriu que, mesmo com o fio bastante apertado, ainda conseguia inspirar ar suficiente para se manter vivo.

Continuou se fingindo de morto, respirando superficialmente, enquanto ouviu os passos do homem subirem outra vez a escada. O porão estava em silêncio. Lá em cima, na sala de som, os mesmos passos suaves andaram por ali. Em pouco tempo, foram apressados até a porta de trás e desceram as escadas de novo.

O sr. Walker ainda estava de lado, um pouco caído para frente. Deitado, sem se mexer, sentiu alguma coisa roçar o lóbulo de sua orelha esquerda. Em seguida, uma caneta esferográfica foi colocada em seu ouvido e enterrada para dentro de sua cabeça. Os pés do homem se arrastaram ligeiramente. Um pé se levantou e pisou na ponta da caneta, enterrando-a ainda mais fundo na cabeça do sr. Walker. Outra vez o pé se ergueu e socou a caneta. Da terceira vez que a caneta foi chutada, sr. Walker sentiu a ponta entrar em sua garganta. Ela coçou ali e o fez engolir pela primeira vez desde que o copo verde foi passado. Ao engolir, a caneta subiu de leve pelo ouvido. E em seguida o homem sumiu.

Os passos leves e rápidos subiram a escada. A lâmpada exposta da oficina estava desligada. Os raios de sol que antes desciam pelas escadas há muito haviam desaparecido, e o porão estava escuro. Não havia mais passos fortes nem leves na escada, nem passando de um lado para o outro lá em cima. Tudo estava escuro, tudo imóvel. Sr. Walker estava caído de lado. Stan e Michelle com o rosto no carpete. Em algum momento da noite, Carol Naisbitt havia virado de costas.

Na escuridão de seu canto, Cortney se mexeu. Contorceu o corpo até a cabeça ficar apontada para as escadas e começou a rastejar. Enquanto rastejava, seus olhos estavam abertos, e de sua garganta saía o rosnado de um animal. Com as mãos e os pés ainda amarrados, ele deslizou o corpo centímetro a centímetro pelo carpete em direção à base da escada.

Era perto das 22h30 quando os policiais Kevin Youngberg e Gale Bowcutt desceram a Avenida Kiesel, passaram pelo beco da Hi-Fi Shop e viraram no sentido oeste na Rua 23. Um homem taciturno, de ombros largos com braços grossos e peludos, Bowcutt estava na polícia de Ogden havia dois anos e meio. Naquela noite estava treinando o novato Youngberg, que usava farda fazia 32 dias. Youngberg tinha 22 anos, um homem alto e robusto, de cabelos pretos feito carvão e rosto alvo de menino. Estavam se aproximando do cruzamento das ruas 17 e Wall quando receberam um comunicado pelo rádio para que investigassem um "problema desconhecido" no número 2323 da Washington Boulevard.

Bowcutt virou o carro no sentido sul para a Rua 24, correu sem sirene até a Avenida Kiesel e virou no sentido norte. O carro de patrulha entrou devagar no beco de cascalho com os faróis desligados. Um menino corpulento estava parado perto da porta dos fundos. Youngberg desceu do carro e o menino gritou, "Eles estão lá dentro!".

O jovem policial correu pelo cascalho e entrou na porta dos fundos da loja. O batente e a guarnição da porta estavam estilhaçados. As escadas à sua frente levavam ao que parecia o interior de uma caverna, mas no andar de cima as luzes estavam acesas. Youngberg virou à direita para uma sala cheia de prateleiras vazias e fios soltos saindo das paredes. Viu um homem e uma mulher andando de um lado para o outro

DESCOBERTA

perto da frente da loja. O cabelo do homem estava coberto de sangue, e Youngberg percebeu uma coisa que parecia uma caneta no alto da orelha do homem.

"O que está acontecendo?", gritou.

"Eles estão lá embaixo", disse o homem.

"Quem?", indagou Youngberg.

"Quatro pessoas", respondeu o homem. "Estão todos baleados."

Antes que parasse para cogitar que os criminosos ainda poderiam estar no local, Youngberg se virou e correu para os fundos da loja. Quando chegou ao patamar no alto das escadas, Bowcutt entrou pela porta dos fundos ao seu lado. Ombro a ombro eles desceram os degraus para a escuridão. Na metade do caminho, Youngberg ligou sua lanterna. Sombras escuras saltaram e se realinharam. No círculo de luz perto do último degrau estava um garoto loiro, com os olhos verdes abertos olhando para o teto. Marcas vermelhas percorriam seu rosto. Sua boca estava aberta e ela emitia um som diferente de tudo que os dois homens já tinham ouvido. No limite da luz havia outro par de pés. Youngberg virou a lanterna. O garoto sumiu nas sombras, e no centro agora estava o corpo de uma mulher. De olhos abertos, ela olhava vidrada para o teto, e as mesmas queimaduras vermelhas rodeavam sua boca. Como uma apresentação de slides de terror, a luz passou para outra pilha de carne, o corpo nu de uma jovem, com um buraco de bala na nuca. A luz saltou outra vez para rodear outro corpo caído no canto mais distante, um jovem com um grande buraco atrás da cabeça e mãos machucadas e roxas amarradas para trás.

Bowcutt pensou que fosse uma brincadeira. Estava esperando que as luzes se acendessem e os atores se levantassem e começassem a rir, enquanto o homem machucado atrás deles na escada dava um tapa em suas costas e dizia algo como, "A gente só estava querendo ver quanto tempo vocês levavam para chegar aqui!"

Mas havia um clima no porão que nenhum drama encenado poderia reproduzir. O fedor de sangue e vômito encobria o cheiro de plástico e metal dos novos aparelhos e pairava em direção às escadas. A lanterna percorreu a sala, com sombras saltando e se escondendo da luz, corpos que pareciam poças pelo chão. Na escuridão a seus pés, o estertor da morte borbulhou na garganta do garoto. Era quase como o rosnado de um cachorro.

Youngberg ficou paralisado no degrau de baixo, com as mãos penduradas ao lado do corpo, dizendo para si mesmo: "O que diabos está acontecendo? O que diabos está acontecendo? O que diabos está acontecendo?".

Sentiu seu intestino apertar-se e sua mente começar a embaralhar. Ouviu-se dizendo para Bowcutt, "Vamos precisar de uma ambulância".

O homem ferido estava na escada atrás deles. Youngberg observou a boca do homem se mexendo.

"Já chamamos a ambulância."

Youngberg olhou de novo para o porão. Segundos se passaram enquanto ficou tentando piscar os olhos e afastar o cheiro, o som e as pessoas com buracos na cabeça. Virou-se para o homem ferido e sentiu a própria boca se mexer outra vez. "Quem fez isso?"

"Dois negros", disse o homem.

A mão grossa se estendeu e segurou a nuca de Youngberg.

"Veja se esses dois estão vivos, e depois cuide dele." Bowcutt estava apontando para o rapaz aos pés de Youngberg.

Um terceiro policial chegou de moto até a porta dos fundos e começou a descer as escadas. Bowcutt subiu correndo e o interrompeu.

"Chame ajuda", gritou. "Tem um monte de gente morta aqui!"

O homem ferido passou por Youngberg e entrou na escuridão. Youngberg ouviu a porta de correr deslizando e se sentiu flutuando na direção dela por cima dos corpos. No meio da sala, parou. A garota e o rapaz deitados lado a lado estavam imóveis. Youngberg examinou os dois corpos em busca de sinais vitais. Enquanto fazia isso, seus olhos se concentraram na mão direita da garota. Em seu dedo anelar estava um minúsculo anel de ouro cravejado com uma pedra vermelha. A esposa de Youngberg uma vez usou um anel idêntico. Durante anos, Youngberg teria pesadelos com a imagem da mão direita da garota. Levantou-se devagar e deixou os corpos gelados exatamente como os encontrou.

No escuro, o homem ferido estava vasculhando as ferramentas na bancada de trabalho. Youngberg ouviu barulho de metais se chocando, e em seguida o homem estava falando com ele, pedindo sua lanterna.

A mão de Youngberg se estendeu para ele com a luz. "O que está fazendo?", perguntou.

"Esse aqui é meu menino, Stanley", disse o homem. "Preciso salvá-lo. Preciso de um alicate, uma faca, qualquer coisa para soltá-lo."

"Qual deles é seu filho?", perguntou Youngberg.

O homem apontou com a lanterna para a escuridão, iluminando o corpo deitado de bruços no canto.

"Seu filho está morto", falou Youngberg, e sua voz soou como fosse outra pessoa falando. "Não há nada que possa fazer por ele. Por que você não me ajuda com esses outros dois?" Youngberg olhou outra vez para o rosto do homem. "Sinto muito, senhor. Por que não vai lá para fora? Nós cuidaremos das coisas aqui embaixo."

O homem se arrastou escada acima. Youngberg cruzou a sala novamente e ficou de joelhos ao lado do garoto gorgolejando ao pé da escada. Bowcutt desceu as escadas quase deslizando, cruzando com o homem que estava subindo.

Youngberg levantou a cabeça e o viu chegar do outro lado do garoto.

"Acho que ele foi baleado nos pulmões", arriscou dizer Youngberg. "Pelo som, parece uma ferida no peito."

"Tire a camisa dele", falou a voz de Bowcutt, "e veja se consegue encontrar alguma coisa para cobrir o pulmão, um pedaço de plástico ou coisa assim."

Youngberg remexeu nos botões da camisa do garoto, mas não conseguia atravessá-los pelas casas. De repente, viu suas mãos agarrarem dois punhados da camisa de cada lado e arrancarem os botões de baixo para cima.

O peito do garoto estava fundo, porém limpo.

"Não consigo encontrar nada, Bowcutt!"

"Ok, vamos virá-lo para o outro lado. Parece que ele está se afogando no próprio sangue."

O garoto os olhou com os olhos fixos. Quando o rolaram de bruços, o buraco da bala atrás de sua cabeça entrou na luz da lanterna de Youngberg. O sangue tinha estancado e estava virando uma gelatina em seus cabelos loiros. Youngberg fechou os olhos por um momento, depois estendeu a mão e, com cuidado, virou a cabeça do garoto de lado para deixar o sangue escorrer da garganta.

"Youngberg", disse Bowcutt, "vire a mulher e veja se consegue encontrar alguma coisa para soltá-los."

Enquanto Bowcutt e o policial da moto verificaram se o garoto tinha outros ferimentos, Youngberg avançou na escuridão, com a luz de sua lanterna balançando sobre a mulher. O estertor em seu peito era mais baixo que o do garoto, mas ela estava tentando respirar e seu corpo ainda estava quente. Virou-a de bruços e girou a cabeça dela para o lado. Depois encontrou o caminho até a sala de ferramentas.

O sargento Dave White, bruto, de rosto comprido, um veterano há dezessete anos na polícia, foi o quarto policial a chegar à Hi-Fi Shop. Chegou no último degrau do porão e parou. "Meu Deus! São corpos de uma ponta a outra!"

Bowcutt levantou a cabeça, mas antes que pudesse dizer alguma coisa, White correu de volta para cima das escadas e saiu até sua viatura. Arrancou o microfone de seu rádio e berrou: "É um grande homicídio! Mande gente para cá! Chame a Força Tática! Chame a Perícia! E diga para eles correrem!".

Youngberg avistou um alicate de corte e o pegou na pilha de ferramentas. Voltou para a sala principal e ouviu White e Bowcutt gritando para os socorristas da ambulância parados no meio da escada.

"Peguem a maca! Peguem duas macas!"

Dois socorristas correram de volta para buscar as macas. Outro entrou às pressas no porão com um kit de primeiros socorros nas mãos. Youngberg estava ajoelhado ao lado do garoto, tentando cortar o fio amarrado em seus pulsos. Ouviu o socorrista descendo os degraus de madeira e, em seguida, viu seu leve contorno se abaixar ao seu lado no chão. Ele entregou a Youngberg uma tesoura de fita. Youngberg cortou o fio em dois. Os braços do garoto escorregaram moles pelas costas e caíram no carpete.

Youngberg se levantou devagar e examinou a escuridão do porão. Macas estavam apontando na escadaria. O recinto estava se enchendo de gente. Cânulas curtas de plástico e rolos de gaze saíram do kit de primeiros socorros, e os socorristas estavam tentando enfaixar os ferimentos secos de bala da mulher e do garoto. Na confusão das luzes das lanternas, Youngberg viu White sacudir o braço e o ouviu gritar.

"Parem de mexer com essas malditas bandagens e tirem eles daqui, cacete!"

"É assim que fomos treinados", disse um dos socorristas.

"A cabeça deles não está sangrando!", gritou White. "Eles vão morrer antes de chegarem no hospital!"

O socorrista ignorou White e continuou fazendo a atadura na cabeça do garoto.

"Nós só podemos fazer o que nos disseram para fazer em situações como esta, que é estancar o sangramento e tentar estabelecer uma via aérea."

"E ele está dizendo que estão perdendo tempo", disse Bowcutt. "Não existe mais sangramento e o menino está sufocando lá no peito. Esse pedacinho de plástico que você está botando na boca dele não vai chegar no pulmão!"

Nenhum socorrista parecia escutar.

"Que se dane", disse White, "eles vão morrer de um jeito ou de outro." Acenou com a lanterna para a mulher e o garoto, então no canto de trás. Sua própria filha tinha a mesma idade e até mesmo se parecia com a garota caída no chão. "Eu queria pegar algumas dessas pessoas sentimentais boazinhas pelo pescoço e arrastá-las aqui para baixo para mostrar exatamente o que esses animais fizeram."

Youngberg passou desajeitadamente entre os corpos no chão. O cheiro do porão o estava sufocando. Seus olhos ficaram turvos e se sentiu enjoado, como se estivesse prestes a vomitar. Ele subiu as escadas cambaleando. Quando chegou ao topo, seu olhar foi atraído até a beirada do carpete por um metal brilhante. Um especialista em cenas de crimes da Perícia estava entrando pela porta dos fundos. Youngberg pôs a mão em seu ombro para pará-lo e, sem dizer nada, apontou para o brilho. Era uma bala .25, ainda encamisada. O policial fotografou a bala e depois se abaixou para pegá-la. Youngberg saiu trôpego pela porta.

Luzes vermelhas da ambulância e de um bando de viaturas giravam ao redor dos prédios e piscaram sobre seu rosto. Sargento White havia subido as escadas antes dele e estava encostado em uma parede do beco. Seu rosto estava envolto em fumaça branca e uma pilha de guimbas de cigarro já estava começando a se formar aos seus pés. Youngberg passou por ele engasgando, com a mão cobrindo a boca.

"Youngberg!", gritou White. "Você é um policial, já está na hora de começar a agir feito um!"

"Sim, senhor", disse Youngberg. Ele engasgou outra vez.

"Youngberg!"

"Sim, senhor?"

"Venha aqui, Youngberg. Sou policial há quase dezessete anos, e essa é a coisa mais chocante que já vi em toda a minha vida. Qualquer outro novato teria desabado ali dentro." Sacudiu o pulso e um cigarro surgiu de dentro do maço. "Pegue um cigarro e vá se escorar no prédio por alguns minutos. Tente relaxar."

"Obrigado, sargento", agradeceu Youngberg, enquanto White acendeu o isqueiro. Youngberg se afastou dando baforadas no cigarro, depois parou e se virou.

"Não sei por que fiz isso", disse ele para White. "Eu nem fumo."

As três pessoas que estavam ali em cima quando Youngberg e Bowcutt chegaram estavam paradas no beco do estacionamento, longe da porta dos fundos. Depois que Youngberg teve alguns momentos sozinho, sacou seu bloco de notas e começou a interrogá-los. O nome do homem era Orren Walker. A mulher e o menino eram sua esposa e seu filho caçula. Quando Stan não apareceu para o jantar, sr. Walker dirigiu até a loja para ver se ele estava tendo dificuldade com o jipe utilitário que haviam acabado de comprar. A sra. Walker começou a ficar preocupada quando duas horas tinham se passado e nenhum dos dois voltado para casa. Um pouco depois das 22h, ela e o menino mais novo foram até a loja. O menino robusto de 16 anos apertou a campainha dos fundos. Quando ouviu seu pai gritando para eles chamarem a polícia e uma ambulância, ele se afastou e chutou a porta trancada.

Enquanto conversava com sr. Walker, Youngberg achou que o homem tinha uma caneta apoiada em cima da orelha. Agora ele viu mais de perto. Através da luz lançada pelo poste da rua e das manchas vermelhas da ambulância e dos carros de polícia, viu sr. Walker engolir a saliva e a caneta subir um centímetro. Youngberg desviou o olhar, tirou o boné e o colocou sobre o capô da ambulância.

Dentro de minutos, policiais e socorristas saíram com os corpos pela porta dos fundos até a ambulância, que saiu correndo do estacionamento com as luzes piscando e a sirene começando a berrar. Outra ambulância chegou no mesmo lugar, e Youngberg colocou o sr. Walker na segunda ambulância, garantindo-lhe que sua esposa seria levada ao hospital logo atrás dele.

Youngberg estava parado perto da porta dos fundos tentando registrar as placas de todos os veículos no estacionamento, quando chegaram os primeiros da imprensa. Estações de notícias de televisão se estabeleceram com suas luzes fortes. Youngberg foi encurralado diante das câmeras. Estava tentando parecer calmo e profissional, embora ainda se sentisse tonto e enjoado. No escuro, lá atrás, ouviu a voz de um colega.

"O delegado vai comer seu rabo, Youngberg, quando vir você na televisão sem boné!"

"Byron, o que diabos está acontecendo em Ogden?"

Era um amigo ligando de Salt Lake City para o telefone particular dos Naisbitt. Byron ainda estava recostado no sofá.

"Nada demais", respondeu.

"Você não acabou de ver no jornal?", perguntou o amigo. "Cinco pessoas foram encontradas baleadas na loja do seu sobrinho."

"Na Hi-Fi Shop?" Ele se sentou. "Quem eram?"

"Não disseram, só que eram cinco pessoas. Achei que você pudesse saber de alguma coisa."

"Não. Não sei, não. Obrigado por ligar."

Ele largou o telefone e ficou imóvel por um momento, relembrando as palavras de Carol. *Aconteceu alguma coisa com Cortney! Eu sei! E vocês não querem nem me ajudar a encontrá-lo!*

Aquela velha sensação de medo e ansiedade bateu, como seria normal, e achei que essa era uma boa explicação de onde estavam, mas não tinha certeza, e esperava que não fosse isso, embora soubesse que poderia ser. Então corri, botei uma roupa, peguei as chaves, entrei no carro e fui até lá.

Cheguei na Hi-Fi Shop e fui até a porta da frente. Não vi nenhum carro lá e comecei a bater na porta, mas não apareceu ninguém. Aí comecei a ficar nervoso e ansioso, soquei a maldita porta e ninguém atendeu, e demora mais tempo dar a volta no quarteirão de carro. Então dei a volta, um guarda me parou na calçada. Eu falei para ele que queria entrar, que achava que minha esposa e meu filho pudessem estar lá. Aí vi o carro da minha mulher e sabia que eu estava em apuros. Aquela onda de medo e desespero e ansiedade e tudo mais bateu em mim. Então vi o velho Buick de Cort e soube que os dois estavam em apuros.

Robert Newey, o promotor do condado, havia sido chamado para a cena do crime a fim de testemunhar em primeira mão a coleta de evidências e para determinar se seriam feitas autópsias nos corpos. Durante vinte anos como promotor, Newey participou de quase cinquenta casos de homicídio qualificado. Seu estilo no tribunal era imperturbável, obstinado e meticuloso. Combinando com seu comportamento implacável nos julgamentos, tinha o rosto sério, o maxilar quadrado, cabelos grisalhos e olhos firmes azul-celeste.

Quando garotos, Bob Newey e Byron Naisbitt haviam estudado juntos em Ogden, e Cortney participara de competições de natação com os filhos de Newey no Ogden Golf and Country Club. Newey sabia que o sobrinho de Byron era dono da Hi-Fi Shop. Quando as vítimas que tinham acabado de ser levadas para o hospital foram descritas a ele por um dos policiais, logo pensou em Carol e Cortney Naisbitt.

Newey estava na porta dos fundos da Hi-Fi Shop, falando com um capitão da polícia, quando Byron Naisbitt veio correndo pelo estacionamento em direção à entrada nos fundos da loja. O capitão entrou na frente de Byron.

"Você não pode entrar lá!"

"Eu preciso entrar", disse Byron. "Preciso entrar!"

Newey se aproximou calmamente do lado do capitão da polícia. "Olá, By", cumprimentou. "By, não pode entrar aí."

"Quantas pessoas estão lá embaixo?", perguntou Byron com raiva.

Nem o capitão nem Dewey responderam.

"Quantas pessoas estão lá embaixo?", repetiu.

"Bem", disse Newey, "agora só há dois lá embaixo."

Byron cravou os olhos no promotor. "Não acredito em você", retrucou. "O carro da minha mulher está parado bem ali." Apontou sem olhar. "O carro do meu filho está parado do lado. Eles estão lá embaixo. Eu sei que estão lá embaixo!"

"By", disse Newey, com sua voz firme de tribunal, "eles não estão lá. Eu estive lá embaixo, e não estão lá."

Byron falou outra vez, "Não acredito em você".

O porão não era como nenhuma cena de crime que Newey já tinha visto. Ele ficou enojado ao vê-la. Na sua cabeça, supôs que Carol e Cortney tinham sido presos e torturados no porão pelos criminosos. Mas, como não tinha visto os corpos pessoalmente para identificá-los, não quis contar a Byron que sim, sua esposa e filho haviam estado lá embaixo. Ele logo percebeu como a situação poderia sair do controle, e imaginou Byron se matando ou matando alguém e dirigindo desesperadamente para o hospital. No entanto, não sabia como apaziguar a raiva e a frustração de Byron. Escolheu as palavras com cuidado, na esperança de acalmá-lo.

"Levaram uma mulher e um garoto, um jovem", disse ele, "para o Benedict."

"É Carol e Cortney?"

"Não sabemos", falou Newey. "Não fazemos ideia de quem sejam."

"É minha mulher e meu filho?"

"Não sabemos, não sabemos quem são."

"Cacete! Sei que eles estão aí", afirmou Byron. "Preciso descer e ver!"

"Eles não estão lá embaixo, By", disse Newey. Ele olhou para o rosto ansioso de Byron e sabia que estava perdendo terreno. "Mas acho que a única maneira que posso convencê-lo é deixar você ver." Ele se virou para o policial vigiando a porta. "Este é o dr. Byron Naisbitt. Ele acredita que a esposa e o filho estão lá embaixo. Falei que não estão, mas ele quer ver com os próprios olhos. Ele não vai atrapalhar nada." Olhou de volta para Byron. "By, pode descer até o quarto degrau antes do último. Pode olhar por um segundo, e depois precisa sair."

Byron seguiu apressadamente o policial até o quarto degrau. A luz no porão estava fraca, interrompida apenas pelos estouros irregulares dos flashes enquanto os técnicos da Perícia fotografavam a cena. No chão, na frente do painel principal, estava o corpo de um rapaz, com sangue encharcando de marrom o carpete verde embaixo de sua cabeça. Logo adiante, em frente a uma porta de correr escura, uma garota no fim da adolescência estava vestida apenas de meia, com um buraco vermelho atrás da cabeça.

Quando cheguei lá embaixo, vi a garota e um outro cara, os dois caídos mortos. Não sabia as circunstâncias e os policiais não estavam a fim de dizer. Só disseram que os outros tinham ido para o hospital, o rapaz e a senhora para o Benedict, e o homem para o McKay. Descreveram a mulher e o garoto e, então, soube com certeza que minha esposa e Cort estavam lá, que tinham sido vítimas. Então tive uma pontinha de esperança, porque os dois estavam vivos quando os levaram.

Dentro de poucos segundos, Newey ouviu passos pesados correndo escada acima na sua direção. Ele se virou quando Byron chegou ao topo.

"By", disse ele, "vamos averiguar isso. Vamos ligar para os hospitais e descobrir se são Carol e Cortney. Se forem eles, mandarei um dos policiais com você até lá."

Byron olhou para Newey, balbuciou alguma coisa que Newey não conseguiu ouvir e passou direto. Ele correu em direção a seu carro.

Newey gritou: "Espere aí, By! Espere! Vou pedir a um policial para levar você. By, pare!".

A Mercedes saltou de ré pelo beco, espalhando o cascalho. Os pneus travaram, rodaram para frente e o carro saiu derrapando do estacionamento para a Kisley. Newey se virou para o capitão.

"É exatamente isso que eu estava tentando evitar."

Eles ouviram os pneus cantando quando Byron virou a primeira curva, correndo até o hospital.

No caminho todo até o hospital não sabia o que pensar. O que se pode pensar? Você sabe que está em apuros, mas não sabe o quanto; está tentando chegar lá o mais rápido possível e tudo fica atravancando seu caminho. Estava com raiva, aborrecido e em alta velocidade. Estava pensando em todas as possibilidades, tudo passando pela minha cabeça ao mesmo tempo, uma após a outra, mas a única coisa que sabia com certeza era que os dois tinham sido baleados, minha esposa e meu filho tinham estado em um desastre e eu não podia fazer nada a respeito, mas queria ir até lá para ver se podia ajudar. Tinha a sensação de que nada andava rápido o bastante, como se eu estivesse me aproximando de um prazo que não poderia cumprir. Eu estava com uma sensação oca por dentro, sentia um vazio, sentia medo, sentia ansiedade. Queria chegar, chegar, chegar, e nada me fazia chegar rápido o bastante. Acho que poderia ter sido perigoso para qualquer pessoa por perto, porque eu estava correndo para diabo. Meti o pé até chegar ao hospital.

O dr. Allred estava parado no corredor, de costas para as portas, quando Byron Naisbitt entrou pela sala de emergência. "Minha família!", gritou, sem fôlego. "Eles estão aqui?"

Allred se virou e reconheceu o obstetra grisalho que já estava ao seu lado, ainda andando com passos largos.

"Trouxeram algumas pessoas aqui e levaram para a UTI, mas acho que ainda não sabem a identidade deles."

"Onde fica a UTI?" Ele estava no fim do corredor agora.

"Terceiro andar!", gritou dr. Allred.

Andy Tolsma, o técnico de medicina, ouviu o diálogo foi até o corredor enquanto dr. Naisbitt passou apressado. "Levo você lá", disse, chegando ao lado do médico que agora já estava quase correndo.

Eles viraram a esquina em frente às máquinas de Coca-Cola, Andy estendeu a mão e apertou o botão do elevador. As portas se abriram hesitantemente e os dois homens entraram. Não se falaram. Enquanto o elevador subia até o terceiro andar, dr. Naisbitt olhou para os números iluminados dos andares que passavam devagar.

"Minha esposa", quis saber, "é grave?"

A pergunta assustou Andy. Sentia que lhe não cabia dizer ao dr. Naisbitt que sua esposa estava morta. Mas também, o que poderia dizer, ela está bem, tudo bem, não se preocupe com ela?

"Sinto muito, senhor, ela morreu."

Não houve uma mudança sequer em seu semblante ansioso. "Por que ninguém me ligou?", indagou.

"Nós tentamos", disse Andy.

As portas se abriram e dr. Wallace estava na frente do elevador. Dr. Naisbitt atravessou as portas antes que estivessem totalmente abertas e o segurou pelo braço.

"Jess, o que está acontecendo com a minha família?"

"By, estava tentando te ligar. Vem comigo."

Eles se apressaram pelo corredor.

Quando a porta da UTI se abriu lentamente, Byron Naisbitt viu seu filho no cubículo de vidro. O corpo do garoto estava azul-acinzentado como um cadáver, e o tubo da traqueostomia saindo da base de seu pescoço estava cheio de uma espuma sangrenta. Quatro pessoas pairavam em cima dele, tentando limpar a via aérea e bombear oxigênio em seus pulmões.

Cortney parecia morto. Byron correu para o pequeno quarto, parou abruptamente, olhando para seu filho, e depois se virou com total distanciamento. Segurou o dr. Wallace outra vez.

"O que diabos está acontecendo?", praguejou.

Antes que dr. Wallace pudesse explicar, Byron começou a correr de cubículo em cubículo, olhando desesperadamente dentro de cada um e balbuciando: "Cadê minha mulher? Cadê minha mulher?". Ele percorreu toda a extensão da ala e, quando chegou ao final, ficou ali parado, parecendo agitado e confuso.

Dr. Wallace segurou o braço dele e o puxou até um recanto com toalhas e roupas de cama empilhadas.

"By, quer me escutar? Acalme-se. Vou tentar explicar o que aconteceu... preste atenção. Vou fazer o melhor que puder, mas não sei muito... Cortney está com uma bala na cabeça e..."

"Atiraram na cabeça dele!"

"...parece que ele bebeu algum tipo de ácido."

"Ácido! ÁCIDO! Jess, o que diabos está acontecendo? Que pesadelo é esse? Meu Deus!"

Wallace o pegou pelos ombros. "Não sei. Ouvimos um monte de boatos, dos motoristas das ambulâncias, da polícia... Ninguém sabe o que aconteceu. Cortney está com algumas queimaduras em volta da boca e tem um grave edema pulmonar desde que chegou aqui. Estabelecemos uma via aérea nele e agora estão injetando álcool puro pelo tubo dele. Parece que estamos conseguindo passar um pouco de oxigênio, mas está difícil interromper a substância. As pupilas dele estão começando a reagir...".

"Jess, Cortney vai sobreviver?"

"Não sei, By. Ele está mostrando alguns sinais vitais primitivos, mas não sei se é o suficiente. Jim Hauser o examinou e disse que provavelmente morreria em poucos minutos. Isso foi 45 minutos atrás, e ele ainda está aguentando. Liguei para Rees, que deve chegar a qualquer minuto para ver se consegue ligar um desses sistemas de suporte à vida nele."

"E minha esposa?", perguntou Byron. "Onde está minha esposa?"

"Carol? Não sei", disse Wallace. "Não a vi."

"Ela deveria estar aqui! Onde ela está, inferno?"

Embora Byron já tivesse sido informado que Carol estava morta, ele se recusou a acreditar, ou então estava pedindo para ver o corpo dela e confirmar. Talvez, por seu estado emocional no elevador, não tivesse entendido o que Andy dissera.

Curiosamente, na confusão, Jess Wallace não havia ligado a mulher ao garoto. Ele conhecia Carol. Tinha examinado a paciente. Achou que lhe parecia familiar. Estava no recinto quando Cortney foi identificado. Mas não havia estabelecido nenhuma relação entre os dois. Enquanto tentava explicar a Byron que não sabia nada a respeito de Carol, uma enfermeira começou a puxar sua manga, tentando cochichar alguma coisa para ele. Por fim, o arrastou para um canto.

"Dr. Wallace!", disse, já impaciente. "Talvez seja a sra. Naisbitt lá no necrotério!"

Wallace ficou atordoado e irritado por não ter reconhecido Carol nem pensado nela quando Cortney foi identificado. "Droga!", praguejou. Ele pôs o braço no ombro de Byron.

"Vamos lá fora, By."

Dr. Ross passou por eles na entrada da UTI. Byron se virou para Rees e, sem nenhuma emoção, disse, "Entre lá e salve meu filho". Em seguida, ele e dr. Wallace continuaram andando pelo corredor até o posto de enfermagem.

"By, não sei como não me toquei antes", disse Wallace. "Trouxeram uma mulher para cá junto de Cortney. Ela foi baleada na cabeça também." Hesitou por um instante, procurando as palavras. Por fim, disse, "Carol usa um anel de jade na mão direita?".

Byron comprara o anel para Carol no Havaí. Ela quase nunca o tirava. "Sim", respondeu devagar. "Usa, sim."

"Sinto muito, By, ela morreu. Levaram-na para o necrotério faz pouco tempo."

Chegaram ao posto de enfermagem.

Byron apoiou os braços pesados no balcão, com a mão cobrindo os olhos. Dr. Wallace telefonou para Frances Howard, a supervisora de enfermagem, e lhe disse para encontrá-los lá embaixo com a chave do necrotério.

O necrotério do St. Benedict fica no porão, a 75 metros do elevador. Para as pessoas que precisam percorrer essa distância a fim de identificar um ente querido, parece uma viagem interminável. A primeira metade é um corredor bege rigorosamente forrado com armários até o chão e ladrilhado com quadrados de linóleo. De maneira abrupta, o teto se rebaixa, o piso passa para um concreto incolor, as paredes mudam para branco gelo e o ar fica gelado. É um túnel e, a cada seis metros, um curto e austero tubo fluorescente ilumina de leve o caminho. Mas o que assalta os sentidos é o gemido melancólico dos geradores que emana de trás das paredes. O som parece um coro.

Em silêncio, o trio entrou no túnel, sentindo o ar mais frio e ouvindo o som de coro à sua volta. Dr. Naisbitt caminhou languidamente entre os outros dois. *Sabia que estávamos indo ao necrotério, sabia o que iríamos ver, e tinha uma sensação de profunda solidão. Meus pensamentos se voltavam para Cortney lá em cima e imaginava o que estava acontecendo lá, porque essa era a única esperança que me restava.*

Os dois médicos ficaram do lado enquanto Fran Heward destrancava a porta do necrotério. O ar, parado e refrigerado, assentou-se como poeira pela sala lúgubre, cobrindo as ferramentas sombrias do patologista. Fran Heward abriu a gaveta de metal do alto, mas, antes que pudesse retirar o tecido branco que cobria o corpo, dr. Naisbitt já tinha visto uma ponta de material vermelho aparecendo por debaixo.

"Acho que esse era o vestido que ela estava usando esta noite", murmurou ele.

A supervisora retirou o tecido.

É um choque. É um choque que não dá para descrever. Ali está a esposa que você conheceu, amou, com quem conviveu, formou sua família e dividiu as experiências praticamente a vida inteira... E ali estava ela, com a aparência grotesca, sem que a tivessem limpado. Não sei como descrever essa sensação. Não sei como diabos é possível descrever sentimentos que dilaceram suas entranhas. É um remorso, um desespero, uma agonia no coração, e você sente uma dor real no peito. Quando você ouve alguém dizer que está com dor no coração, ela está com dor no coração, dor no coração. Dói. Machuca, fere, lateja. Quando olhei para minha mulher, tive dor de verdade no coração.

Eles saíram do necrotério e fizeram a travessia de volta pelo túnel. Os geradores zumbiam atrás das paredes. As luzes fluorescentes piscavam devagar. A mente de Byron Naisbitt estava tão entorpecida quanto naqueles momentos antes de acordar, quando não é possível distinguir o clamor dos pensamentos como fatos ou a fantasia de um sonho recente. Ou melhor, um pesadelo. Conforme caminhava em silêncio pelo túnel, continuou despertando para aquilo.

Era nisso que meus sentimentos e pensamentos estavam, lá naquele porão. Minha mulher e meu filho, as vítimas. O que estava passando pela cabeça deles? Senhor, o medo, o terror e a tortura. Eles não se importavam com o que aconteceu com minha esposa e meu filho. Derramando ácido em suas gargantas e depois atirando neles! Meu Deus do céu! Você pode enfrentar um monte de coisas, mas quando alguém está abusando de você ao seu bel-prazer da maneira que desejam, isso é um terror e uma tortura pelos quais ninguém deveria precisar passar na vida, ninguém deveria! Não consigo acreditar nisso! Está fora do alcance do meu raciocínio! Alguém pega você, amarra, deixa você indefeso, depois aterroriza e você fica totalmente à mercê deles, e eles não têm sentimento nenhum por você, não se importam, já decidiram o que vão fazer com você, e aí levam o tempo que quiserem lhe atormentando! Ninguém deveria ter esse poder sobre outra pessoa. Ninguém! Eu não... eu não... não consigo acreditar...

Eles haviam atravessado o túnel e estavam na altura da sala das enfermeiras quando de repente seus joelhos cederam e ele se segurou nos ombros da supervisora de enfermagem. Dr. Wallace o segurou por trás.

"Fran, vamos levá-lo ali dentro."

Não houve nenhum surto emocional, apenas lágrimas enchendo seus olhos enquanto ele ficou sentado em um velho sofá, curvado para frente segurando a cabeça com as mãos.

Estava arrasado. Tenho uma família de seis pessoas e duas delas, um terço da minha família, foram dizimadas. Minha esposa está morta e meu filho sem expectativa de viver. Eu não sei, o que é que você faz com uma coisa dessa? O pesar é ruim. Pesar é uma coisa terrível de ter que confrontar. Derramei uma ou duas lágrimas e algumas coisas daquela tarde passaram pela minha cabeça, ela querendo ir, e me perguntei por que eu mesmo não fui. Eu tinha uma sensação real de perda e desespero. Você perde a esposa de mais de trinta anos e é meio trágico, acho. Mas, a partir daquele momento, precisava tirá-la da minha cabeça, não podia ficar pensando nela, porque senão não conseguiria funcionar. Precisava tirá-la da minha cabeça porque sabia que não havia mais nada que pudesse fazer por ela. Mas lampejos da dor, do desconforto, da ansiedade e da perda ficavam voltando, contudo eu precisava continuar reprimindo-os e fazer o que tinha que fazer. Porque havia um fato que era absoluto e jamais iria mudar, e é esse o fato que você precisa enxergar logo de cara: ela estava fora da minha vida; para sempre.

De repente, percebi que meu filho estava vivo lá em cima e isso me trouxe alguma esperança. Fiquei ansioso para ver como ele estava e se havia alguma coisa que eu pudesse fazer. Ele parecia morto e ninguém me dizia que chegaria vivo até de manhã, porém isso me deu alguma coisa à qual me agarrar, alguma coisa pela qual esperar. Eu tinha sentimentos horríveis sobre como um garoto podia passar por aquele tipo de coisa, mas pelo menos ele estava vivo.

✖ Passava da meia-noite. Don Moore, ex-investigador de homicídios e agora membro da nova Força Tática de Ogden, estava ajoelhado no meio do porão da Hi-Fi Shop, pensando. A luz de sua lanterna cruzou cada parede metodicamente, passou sobre as caixas e os equipamentos de som no chão, depois, em movimentos lentos, desenhou semicírculos no carpete em torno de seus pés. À sua frente, pedaços de fio e de fita estavam espalhados sobre as manchas de sangue onde Youngberg a princípio avistara o adolescente e a mulher deitados de costas, gorgolejando em busca de ar. Moore observava, mas não tocava em nada.

Moore chegara à Hi-Fi Shop com o restante da Força Tática, logo após a primeira ambulância sair para o St. Benedict. Por conta de sua experiência prévia trabalhando em homicídios, foi designado pelo líder do esquadrão para comandar a investigação inicial na cena do crime. Após conversar rapidamente com Youngberg, lacrou o prédio, instruiu um guarda para não deixar ninguém entrar pela porta de trás e desceu as escadas a fim de inspecionar o porão em busca de evidências. Pouco tempo depois, os técnicos especializados em cenas de crime se apresentaram com seus equipamentos de processamento, e o novo investigador de homicídios, D. K. White, que seria o encarregado do caso de fato, olhou depressa o porão do degrau inferior. White falou com Moore e logo saiu para a sala de emergência do McKay-Dee para entrevistar sua testemunha sobrevivente, sr. Walker.

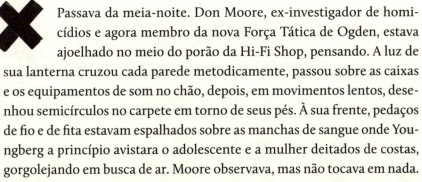

Enquanto os técnicos estavam vasculhando a cena em busca de evidências, o legista do condado chegou e declarou os dois corpos remanescentes oficialmente mortos, e permitiu-se a entrada dos agentes funerários que deveriam transportar os corpos para o Instituto Médico Legal em Salt Lake City. Com luvas para evitar o contato com o líquido cáustico que empolou o rosto das vítimas, enfiaram os corpos em sacos plásticos e os vedaram, a fim de entregá-los na mesa do patologista exatamente como haviam sido encontrados na cena do crime. Com a ajuda de policiais, carregaram os corpos devagar para cima das escadas, passaram pela porta dos fundos e saíram para o beco, onde fortes luzes surgiram dos repórteres amontoados a uma pequena distância do prédio. Na enxurrada de luzes e flashes frequentes, os corpos foram colocados no carro funerário e o motorista seguiu em frente, atravessando a pequena multidão.

Com Moore posicionado no centro da sala, ela agora parecia ligeiramente maior, apesar de ainda lúgubre e cheirando a morte. Acima, a luz fraca estava ligada, e as sombras desvanecidas lançadas pelos técnicos forenses deslizavam entre os ângulos estáticos cinzentos formados pelas pilhas de caixas de equipamentos de som. Através de fotografias, os técnicos já tinham reconstruído a cena como haviam encontrado, tirando fotos dos corpos, das caixas, das manchas de sangue, antes que qualquer coisa fosse movida. Agora, sem os corpos, estavam medindo de forma sistemática e coletando as evidências físicas. Em sacos transparentes e garrafas plásticas, vedaram os pedaços de fio usados para amarrar as vítimas, os cartuchos .25 que haviam sido ejetados aleatoriamente em algumas das caixas e as balas .38 encontradas enterradas no carpete embaixo de onde duas vítimas estavam. Procuraram um recipiente do líquido que poderia ter causado as queimaduras no rosto das vítimas, mas não encontraram.

Pairava sobre o porão um sepulcro diferente de qualquer cena de crime que todos ali pudessem se lembrar. Alguma coisa naquela sala proibia que se falasse. Quando o trabalho exigia, se comunicavam, mas de forma oficial e concisa, os movimentos metódicos, como se temessem que um movimento casual ou palavra desnecessária pudesse permitir que a empatia se infiltrasse em seus pensamentos e os paralisassem com emoções. No futuro, alguns deles ouviriam vozes das vítimas implorando por suas vidas, outros teriam pesadelos especificamente sobre aquela cena de crime. Quanto mais tempo passavam no porão, mais cada pessoa se recolhia em sua própria concha.

Com os olhos, Moore acompanhou o feixe da lanterna pela sala, observando em silêncio as posições desocupadas dos corpos, um buraco recente na parte de baixo da parede norte, o círculo de resíduo azul claro nas escadas. Ele havia se agachado no meio de dezenas de cenas de crime antes, olhando, pensando, enchendo sua mente com uma lista dos elementos criminosos de Ogden e tentando ligar o estilo do assassino com alguém da lista. Imaginar suspeitos era o escasso ponto de partida onde o impulso de uma investigação era dado. Porém, conforme Moore olhava em volta da sala, não percebia nada familiar, nada que denunciasse alguma peculiaridade sutil das pessoas que perseguira no passado.

Durante os dois anos como detetive de homicídios, Moore foi atribuído a trinta casos de assassinato, e quando deixou o posto para integrar a nova Força Tática, apenas um único caso seu permanecia ativo. Mesmo agora, aquele único caso continuava não resolvido, e isso incomodava Moore. Desde o início, a investigação do caso foi uma experiência estranha, cheia de possíveis testemunhas olhando preocupadas sobre os ombros para o nada e em seguida ficando caladas. Ao contrário dos assassinatos de agora, houve apenas uma única vítima, que foi assassinada rápida e silenciosamente enquanto dormia. Contudo a pura brutalidade, a arma e a maneira com que foi usada se comparavam com o que tinha acontecido na Hi-Fi Shop. Ter esse único caso aberto ainda incomodava Moore, não porque maculava seu histórico quase perfeito, mas porque sabia quem era o assassino e não podia provar.

Observou o feixe passar sobre as manchas de sangue à sua frente. Nas escadas, passos vinham descendo para o porão, e D. K. White, voltando de sua entrevista com Orren Walker, apareceu na sala e reuniu os técnicos para um briefing. Quando White viu Walker pela primeira vez na sala de emergência, um médico estava extraindo um tubo de plástico azul-escuro de mais de 15 cm do ouvido de Walker. O sobrevivente já tinha sido tratado pelo ferimento a bala atrás da cabeça e as queimaduras químicas em volta da boca, na testa e sobre o ombro. Com a caneta removida com segurança, o médico a colocou em um saco plástico, que lacrou e colocou no balcão para White levar como evidência. Uma mancha de sangue saía da ponta da caneta e subia quase 12 cm.

Embora grogue de dor e cansaço, Walker ainda estava coerente após a operação. Enquanto White anotava rapidamente em seu bloco, Walker relatou a noite desde o momento em que entrou no beco do estacionamento atrás da Hi-Fi Shop até sair de lá em uma ambulância. Sua história era longa, cronológica e específica; enquanto estava deitado no porão, Walker prometera a si mesmo que, se sobrevivesse, não se esqueceria de nada.

Descreveu os dois homens como negros, um baixo e um alto. O alto tinha traços finos e sua pele não era tão escura. O mais baixo era bem escuro e forte, com o rosto mais redondo que o do mais alto, e seus traços eram abrutalhados. Os dois, estimou Walker, tinham vinte e poucos anos e tinham cabelos curtos com penteados afro. Para entrar na loja pelo beco, Walker se lembrou de passar em volta de uma van estacionada quase colada na porta dos fundos. A van era de cor clara, talvez verde ou amarela, ele não tinha certeza.

Agora, conforme White lia suas anotações, outros suspeitos começaram a brotar na mente de Moore, embora nenhuma deles parecesse capaz de cometer um crime dessa magnitude. Ele conhecia homens que poderiam atirar em alguém sem pestanejar, homens que, surpreendidos, encurralados ou apenas com raiva, poderiam apontar uma arma para outro homem e puxar o gatilho. Porém não conseguia pensar em ninguém que primeiro torturasse e estuprasse suas vítimas, ou as amarrasse e as executasse uma de cada vez.

Quando White terminou de recontar a história de Walker sobre o que tinha acontecido naquela noite no porão da Hi-Fi Shop, um dos técnicos ecoou os pensamentos de Moore.

"Quem nós conhecemos por aqui que seria *bárbaro* o suficiente para fazer isso?"

O assassino do único caso que Moore não conseguiu solucionar parecia mais desumano do que bárbaro. No outono anterior, Moore havia reunido evidências suficientes para interrogar o homem, e lhe disse na cara que sabia que ele era o assassino. O homem ficou sentado imóvel, sem um tremor sequer no rosto, sem um tique de arrependimento nem uma pontada de angústia que Moore pudesse ver, nada além de seus olhos estreitos parecendo vidrados. Era o suspeito mais estranho que Moore já tinha confrontado. Tiraram suas impressões digitais, o fotografaram e o interrogaram duas vezes, entretanto Moore não foi capaz de penetrar aquele rosto plácido e aqueles olhos vidrados. Nem foi capaz de produzir uma testemunha nem a arma do crime. Durante meses após a investigação inicial, continuou montando um forte caso de evidências circunstanciais, mas não o suficiente para uma acusação de assassinato. O homem foi posto em liberdade, e Moore sabia que ele, quando precisasse, mataria outra vez.

O que Moore não sabia é que aquele mesmo homem, o qual ficou rodeando todos aqueles meses, havia se ajoelhado, horas antes, no mesmo local onde ele agora analisava uma ocorrência criminal.

Dr. Richard Rees era um cirurgião torácico agressivo, brilhante e, às vezes, teatral. Se ele detectasse qualquer coisa salvável em um paciente, dizia, "Sobrou alguma coisa do melão?", batendo o indicador na cabeça. Ele ia até o fim para salvar a vida do paciente.

Naquela noite na Terapia Intensiva, Rees foi confrontado pelo corpo arfante e azulado de um jovem. O garoto tinha um tubo ensanguentado saindo do pescoço, uma sonda nasogástrica enfiada nas narinas e acessos intravenosos entrando em cada braço. Atrás de sua cabeça havia um buraco de bala.

Dr. Rees lavou as mãos rapidamente em uma pia próxima, pediu uma bandeja de dissecção, curvou-se sobre o corpo de Cortney e começou um procedimento meticuloso, porém rápido, que chamava de "terapia coerciva". Fez uma incisão no punho de Cortney e enfiou um cateter de coleta de sangue arterial na artéria radial, a fim de obter uma análise computadorizada dos gases em seu sangue. Cortou a veia subclávia e inseriu um fino cateter intravenoso em direção ao ventrículo direito do coração. Injetou Decadron e Lasix[1] nos tubos de acesso a fim de ajudar a controlar o edema. Administrou digitalis para fortalecer a ati-

---

1 Anti-inflamatório e diurético, respectivamente. [NE]

vidade do coração. Cortou a veia safena na virilha e introduziu um cateter para medir sua pressão venosa. Injetou antibióticos para combater a infecção. Bombeou atropina em seu corpo a fim de contrabalançar o pulso lento e aumentar a pressão sanguínea. Conectou o coração dele a um eletrocardiógrafo. Disse aos terapeutas respiratórios, Chad e John, "Tirem ele desse ventiladorzinho, botem o MA-1[2] aqui, ele precisa ter mais oxigênio!"

Enquanto Rees trabalhava, emitia uma série constante de ordens pedindo instrumentos, medicamentos e tubos para as vias que estava instalando em Cortney. Tantas coisas precisavam ser feitas ao mesmo tempo que as enfermeiras não sabiam se obedeciam uma ordem ou ficavam ao lado de dr. Rees para a próxima. Mãos se alvoroçavam pelo corpo do garoto. Mãos cortando, mãos fechando, mãos se estendendo, mão segurando, mãos descascando. Mãos prendendo, amarrando, puxando, aspirando, inserindo, auxiliando. Terapia coerciva. Atirar para todos os lados. Fazer tudo que se sabe para manter o paciente vivo.

A agitação continuou por duas horas. Enquanto dr. Rees e as enfermeiras ligavam o corpo de Cortney nas máquinas de suporte à vida, Chad e John injetavam metodicamente álcool etílico no tubo de traqueostomia e aspiravam o líquido vermelho convertido. Ele vinha pouco a pouco no início, mas depois de uma hora o edema começou a diminuir e o oxigênio que saía do novo ventilador estava entrando mais em seus pulmões. Com tubos e fios enrolados no corpo de Cortney, as máquinas começaram a apitar seus sinais vitais de volta, e as enfermeiras monitoravam os sinais, administrando os medicamentos conforme ditavam.

Enquanto Rees estava operando, Byron Naisbitt retornou à UTI com dr. Wallace. Seu semblante estava mais calmo, todavia as linhas em seu rosto agora estavam mais fundas, e os olhos vermelhos e enevoados. Olhou para seu filho através do vidro, quase invisível sob o agito das mãos habilidosas, e viu que ainda estava vivo. Durante alguns minutos, Byron observou em silêncio dr. Rees fazendo sua mágica especial; em seguida, afastou-se do vidro. À sua volta, pessoas entravam e saíam

2   Sistema de oxigênio com cilindro regulador, mais eficiente do
     que os ventiladores pulmonares. É muito utilizado pela força
     aérea e militar em situações de emergência. [NE]

correndo do quarto de seu filho, carregando coisas para a sobrevivência dele. Parado ali, não podia fazer nada além de observar; observar e se preocupar e se sentir impotente para ajudar seu filho.

Ele saiu da UTI e, no corredor, falou rapidamente com um policial que estava de guarda para proteger Cortney. Pelo policial, soube que o outro sobrevivente, sr. Walker, ainda estava vivo no Hospital McKay-Dee e até conseguia falar. Byron começou a descer o corredor em direção ao elevador.

"Aonde você vai?", gritou Wallace.

"Para o McKay", disse Byron.

"Você não acha que primeiro precisa se acalmar um pouco?"

Byron virou a cabeça para trás na metade do caminho e continuou andando. "Vou me acalmar quando descobrir que diabos aconteceu!"

Na volta do necrotério, quando Byron desabou, Fran Heward, a supervisora de enfermagem, o deixou junto com o dr. Wallace na sala das enfermeiras e subiu correndo para ligar para o irmão de Byron, Paul. Obedecendo à política tácita do hospital, lhe diria apenas que um acidente grave tinha acontecido envolvendo sua cunhada e que seu irmão precisava do seu apoio. Pouco depois de Byron sair para o Hospital McKay-Dee, Paul e sua esposa Maureen chegaram ao St. Benedict. A sra. Heward os encontrou na entrada da sala de emergência e os acompanhou até a UTI. Enquanto caminhavam, ela explicou que Carol e Cortney tinham sido baleados, que Carol tinha morrido e Cortney estava na Terapia Intensiva, sem expectativa de sobreviver.

Quando a porta da UTI se abriu e viram seu sobrinho logo adiante, Maureen se sobressaltou, cobriu a boca com a mão e virou de costas para a janela. O garoto lá dentro estava comprido, magro e cinza, e agulhas perfuravam seu corpo. Dr. Hauser havia retornado para dar mais uma olhada nele e estava conversando com dr. Rees e dr. Wallace em um recanto adjacente ao cubículo do garoto. Paul, uma versão mais quieta e séria de seu irmão mais velho, deixou Maureen e foi até o grupo dos médicos.

"Como ele está?", perguntou baixinho.

"Olá, Paul", cumprimentou Rees. "Ele está com muito fluido nos pulmões, e foi baleado na cabeça. Estávamos discutindo se ele consegue aguentar que Jim abra sua cabeça e dê uma olhada lá dentro."

"Vocês esperam que ele sobreviva?"

Rees hesitou, e depois balançou a cabeça. "Não, a gente acha que não."

Paul voltou até onde Fran Heward ainda estava com Maureen, perto da entrada. "Onde está By?", perguntou.

"Foi até o McKay", informou a supervisora. "Está tentando descobrir tudo que puder com o outro sobrevivente."

"Notificaram algum dos filhos?"

"Só Brett, que deve estar aqui em alguns minutos. Acabei de falar com ele ao telefone, mas não consegui encontrar os outros dois ainda."

"Ok, onde tem um telefone? Vou tentar entrar em contato com Gary e Claire."

Brett Naisbitt exalava a mesma energia e jocosidade de seu pai, embora na infância isso tivesse se manifestado de maneiras pouco promissoras. Ele era o menino que estava sempre se metendo em brigas, que colocava o vômito de plástico na mesa da professora, que era diariamente mandado para a sala do diretor a fim de discutir todas as coisas ruins que tinha feito na escola naquele dia. No entanto, Carol Naisbitt uma vez disse à esposa de Brett, Diane, "Dos quatro filhos, acho que me diverti mais com Brett, porque ele era tão engraçado, tão imprevisível".

Adulto, Brett tinha cabelos loiros, olhos verdes e um rosto iluminado por um sorriso caloroso e agradável. Apesar de ser sete centímetros mais baixo que seu irmão Gary, seus ombros eram grossos e largos. Na faculdade, Brett tinha o raciocínio rápido e se imaginava estudando para ser médico; no entanto, em vez de frequentar as aulas, preferia esquiar cinco ou seis dias na semana nas montanhas Wasatch ali perto. Ele nunca se formou. Casou-se com Diane, uma garota deslumbrante de cabelos loiros e olhos azuis, quando tinha 20 anos e teve uma série de empregos como pintor de casas, telhador, escavador de carvão e gerente de motel. Também limpou o chão do abatedouro de um frigorífico, trabalhou em um laboratório químico e viajou para a selva brasileira com a intenção de organizar uma empresa de importação de diamantes. Agora com 25 anos, tinha se aproximado da medicina. Era técnico de sala de cirurgia trabalhando em cirurgia geral e às vezes prestava assistência a neurocirurgiões ou à equipe de cirurgia cardiovascular de Ogden. Naquela manhã, havia auxiliado dr. Hauser em uma craniotomia no Hospital McKay-Dee.

Para Brett e Diane, tinha sido uma noite agradável de jantar com os pais de Diane e alguns de seus nove irmãos. O evento de família acabou por volta das 22h30, e Brett e Diane começaram o trajeto tranquilo de volta para casa em Riverdale, um subúrbio a oeste de Ogden. Estavam viajando no sentido norte da Harrison Boulevard, fazendo o caminho mais longo para casa, quando ouviram sirenes vindo de uma das ruas laterais da cidade. Em seguida, um policial de moto virou repentinamente na Harrison no sentido sul. Assim que a moto fez a curva, uma ambulância entrou na Harrison logo atrás. As duas sirenes estavam ligadas quando fizeram a curva, e as luzes piscando. Brett comentou que quem estava naquela ambulância devia ter tido um infarto. Mas Diane teve outros pensamentos sobre o passageiro da ambulância.

Quando vimos a ambulância, tive uma sensação estranha. Até falei para Brett: "Essa ambulância me deixou preocupada. Acho que é alguém da nossa família". Brett disse, "Ah, não seja boba". Não sabia se era a minha família ou a família dele. Só tive essa sensação. Então eu disse a Brett, "Siga-a, por favor". O que é uma bobagem, mas queria que fizesse isso. Ele ficou dizendo, "Não, isso é idiotice". E eu falei, "Brett... por favor... siga... aquela... ambulância". E ele disse, "Está tudo bem, não se preocupe, não é ninguém da nossa família". Você sabe. Ele me convenceu de que estava tudo bem. Depois descobrimos que era a mãe dele.

Àquela altura, a ambulância havia desaparecido e o apelo de Diane começou a parecer bobagem até mesmo para ela. Continuaram dirigindo pela Harrison, depois deram a volta para a Washington Boulevard e viraram no sentido sul outra vez, atravessando o centro de Ogden. Passaram pela Hi-Fi Shop. Mais adiante na Washington Boulevard, viraram na Riverdale Road e foram no sentido oeste. Ao se aproximarem de Riverdale, Brett começou a perceber a grande quantidade de carros de polícia nas ruas. Com as luzes ligadas e as sirenes uivando, vários haviam passado mais cedo. Agora estavam entrando em shopping centers desertos, vasculhando ruas laterais e becos à procura de algo ou alguém.

"Está realmente muito agitado esta noite", comentou Brett. "Nunca vi desse jeito, alguma coisa muito grande deve ter acontecido."

Em casa, puseram Natalie, sua bebê recém-adotada, no berço e foram direto para a cama. A ambulância foi esquecida, os carros de polícia foram esquecidos e em pouco tempo o casal já estava dormindo. Então o telefone tocou. Brett despertou imediatamente.

"Brett, aqui é Frances Heward do St. Benedict. Acho melhor você vir para cá imediatamente. Houve um acidente grave e seu pai precisa do seu apoio.

"O que aconteceu?", disse Brett. "Ele está bem?"

"Ele está bem", disse a supervisora. "É a sua mãe e Cortney, eles tiveram um acidente e seu pai precisa do seu apoio. Corra logo para a Terapia Intensiva."

"O que aconteceu com eles?"

"Venha logo para cá."

Aquilo me atingiu como uma enorme onda, uma sensação desagradável, nauseante. Simplesmente me virou pelo avesso. Não sabia o que pensar, nem o que fazer, só senti um pânico. Comecei a tremer imediatamente, mal podia me controlar. Corri e coloquei uma roupa, Di pegou Natalie e as levei de volta para a casa da mãe dela. No caminho, tentamos racionalizar a situação. Pensamos, bom, talvez eles tivessem sofrido um acidente de carro, e estavam na perua, Cortney e mamãe. Deviam ter ido ver um filme, então não poderiam estar muito machucados, porque os cinemas ficam perto e a perua é um carro grande. Já tínhamos concluído que tudo ficaria bem. Então as deixei e corri para o hospital.

Cheguei à sala de emergência e me disseram para ir para a UTI *no terceiro andar. Então voei para lá, saí do elevador e comecei a correr pelo corredor. Tio Paul saiu da sala de espera de lá, me segurou pelos ombros e me disse que houve um tiroteio na Hi-Fi Shop, que mamãe tinha sido baleada e morta, e que Cortney tinha sido baleado e provavelmente não resistiria... Você não consegue acreditar que uma coisa dessas é real. Você sabe que é, mas espera que seja um sonho, espera que vá acordar a qualquer minuto. Era como se eu estivesse paralisado. Eu só fiquei lá dizendo, "Não, não". E comecei a chorar. Tio Paul me levou para a sala de espera e fez eu me sentar um pouco. Precisou me convencer de que minha mãe tinha morrido, que não havia nada que eu pudesse fazer por ela. Depois disso, quis ver Cort.*

Então entrei lá, e ele estava horrível. Ele realmente parecia morto para mim. Estavam fazendo as dissecções nos punhos e tornozelos dele quando cheguei, colocando os monitores, os acessos intravenosos e tudo mais. Encheram-no de fios da cabeça aos pés, e ele começou a ficar com a aparência cada vez mais bizarra conforme o tempo passava. Parecia um filme de Frankenstein, toda aquela parafernália... Eu estava em pânico, mal conseguindo me conter. Um milhão de coisas passa pela sua cabeça, você está cheio de adrenalina, e aí fiquei com um fúria louca quando pensei nele sendo baleado por esses sujeitos. Eu teria dado qualquer coisa para botar minhas mãos neles.

Eu estava lá fazia uns vinte ou trinta minutos quando papai chegou. Ele tinha ido ao McKay falar com o outro sobrevivente. Quando eu o vi parado ali, corri até ele, nós nos abraçamos e não dissemos muita coisa por um tempo, eu só chorava. Claro, ele foi durão. Foi ele que fez com que a gente conseguisse passar por tudo aquilo. Nós apenas fomos no embalo dele, na força dele... Depois de um tempo, perguntei o que tinha acontecido e ele me explicou da melhor maneira que sabia naquele momento. Disse que Cort estava na Hi-Fi Shop e foi pego no meio de um roubo, e aí mamãe foi lá procurar por ele e a pegaram também, e que depois o cara atirou em mamãe e a matou. E ele disse que... eu falei você tem... eu ficava perguntando a ele, "Tem certeza de que ela está morta?", sabe. Ele disse, "Sim, ela está realmente morta". Então pedi para vê-la, e ele disse, "Bem, não dá, ela já está... já levaram ela". Isso é... isso é... é tão difícil de acreditar. Parece que você está ouvindo uma história sobre outra pessoa.

Em outro canto da Terapia Intensiva, os drs. Hauser, Rees e Wallace estavam com um dilema perturbador, porém familiar: O garoto tinha cérebro o suficiente para justificar ser salvo? Era uma pergunta antiga, que se tornava nova pelas circunstâncias de cada paciente. Por um lado, Cortney era forte e jovem, capaz de aguentar a anóxia melhor que um adulto. A bala não havia entrado no cérebro. Suas pupilas haviam mostrado uma vaga reação à luz e, de acordo com uma luz laranja piscando no painel do respirador, ele estava ajudando a máquina em cada respiração. Por outro lado, apesar dos danos físicos causados ao seu cérebro pela concussão da bala e dos danos aos seus órgãos internos precipitados pelo ácido, só havia de fato uma única questão: Será que Cortney não havia excedido os poucos minutos que até mesmo um cérebro jovem pode sobreviver sem oxigênio?

Uma vez que o cérebro foi privado de seu limite, começa a morrer, e as funções mais especializadas são as primeiras a paralisarem. Quando essas células nervosas morrem, não podem ser regeneradas.

Enquanto as enfermeiras cuidavam de Cortney, os três médicos se reuniram à mesa de uma sala adjacente à do garoto, fazendo o que haviam feito mil vezes antes: prever a morte. Se mantivessem Cortney vivo, poderiam deixá-lo inteiro outra vez? Se não pudessem deixá-lo inteiro, será que morrer agora não era preferível a fazer sua família passar por um coma agonizante e fútil? Será que era mais benigno do que trazê-lo de volta apenas para um estado de profunda deformidade mental e física? Eles não poderiam responder essas perguntas antes de fazerem tudo que fosse possível para manter o garoto vivo. E então seria tarde demais para escolher uma morte rápida e indolor para ele.

Sobre a mesa havia um copo de café quente na frente de cada um dos médicos. Jess Wallace, como médico de emergência, não tinha mais nenhuma responsabilidade sobre Cortney, mas foi incluído na consulta por conta de seu contato original com o paciente e de sua experiência trabalhando com trauma.

"Já levei tanto esporro", disse aos outros dois, "que não faz mais diferença. E provavelmente vou levar esporro por esse aqui, mas lá embaixo, mesmo nos primeiros minutos, vi alguma coisa no garoto que me fez agir o mais rápido que pude nele. Talvez tenham sido as pupilas, elas pareceram reagir só um pouquinho quando diminuímos aquele espaço morto de ar."

Como neurocirurgião, a principal preocupação de Hauser era as pupilas do garoto. Elas eram o indicador externo mais certo de lesão cerebral. Quando examinara o garoto mais cedo, não viu nenhum desvio na posição dilatada e fixa delas.

"Ainda não estou confortável com os sinais dos olhos dele", comentou. "Mas, por outro lado, é animador ver que a pressão sanguínea está voltando."

"Que inferno", disse Wallace, "a gente fala em usar nosso julgamento clínico em casos como esse, e na verdade é mais como um sexto sentido ou bruxaria se acabarmos fazendo a coisa certa."

Rees estava com os braços cruzados e recostado na cadeira, esfregando os olhos. "O fato é", disse, "nunca vi um paciente tão morto assim voltar. Nunca mesmo."

Hause concordou com Rees.

"Eu acho que isso não importa a essa altura", disse Wallace. "Acho que vocês precisam continuar indo até o limite com o garoto só para... como posso dizer? ...só para dar uma espécie de apoio psicológico a By."

Wallace havia verbalizado o que estava ficando aparente para os outros dois médicos.

"Não vejo como o garoto teria qualquer chance de sobreviver", disse Hauser, "mas depois desse golpe duplo, também não tenho certeza se By consegue aguentar muito mais."

Rees bocejou. "Precisamos fazer alguma coisa", disse. "Eu só não sei se ele aguenta a cirurgia cerebral."

"Se eu for fazer alguma coisa sobre essa pressão na cabeça dele", disse Hauser, "precisa ser logo. A trepanação não vai conseguir muita coisa se tudo que encontrarmos for um cérebro reduzido a polpa. Mas, se conseguirmos evacuar alguma coisa além do cérebro, como um coágulo sanguíneo, talvez ele tenha uma chance."

"Ah, diacho", disse Rees, "se ele não fizer a trepanação, não vai sobreviver de qualquer maneira, acho, então de um jeito ou de outro não temos nada a perder. Uma coisa", continuou . "By talvez entenda a situação melhor que a maioria das pessoas, ainda assim quero explicar tudo a ele. Quero que ele tenha total ciência do que está acontecendo e quais são as possíveis consequências."

Byron Naisbitt não estava longe dali, com os braços em volta de Brett, consolando-o em um pequeno recanto ao lado da mesa das enfermeiras da Terapia Intensiva. As lágrimas de Brett secaram em seu rosto, deixando o entorno dos olhos inchados. Byron o segurou firme, vendo dr. Rees e dr. Hauser vindo em sua direção.

"By", disse Hauser, "não precisamos nos estender sobre o quanto a situação de Cortney é grave. Quero levá-lo para a cirurgia e abrir a cabeça dele para termos uma ideia melhor de onde estamos pisando. Dick conseguiu estabilizá-lo da melhor maneira possível, mas não sabemos se ele está forte o suficiente para aguentar uma cirurgia como essa, pois talvez não esteja. Por outro lado, se não operarmos logo para tentar aliviar essa pressão, ela vai matá-lo de qualquer jeito."

O rosto de Byron estava sem expressão. Ele ficou com o braço em volta de Brett e escutou. Quando Hauser terminou, disse: "Entendo o que vocês estão enfrentando. Façam o que puderem por ele".

"Tem outra coisa, By", acrescentou Rees, "e eu acho que devemos deixar isso claro agora. Talvez eu nem precise lhe dizer, mas queremos ter certeza de que você está totalmente ciente disso."

Ele fez uma pausa por um momento e Byron assentiu com a cabeça, como se já soubesse o que o cirurgião iria dizer.

"Se Cortney de alguma maneira resistir a tudo isso", continuou Rees, "se conseguirmos mantê-lo vivo, podemos estar criando um monstro. Podemos fazê-lo voltar até certo ponto e depois nos arrepender."

Byron não disse nada a princípio. Já tinha percebido bem mais cedo que, antes de a noite terminar, precisaria tomar uma decisão. Poderia permitir que seu filho morresse em paz ali deitado. Ou poderia implorar aos médicos que o mantivessem vivo, apesar das consequências. Sentia-se aborrecido de pensar que, mesmo se Cortney vivesse, poderia ser privado de todas as coisas que queria fazer. Mas então pensou que estar vivo é melhor que estar morto.

"Sim, pensei sobre isso", falou, "Mas quero que prossigam e façam tudo que puderem. Vamos nos preocupar com o resto depois."

Para a cirurgia, foi estabelecida uma única regra: o respirador auxiliando a respiração de Cortney seria ajustado para "Demanda", de modo que, se o garoto iniciasse a respiração, a máquina o ajudaria e piscaria a luz laranja todas as vezes. Se ele parasse de acionar o respirador, se a luz laranja se apagasse, isso significaria que até a parte mais central e primitiva de seu cérebro tinha se perdido. Caso isso ocorresse durante a cirurgia, em vez de manter vivos o coração e os pulmões de uma pessoa cujo cérebro estava morto, dr. Rees apenas desligaria o aparelho.

Uma equipe cirúrgica de três integrantes, incluindo um anestesista, uma enfermeira e um instrumentador cirúrgico, foi convocada para auxiliar dr. Hauser na operação exploratória. Contudo, quando Hauser telefonou para a sala de operações a fim de dar as instruções de preparação, descobriu que o instrumentador não era qualificado para auxiliar em neurocirurgia. Ironicamente, a única pessoa no hospital qualificada para auxiliar em neurocirurgia era Brett Naisbitt. Brett ouviu a ligação de Hauser e se ofereceu para ajudar na operação. Seu rosto ainda estava inchado, e dr. Hauser se questionou se assistir à operação seria demais para ele absorver emocionalmente. Mas Brett já tinha conseguido um conjunto completo de pijama cirúrgico verde, com chinelos antiestáticos, calça, camisa e touca de amarrar, e estava cruzando o corredor até a cirurgia para organizar a preparação da cirurgia de seu irmão.

Embora fosse alguns centímetros mais alta, Claire Naisbitt parecia ter sido feita à imagem da mãe. Era pequena, tinha cabelos loiros e olhos verdes lacrimosos, e sardas salpicadas de leve sobre a ponte do nariz. Era uma menina bonita, "uma garota que você via e da qual não se esquecia rápido", relembrou uma colega do colégio. Dos filhos dos Naisbitt, Claire, agora com 22 anos, sempre foi a competente: líder de torcida, membro da sociedade de honra, presidente da turma, vencedora de prêmios. Em casa, era a pacificadora entre os irmãos. Porém, por trás de seu tato, suas conquistas e seu rosto atraente, ocultava-se uma certa meiguice. Ela rapidamente fazia alguém se sentir melhor com um cartão ou uma palavra carinhosa; nunca se esquecia de um aniversário e ficava magoada se alguém se esquecesse do dela.

Duas semanas antes da viagem de seus pais a Hong Kong, Claire se sentiu movida a escrever-lhes um bilhete. Era algo que fazia de vez em quando, um lembrete atencioso aos pais do quanto ela os amava e era grata por eles. O bilhete só foi escrito, no entanto, na véspera da partida deles, quando enfim se sentou e escreveu um cartão para os pais. No aeroporto, ao se despedir, entregou o cartão selado aos pais. Ela apenas lhes desejava uma boa viagem e acrescentava, "Só queria que soubessem o quanto amo vocês dois".

Claire tinha imaginado seus pais no ar, abrindo o bilhete e apenas sorrindo um para o outro no começo da sua viagem ao oriente. Mas, após o último passageiro ter embarcado e Claire ficar na janela esperando o avião decolar, se surpreendeu ao ver sua mãe voltando de dentro do avião. Carol correu para dentro do terminal e foi até sua filha.

"O que você está fazendo?", perguntou Claire, rindo.

Sua mãe a abraçou. "Só queria dizer o quanto *nós* amamos *você*. Claire, querida, que bilhete mais carinhoso."

"Ah, é assim que me sinto", disse Claire.

"Bom, foi muito atencioso da sua parte. Você é muito especial para nós."

"É melhor você se apressar", gritou Claire, "Vai perder seu avião!"

"Ah, eles esperam", disse sua mãe. Ela beijou Claire e foi em direção à rampa. "Vemos você daqui a duas semanas."

Claire acenou e gritou, "Divirtam-se!" Ela ficou feliz de ter escrito o bilhete.

O que Claire não incluiu no bilhete era que ela e Scott Swift, um estudante de medicina do segundo ano da Universidade de Utah, logo anunciariam seu noivado. Claire sabia sua mãe, excitável e altamente organizada, estava planejando o casamento de sua única filha desde o dia que Claire nasceu. Na verdade, Claire ainda estava no ensino médio quando Brett e Diane se casaram, mas sua mãe decidiu ali que já era hora de Claire começar a planejar seu próprio casamento, selecionando padrões de porcelanas, pratarias e cristais. Durante os últimos seis anos, no aniversário e no Natal, Claire ganhara peças e talheres nos padrões escolhidos. Agora que iria se formar na faculdade em junho, já tinha ganhado todo o seu fino serviço de mesa, mas sua mãe não conseguiu arrancar uma confissão de que ela e Scott estavam planejando se casar. Em mais de uma ocasião, Carol reclamou com a mãe de Scott, "Acho que nunca vou ver minha filha se casar". Entretanto Scott já tinha comprado o diamante e eles estavam guardando o anúncio como surpresa para Carol e Byron, em algum momento depois que voltassem de viagem. Era difícil para Claire não dividir o segredo com sua mãe, não obstante, por enquanto, a empolgação teria que esperar só um pouco mais.

Claire não disse nada sobre seus planos com Scott nem mesmo quando recebeu os pais de volta no aeroporto duas semanas depois, apesar de, no mesmo dia que voltaram, ela e sua mãe terem ido ao casamento de uma amiga de Claire. Após o casamento, Claire ficou em Ogden durante o fim de semana com Gary e Cortney para ouvir as histórias e ver os souvenires que seus pais haviam trazido do oriente. Por intermédio de um amigo, os Naisbitt tiveram permissão de visitar uma fábrica de joias em Hong Kong, onde compraram pérolas e jades selecionadas. Depois, após verem a fronteira da China Vermelha, voaram até Saigon, porém um conflito eclodiu a apenas 32 km da capital e eles voltaram no mesmo dia. No voo de volta para Hong Kong, pousaram em Bangkok e compraram metros de seda tailandesa cintilante. As histórias da viagem incluíram as aventuras à parte, as impressões rápidas dos lugares e das pessoas, os pratos exóticos que haviam provado. As fotos dos lugares que visitaram só ficariam prontas, se é que ficariam, na segunda-feira.

Claire voltou para a faculdade em Salt Lake City no domingo à tarde. A segunda-feira foi um dia normal para ela, frequentando as aulas dos últimos cursos necessários para o seu diploma em tecnologia médica na Universidade de Utah. Naquela noite, ela e sua colega de quarto, Jody Hetzel, saíram para jantar, voltaram ao apartamento e estudaram até as 23h30. Depois, apagaram as luzes e foram dormir. No silêncio, pouco após a meia-noite, o telefone tocou.

"Claire, aqui é tio Paul." Sua voz estava firme e seca. "Houve um acidente", explicou lentamente, "e queremos que você venha para o Hospital St. Benedict."

Claire se sentou na cama. "Com quem?"

"Está tudo bem", disse seu tio, "só venha para cá."

"Agora?", perguntou. Eram 56 km de Salt Lake City até Ogden.

"Sim, agora. Mas não corra", acrescentou. "Venha com segurança."

"Claro", disse Claire. "Eu vou."

Eu me levantei e comecei a me vestir, acordei Jody e lhe contei o que meu tio tinha dito, e ela achou melhor ir comigo. Eu estava muito ansiosa. Me lembro de me vestir às pressas, sair correndo pela porta e entrar no carro. Estava chovendo um pouco e fui dirigindo, para conseguir manter minha mente ocupada. Nós decidimos que iríamos devagar, porém acabou não sendo assim.

Me sentia um pouco enjoada. Estava tentando descobrir quem estaria fora de casa àquela hora da noite. A única pessoa que poderia ser, era meu pai. E então eu pensei, bom, o que poderia ter acontecido com ele? Imaginei que tivesse sofrido um acidente de carro a caminho do hospital para fazer um parto. Logo no começo, não achei que fosse ser tão grave. Não falamos muito sobre isso. Fiquei pensando alto por que tio Paul tinha ligado, em vez de mamãe, mas decidi que, se alguma coisa tinha acontecido com papai, ela provavelmente estaria mais preocupada com ele. Mas aí pensei, se foi só um acidentezinho, por que ela não conseguiria ligar? Talvez papai estivesse gravemente ferido. Não achei que ele estivesse morto, nem nada. Tentei não pensar nisso. Pensei, bem, sei lá, vou ter que esperar para descobrir.

Nós devemos ter levado uma meia hora para chegar ao hospital, e entramos direto na sala de emergência. Não precisei perguntar nada; parece que, assim que entramos pela porta, tinha alguém logo ali que disse, "Venha por aqui", ou "Venha comigo", ou algo assim. Então andamos pelo corredor e outra pessoa nos encontrou, devia ser dr. Wallace... ele parecia familiar, mas eu realmente não sabia quem era e, àquela altura, não me importava muito. Eu só o segui e nós... nós viramos uma esquina... e entramos no elevador. E... é... quando estávamos no elevador... ele... ele pôs o braço em volta de mim... e me contou... ele disse que minha mãe tinha sido baleada... e que tinha morrido... e que... é... Cortney tinha sido... baleado, mas disse que estava... não... estava... em estado crítico... ou grave... ou algo assim... e disse que eu precisaria ser mais forte que todo mundo, porque meu pai precisava de todo o apoio possível. Aquilo me bateu tão forte... parecia que... alguém... tinha jogado... uma tonelada de tijolos bem em cima de mim. Eu só me lembro... de segurar Jody... jogar meu braços em volta dela... e só chorar. Acho que ela me segurou... É a sensação mais horrível... é muito chocante... sabe, é tão... tão surpreendente... mesmo que você meio que espere algo tão ruim assim. É como se as suas piores expectativas virassem realidade... que alguém tivesse morrido, mas eu não podia imaginar que minha mãe tivesse sido baleada. Talvez um acidente de carro ou um infarto, algo assim. Mas como as pessoas podem ser baleadas? Essas coisas simplesmente não aconteciam com as pessoas.

Chegamos ao terceiro andar, a porta se abriu e andamos um pouco pelo corredor. Tio Paul estava lá, ele chegou e me levou até meu pai. Brett estava lá na sala de espera, sentado no sofá. Papai estava sentado em uma cadeira grande, e sentei no colo dele e o abracei. E chorei... Meu pai... meu pai disse... ele sempre diz, "Não se preocupe, não se preocupe". E ele falou, "Pode chorar e não se preocupe, vai ficar tudo bem." É o que os pais sempre dizem. Ele falou: "Eu já chorei, agora pode chorar. Já passei por tudo isso, agora é a sua vez". Também disse que teve que descer para ver mamãe. Eu perguntei, "Foi horrível?", e ele disse, "Foi, foi horrível". Mas que estava feliz por ter terminado. E me lembro de perguntar como ela estava. E ele disse: "Tudo bem. Não se preocupe". Ele jamais me diria. Eu acho... ele com certeza pensou... eu não sei como estava a aparência dela, realmente não sei... mesmo ele dizendo "tudo bem". Ela podia... talvez sim, talvez não. Ele ficava me dizendo sempre, "Não se preocupe com isso". Ele falou: "Você não vai querer vê-la nunca. Não vai querer vê-la daquele jeito. É melhor se lembrar dela do jeito que era. Então não pense nisso. Pense só em Cortney e nele ficando bom...".

Ele me abraçou por um tempo, e então lhe perguntei sobre Cortney e ele me levou para vê-lo. Não conseguia acreditar... Eu já tinha estado em UTIS antes, mas é diferente quando é com seu próprio irmão. Me lembro que colocaram aqueles cobertores frios nele, e ele estava tremendo... lembro como parecia comprido e magro... não tinham-no limpado totalmente... e ele estava sem nenhuma roupa... só tubos por toda a parte... entrando nos braços e nas pernas, e parecia bastante amarelo. E estava com uma traqueo... não sei por qual razão, mas isso me incomodou mesmo. Os olhos dele estavam fechados e meio roxos, meio fundos e escuros. Lembro que ele tinha queimaduras em volta da boca e meio que descendo pelo pescoço. Parecia muito cansado... totalmente exausto. Ele... ele parecia... não parecia com ele. Ele não estava rosa, e não estava... sei lá... parecia meio... meio morto. E aí veio tudo desabando em cima de mim de novo. Fiquei nauseada. É muito estranho ver alguém todo entubado. Alguém que você conhece. É realmente terrível. Ele estava tossindo um negócio para fora o tempo todo. Fiquei pensando, Quem é essa pessoa? Meu irmão não é. Tipo, você não parece ele. Meu irmão está pulando para cima e para baixo, correndo por aí.

Fiquei só olhando para ele, logo no começo. Falei com ele e perguntei como estava. Não sei se tive coragem de tocar nele. Acho que talvez tenha encostado nos dedos do pé dele, algo assim. Ou então... talvez eu tenha tocado na mão dele... depois que papai fez isso. É, acho que toquei na mão dele, sim. Mas eu me lembro que estava tão... tão chocada, que eu nem... só senti que não conseguiria tocar nele. Eu não sabia como seria, acho. Acho que estava com medo dele.

Eles só nos deixaram ficar lá dentro por um minuto, e aí papai me levou de volta até a sala de espera e voltou para ficar com Cortney. E em seguida Gary chegou, e o vi passar pela porta e entrar na UTI.

No porão da Hi-Fi Shop, Don Moore e os técnicos forenses agora já tinham ouvido a história completa da testemunha dos assassinatos, relatada pelo detetive White. Ela os ajudou nas buscas por evidências, mas pouco fez para sugerir suspeitos. Para Moore, não havia nada que ligasse seu único caso não resolvido com os assassinatos no porão da Hi-Fi Shop, além da crueldade necessária para cometê-los. Para conectar a crueldade de um com a crueldade do outro, Moore teria de perceber que um homem com passos suaves e um jeito indiferente de se agachar para executar suas vítimas também poderia enterrar uma baioneta no rosto de um homem dormindo.

Se Moore tivesse percebido que já havia perseguido um assassino tão frio e distante quanto o descrito pelo sr. Walker, teria tido lembranças nítidas, levando-o pouco mais de seis meses de volta no tempo, até 5 de outubro de 1973. Por volta do meio-dia daquela data, uma sexta-feira, ele foi chamado para investigar a morte de um jovem sargento negro da Força Aérea atribuído à Base Aérea Hill, logo ao sul de Ogden. O sargento Edward Jefferson foi encontrado em seu apartamento em Ogden, deitado em um sofá, assassinado enquanto dormia. Estava usando apenas roupas de baixo térmicas brancas e suas mãos ainda estavam dobradas pacificamente sobre o peito. Perseguindo pistas, Moore trabalhou o fim de semana todo e na segunda-feira já tinha concentrado suas investigações em uma figura bastante misteriosa cujo nome completo ninguém parecia saber, apenas Dale das Índias Ocidentais. Agentes do Departamento de Investigações Especiais da Força Aérea, trabalhando com Moore no caso, por fim o identificaram como outro jovem negro das forças aéreas, um trinitário de 20 anos chamado Dale Pierre.

Através de registros e testemunhas, Moore havia montado a seguinte história sobre Pierre: ele havia estado no apartamento de Jefferson na tarde do domingo anterior, gravando fitas de músicas, quando o chaveiro de Jefferson, com as chaves do apartamento e do seu Grand Prix 1971, de repente desapareceu. Embora o apartamento tenha sido revistado, as chaves só foram encontradas quando Pierre voltou no dia seguinte e descaradamente sugeriu que eles procurassem de novo. Durante essa segunda busca, o chaveiro reapareceu por um milagre. Jefferson ficou desconfiado, investigou o assunto e descobriu que Pierre tinha furtado o chaveiro, ido até o chaveiro da base, dado o nome falso Curtis Alexander e copiado as chaves do apartamento e do carro. Jefferson trocou a ignição do carro e pediu ao senhorio para instalar novas fechaduras no apartamento. Então confrontou Pierre sobre o incidente, e um terceiro colega, amigo de Jefferson, ouviu os dois discutindo, mas não estava próximo o bastante para ouvir o que fora dito. Dois dias depois, o corpo de Jefferson foi encontrado no sofá da sua sala, com um travesseiro sobre o rosto e uma colcha leve puxada por cima do travesseiro. Seu rosto estava inchado e machucado, com pedaços do cérebro atolados em um pus espesso que escorria pelo nariz e pelos olhos. Uma baioneta tinha sido enfiada repetidas vezes em seu rosto, com o primeiro golpe matando-o instantaneamente. O assassino tinha usado tanta força, cravando a arma tão fundo, que a lâmina atravessou o cérebro de Jefferson e o cabo fraturou o crânio do homem.

Moore considerou o assassinato de Jefferson especialmente frio e insensível, uma questão de conveniência, em vez de paixão. Percebeu os assassinatos atuais de forma semelhante, mas aqui havia uma nova dimensão da qual não tinha conhecimento no caso Jefferson: após ouvir a história da testemunha, Moore supôs que o assassino gostava mesmo de ver as pessoas sofrerem, que havia calculado o estrago que seria feito cada vez que desse o líquido cáustico a eles ou puxasse o gatilho. Foi esse aspecto dos novos assassinatos que impediu que Moore imaginasse Pierre como suspeito. Embora Pierre pudesse ter gostado de matar Jefferson, Moore, não tinha nenhuma testemunha para atestar isso.

Três dias após o corpo de Jefferson ser descoberto, os agentes do OSI que estavam trabalhando com Moore localizaram Pierre e o levaram ao departamento, onde Moore viu o esquivo oficial pela primeira vez. Ele era baixo, cerca de 1,65 metro, com braços e pernas grossos, musculoso pela prática de levantar peso, mas o conjunto era bem estranho. Por mais robusto que seu corpo fosse, sua cabeça ainda era grande demais, com a testa muito inclinada e muito alta até chegar na parte de trás. Suas costas eram um pouco arqueadas, terminando em uma grande bunda protuberante que sugeriria um rebolado, se não fosse pelo andar pomposo que ele fazia. Não havia nada de ameaçador na presença física de Pierre; pelo contrário, sua indiferença o fazia parecer incomumente dócil. Entretanto havia algo arrogante em seu comportamento, um ar que dava a entender que estava ocupado demais para perder tempo. Ele entrou na sala e acenou de forma casual com a cabeça para Moore, depois se acomodou em uma cadeira e massageou o nariz com o dedo, um gesto lento, calmo e inocente. Moore sentiu que Pierre, sendo interrogado por homicídio qualificado, estava apenas um pouco irritado com a inconveniência.

Antes de integrar a polícia de Ogden em 1969, aos 24 anos, Moore ensinou combate corpo a corpo para as Forças Especiais do Exército. Ele tinha 1,98 metro de altura e pesava 102 kg. Tudo nele, incluindo seu silêncio, era grande e intimidador. Tinha mãos e dedos grandes, uma cabeça enorme e imensos olhos cobertos por sobrancelhas grossas e escuras que pareciam pesar sobre eles, inclinando-os em direção às têmporas. Seus olhos eram de um azul médio e, quando encarava um suspeito, esbugalhavam-se e pareciam brilhar um azul mais claro e quente.

Moore sabia pouco sobre Pierre e, vendo-o ali agora, não tinha nenhum motivo para achar que seria diferente de qualquer outra pessoa que tinha interrogado. Eles geralmente agiam de maneira arrogante no começo. Sentado de lado sobre a mesa, Moore começou orientando Pierre sobre seus direitos, e em seguida lhe informou que era suspeito do assassinato de Jefferson. Pierre ficou sentado imóvel e não disse nada. Como sempre, Moore foi firme e direto, nunca tirando os olhos do rosto de Pierre. A uma curta distância de Moore, em uma cadeira contra a parede, Pierre fez uma pose semelhante, nunca tirando os olhos estreitos e duros dos de Moore. Embora Pierre falasse inglês com ritmos e inflexões confusas, Moore conseguia entendê-lo, e os dois homens conversaram de maneira rígida, porém afável, sobre Trinidad e o trabalho de Pierre na Força Aérea. Quando Pierre terminava de responder uma pergunta, fechava a boca e ficava quieto, esperando a próxima. Não dizia nada de forma espontânea, nunca ficava animado nem sorria, e nunca desviava o olhar do rosto de Moore.

Pierre admitiu conhecer Jefferson e estar em seu apartamento alguns dias antes do assassinato, mas negou ter furtado e copiado as chaves. Perto do fim do seu primeiro encontro, Moore perguntou a Pierre onde ele estava na noite que Jefferson fora morto. Pierre bateu pensativamente o dedo indicador na reentrância entre o nariz e seu grosso lábio superior, um hábito que tinha quando estava pensando. Após um momento, disse ter pegado emprestado o carro de seu colega de quarto, que estava de licença, e ido a Salt Lake City sozinho para procurar por um automóvel nas lojas de carros usados. Depois, voltou ao quartel e ficou lá até o dia seguinte, quando voltou ao trabalho na linha de voo. Ao terminar a explicação, Pierre tirou a mão do rosto e continuou olhando para Moore.

Embora seu álibi não pudesse ser comprovado, a expressão de Pierre não denunciou nenhuma preocupação sequer. Na experiência de Moore, isso era inédito.

"Quando você interroga alguém que está envolvido em um crime", explicou Moore mais tarde, "eles tentam blefar, tentam contar histórias, contam mentiras, olham para o nada, ficam mexendo em alguma coisa, focam-se no telefone. Qualquer coisa. Pierre, não. Ele podia olhar nos seus olhos por quinze minutos sem jamais tirar os olhos de você."

Durante o segundo encontro deles alguns dias depois, Moore abordou os mesmo assuntos que haviam conversado na primeira sessão, e Pierre deu as mesmas respostas, ainda negando qualquer envolvimento. Quanto terminaram e Pierre estava saindo da sala, Moore lhe pediu que assinasse o nome Curtis Alexander quatro vezes, o que Pierre fez prontamente e com uma letra clara e requintada. Era típico de Pierre ser astuto e descuidado ao mesmo tempo, querer exibir sua caligrafia sob o risco de enfrentar uma acusação de assassinato. Depois que amostras de caligrafia foram coletadas de vários amigos da vítima, cada uma foi comparada à assinatura deixada no chaveiro, e Pierre foi positivamente identificado como o autor de "Curtis Alexander".

Mas Moore precisava de algo mais forte que as assinaturas para prender o homem por assassinato. Precisava de testemunhas, alguém que tivesse visto Pierre perto do apartamento na noite em que Jefferson foi morto, ou que tivesse ouvido uma briga entre os dois homens. Na busca por essas testemunhas, Moore descobriu que Pierre era solitário, que não tinha amigos, que pouco se sabia sobre ele porque raramente se associava a alguém. Quando não estava na linha de voo, estava no cinema ou jogando bilhar. Talvez provocados por sua reticência e suas origens nas Índias Ocidentais, circulavam até mesmo rumores de que Pierre, um protestante batizado, praticava vodu. A maioria de seus colegas o evitava. Os que sabiam alguma coisa sobre ele tinham medo de falar. Um homem, que conhecia Pierre e Jefferson e fora inocentado das suspeitas com o polígrafo, tremia toda vez que Moore falava com ele. Disse a Moore que tinha medo de que a pessoa que pegou Jefferson o pegasse também. Outro oficial, quando soube da baioneta enfiada no rosto de Jefferson, disse a Moore: "O Pierre é louco, cara. Isso parece alguma das loucuras que faria sem nem pestanejar". A impressão que Moore tinha de Pierre, que era um cara durão, solitário, alguém capaz do assassinato de Jefferson, não vinha tanto *do que* as poucas pessoas diziam sobre Pierre, mas de *como* elas diziam, sempre entredentes, cochichando, como se Pierre pudesse ouvi-los com facilidade, não importava onde estivessem. Mas impressões não se sustentariam no tribunal. Na falta de testemunhas e da arma do crime, Moore teria que, de algum jeito, arrancar uma confissão do homem.

As evidências que Moore agora tinha contra Pierre eram do tipo que se transformavam em ceticismo na mente de um detetive: o suficiente para convencer seu instinto aguçado pelas ruas de que Pierre era o assassino, mas muito pouco para influenciar esse senso de devido processo nas mentes judiciais. Nas mãos de um interrogador experiente capaz de perceber inflexões e nuances, capaz de ler a complicada partitura do sistema nervoso no rosto de um homem, essas evidências poderiam ser usadas como dedos ágeis para manipular o suspeito, acariciá-lo, massagear sua consciência, às vezes aterrorizá-lo, às vezes fazer amizade com ele e, por fim, arrancar dele uma confissão. Moore considerava o interrogatório uma forma de arte, com sutilezas e senso de oportunidade. Ao questionar um suspeito, primeiro enchia sua cabeça com todos os fatos do caso, depois o encarava e observava com atenção cada resposta, esperando sua deixa para entrar com uma palavra suave e simpática ou ativar aqueles olhos azuis e soltar sua fúria.

O terceiro encontro deles começou como os outros dois, em ritmo lento, com Moore fazendo as mesmas perguntas que fizera das outras duas vezes e Pierre dando as mesmas respostas. Pierre foi tão controlado e indiferente quanto das outras duas vezes que haviam se encontrado. Moore o observou, fingindo não perceber sua óbvia irritação por ter de responder às mesmas perguntas outra vez. Aos vinte minutos daquele encontro, Moore perguntou a Pierre sobre o chaveiro, e Pierre admitiu pela terceira vez que estava no apartamento de Jefferson quando as chaves sumiram e que também estava lá quando foram encontradas, e, ainda, que havia ajudado a procurar as chaves nas duas ocasiões. Mas, declarou calmamente, pela terceira vez, que não furtara as chaves, não mandara fazer cópia delas, não furtara o carro de Jefferson, não matara...

De repente, Moore lançou seu corpo de 1,98 metro e 102 kg sobre a mesa, com os olhos azuis pegando fogo.

"Você está mentindo para mim, Pierre!", gritou Moore, com o rosto a centímetros do de Pierre. "Eu *sei* que você furtou as chaves de Jefferson, *sei* que você foi até a oficina, *sei* que mandou fazer as cópias, *sei* que você falsificou o nome Curtis Alexander!"

Moore pausou por um segundo para deixar seus olhos enfurecidos e arregalados passarem de um olho de Pierre ao outro.

"Jefferson também sabia, e te pegou, não foi? E mandou trocar todas as fechaduras, não foi? E ameaçou acabar com o esquema de carros que você estava fazendo, então você o matou, não foi? Você enterrou uma baioneta bem no meio da maldita cabeça dele! Não foi?"

Mais tarde, Moore relembrou o que aconteceu em seguida. "Eu cheguei perto dele, comecei a violar o espaço pessoal dele, estendi a mão, encostei no ombro dele e disse, 'Eu sei que você está envolvido nisso!'. Mas Pierre não ligou. Ele não se mexeu, não ficou nervoso, nem nada. Só ficou mais perto de mim, depois se levantou, me olhou bem dentro dos olhos com aqueles olhos dele e disse, 'Não cometi assassinato nenhum'. Foi aí que vi uma mudança perceptível tomando conta dele. Era visível, dava para ver os olhos dele ficando mais fixos, encarando você. Ele apenas parou de falar e um clima de frieza tomou conta dele.

"Já vi atos de rebeldia em que alguém olha bem nos seus olhos e desafia você. Vejo isso o tempo todo. Mas esse foi diferente. Não consigo explicar, mas dava para ver uma mudança tomando conta dele. Assim que começamos a entrar nas atividades criminosas dele, dava realmente para ver isso acontecendo. De todas as pessoas que já interroguei, ele foi de longe o mais difícil pela maneira como te olhava de volta. Acho que Pierre provavelmente podia intimidar as pessoas só com aquele olhar. Aquele olhar, aquela atitude toda, era uma sensação muito sinistra que emanava dele. Ele sem dúvida podia fazer alguém morrer de medo. Nunca tinha visto aquilo até então, e desde então".

Agora ajoelhado no porão da Hi-Fi Shop seis meses depois, se Moore soubesse que o homem que havia se ajoelhado ali apenas horas antes era da Força Aérea, ou se de alguma forma tivesse conseguido uma descrição clara dos olhos do homem, talvez ele tivesse conectado os dois assassinatos e encurtado as vinte e quatro horas que levaram para capturar Dale Pierre.

Com um alto-falante preso à janela parcialmente levantada, Gary Naisbitt estava encurvado no banco da frente de seu carro, absorvido por um filme idiota e esquecível no drive-in. A conversa com seu pai o deixara com uma vaga sensação de alívio, e o filme ajudou a entorpecer seus pensamentos. Era uma anestesia para a mente cujo efeito passou quando o filme terminou logo após a meia-noite.

Parado no semáforo voltando para Centersville, Gary notou um carro de polícia situado curiosamente no meio da rua. Suas luzes azuis estavam piscando e o policial parecia estar olhando para ele. O sinal ficou verde e Gary entrou no cruzamento de forma hesitante. De repente o carro de polícia virou, disparou na frente de Gary e forçou a sair da estrada o veículo que estava ao seu lado no semáforo: era uma van de cor clara. Gary pouco a pouco se afastou da van e das luzes azuis piscantes, observando a confusão diminuir pelo retrovisor, e prosseguiu até Centerville. Estava em casa fazia quinze minutos quanto o telefone tocou.

"Gary?", disse a voz do outro lado.

"Sim?"

"Aqui é seu tio Paul."

"Oi!"

"Aconteceu um acidente", continuou seu tio. "Preciso que você venha para o Hospital St. Benedict o mais rápido possível. Mas não venha desembestado, preciso que você chegue aqui.'

"Claro", disse Gary. "É muito grave?"

"Um deles", disse o tio, "está muito grave."

Aquilo automaticamente me disse que havia pelo menos duas pessoas envolvidas, e esse era o motivo de mamãe e Cortney não voltarem para casa. Isso sugeria que ela o encontrara, e deduzi que haviam sofrido um acidente de carro a caminho de casa. Na hora tive a nítida sensação de que Cort de alguma forma estaria bem e que quem estava muito grave era mamãe.

Então me vesti outra vez e dirigi para o hospital a uns 120 ou 130 km/h. Estava razoavelmente calmo, mas minhas pernas estavam tremendo. Entrei na sala de emergência e quase nem parei. Estava tentando forçar um clima bem-disposto, mas por dentro eu estava um turbilhão, tremendo de nervoso, porque não sabia o que esperar. Perguntei, "Onde está o grupo dos

Naisbitt?", e me disseram, "Na UTI, terceiro andar". Depois ninguém disse mais nada e não havia nenhuma expressão no rosto das pessoas enquanto passei pelo corredor e entrei no elevador.

Quando a porta do elevador se abriu no terceiro andar, a primeira pessoa que vi foi John Lindquist, um amigo próximo da família e agente funerário. Ele disse, "Oi, Gary", e falei, "Ih, você é um mau presságio". Ele disse, "Você não soube?". Eu falei, "Não, estou acabando de chegar". E ele não disse mais nenhuma palavra, apenas entrou no elevador e fechou a porta.

Andei pelo corredor tentando ficar calmo, tentando me controlar. Passei por uma sala cheia de parentes, tias, tios, primos, mas não parei, todo mundo estava chorando e tal, continuei indo direto até entrar na UTI.

Cort foi a primeira coisa que vi. Não vi mamãe em nenhum lugar, mas Cort estava bem ali na minha frente, todo coberto com tubos e várias pessoas ao seu redor. Ele estava todo enfaixado, cheio de fios e tudo mais, e parecia com Cort, mas era como se tivesse acabado de correr dois quilômetros em três minutos. Pensei, bem, foi algum tipo de acidente de carro... Mamãe encontrou Cort e sofreram um acidente de carro. Não entrei lá para ver Cort. Foi só uma olhada rápida.

Papai estava em um canto onde havia uma caixa de luz, estava olhando umas radiografias com dr. Wallace. Eram radiografias de mamãe, e estavam conjeturando se os dois borrões brancos eram a bala e um fragmento de osso ou uma bala sem revestimento que havia se partido em duas. Então fui até papai e fui bastante trivial, acho que essa foi a minha maneira de não desabar. Eu disse, "Bem, estou aqui, o que aconteceu?". Ele disse, "Deixa eu te contar o que aconteceu, Gary... sua mãe morreu e Cortney foi baleado, ainda está vivo, mas não sabemos por quanto tempo". Não sabia como era possível eles serem baleados. A primeira coisa que passou pela minha cabeça foi que mamãe devia ter realmente enlouquecido, atirado em Cortney e depois cometido suicídio, mas isso parecia pouco plausível. Esse pensamento não deve ter durado mais que uma fração de segundo, porque na próxima frase ele falou, "Houve um assalto na Hi-Fi Shop e os dois foram envolvidos". Ele não precisou me dizer que mamãe tinha voltado para encontrar Cort na Hi-Fi Shop.

Eu estava muito envolvido comigo mesmo para ver como papai estava lidando com tudo aquilo. Não posso dizer com certeza se o abracei e disse "sinto muito", embora seja possível que tenha feito isso, espero que sim, mas não sei ao certo. Não consigo me lembrar. Perguntei, "Bem, e Cort?" e ele disse: *"Ainda está vivo, mas não está em uma situação muito boa. Fizeram ele beber um negócio e a garganta dele está toda queimada, não consegue respirar, porém foi estabilizado por enquanto. Vão fazer uma operação para ver se é possível aliviar um pouco da pressão que está se desenvolvendo no cérebro dele, eliminar um pouco do sangue". Meu pai foi muito profissional, muito controlado. Talvez ligeiramente forçado, mas não estava enfurecido.*

Sei que controlei minhas emoções por mais alguns minutos, mas depois desabei e chorei, não consegui evitar. Papai já tinha chorado e agora estava ocupado com as questões médicas para tentar salvar Cort. Eu sei que usei a situação de Cort como uma fuga. Supus que era isso que ele estava fazendo também, mas só porque havia esperança no caso de Cort. A história de mamãe já tinha sido contada.

Os frascos conectados aos acessos intravenosos pingando vida nas veias de Cortney foram desenganchados e colocados na cama ao lado dele. Sua via arterial foi desconectada. O respirador foi substituído por um balão manual e um suprimento de oxigênio portátil. Cortney agora estava móvel. Uma enfermeira suspendeu os calços da maca e, com uma comitiva de tubos e técnicos acompanhando o ritmo, virando a esquina e descendo pelo corredor, ele foi levado para a cirurgia.

Na sala de operação, azulejos verdes cobriam o chão e subiam até a metade das paredes. No centro da sala havia uma forte luminária cirúrgica de um metro de diâmetro. Ela era rodeada por oito luzes menores concentradas em um ponto logo abaixo da grande cúpula. Na convergência das luzes estava a cabeça raspada de Cortney, lisa e redonda, a não ser por um caroço manchado e inchado do tamanho do punho de uma criança. Seu corpo cinzento estava escorado em uma posição sentada rígida, as pernas enroladas com bandagens elásticas, os braços estendidos e apoiados como se estivesse presidindo em um trono. Com tubos e fios saindo do pescoço, dos punhos, da virilha, da bexiga, dos braços, do nariz e do coração, ele parecia um menino-rei operado eletronicamente. Sua cabeça estava coroada por um aparelho de aço inoxidável de três pontas, como um suporte de árvore de Natal, com os parafusos emborrachados enroscados bem firmes em seu crânio para segurá-lo. Seus olhos estavam apenas meio fechados e cobertos por uma grossa gelatina protetora.

Antes que Brett Naisbitt pudesse organizar a preparação para a operação de Cortney, outro instrumentador cirúrgico, qualificado em neurocirurgia, havia sido localizado e chegou para assistir dr. Hauser. Brett, no entanto, permaneceu com seu pijama verde, na esperança de que lhe permitissem observar a operação com seu pai e tio; parecia mais fácil do que esperar lá fora por migalhas sobre o progresso de Cortney.

A operação consistia em fazer dois furos na parte inferior traseira do crânio de Cortney e outro no ponto de impacto da bala. Ao atingirem a região do cérebro, dr. Hauser evacuaria o acúmulo de sangue que esperava encontrar e tentaria avaliar a extensão dos danos físicos. Quanto mais sangue pudesse evacuar, menos o cérebro de Cortney teria de ser removido para acomodar o inchaço.

Dr. Hauser era um cirurgião meticuloso. Gostava de cirurgia, e insistia em organizar cada operação para a coordenação mais tranquila possível de tempo e instrumentos. Os assistentes que causassem a menor interrupção em seu planejamento impecável achavam-no impaciente e grosseiro. Infelizmente, a cirurgia do trauma era sempre uma questão às pressas, nunca realizada sob condições ideais. Era uma circunstância que dr. Hauser tinha aprendido a tolerar. Mas o clima da sala de operação naquela noite estava exacerbado pelo fundo de emoção e tensão que agora se concentrava na operação. Acrescentou-se a isso a singular e desconcertante presença, na sala de operação, do pai, do tio e do irmão do paciente. Dr. Hauser, por fim, decidiu que a coisa toda era tão incomum e impossível que seria melhor deixar a família do garoto assistir à operação do que submetê-los a uma espera aflitiva lá fora.

A cabeça de Cortney foi ensaboada e esfregada com desinfetante por dez minutos completos. Depois, com dr. Rees monitorando os sinais vitais de Cortney, e com Byron, Paul e Brett Naisbitt já limpos, paramentados e observando em silêncio, o hábil neurocirurgião começou um ritual de colocar toalhas esterilizadas verdes em volta da cabeça de Cortney, começando logo acima das sobrancelhas e prendendo cada uma delas à pele com uma pinça. Quando terminou, a parte traseira inferior da cabeça de Cortney estava isolada para a cirurgia e o caroço atrás erguia-se de maneira peculiar acima da cobertura verde.

Iniciando o processo para fazer os primeiros dois furos, dr. Hauser fez uma incisão vertical atrás da cabeça e da nuca de Cortney e começou a filetar os tecidos, puxando-os para trás com pinças hemostáticas. Cortando mais, abrindo mais, chegou a uma fina camada de tecido, o pericrânio, do lado de fora do crânio, e o raspou. Em seguida, pegou um trépano de Hudson, uma furadeira manual que parecia uma ferramenta de carpinteiro, e girou devagar no osso, perfurando pedaços de crânio e periodicamente lavando o orifício com soro fisiológico, até chegar na cobertura coriácea do cérebro, a dura-máter. Limpou o buraco que tinha acabado de fazer, do tamanho de uma moeda de dez centavos, e, com uma pinça goiva, começou a quebrar pedaços do crânio a fim de alargar o orifício até o tamanho de uma moeda de um dólar.

Enquanto dr. Hauser repetia o processo de perfuração e corte no lado oposto da linha média, Byron, Paul, e Brett ficaram logo atrás dele, olhando sobre seu ombro. A não ser pelo barulho metálico dos instrumentos e das respirações atrás de cada máscara, a sala clara e estéril estava em silêncio. A poucos metros da mesa de operação, dr. Rees examinou o quadro iluminado da máquina que enxergava o interior do corpo de Cortney. A luz laranja no alto continuou piscando lentamente. Os olhos de Byron passaram da luz laranja para a traseira da cabeça de seu filho e para o rosto de dr. Hauser. Até o momento, Hauser não havia falado nada.

Com dois buracos abertos na parte de trás da cabeça de Cortney, dr. Hauser enfiou um gancho de duas pontas em cada lesão, fisgou a dura-máter[3] duas vezes e a segurou firme enquanto fazia as incisões durais. Em seguida, enganchou uma sutura de seda preta em cada aba da dura-máter cortada e abriu as abas, expondo a superfície do cerebelo de Cortney. Um líquido cefalorraquidiano claro saiu através das duas lesões durais, mas não havia sinal de coágulo sanguíneo.

"Não está com o acúmulo de sangue que eu esperava encontrar", disse dr. Hauser para Byron através da máscara. "Mas ainda temos o ferimento em si para examinar."

---

3 A dura-máter, ou apenas dura, é a mais externa e resistente das três meninges que envolvem o cérebro e a medula espinhal. [NE]

Hauser estendeu a incisão do bisturi para cima, no formato de um taco de hóquei, para incluir o ferimento causado pela bala. A camada externa do crânio nessa área estava fraturada, mas a trepanação feita adjacente ao ferimento revelou que a camada interna do osso, embora rachada, ainda estava com o alinhamento normal. Conforme fazia a perfuração, Hauser explicou a Byron o que estava encontrando.

"Sinceramente, o ferimento em si não está tão ruim quanto eu esperava", disse ele. "De alguma maneira, a bala não entrou no cérebro. Quebrou a tábua externa do crânio e rachou a interna, mas não chegou nem a afundar a interna. Ela virou a bala para a direita, aqui."

"O que isso quer dizer?", perguntou Byron.

"Agora não significa nada", explicou Hauser. "É só incomum que a bala ou pelo menos parte do crânio dele não tenham sido empurradas para o cérebro. Isso poderia ter causado um estrago muito mais significativo."

Dr. Hauser ficou em silêncio outra vez enquanto abria o osso sobrejacente à área de impacto e abria a dura recém-exposta. Ali, na superfície do cérebro de Cortney, havia uma mancha vermelha do tamanho de uma moeda de 25 centavos. Byron e os outros se aproximaram, inclinando-se para ver o dano causado pela bala ao cérebro de Cortney. Enquanto observavam, dr. Hauser pediu uma tenta-cânula e posicionou o instrumento pontiagudo com cuidado no meio da contusão clara. Ele deslizou a tenta-cânula com cautela sob a superfície do cérebro de Cortney, e encontrou pouca resistência. Continuando a examinar o ferimento, dr. Hauser falou com Byron por cima do ombro.

"By, parece que a concussão da bala transformou um pedaço do cérebro de Cortney, eu diria do tamanho da metade do meu polegar, em gelatina. O pedaço virou apenas uma polpa e sangue pisado."

"O que isso quer dizer?" indagou Byron outra vez.

"Eu detesto ficar sendo evasivo", disse Hauser, "mas realmente não sei. É bom que a bala não tenha entrado no cérebro, mas eu receio que um dano maior possa ser causado pelas ondas de choque, que foram do canto inferior direito aqui, onde a bala atingiu, até um ponto mais ou menos nessa região." Hauser desenhou um círculo no ar acima da porção superior esquerda da cabeça de Cortney. "Essa é a lesão por contragolpe", continuou. "O impacto da bala faz o cérebro bater dentro do crânio no lado oposto. No ponto de impacto, essa massa pulverizada de tecido cerebral terá de ser retirada a fim de evitar uma infecção e dar ao resto do cérebro um pouco mais de espaço para inchar."

A parte de trás do cérebro de Cortney brilhava sob as fortes luzes. Dr. Hauser se afastou da incisão e olhou para Byron por cima da máscara cirúrgica.

"Eu receio que essas células cerebrais desvitalizadas estejam em uma região que controla a visão. Se o garoto sobreviver, pode ficar parcialmente cego."

Byron escutou o neurocirurgião. Em seguida, perguntou, "E a lesão por contragolpe?"

"Quanto à lesão por contragolpe, é impossível dizer qual será o dano, mas as ondas de choque atravessaram áreas que envolvem a fala e controlam o lado direito do corpo. Ele pode ficar paralisado desse lado."

Cortney era um esquiador gracioso, um marinheiro competente e um bom atirador nos campos de faisão. Nas competições de natação da AAU, ganhara faixas e medalhas em nado peito e nado livre. Um ano atrás, havia ficado em primeiro lugar na Feira de Ciências da Mt. Ogden Junior High com um telescópio nos moldes do que ficava no Monte Palomar. Ele mesmo poliu e prateou o espelho de seis polegadas, depois projetou um sistema de rastreamento eletrônico para que o telescópio pudesse seguir automaticamente um determinado corpo celeste. O Ogden Standard-Examiner havia publicado um artigo completo, com foto de Cortney e seu telescópio premiado. O título da matéria era "EM BUSCA DAS ESTRELAS — Trabalho duro e paciência compensam para enérgico estudante de ciências". Cortney sonhava ser engenheiro aeronáutico desde que tinha 5 anos, e Byron sabia que ele tinha voado solo pela primeira vez naquela mesma tarde. Agora Cortney estava sentado e curvado para frente em uma mesa de operação, com a parte de trás da cabeça aberta e a superfície do cérebro exposta, revelando uma concentração roxa de células cerebrais mortas causadas pela bala da arma de um assassino. E o melhor que Byron podia esperar era que seu filho ficasse cego, paralisado e incapaz de falar.

"Uma coisa é certa", disse dr. Hauser. "Ele sofreu uma lesão cerebral grave. Se sobreviver, pode levar semanas ou meses até sabermos a extensão dela. A bala em si está alojada aqui, um pouco para a direita, como você viu nas radiografias."

Dr. Hauser estendeu a incisão mais para a direita, onde o projétil havia entrado e agora repousava em sua própria cavidade. Extraiu a bala por baixo do couro cabeludo e depois removeu o tecido cerebral desvitalizado no ponto do impacto, junto de uma boa quantidade de sangue espesso e escuro.

"Esse sangue coagulado faz com que eu me sinta um pouco melhor sobre a situação dele", admitiu dr. Hauser, "posso removê-lo, em vez do cérebro, para ajudar a aliviar a pressão na cabeça."

Em seguida, dr. Hauser amarrou uma subcamada de suturas de seda preta e costurou a longa incisão inclinada no couro cabeludo e na nuca de Cortney. A operação havia terminado. Uma enfermeira enrolou a bala em uma gaze para dar à polícia como evidência e a cabeça de Cortney foi enfaixada com cuidado antes de levarem-no de volta para a Terapia Intensiva. O procedimento havia levado pouco mais de duas horas e meia, com dr. Rees em silêncio monitorando os sinais vitais de Cortney, e a luz laranja do respirador piscando lenta e metodicamente.

Do lado de fora das portas da área cirúrgica, Gary e Claire estavam sentados em cadeiras de rodas, mexendo as cadeiras para frente e para trás, às vezes girando uma curta distância pelo corredor e depois voltando. Cada um vagou, absorvido em seus próprios pensamentos, enquanto o tempo passava devagar nessas primeiras horas escuras da manhã. O choque original os deixara anestesiados, e agora estavam concentrando a esperança e a energia que lhes restavam na sobrevivência de seu irmão caçula.

Foi uma espera angustiante. A polícia percorria os corredores e um guarda havia sido colocado na frente do elevador a poucos metros dali.

Claire perguntou ao guarda, "Por que há tantos policiais aqui?"

"É só uma precaução", disse, "caso eles tentem voltar."

Claire não entendeu direito o que ele quis dizer.

"Você quer dizer se eles descobrirem que não mataram todo mundo?"

"Sim", disse o guarda, "testemunhas. Alguém falou para a imprensa que havia sobreviventes."

Rejeitados pela polícia e por funcionários do hospital em busca de mais fatos sobre os assassinatos, repórteres haviam localizado o motorista da ambulância, um rabugento veterano que disse a eles que, em dez anos, foi a pior cena que já tinha visto.

"Nós já viu logo de cara que tinha dois morto", relatou. "A mulher e o menino tava gemendo, fazendo uns barulho, tipo tentando respirar. Parecia aquelas matanças coreanas lá, aqueles chineses, quando nós tava lá na Coreia. Sabe, as mãos amarradas pra trás, atiraram bem no meio da cabeça. Foi isso que me lembrou. Eu nunca achei que ia ver isso aqui, sinceramente."

Quando questionado sobre as vítimas, o motorista divulgou que havia dois sobreviventes, um homem no McKay-Dee e um garoto no St. Benedict.

"Acho que não tem problema falar", acrescentou ele, "ninguém me disse pra não falar nada."

Desde a meia-noite, as estações de rádio ao longo da cordilheira Wasatch vinham transmitindo relatos vagos sobre o que alegavam ser o crime mais hediondo já cometido em Utah, os Assassinatos da Hi-Fi em Ogden. E cada transmissão reiterava a sobrevivência de duas das vítimas. Embora a equipe médica aglomerada dentro da UTI e da Cirurgia estivesse alheia a qualquer ameaça de violência, a polícia e os funcionários de outros setores do hospital previam um segundo atentado à vida de Cortney. Os assassinos ainda estavam à solta, e o elevador atrás do oficial era um elevador de serviço que dava diretamente no porão desprotegido. Ele ficava a cinco metros das portas da área cirúrgica, onde Cortney estava.

"Você acha que eles vão tentar alguma coisa?", perguntou Claire ao guarda.

"Se foram loucos o suficiente para fazer o que fizeram", respondeu, "podem ser loucos o suficiente para voltar e tentar acabar o serviço."

Periodicamente, seu pai ou Brett saíam para o vestiário dos médicos, que ligava à área de espera às salas cirúrgicas, e davam relatórios da operação de Cortney a Gary e Claire. Em um momento, suas esperanças aumentavam ao saber que a bala não havia entrado no cérebro de Cortney, apenas para serem informados pouco tempo depois que o impacto por si só havia reduzido parte de seu cérebro a polpa. Ficou nesse leva e traz durante toda a operação. Gary perguntava os mínimos detalhes a Brett e seu pai. Onde estão fazendo os buracos? De qual calibre é a bala? Qual a distância que entrou?, quis saber. Envolver-se nos fatos era a maneira de Gary lidar com a tragédia; isso afastava todo o resto da sua mente. Mas Claire enfim foi sobrecarregada pelas discussões dos fatos. Ela os entendia, mas não queria ouvi-los.

"Isso é detalhe demais para mim", desabafou. "Não quero saber essas coisas. Só quero saber se ele está bem."

Seu pai pôs o braço em volta dela e disse, "Sim, sim, até agora ele está bem".

A operação havia acabado de terminar e já eram quase 5h. A grande luminária cirúrgica foi enfim desligada. Byron saiu da área cirúrgica, tirou a máscara cirúrgica e afrouxou a touca verde da cabeça. Gary e Claire estavam aguardando na entrada. Byron pôs o braço em volta deles e os levou pelo corredor que saía da sala de operações, com Brett vindo logo atrás.

"Bom, Cortney aguentou a cirurgia", disse Byron a Gary e Claire, "e estou grato por isso. Fiquei com a impressão de que dr. Hauser achou que não foi tão ruim quanto pensou que seria." Parou e foi para o lado do corredor. "Ainda não fazem ideia do que vai acontecer com ele. Se sobreviver, Hauser acha que provavelmente terá um pouco de problema com os olhos. A bala atingiu o centro visual e foi esse o pedaço de tecido morto que precisaram remover. E Hauser acha que as ondas de choque da bala podem ter bagunçado o centro de fala dele, e pode ficar um pouco duro do lado direito. Eles apenas não sabem. Estou explicando tudo isso a vocês porque quero que saibam com o que precisaremos lidar."

O que Byron não explicou foi seu medo de que os danos causados a Cortney pela bala fossem pequenos, comparados ao edema que estava sufocando seus pulmões. O oxigênio para o cérebro era o fator crítico, e a cor cinza-azulada de Cortney e as pupilas dilatadas e fixas quando seu pai o viu pela primeira vez na UTI indicavam que Cortney havia passado tempo demais sem oxigênio.

As portas da Cirurgia se abriram de repente e o corpo de Cortney foi levado para fora. Exceto pela gaze branca agora enrolada em sua cabeça, ele parecia igual: deitado outra vez, ainda cheio de tubos e frascos e um assistente bombeando oxigênio em seus pulmões. Byron observou a maca passar e se voltou para seus três filhos.

"Por que vocês não acompanham Cortney de volta à UTI e se certificam de que está tudo bem? Preciso correr lá embaixo um minuto. Encontro vocês de volta na sala de espera."

Ele lhes deu um leve empurrão na direção da mesa das enfermeiras e os três foram obedientemente pelo corredor, virando a esquina a certa distância de Cortney e dos técnicos que cuidavam dele. Em seguida, Byron ligou para a supervisora de enfermagem outra vez, entrou no elevador e apertou o botão para o porão. Antes que o agente funerário pudesse transportar o corpo de sua esposa para o Instituto Médico Legal em Salt Lake City, Byron queria um último momento a sós com ela.

Eu só queria... só queria vê-la outra vez. Não queria exatamente vê-la naquele estado, mas... só para vê-la de novo... só para... acho que para ter certeza. Não sei. Sabe-se lá por que diabos a gente faz as coisas que faz nessas circunstâncias. Mas na hora parecia ter um propósito. E seja qual for o propósito, foi cumprido. Olhei para ela e só tive sentimentos de ternura e afeição. E um sentimento de tristeza. De que tudo havia terminado. E que não tinha jeito. Que a parceira que tive a vida toda não estava mais comigo.

Fazia quase 36 anos que Byron conhecera Carol em um dia de verão por causa de uma bola de sorvete. Os pais de Carol eram donos de uma empresa de sorvete e barraca de *root beer* em Ogden, onde Carol e suas três irmãs serviam sorvete de casquinha e root beer para os clientes nos carros, durante os meses quentes de verão. E é por isso que as amigas de Carol tiveram de persuadi-la naquele dia a ir tomar sorvete com elas em uma sorveteria rival do outro lado da cidade.

"Tem um cara que trabalha lá que é um gato", disseram aos risos, "você precisa ver."

"Eu fiquei pensando", disse Carol muitos anos depois a Claire, "quanta bandeira eu daria se aparecesse lá para tomar sorvete."

Mas depois de muita pressão das amigas, Carol enfim cedeu.

O cara gato carregando e servindo sorvete na sorveteria de seu tio era Byron Naisbitt, um jovem de 15 anos bronzeado e de ombros largos.

"Ela apareceu lá um dia para tomar uma casquinha", relembrou Byron. "Depois voltou várias vezes para tomar outras casquinhas, então continuei servindo o sorvete para ela, e aí começamos a namorar."

Byron e Carol namoraram pelos próximos dois anos e noivaram quando Byron tinha 17 anos. (Na moldura do espelho do seu armário, Byron ainda tinha uma foto de Carol daquela época, quando ela estava no último ano do ensino médio.) Carol, que nasceu no dia de Natal, era exatamente 51 semanas mais velha que Byron. Ela havia terminado o segundo ano da faculdade e Byron o primeiro quando se casaram no templo mórmon de Salt Lake City. Depois Carol largou a faculdade e foi trabalhar como secretária enquanto Byron fazia seu curso preparatório intensivo e depois a faculdade de medicina na Universidade de Utah. Após a formatura, o estágio e a residência, voltaram para viver e criar a própria família em Ogden, que já havia dobrado de tamanho.

Desde o momento em que se casaram, Byron e Carol formavam um casal atraente, ele robusto e bonito, e ela, delicada, bonita e alegre. Embora tivesse reprimido isso durante todos aqueles anos que estavam estudando, Carol adorava roupas, e, agora que aquele período havia ficado para trás e tinham condição, Byron tinha prazer em lhe dar essa alegria.

"Byron ficava sentado enquanto ela desfilava roupas diferentes para ele", relembrou uma vizinha. "Byron tinha orgulho de Carol, gostava de vê-la bem-vestida. Ela sempre parecia que tinha acabado de sair da revista *Vogue*."

Apesar de seu gosto por moda, era Carol que fazia tudo na casa dos Naisbitt. Como disse outra amiga, "Ela era mais capaz de consertar um vazamento na privada do que By". Carol tinha sua própria caixa de ferramentas, organizada com uma variedade de ferramentas e outros utensílios necessários para seus projetos. Quando os Naisbitt estavam prontos para construir sua primeira casa, Carol procurou um empreiteiro, decidiu que todos eram caros demais, que não podia confiar neles, e que provavelmente podia construir uma casa melhor por conta própria. Ela desenhou a casa e aceitou ofertas de subempreiteiros. Todas as manhãs, mandava Gary e Brett para a escola, colocava uma calça jeans e uma camisa de trabalho, vestia Claire, de 3 anos, e a levava junto para o local da construção, onde olhava as plantas, aprendia os jargões e supervisionava todas as etapas da construção. Os Naisbitt ainda moravam na segunda casa que Carol tinha construído onze anos antes.

Depois que a casa estava construída, Carol adorava criar um clima aconchegante e elegante, com tapetes persas e antiguidades finas. A casa onde viviam agora era um mostruário de sua imaginação e personalidade. Ela havia redecorado cada ambiente pelo menos uma vez, fazendo sozinha todo ou quase todo o trabalho. Se tivesse transformado a ocupação em vocação, o que amigos admiradores a incentivavam a fazer, teria se tornado decoradora. Além de ser decorada com bom gosto, a casa de Carol era organizada até a última porca e parafuso da sua coleção de ferragens. Todos os armários e gavetas das crianças tinham etiquetas: Meias, Cuecas, Suéteres, Pijamas e assim por diante. Os armários de remédio, de roupas de cama, a despensa da cozinha e seu próprio quarto de ferramentas eram organizados de maneira semelhante. Na cozinha, guardava anotações de coisas para dizer às pessoas. Na próxima vez que as via, antes que qualquer palavra fosse dita, pegava a lista daquela pessoa e reclamava, lembrava, pedia desculpa ou lhe agradecia.

Byron achava divertida a quantidade de energia que Carol podia ter e os projetos que não tinha medo de enfrentar: a decoração, as atividades da Liga Júnior, do clube de bridge e da igreja; as constantes idas e vindas com as crianças para aulas de natação e escotismo; as arrecadações para o March of Dimes; ficar fazendo bolos a noite toda com Claire para o time de futebol americano da Ogden High School. Uma vez, em um safári fotográfico na África, Byron teve que empurrá-la para dentro da tenda, pois ficou parada, decidida a fotografar um elefante macho com as orelhas abaixadas para o ataque. À noite, quando os dois estavam na cama, dormindo, muitas vezes seu nível de energia ainda estava tão alto que acordava com "uma comichão" e atacava os armários às 3h, limpando e arrumando até ter certeza de que conseguiria voltar a dormir. Com o passar dos anos, seus exercícios noturnos ficaram mais extenuantes. Esfregava banheiros, passava aspirador no andar de baixo, corria em círculos pela sala de jantar, de estar, escritório e cozinha, depois fazia bicicleta ergométrica até ter energia suficiente apenas para subir as escadas e cair na cama. Nas noites em que a comichão era leve, Byron rolava e a encontrava correndo sem sair do lugar ao lado da cama.

Parado no necrotério, Byron se aproximou um pouco mais para olhar para Carol antes que a levassem.

Olhei para ela, mas, na minha opinião, aquela não era minha esposa do jeito que a conhecia, e eu apenas bloqueei aquilo. Eu a vi do jeito que ela era em vida... uma mãe dedicada de verdade, talvez até boa mãe demais. E uma esposa boa e dedicada. Ela podia fazer qualquer coisa. Se não gostasse do que o carpinteiro tinha feito na casa, mudava do jeito que queria. Se não encontrasse alguma coisa que estava procurando, ela fazia, cortinas, colchas, não importava. Quando estávamos na faculdade, ela fazia todas as suas roupas e algumas minhas. Era muito habilidosa, e esperta... esperta mesmo. Se achasse que estava certa, ai diacho, era fim de papo. Não cedia para ninguém. E eu imagino que é assim que era lá no sul. Ela podia ficar com medo, mas não recuava. Acho que não... não se uma das crianças estivesse envolvida.

Eu tracei na minha cabeça como me sentia por ela ter aguentado e passado por tudo aquilo, mas isso é... é assim que me sentia com relação a ela. Silenciosamente, contei a ela como eu me sentia sobre a situação dela, o quanto me sentia mal por ela ter passado por aquilo. Ninguém deveria morrer dessa forma, nas mãos de outra pessoa, alguém que te aterroriza e te tortura, isso não é jeito de morrer. Existem muitas formas horríveis de morrer, mas assim não. Ninguém deveria ter que aguentar isso. Ninguém deveria ter esse poder sobre outra pessoa...

E eu fiz promessas a ela. Prometi que ia fazer de tudo para que a família ficasse da melhor maneira que conseguíssemos sem ela, mesmo sabendo que jamais seria a mesma, mesmo sabendo que tudo à nossa volta seria diferente. Prometi ter certeza de que tudo que pudesse ser feito por Cortney seria feito, e que manteríamos a família unida. E que faríamos o melhor possível com a família incompleta. Prometi que não desistiríamos, que, embora estivéssemos deficientes e não tivéssemos seu espírito dentro de casa, sua contribuição, sua alegria e todas as coisas que ela significava para todos nós, tentaríamos fazer o melhor possível.

Byron fechou a gaveta e caminhou pelo comprido túnel branco pela última vez. Desta vez, suas pernas passaram pela sala das enfermeiras e entraram no elevador, o mesmo elevador no qual Andy Tolsma lhe dissera horas antes que Carol estava morta. O elevador o levou até o terceiro andar e, quando as portas se abriram, ele viu que o grupo de parentes que estava aglomerado na sala de espera estava começando a se desfazer. Eles receberam a informação de que Cortney havia sobrevivido à cirurgia e agora estavam voltando para suas casas e suas famílias. Ele passou, tocando em alguns deles e assentindo com a cabeça enquanto murmuravam condolências.

121

Um policial parado no corredor se aproximou e disse para não se preocupar com Cortney, que nada mais aconteceria com o garoto. Guardas ficariam em frente ao quarto dele 24 horas por dia e carros de patrulha vigiariam a casa dos Naisbitt.

Gary, Brett e Claire estavam sentados em um sofá conversando baixo e esperando pelo pai. Foi mais fácil para eles conversarem agora, embora seus rostos estivessem pálidos, os olhos vermelhos e ainda molhados. Quando o pai deles apareceu na porta da sala de espera, a conversa parou e foram abraçá-lo.

Por um tempo, Byron não disse nada, apenas agarrou com mais força seus outros filhos. Queria explicar algo que nem ele entendia por completo, garantir que as coisas não haviam mudado de fato, mesmo sabendo que haviam.

"Quero que vocês percebam uma coisa", disse. "A morte faz parte da vida. Se você está aqui, então é melhor pensar na morte. Ela é apenas parte da vida nesse planeta. Não tem sentido nenhum fazer alarde por conta disso. Acontece com todo mundo." Fez uma pausa. "O que aconteceu com a mãe de vocês foi horrível e não existe nenhuma explicação racional. É impossível compreender por que essas pessoas fizeram o que fizeram. O que é importante para nós agora é ficarmos juntos e nos amarmos. É para isso que são as famílias. Não é porque houve um desastre na vida de vocês que cada um vai seguir seu rumo e tentar lidar com isso. Se você tem muito amor e carinho na sua família, todo mundo se reúne, dá amor e carinho um para o outro, então todo mundo fortalece todo mundo. E dessa maneira você sabe que as coisas não vão desmoronar. Porque elas não podem desmoronar enquanto uma pessoa tiver sentimentos por outra."

Claire começou a chorar baixinho outra vez, e seu pai a apertou contra ele.

"Ainda temos uns aos outros", ele lhe disse. "Sempre estaremos juntos. Sempre podemos fazer coisas juntos. O que não podemos fazer mais é ficarmos preocupados com sua mãe. Nós nos casamos no templo por toda a eternidade, e pretendo vê-la em outro lugar e em outro tempo. Nós todos estaremos juntos. Essa é a nossa crença, e ela torna a vida mais fácil. Agora só precisamos nos concentrar em fazer com que Cortney fique bem de novo, precisamos deixá-lo em ordem e salvar o que dá para ser salvo."

Byron pensou nas recordações deles seis como família: velejar no Bear Lake no verão, os fins de semana de inverno nas pousadas de esqui da região, a viagem anual da família para algum lugar especial, como Caribe ou Havaí. Não quis mencionar esses momentos, só quis lembrar-lhes que tiveram uma boa vida juntos, que havia coisas do passado a serem lembradas que, de alguma forma, fariam o futuro deles parecer menos sombrio.

"Temos muitas recordações divertidas", falou, "e sempre as teremos, ninguém pode tirá-las de nós. Pensem no quanto temos sorte por tê-las, todas as lembranças divertidas que tivemos como família. Tivemos muitos momentos divertidos e teremos muitos mais." Ele parou e respirou fundo. "Nossa família só estará menor, só isso. Vai ser diferente, mas vai ficar tudo bem. Não se preocupem com as coisas. Vai ficar tudo bem..."

As palavras pararam e os quatro ficaram em silêncio. A sala estava quase vazia.

"Bom, agora", disse Byron, "quero que vocês todos vão para casa e descansem um pouco. Não há mais nada a se fazer aqui a não ser esperar, e vocês podem fazer isso em casa."

"Eu prefiro ficar aqui", disse Gary.

"Não há motivo para ficar", disse Byron.

"Eu sei", disse Gary, "mas eu quero."

"Está bem. Brett, por que você e Claire não levam Jody para casa e depois trazem Claire de volta para casa?"

Claire ainda tinha lágrimas nos olhos. "Pai", disse ela baixinho. "Não quero ir para casa sozinha."

"Você vai ficar bem", disse seu pai. "A polícia está vigiando a casa, então não há nada com que se preocupar." Ele viu que sua filha estava à beira de um colapso. Por fora, parecia a mais baqueada de todos. "Vá para lá, tranque as portas e durma um pouco. Brett, confira se ela entrou direitinho."

"E você?", perguntou Gary. "Você também está com cara de quem precisa descansar um pouco. Por que não volta para casa com Claire?"

"Não", disse Byron, "eu... eu vou ficar por aqui um pouco só para ver o desenrolar das coisas." Sacudiu Claire de leve, brincando, e disse, "Brett vai deixar você bonitinha, e Gary ou eu chegaremos logo mais."

Claire concordou em silêncio, abraçou seu pai e se virou em direção à porta. Brett foi atrás. Ao se aproximarem da porta, o pai deles disse para Brett: "Quando levar Diane e Natalie de volta para casa, tranque as portas e deixe uma arma carregada. Isso não vai acontecer na minha família de novo."

Quando Claire entrou na casa do pai, ficou impressionada com o silêncio. Tentou evitar pensar em sua mãe, mas não conseguiu deixar de se perguntar como a vida seria agora sem ela. Queria ser forte como o pai, então se concentrou em Cortney, como ele lhe dissera para fazer. Se os pensamentos sobre sua mãe começassem a aparecer de novo em sua cabeça, dizia a si mesma: "Mamãe está no mercado, vai voltar para casa. Só está no mercado".

Brett voltou para sua esposa, Diane. Estava suado e seu cabelo amarfanhado pela touca cirúrgica. Seus olhos estavam vermelhos, porém secos. Entrou na casa dos seus sogros e Diane estava de pé na cozinha. O tio de Brett, Paul, havia ligado para ela do hospital e contado o que acontecera. Ela não sabia o que dizer, e Brett não disse nada. Ficaram se olhando por um momento, cada um de um lado. Depois, Diane foi até ele e o abraçou, e tudo que Brett estava prendendo dentro dele saiu de uma vez só e encheu seus olhos de lágrimas.

Os médicos que ficaram com Cortney a noite toda finalmente foram embora do hospital. Apesar de Gary ter ficado na sala de espera por um tempo, logo percebeu que seu pai estava certo: não havia nada que pudesse fazer a não ser sentar e esperar, embora sentisse que deveria ficar perto de Cortney, não sabia por quê. A espera podia ser feita em casa com Claire, e isso pelo menos parecia ter um propósito. Ele saiu do hospital e dirigiu até a casa do pai.

Do grupo de técnicos de medicina e enfermeiros que passaram pela UTI, trabalhando pelas últimas sete horas para salvar a vida de Cortney, muitos já tinham ido embora, e pela primeira vez desde tarde da noite anterior, o local estava quieto e tranquilo. Por um minuto, o cubículo de Cortney ficou escuro, exceto pelo fino feixe de uma pequena lanterna. Uma enfermeira especialista conferiu as pupilas dele com cuidado, e depois acendeu outra vez as luzes. Dos olhos, desceu percorrendo o corpo dele até os pés, aspirando rotineiramente as secreções em sua via aérea, auscultando seus pulmões, olhando o monitor cardíaco, trocando os acessos intravenosos, dando medicação, verificando reflexos, anotando tudo que havia acabado de fazer e depois começando tudo de novo, com o quarto escuro e a lanterna brilhando nos olhos de Cortney.

Nesses momentos pouco antes do amanhecer, Byron ficou sozinho do lado de fora do vidro frontal e observou. Nem mesmo doze horas haviam se passado desde que chegara em casa do consultório e encontrara Carol preocupada por Cortney ainda não ter aparecido para o jantar. Quando as luzes se acenderam de novo, viu o corpo de Cortney na janela, comprido, magro e amarelado, com os olhos semiabertos enterrados em olheiras cinzentas e o tubo ensanguentado da traqueostomia saindo do pescoço. Em um canto perto da cama de Cortney, a luz laranja do respirador piscou de volta para Byron. Embora não tivesse mencionado a seus outros filhos, Byron ficou no hospital por um único motivo: se Cortney morresse, queria estar lá. Não queria que seu filho morresse sozinho.

Pelas persianas da janela da UTI, viu uma fina coroa de luz azul contornando o Pico de Malan que se erguia atrás do hospital. O amanhecer não estava longe, e Ogden estava começando a se agitar sob a cruz branca do St. Benedict. Os brilhos das luzes da cidade estavam sumindo com os primeiros raios de sol, enquanto a cidade despertava e se preparava para os negócios do dia.

Lá no alto daquela colina leste com vista para Ogden, em um pequeno quarto do terceiro andar, Byron Naisbitt ficou sentado sozinho esperando seu filho morrer.

A manhã se aproximava, mas as ruas ainda estavam tranquilas e quase escuras. Apenas uma leve luz começava a passar sobre as montanhas, e a imagem no binóculo de A. K. Greenwood passou da sombra para um bloco cinza genérico. Greenwood estava abaixado no banco da frente da sua viatura apontando o binóculo sobre um descampado para uma pequena casa no oeste de Ogden. Ele já estava vigiando a casa no escuro durante um bom tempo e nada havia acontecido. Com a luz do dia começando a se infiltrar na escuridão, Greenwood estava pensando no pânico em que a cidade acordaria dali a uma hora. Como líder da Força Tática da polícia de Ogden, era sua responsabilidade capturar os assassinos.

Por volta das 22h30 da noite anterior, a Força Tática parou para seu "almoço" noturno, e uma refeição quente tinha acabado de ser servida no *Fred's Burger Chalet*, quando Greenwood recebeu um chamado de crime em andamento pelo rádio. Três minutos depois, o esquadrão de sete homens já estava na frente e nos fundos da Hi-Fi Shop, além de ter posicionado dois carros nas ruas laterais adjacentes.

No beco, Greenwood encontrou o novato Youngberg, que lhe deu dois fatos para prosseguir: os assassinos eram negros e dirigiam uma van de cor clara. Imediatamente, Greenwood notificou seus homens e todos os patrulheiros, todos os detetives, o Gabinete do Xerife do Condado de Weber e a Patrulha Rodoviária de Utah para pararem e revistarem todas as vans em movimento na cidade de Ogden e nas ruas e rodovias fora dos limites da cidade. Assim que as vítimas que ainda estavam vivas foram levadas ao hospital e a cena do crime foi preservada, Greenwood se juntou no beco com outros oficiais, examinando todos os homens negros com antecedentes criminais de Ogden que naquele momento atuavam em assaltos, roubos ou drogas. Informantes por toda a cidade foram arrancados da cama de madrugada. Às 4h veio a primeira novidade do caso: uma van bege fora encontrada estacionada ao lado de uma casa não muito longe da Hi-Fi Shop. No porão da casa havia um apartamento, e nesse apartamento morava um homem negro conhecido por todos os oficiais do Departamento de Polícia de Ogden. Ele tinha acabado de receber liberdade condicional de uma penitenciária federal, onde estava cumprindo pena por assalto à mão armada. Com a Força Tática cercando a casa, Greenwood desceu o estreito lance de escadas e prendeu o homem sob a mira da arma. Mas, ao ser interrogado, o homem pareceu tão chocado pela brutalidade dos assassinatos quanto a própria polícia havia ficado. Greenwood voltou à estaca zero.

Em seguida, montou um esquema de vigilância em determinadas casas da cidade. Nelas moravam criminosos negros conhecidos que se aproximavam das descrições dadas pelas testemunhas. Era pouco provável que algum deles chegasse em casa de van ou fosse pego transportando equipamentos de som, mas àquela altura não havia muito mais a ser feito a não ser tentar a sorte e esperar que alguma coisa vingasse. O resto da noite passou calmamente, com a Força Tática vigiando e aguardando.

Greenwood ainda estava sentado na viatura, sozinho, com o binóculo apontado para a casa do suspeito, quando os raios de sol começaram a transbordar sobre as montanhas.

Às 7h, com Ogden começando a se agitar, ele cancelou a vigilância em volta da cidade e ordenou à Força Tática que voltasse à delegacia para novas tarefas. Don Moore e seu parceiro Mike Empey deveriam comparecer ao Instituto Médico Legal de Salt Lake City às 9h para identificar as vítimas para as autópsias, juntar e preservar todas as roupas, balas, amostras de cabelo e outras evidências que viessem dos corpos. Greenwood mandou suas outras equipes táticas averiguarem vendas e aluguéis recentes de vans em todas as concessionárias de carros novos e usados e agências de aluguel de caminhonetes de Ogden até Salt Lake City. Informado pelo delegado que teria recursos financeiros e de pessoal ilimitados na busca pelos assassinos, Greenwood pegou três homens emprestados da divisão de detetives para começarem as tediosas entrevistas com os donos e funcionários das lojas adjacentes à Hi-Fi Shop.

O próprio Greenwood montou um ponto de comando em uma mesa velha da sala de registros da delegacia. Logo no início daquela manhã, foi feito um apelo na rádio pública pedindo aos cidadãos que ligassem para a polícia se tivessem alguma informação que pudesse levar à prisão dos assassinos. Os telefonemas começaram a chegar, a princípio lentamente, e depois, conforme o dia passava, em maiores quantidades. Greenwood e outro policial atendiam as ligações, anotavam nomes, endereços, números de telefone e descrições, em seguida transferiam as notações para uma lista mestre de pistas a serem atribuídas e investigadas por outros policiais em campo. A lista logo aumentou para cinco páginas, com 75 itens a serem conferidos, apurados e depois ticados. A pressão para capturar os assassinos já estava crescendo, e ao meio-dia Greenwood ainda estava sentado à velha mesa da sala de registros atendendo ligações e chamando seus homens pelo rádio, sem estar mais perto dos assassinos agora do que quando chegara à Hi-Fi Shop há mais de doze horas.

Na metade da manhã, o estado de Cortney desde a neurocirurgia não havia mudado nem para melhor nem para pior. Por enquanto estava estabilizado, a cabeça enfaixada, os olhos semiabertos e o respirador ainda bombeando ar toda vez que ele iniciava a respiração. Connie Garner, a enfermeira responsável pela Terapia Intensiva, havia sido chamada durante a noite para acompanhar Cortney e ainda estava ao lado da sua cama, fazendo as anotações das medicações e continuando a rotina de cuidados individuais que Cortney demandava. Para manter sua temperatura baixa, um colchão refrescante havia sido colocado e ligado embaixo dele. Um monitor ao lado da cama registrava de forma contínua sua pressão sanguínea, enquanto outro gravava os batimentos cardíacos. Connie verificava os gases e eletrólitos no sangue dele, a pressão venosa, a temperatura e a produção horária da expectoração sendo aspirada do tubo de traqueostomia. Ampicilina estava sendo administrada pelo cateter em sua virilha e Decadron pelo vaporizador acoplado ao respirador. A cada duas horas a posição de Cortney era trocada, de costas para o lado, do lado para as costas.

Como parte de sua rotina, Connie conferia regularmente os reflexos de Cortney, incluindo roçar a sola do pé para testar o que é conhecido como reflexo de Babinski. Se a sola do pé de um bebê de até 2 anos for acariciada, os dedos se abrem, com o dedão se afastando dos outros. Um adulto normal, com o mesmo estímulo, ou puxa o pé para longe ou dobra os dedos para baixo. Se a mesma reação de abertura, como o reflexo de Babinski normal em bebês, for observada em um adulto, é um sinal de lesão cerebral extensa. Naquela manhã, quando Connie passou a ponta de um instrumento do calcanhar até a planta do pé de Cortney, seus dedos se espalharam como os de um recém-nascido.

Antes do amanhecer, o corpo de Carol Naisbitt havia sido removido do necrotério no porão do hospital e levado ao Instituto Médico Legal em Salt Lake City para a autópsia. No terceiro andar, as coisas estavam começando a se acalmar. Dr. Wallace tinha concluído seu turno na emergência e, depois de dar uma olhada em Cortney, foi para casa. Dr. Rees e dr. Hauser, que estavam com Cortney até pouco antes do amanhecer, logo voltariam ao hospital a fim de conferir outra vez seu progresso. Byron agora estava sentado sozinho na sala de espera adjacente à Terapia Intensiva. Desde o amanhecer ele ficava entrando e saindo do cubículo de Cortney, falando com as enfermeiras, observando os sinais vitais de Cortney que saíam dos aparelhos e lendo as anotações dos médicos e enfermeiros na ficha. Agora já fazia um bom tempo que nada mudava. A respiração apoiada de Cortney estava regularizada e as máquinas que examinavam seu corpo estavam enviando os mesmos resultados registrados na hora anterior e na anterior a ela. Por volta das 10h, Byron voltou ao quarto de Cortney e olhou de novo os sinais vitais mais recentes na ficha dele e nas leituras dos aparelhos.

"Vocês esperam alguma alteração daqui a uma ou duas horas?", perguntou a uma das enfermeiras.

Ela balançou a cabeça e disse que não.

"Talvez eu vá para casa um pouco, então", disse Byron. "Você me liga se houver alguma mudança?"

Byron saiu do hospital sozinho. O trajeto até sua casa era apenas alguns quarteirões, mas no caminho ele teve tempo de pensar na mudança repentina que havia acontecido em sua vida.

Eu sabia que estava sozinho. Sabia que Cortney estava mal e provavelmente não sobreviveria. O que tentei fazer desde o começo foi não sentir pena de mim mesmo, e só tentei me lembrar de todos os momentos bons e divertidos que nossa família sempre passou unida. E deixar qualquer coisa que fosse adversa sair da minha cabeça. Minha esposa tinha perdido a vida, e um filho de 16 anos que estava começando a se tornar um rapaz, que tinha começado a se interessar pelo que estava acontecendo... Estava arrasado por não saber qual era a situação dele. Mas sabia que não fazia sentido ficar trazendo tudo aquilo de volta. Se você deixa isso acontecer, é péssimo. É péssimo. Aí você não se recupera nunca. Se me pegasse pensando nessas coisas, eu apenas as deixava de lado. Porque aquilo não ia mudar. Tentei me prometer que iria aceitar as coisas e tentar encará-las como objetivamente eram de fato, e não interpretar nelas algo que não existia. E tentar tocar a vida com o que restava.

Eu tinha a sensação de estar ferido. E tinha alguns sentimentos de, ah, não sei, de... tinha sentimentos de ternura e consciência pelas pessoas que havia perdido. Eu imaginava... Sentia que a baixinha estava bem. Minha religião me dizia que ela estava bem, que não precisava me preocupar muito com o bem-estar dela, e que algum tempo depois eu estaria com ela de novo. Mas me sentia mal por ela ter passado o que passou. Estava triste com isso. E tive alguns pensamentos muito delicados com relação a ela. Queria que as coisas tivessem sido diferentes, mas não foram.

No caminho de casa, percebi que ela estaria vazia e, quando cheguei lá, estava. Estava realmente vazia. Você abre a porta para uma existência completamente diferente. Havia uma coisa faltando na minha casa e na minha vida. Ninguém iria me cumprimentar e ninguém estaria lá. Tive uma sensação de vazio, uma sensação oca, e era uma depressão triste. Só uma... só uma sensação que nunca havia tido antes.

Entrei na casa e tudo lá, de um canto a outro, me lembrava a baixinha. Ela decorou a casa, não tinha como não refletir quem ela era e o que pensava. A casa dela, o armário dela cheio de roupas, tudo naquela casa era simplesmente ela. E agora não tinha ninguém lá cuidando da casa, fazendo comida ou cuidando de qualquer coisa. Era só um vazio. E a sua vida fica vazia junto.

Subi, e nem sei se me deitei na cama ou só desabei nela. Mas não me sentia tão cansado. Em nenhum momento senti o cansaço que sentia às vezes quando estava fazendo residência, trabalhando. Deixei cair uma ou duas lágrimas sozinho. Ninguém ficou sabendo, até onde sei. Tentei manter isso ao mínimo. Chorei e acabou. Depois não chorei mais. Mas não acho que há nenhum mal em chorar. Acho uma coisa boa. Meio que lava a alma, e aí você se sente melhor. Imagino que os acontecimentos da noite anterior tenham passado pela minha cabeça, e com certeza tive alguns sentimentos a respeito. Eu me perguntei várias vezes o que teria acontecido se eu não estivesse de plantão e tivesse ido buscar Cort. Provavelmente não estaria aqui. Sabe-se lá que diabo teria acontecido se eu tivesse ido, em vez da baixinha. Não existe motivo para pensar nisso, mas passou pela minha cabeça. É bem provável que, se eu não estivesse de plantão grudado no telefone... talvez até nós dois tivéssemos morrido. Acho que talvez um de nós teria ficado no carro do lado de fora, e aí as coisas teriam terminado de outra forma. Sei lá, quem é que sabe? Não dá para dizer o que teria acontecido. A única coisa que sabemos é o que aconteceu.

Depois disso, orei um pouquinho. Só queria ter certeza de que o Senhor sabia que eu compreendia, da melhor maneira que podia compreender, o que havia acontecido. E eu queria que Ele soubesse que, se agora era Ele que estava tomando conta da minha mulher, eu sabia que ela estava em boas mãos. E que acreditava que a veria mais tarde, que era apenas uma questão de tempo aqui e que ficaríamos juntos outra vez. E isso é reconfortante, pelo menos para mim. Quis agradecer por Cort estar vivo e esperava que ele conseguisse viver, ser uma pessoa funcional. Foi aí que senti que Cort ficaria bem. Estava com muita tristeza no coração, sem dúvida. Mesmo assim, tinha a sensação desde o primeiro dia que ele iria sair dessa. Então não fiquei pensando que ele não sobreviveria. Esperava a ligação do hospital a qualquer minuto. Eu esperava, mas tinha a sensação de que não iria recebê-la. Tinha a sensação dentro de mim que ele iria sobreviver. E que ficaria bem. E essa sensação nunca foi embora.

Eu fiquei deitado na cama e talvez tenha dormido por um ou dois minutos, ou por um tempo, completamente relaxado. Não sei se estava completamente relaxado de verdade, mas me senti aliviado. Depois fiquei ansioso para voltar e ver como ele iria se estabilizar. Então levantei, tomei banho, me vesti e voltei para o hospital.

A caçamba de lixo do quartel 351 da Base da Força Aérea Hill ficava em uma ilha no estacionamento a aproximadamente nove metros da entrada norte do quartel. Era um grande receptáculo de metal, onde os oficiais que recebessem tarefas de limpeza do quartel jogavam o lixo todos os dias após a conclusão do serviço. Também era um dos alvos favoritos de Charlie Marshall, de 12 anos, e Walter Grissom, de 11, sócios de uma empresa de "catação de garrafas" que rendia a cada um deles quase cinco dólares por dia, três ou quatro dias na semana. Os dois meninos eram vizinhos de porta na base, onde seus pais eram sargentos da Força Aérea. À tarde, depois da escola, percorriam uma média de nove caçambas em duas ou três horas, chafurdando até a cintura no lixo e vasculhando os grandes sacos marrons pelas garrafas de refrigerante descartadas pelos oficiais. As garrafas rendiam cinco centavos cada, às vezes dez, no Pantry Pride do outro lado da rua da cooperativa militar. Catar garrafas era um trabalho árduo, mas Charlie e Walter o encaravam da seguinte maneira: depois que trocassem as garrafas do dia por dinheiro, os hambúrgueres, filmes e máquinas de pinball da cooperativa eram de graça.

Naquela terça-feira à tarde, Charlie e Walter começaram o trabalho por volta das 15h30 e, após meia hora em duas caçambas, a caixa de papelão e a sacola de lona que estavam carregando já estavam cheias até a metade. Após recolherem as garrafas de duas das quatro caçambas da região, os meninos prosseguiram para a terceira, a branca, um cubo de metal de 2,5 metros que ficava na frente do quartel 351. Estava cheia até a altura da cintura de um adulto, mas os dois meninos entraram nela, um de cada lado, e começaram a revirar o lixo. Antes de pegarem sua primeira garrafa, Walter avistou uma coisa em cima da pilha.

"Ei, Charlie, olhe aqui", disse ele, "alguém perdeu uma bolsa."

Os dois meninos viraram a bolsa do avesso, mas estava vazia. Walter a jogou de volta na pilha e, ao fazer isso, viu outra bolsa por cima do lixo. Essa tinha onze centavos e um cartão de crédito. Walter colocou o cartão no bolso para entregar à sua mãe, "caso alguém tenha perdido". Com a catação de garrafas temporariamente abandonada, os meninos começaram a revirar o lixo procurando mais carteiras. Um punhado de cartões de crédito estava espalhado como folhas sobre a pilha, e os meninos os jogaram de lado na busca. De repente, Charlie meteu a mão dentro da pilha e puxou outra bolsa logo abaixo da superfície do lixo. Era uma bolsa de mão feminina, feita de couro tosado com um retângulo roxo no centro. Quando Charlie levantou a bolsa, um talão de cheques caiu no lixo e Walter o pegou. Com a bolsa na mão, Charlie saiu da caçamba e Walter foi atrás. Com maior claridade, conseguiram ler o nome Michelle Ansley escrito no alto de cada cheque. Walter recolocou o talão de cheques na bolsa e viu que estava cheia de cartões de crédito, fotos e uma carteira de motorista.

"Vamos deixar tudo na bolsa dessa moça", disse Walter a Charlie, "e dar para minha mãe devolver." Depois, Walter subiu outra vez na boca da caçamba. "Vou ver se tem mais alguma coisa aqui dentro."

Ele começou a descer dentro da lixeira, mas antes de chegar à metade, seus olhos avistaram um pequeno triângulo de couro apontando para fora da pilha de lixo. Afastando o lixo para o lado, pegou a carteira e a observou. Era uma carteira masculina feita de couro trabalhado à mão, e havia manchas escuras de umidade no tecido. Walter revirou os bolsos finos de plástico transparente da carteira e encontrou uma carteira de motorista com o nome Cortney Naisbitt. No bolso seguinte havia um cartão escrito "Licença de Piloto Estudante" emitido para o mesmo Cortney Naisbitt. Charlie ainda estava segurando a bolsa de mão quando Walter saiu da caçamba e lhe mostrou a quarta carteira.

"Talvez tenha sido um assalto", disse Charlie. "Tem muita coisa aqui."

"É", disse Walter, "vamos dar tudo isso para minha mãe para ela nos dizer o que fazer. Vamos ver se tem mais alguma coisa."

Mais uma vez, os dois meninos entraram na caçamba a fim de vasculhar o lixo, mas não havia mais nenhuma carteira para encontrar, apenas pequenos frascos de cosméticos e um molho de chaves, que eles deixaram na pilha. Mas ainda havia garrafas de refrigerante para coletar, e os meninos reviraram a caçamba até se darem por satisfeitos por terem encontrado todas e as colocado na caixa de papelão e na sacola de lona. Saíram da caçamba pela última vez e Walter enfiou a carteira de Cortney Naisbitt no bolso e jogou a bolsa de mão dentro da caixa de papelão com as garrafas. Charlie pegou a sacola de lona e começou a arrastá-la até a próxima caçamba, na frente da pista de boliche do outro lado da rua. Walter tentou acompanhar, mas estava tendo dificuldade com a caixa pesada. Após carregar um pouco, colocou-a no chão para descansar. Quando estava se preparando para levantar a caixa de novo, um jovem aviador voltando do trabalho na linha de voo o viu se esforçando com a caixa pesada. O oficial Robert Paul Weldon, loiro, 18 anos, morava no quartel 351. Prestes a entrar no quartel, viu os meninos tentando arrastar as garrafas para o outro lado da rua e se perguntou como alguém tão pequeno podia querer levantar algo tão pesado. Weldon foi até Walter e pegou a caixa cheia de garrafas.

"Onde você quer que eu ponha?", perguntou.

Walter apontou para a caçamba perto da pista de boliche.

"Estamos indo ali."

Com Weldon agora carregando a caixa, Walter correu até Charlie à sua frente.

"Ei, um cara está carregando a caixa para mim", disse ao amigo.

Charlie pôs a sacola no chão assim que Weldon alcançou os dois.

"Nossa, achamos um monte de coisas naquela última caçamba", disse Walter ao aviador.

"Ah, é?", sorriu Weldon. "Tipo o quê?"

"Um monte de bolsas, uma carteira e uns cartões de crédito, umas coisas de pintar olho de mulher..."

"Onde você botou a bolsa?", interrompeu Charlie.

"Está na minha caixa", disse Walter.

Weldon pôs a caixa no chão perto de Walter. "Bem, deixa eu ver".

Walter colocou a mão dentro da caixa e puxou a bolsa.

"É essa", mostrou, "e aqui está a outra." Ele tirou a carteira do bolso.

Weldon examinou a carteira e a bolsa enquanto os meninos observavam. As duas ainda tinham documentos de identificação com endereços e telefones.

"Vamos fazer assim", disse Weldon. "Se vocês quiserem deixá-las comigo, eu entrego de volta para os donos."

"De jeito nenhum", disse Walter, "a gente mesmo pode fazer isso."

"Como é que eu sei que vocês vão fazer isso?", perguntou Weldon.

"Como é que a gente sabe que você vai?"

"Prometo que vou ligar para eles", disse Weldon, "e posso levar as carteiras quando estiver na cidade."

"Meu pai pode deixar na polícia da base quando estiver indo para o trabalho", disse Walter.

Weldon disse outra vez que seria melhor se tentasse localizar os donos das duas carteiras, e Walter enfim concordou em lhe dar a bolsa de mão, mas a carteira do homem ele guardaria para mostrar aos pais.

"Tem certeza de que não quer que eu ligue para esse aí também?", perguntou Weldon.

"Sim", disse Walter, "tenho certeza."

Os dois meninos se prepararam para explorar a quarta caçamba do dia e Weldon começou a atravessar a rua de volta em direção ao quartel, procurando o telefone da dona da bolsa enquanto caminhava. Ele achou o número impresso nos cheques e, sem pensar se estaria chamando atenção para si como suspeito, caso a bolsa tivesse sido roubada, pegou emprestado uma moeda e, do orelhão no primeiro andar do quartel, ligou para o número impresso no talão de cheques. Uma garota atendeu o telefone.

"Alô", disse Weldon educadamente, "aqui é o oficial Weldon da Base da Força Aérea Hill. Encontrei uma carteira e um talão de cheques que pertencem à srta. ou sra. Michelle Ansley. Posso falar com ela, por favor?"

"Michelle foi assassinada ontem à noite", disse a garota.

Weldon ficou tão atordoado que por um momento não conseguiu falar.

"Eu... eu não sabia disso. Só estava tentando encontrar a dona."

Mas a garota já havia saído. Uma mulher tinha pegado o telefone e começou a interrogá-lo.

"Quem é você", perguntou a mulher, "e como conseguiu este número? De onde está ligando?"

"Senhora, meu nome é Robert P. Weldon, estou aquartelado na Base da Força Aérea Hill. Encontrei a carteira aqui perto do quartel poucos minutos atrás."

"Espere aí", disse a mulher, "o irmão de Michelle quer falar com você."

Um jovem mais ou menos da idade de Weldon entrou no lugar da mulher e continuou o interrogatório. A essa altura, Weldon estava tão assustado que começou a repetir seu nome, seu posto e seu número de série.

"Meu nome é Robert P. Weldon", disse. "Sou do 1550º Esquadrão de Manutenção Organizacional na Base Aérea Hill. Sou mecânico de helicópteros. Meu telefone de serviço é 3470. Moro no quartel 351. O número do meu quarto é 317."

O outro homem continuou fazendo perguntas, mas Weldon ficou com muito medo de dizer mais alguma coisa. Por fim, fez uma pergunta ao homem.

"Você vai chamar a polícia?"

"Sim", disse o homem.

"Ok", disse Weldon engolindo seco. "Vou ligar para a polícia aérea."

O cabo Cecil Fisher, membro da Força Tática de Ogden, tinha acabado de concluir uma tarefa e se apresentado de volta ao posto de comando de Greenwood na delegacia por volta das 15h30. Ele estava ao lado do operador quando outro cidadão ligou respondendo ao apelo transmitido pela polícia no rádio.

"Fisher", disse o atendente, "telefone para você."

Fisher tirou do gancho um dos telefones na mesa de comando de Greenwood.

"Cabo Fisher aqui."

"Acho que sei quem fez esse lance da Hi-Fi", disse a voz do outro lado.

Fisher esperou o homem continuar.

"Não sou dedo-duro nem nada", disse ele, "e se alguém tivesse apenas roubado um lugar ou feito alguma outra coisa que não fosse tão ruim, provavelmente nem teria ligado, mas nesse eu quero ajudar, se puder."

"Foi bom você ter ligado", tranquilizou Fisher. "O que pode me contar?"

"Ouvi no rádio que vocês estão procurando dois caras negros dirigindo uma van."

"Isso mesmo", disse Fisher.

"Sei quem esses caras são, eles dirigem uma van azul-claro, uma Chevrolet com rodas de magnésio. Um deles se chama Dale Pierre, é o baixinho. O outro é William Andrews. Andrews é o dono da van."

"Como você sabe que são eles que estamos procurando?", perguntou Fisher.

"Eu tenho certeza", disse o homem. "Ouvi eles falando sobre isso. Disseram que não iam deixar nenhuma testemunha."

O homem parou de falar, esperando Fisher dizer alguma coisa. Apesar de na hora não ter entrado em maiores detalhes sobre o que ouvira os homens dizer, mais tarde explicou como soube que Pierre e Andrews eram os assassinos.

"Uns dois meses antes desse negócio acontecer, Andrews e eu estávamos na tarefa de limpeza do quartel. Estávamos sendo punidos por uma coisa. Enquanto trabalhamos lá no quartel, às vezes ele vinha no meu quarto e eu ia no dele. Meio que ficamos amigos. Então, sei lá, acho que um dia ele precisava de uma carona até a cidade, e estava viajando na anfetamina e outras drogas. Ele usava bastante droga. Enfim, eu estava com a minha namorada. E você sabe que a gente não pode levar mulher para o quartel, mas nós dois fomos, demos uma passada lá e fumamos uns beques, certo? Aí ele me mostrou o som que tinha e falou, 'Pierre que conseguiu para mim'. Ou seja, pelo visto Pierre tinha roubado. Depois me mostrou um monte de roupas e de coisas que Pierre arrumou para ele. Ele achava que Pierre era gente boa. Aí me mostrou uns carrinhos de brinquedo onde guardava as drogas dentro. Nem sabia que ele deixava as coisas lá. Ficou contando vantagem de tudo. Acho que ficamos falando como seria legal ter dinheiro, e me contou de um banco que ele, Pierre e outra pessoa tinham planejado roubar. Já tinham tudo esquematizado, mas aí depois voltaram atrás. Depois, começamos a falar sobre equipamentos de som e, por algum motivo, ele disse, 'Qualquer dia desses vou roubar uma loja de som e, se alguém me atrapalhar, eu vou lá e mato'. Eu realmente acho que Andrews não ia atirar em ninguém nem obrigar ninguém a fazer nada. Acho que não era inteligente o suficiente. Ele era meio atrapalhado. Eu não conhecia Pierre direito e fico feliz por isso. Acho que todo mundo fazia de tudo para ficar longe dele."

"Espere um minuto", disse Fisher, "deixe eu anotar esses nomes." Após um instante, falou, "Ok, sabe onde podemos encontrar esses caras?"

"Eles moram no mesmo quartel", disse o homem. "351, lá na Base Hill. O quarto de Andrews é 218, e Pierre mora no mesmo andar, mas não sei o número."

"Ok", disse Fisher outra vez. "Preciso passar essa informação para o meu sargento e ver o que ele quer que eu faça. Existe algum número que eu possa entrar em contato com você?"

"Estou ligando de um orelhão no Kmart, mas você pode me ligar no telefone da minha namorada em alguns minutos." Ele deu o número para Fisher. "Se precisar de mim, pode me ligar lá e a gente se fala."

Fisher notificou Greenwood imediatamente. Greenwood então contatou o promotor, Robert Newey, e lhe disse o nome dos dois suspeitos. Eles poderiam prender os dois homens com base nas informações fornecidas pelo informante? Newey avisou a Greenwood que as informações não justificariam um mandado de prisão, a não ser que o informante concordasse em testemunhar no tribunal. Dez minutos após ter desligado, Fisher ligou para o informante no número que ele havia disponibilizado.

O mesmo homem atendeu.

"O promotor disse que não podemos prender Pierre e Andrews", disse Fisher, "a menos que você concorde em testemunhar no tribunal."

Parecia que o homem já tinha cogitado essa possibilidade, porque logo ele disse, "Tudo bem, beleza."

"Kelly, quero que você se prepare para o que vai ver quando formos ao hospital."

Claire, sentada com Gary na sala da casa dos Naisbitt, estava falando com Kelly McKenna, de 16 anos, que saiu da escola e foi direto para lá.

"Cortney não está do jeito que você se lembra dele", disse Claire. "Não sei o que você ficou sabendo na escola, mas Cortney levou um tiro na cabeça, e o fizeram beber um negócio que queimou sua boca. Ele está com tubos saindo por todos os lados. Vai ser um choque para você quando o vir. Então quero que esteja preparado quando chegarmos lá."

Claire não se aprofundou mais na descrição de seu irmão caçula, mas Kelly ouviu pouco do que ela disse após a primeira frase, em todo caso. Já estava se preparando para o que veria. Gary e Claire estavam falando com ele calmamente, mas seus rostos estavam vermelhos. Uma ou duas vezes seus olhos se encheram de lágrimas que rolaram pelas bochechas. Kelly também chorou. Pelos próximos minutos, falaram algumas amenidades, e Kelly lembrou-se de que as palavras "sinto muito" foram usadas muitas vezes. Depois, Claire se levantou e enxugou os olhos.

"Por que não vamos até lá para vê-lo?", disse.

Gary apertou a mão de Kelly e lhe agradeceu pela visita. "Acho que vou ficar por aqui", acrescentou. "Falo com você mais tarde."

No caminho do hospital, Kelly se sentiu tonto. Ele quis dizer alguma coisa para Claire, alguma coisa apropriada, que viesse do coração, mas não sabia como expressar seus sentimentos. Tinha medo de dizer algo errado, então não disse nada. Claire dirigiu em silêncio, enquanto Kelly tentava imaginar como seu amigo de infância estava agora. Ele viu pedaços do corpo de Cortney espalhados em um quarto branco. Pensou que parte da cabeça de Cortney estaria faltando, com a explosão do tiro, e que sua boca seria apenas uma grande cavidade aberta. Kelly estava se preparando para ver algo que não era humano.

Apesar de Kelly ser mais gregário e socialmente inclinado do que Cortney, os dois meninos eram melhores amigos desde que tinham entrado juntos no ensino fundamental dez anos antes. Kelly, que tinha 1,83 metro desde o oitavo ano, tinha cabelos ruivos escuros e grossos, olhos castanhos e dentes brancos, alinhados com perfeição por um fino aparelho prateado. Quando sorria, uma covinha profunda aparecia em cada bochecha.

"Conheço Cort desde o começo do ensino fundamental, desde que eu me lembro, desde que era muito, muito novinho", disse Kelly uma vez sobre sua relação com Cortney. "Durante um tempo a gente se afastou porque tínhamos interesses diferentes. Cort sempre gostou de matemática e tal, e eu nunca consegui me ligar nisso como ele. Tipo, ele sempre gostou de ler livros sobre eletrônica, aviões, aeronáutica, coisas assim. É assim que ele era. Já eu era do tipo mais brincalhão, acho. E acho que foi por isso que nos afastamos durante um tempo. Depois comecei a me reaproximar dele, mais ou menos. Gosto de ar livre, e ele também, gosta de velejar e coisas desse tipo. A gente fazia caminhadas e fomos até a cabana deles algumas vezes, ficar à toa. Aí comecei a ir com ele para as aulas de voo no aeroporto. Não ligava de ouvir ele falar sobre voar, porque era interessante. Me contava tudo sobre os controles, explicava tudo. Depois, ficava observando ele e Wolf decolarem e voarem por ali. Cortney sempre estava de ótimo humor quando aterrissava e contava tudo que tinham feito lá em cima. Falava sobre isso o caminho todo até em casa."

Cortney tinha ligado para Kelly na tarde anterior, pouco antes de sair do aeroporto. Achou que talvez voaria solo pela primeira vez, e queria que Kelly viesse. Mas Kelly estava na biblioteca estudando para uma prova de História. Quando voltou para casa, após pular o jantar para continuar estudando, sua mãe lhe deu o recado que Cortney havia ligado pouco depois das três horas. Disse ainda que, algumas horas depois, por volta das 18h30 ou 19h, a sra. Naisbitt também ligou para saber se Cortney estava com ele. Kelly disse à mãe que nem tinha visto Cortney na escola aquele dia. Quando seus pais saíram para jantar fora mais tarde, foi até a cozinha e fez um sanduíche. O rádio da cozinha estava ligado e, enquanto estava comendo, um plantão de notícias anunciou que um assassinato havia acontecido no centro da cidade, na região da Hi-Fi Shop, e que a emissora teria mais detalhes no jornal das 23h. Kelly não estava prestando muita atenção. Pensou que alguém provavelmente tinha sido esfaqueado na Rua 25. Antes de o próximo noticiário ir ao ar, já estava na cama quase dormindo.

Na manhã seguinte, Kelly faltou às duas primeiras aulas para uma consulta com o ortodontista. Quando estava sentado na cadeira, a assistente do dentista lhe perguntou se ele conhecia a família Naisbitt. Kelly disse que claro que conhecia os Naisbitt, Cortney era um grande amigo seu. O que a assistente disse em seguida o fez se sentar tão rápido que chegou a quase cair da cadeira. A sra. Naisbitt tinha sido assassinada, disse, e Cortney estava em estado crítico, sem expectativa de sobreviver.

"Aquilo me chocou muito", lembrou Kelly depois. "Fiquei meio pasmo."

Quando chegou à Ogden High naquela manhã, a perplexidade com os assassinatos da Hi-Fi tinha se transformado em um boato sobre o outro. As "informações oficiais" relacionadas ao crime e a Cortney circulavam pelos corredores com uma autoridade que se perpetuava. Não se falava em outra coisa. Mas, mesmo após o horror se acalmar e os alunos entenderem o que havia acontecido, poucos quiseram acreditar. Kelly não aceitaria as "informações oficiais" até ouvi-las da boca do pai de Cortney. A informação oficial era de que seu amigo estava morto.

"Foi como olhar um binóculo pelo outro lado", disse Kelly mais tarde, descrevendo a caminhada pelo corredor em direção à Terapia Intensiva. "Sabe quando você olha e vê tudo menor? Me lembro que estava andando pelo corredor e me sentindo péssimo naquele dia, aí você vê um policial armado sentado em frente à porta, a porta fechada com 'PROIBIDO FUMAR – OXIGÊNIO', essas coisas. Você entra e vê um monte de enfermeiras correndo de um lado para o outro, aí entra no quarto de Cort, com as cortinas fechadas, entra e lá está ele, com tubos atravessando seu corpo e as enfermeiras sussurrando no ouvido dele, 'Aguente firme!'. Ele estava todo queimado por dentro. Me lembro de olhar para os lábios dele, dava para ver por dentro da pele, tudo branco... estava tudo branco dentro de sua boca, tudo queimado ali. As enfermeiras só estavam esperando que ele... elas o mantinham vivo, mas já não tinham nenhuma esperança. Dava para ver isso em todo mundo. Eles estavam só esperando a hora chegar."

No minúsculo cubículo da UTI, quatro ou cinco enfermeiras ficavam em cima de Cortney. Uma trocando os frascos do fluido conectado ao acesso intravenoso, uma conferindo e reconferindo os aparelhos dos sinais vitais de Cortney, uma anotando, outra aspirando. No meio de tudo aquilo, Cortney estava absolutamente imóvel. Para Kelly, ele parecia morto, "como se estivessem bombeando energia em um pedaço de carne sobre a mesa". Mas o que chamou sua atenção não foi Cortney nem as enfermeiras, foi o barulho. Todos os equipamentos hospitalares que já tinha visto nos filmes estavam apitando e chiando naquele quarto minúsculo. O peito de Cortney estava subindo e descendo com os barulhos do respirador, e os longos segundos entre cada respiração faziam-no prender a sua também.

Kelly ficou ao pé da cama de Cortney do lado esquerdo, com medo de chegar mais perto. Viu os arranhões avermelhados da marca das cordas em volta dos pulsos de Cortney. Nos pulsos e, aparentemente, em todas as partes de seu corpo, ele tinha tubos e fios que se enrolavam até os aparelhos barulhentos. A cabeça que Kelly imaginara estar destruída estava intacta e enrolada em ataduras brancas. Os lábios também estavam lá, porém rodeados de feridas abertas e em carne viva.

Nem Claire nem Kelly deveriam estar no quarto com um paciente em estado tão crítico quanto Cortney. Claire sabia disso, as enfermeiras sabiam disso. Mas desde o início as regras com relação a Cortney pareciam ter sido abandonadas. Enquanto Kelly ficou atrás de Claire olhando para seu amigo, as enfermeiras continuaram trabalhando em volta deles como se não estivessem ali.

Claire pegou a mão de Cortney e se abaixou perto do ouvido dele. "Oi, Cort", disse. "Como você está?" Continuou segurando a mão dele e olhou em seu rosto. "Trouxe uma pessoa para te ver. Kelly veio comigo para te visitar."

Ela se virou para Kelly. "Fale alguma coisa para ele, Kelly", disse baixinho. "Sei que ele pode te ouvir."

Os dois trocaram de lugar. Kelly pôs a mão esquerda sobre o travesseiro ao lado da cabeça de Cortney e enfiou a mão direita entre os fios e tubos, segurando o antebraço de Cortney de maneira desajeitada.

"Cort, como é que você está?", disse.

Os olhos de Cortney permaneceram fechados, e o tubo da traqueostomia que saía de seu pescoço gorgolejou.

"Escute, amigão, sinto muito pelo que aconteceu, sabe? Se tiver qualquer coisa que eu possa fazer por você, me avise. Qualquer coisa mesmo."

Não conseguiu pensar em mais nada a dizer, mas na mesma hora Claire pegou a mão de Cortney outra vez e sussurrou para Kelly, "Talvez seja melhor a gente ir".

Kelly assentiu.

Olhando de volta para o irmão, Claire disse com a voz mais alta: "Kelly e eu estamos indo agora, Cortney. Volto hoje à noite para te ver". Ela apertou a mão dele e se afastou da cama.

"Falo com você mais tarde, Cort", disse Kelly. "Fique na paz."

Quando se viraram para sair do quarto, as enfermeiras tomaram seus lugares ao lado da cama de Cortney como se eles nunca tivessem estado lá. Kelly olhou para Cortney uma última vez e seu corpo ainda estava imóvel. Depois o respirador chiou outra vez e o peito de Cortney logo se inflou e abaixou.

Agora já eram 16h. Alguns detetives estavam sentados em volta de uma mesa da delegacia discutindo o caso Hi-Fi, quando o delegado Leroy Jacobsen entrou na sala dos detetives com a última notícia: tinham acabado de receber uma ligação do Departamento de Investigações Especiais no Campo Hill, onde vários itens que pertenciam às vítimas haviam sido encontrados em uma caçamba ao lado do quartel 351. Quando ouviu o número do quartel, Glen Judkins estalou os dedos. Três meses antes, em janeiro, ele prendera um oficial que morava no quartel 351 por furto de carro. Depois voltou ao mesmo quartel por um segundo furto de carro, um terceiro, e uma prisão. Tudo na mesma semana. Tudo o mesmo aeronauta. O caso ainda estava fresco em sua mente porque o oficial que furtava os carros sempre voltava à loja no dia seguinte fingindo que estava pronto para comprar o carro que furtara na noite anterior.

"Acho que ele pensava que era um disfarce", explicou Judkins depois. "Tipo, eu fui lá, testei o carro e voltei superindignado porque meu carro sumiu. E se eu ficar indignado o suficiente, ninguém vai virar para mim e dizer, 'Ei, foi você que furtou aquele carro?'. Acho que essa era parte do seu plano mestre."

Para Judkins, o caso se desenrolou da seguinte maneira:

Em 23 de janeiro, o oficial pegou um Corvette 1973 amarelo para fazer um teste drive na *Lyle's House of Hardtops*, uma loja de carros usados na zona oeste de Ogden. Na manhã seguinte, quando o proprietário chegou e descobriu que o mesmo Corvette tinha sumido, ligou para a polícia. Mas antes que a polícia pudesse atender ao chamado, o aeronauta apareceu de volta ao Lyle's. Estava dirigindo o mesmo carro do dia anterior, um Buick Riviera 1970 verde, o carro que queria trocar pelo Corvette. Quando o dono lhe disse que o Corvette tinha sido furtado, o oficial insistiu que queria aquele carro. O proprietário chamou a polícia.

Quando Judkins chegou ao Lyle's, a primeira coisa que percebeu foi que o Riviera verde estacionado perto do escritório tinha placas de Nova York na frente e atrás e um adesivo de vistoria de Utah no canto do para-brisa. Ele entrou no escritório e falou com o oficial, mas agora não estava interessado no Corvette tanto quanto estava curioso com o Riviera estacionado logo em frente.

"Vai em frente", disse o oficial acenando com a mão, "dá uma olhada nele."

Judkins anotou o número de série e uma descrição do carro, e ligou para o operador de rádio, que jogou as informações no computador de crimes nacionais. Em poucos minutos, Judkins soube que o Riviera verde que o oficial levara ao Lyle's para trocar pelo Corvette furtado também era furtado.

O aeronauta negou furtar qualquer um dos carros, mas não ofereceu resistência. Após procurar embaixo do banco do motorista do Riviera e encontrar uma Colt .45 carregada, fabricada na América do Sul. Judkins leu os direitos do oficial, o revistou, o algemou e o levou para a delegacia. Em seu bolso, o aeronauta tinha três conjuntos de chaves, um dos quais era do Riviera verde. No dia seguinte sua fiança foi estipulada no padrão de 5 mil dólares, depois reduzida à metade. Ele depositou a fiança após uma semana na cadeia e foi solto.

Pouco depois de o oficial ser libertado sob fiança, o Corvette amarelo e um Riviera vermelho desaparecido de outra loja foram localizados na base, não muito longe do quartel 351. Os outros dois conjuntos de chaves que Judkins encontrara com o aeronauta uma semana antes serviram nos dois carros furtados. Judkins conseguiu os mandados e processos necessários, foi até a base e prendeu o aeronauta pela segunda vez em uma semana, dessa vez por duas acusações de furto de carro. Tentou interrogar o oficial, mas, quando lhe perguntou sobre os carros furtados, o aeronauta parou de falar e ficou olhando para ele como se estivesse em uma espécie de transe.

"Você já viu um homem morto com os olhos abertos?", disse Judkins depois. "Era assim que ele estava."

Nas duas novas acusações, o oficial não conseguiu pagar a fiança e passou quase seis semanas na cadeia antes de ser solto. Ainda estava preso no momento de sua audiência preliminar, quando o peso das evidências contra ele era suficiente para que todos os três casos fossem levados a julgamento. Mas o juiz concordou em consolidar os casos e aplicar sua fiança emitida previamente de 2.500 dólares às três acusações de furto de automóveis. No dia 2 de março ele foi outra vez solto sob fiança, livre para voltar ao seu quarto no quartel e à sua vida na Força Aérea. Hoje, 23 de abril, o homem ainda estava solto sob fiança, aguardando julgamento. Seu nome, lembrou Judkins, era Dale Pierre.

Judkins, depois, escreveu em seu relatório sobre a Hi-Fi: "Assim que o delegado mencionou o número do quartel, eu sabia que era o quartel ocupado por Dale S. Pierre. Por ter prendido Pierre em ocasiões anteriores, conhecia sua descrição, que parecia corresponder bastante à de um dos suspeitos envolvido no homicídio". O delegado Jacobsen designou Judkins, o detetive Lee Varley e o investigador de homicídios Deloy White para irem ao Campo Hill e investigarem a descoberta dos itens que pertenciam às vítimas.

Na sala de registros no fim do corredor, o posto de comando de Greenwood não havia recebido a informação da descoberta na caçamba. Meia hora antes da ligação do Campo Hill chegar ao departamento dos detetives, Greenwood e Fisher já tinham sido avisados pelo informante que os homens que estavam procurando se chamavam Dale Pierre e William Andrews. Eles ainda estavam sendo orientados pelo promotor sobre como proceder com essa primeira informação do caso. Enquanto a promotoria estava preparando as acusações e os mandados de prisão, Greenwood mandou um de seus homens ao Hospital McKay-Dee com as fichas para mostrar ao sr. Walker. A polícia não tinha fotos de Andrews, apenas páginas com os outros rostos, mas Walker hesitantemente identificou Dale Pierre como o mais baixo dos dois, o que tinha puxado o gatilho para todas as cinco vítimas no porão. Ele acrescentou que o homem que atirara neles falava com um sotaque distinto e peculiar.

Com Pierre possivelmente identificado e um informante disposto a testemunhar sobre o envolvimento de Pierre e Andrew nos assassinatos, Greenwood notificou ao comandante da base no Campo Hill que a polícia de Ogden estava preparando mandados para a prisão dos dois aeronautas e que, enquanto isso, com a permissão do comandante, enviaria policiais para observar os suspeitos. A resposta do comandante surpreendeu Greenwood, que mais tarde relembrou sua reação.

"Sem que eu soubesse, a ligação sobre as carteiras tinha ido parar na divisão dos detetives, e não no posto de comando. E Deloy White foi designado para ir buscar as evidências. Mas ele não sabia que nós tínhamos os nomes. Não fazia ideia que já estávamos com os nomes. E nós não sabíamos que ele tinha sido enviado para pegar as carteiras. Acho que já estava lá quando fiquei sabendo que as carteiras tinham sido encontradas. Então nós tínhamos os nomes que foram passados para nós pelo informante confidencial, e fiquei muito animado. Mas você precisa de corroboração, só o suspeito não adianta. É preciso ter alguma coisa que ligue esse suspeito ao crime. Enfim, estava me preparando para mandar as pessoas e, antes que pudesse enviá-las, descobri que White já estava lá revirando a caçamba. Bom, foi aí que dei um pulo de alegria, porque nessa hora soube que eram eles."

A caçamba havia sido isolada pela polícia aérea, e Varley ficou do lado de fora enquanto Judkins e White vasculharam lá dentro, revirando o lixo parte por parte. Itens tirados da cena do crime foram espalhados por toda a lixeira e, à medida que cada um era descoberto, Judkins ou White entregavam-no para Varley, que o colocava em sacos de provas separados, selados e etiquetados para serem entregues ao policial encarregado de guardar as provas. Antes do fim da tarde, Judkins e White haviam descoberto, e Varley guardado, uma caneta esferográfica azul com "Hi-Fi Shop" impresso, um pulôver branco, duas bolsas de couro, um par de luvas brancas de mulher, uma carteira de motorista temporária de Carol Naisbitt, um cartucho .38, onze cartuchos .25, dois chaveiros com quinze chaves e dezesseis cartões de crédito no nome do dr. Byron H. Naisbitt.

Os três detetives ainda não sabiam que um informante havia ligado para o posto de comando e identificado os dois aeronautas, Dale Pierre e William Andrews, como os assassinos. Nem sabiam que o alojamento dos suspeitos havia sido identificado como quartel 351, a apenas nove metros de distância. Enquanto trabalhavam no lixo, observavam a parede de janelas ao longo do lado norte do quartel. Em pouco tempo, perceberam uma atividade constante em uma determinada janela no segundo andar do lado leste do prédio. A persiana foi aberta e estavam sendo observados.

O quartel 351 alojava parte do 1550º Esquadrão de Manutenção Organizacional, 475 homens designados para fazer a manutenção dos helicópteros usados no treinamento de paramédicos paraquedistas. Quando as evidências recuperadas na caçamba em frente foram vinculadas a dois oficiais do 1550º que residiam no quartel, o primeiro sargento do esquadrão, James Stevens, foi convocado para dar informações à segurança da Força Aérea e à polícia de Ogden sobre os suspeitos. Pierre era baixo?, quiseram saber. Qual a altura de Andrews? Ele poderia confirmar que os dois homens vinham passando muito tempo juntos ultimamente? Que Andrews tinha uma van azul-claro? Ele poderia informar os hábitos dos suspeitos, o número de seus quartos, as saídas mais próximas? Stevens pôde dizer tudo isso a eles e muito mais. Não ficou surpreso que Pierre tivesse matado três, talvez quatro, talvez cinco pessoas. Durante meses vinha tentando tirar Pierre do seu esquadrão e da Força Aérea.

Um suboficial com 18 anos de carreira na Força Aérea, Stevens foi trazido de um esquadrão com problemas raciais na Coreia a fim de restaurar a disciplina no 1550º. Ele havia chegado em Hill um mês depois do assassinato de Jefferson, em outubro do ano anterior, e o comandante do 1550º, Coronel John Neubauer, informou-lhe sobre Pierre e os fatos do caso Jefferson. Eles conversavam sobre Pierre com frequência. Com base em informações de investigadores da Força Aérea e da polícia de Ogden, ambos concluíram que Pierre era um assassino, que não tinha a mesma consciência e o medo de retaliação que outros aeronautas possuíam. Em mais de uma ocasião, Neubauer confessou a Stevens: "Fico acordado à noite preocupado com esse cara. Fico imaginando quem é o próximo que ele vai matar".

Stevens tinha a intensidade de um megafone na voz e olhos enormemente ampliados por óculos grossos. Fumava charutos. Ao reprimir um oficial arrogante, primeiro empurrava o aeronauta com sua pança e o encarava com aqueles olhos aumentados. Depois, de sua boca, saía uma nuvem de fumaça de charuto e uma salva de ordens e ameaças salpicadas com "Está me ouvindo, garoto?" e "Ficou claro, filhote?". Funcionava com todo mundo, menos Pierre.

"Eu tinha a impressão de que o que quer que acontecesse com ele não fazia diferença", disse Stevens, "como uma filosofia fatalista. Mas era mais uma sensação do que uma certeza. Podia botar o charuto na boca e tentar parecer malvado, acertá-lo de um lado e do outro, mas não fazia nenhum efeito. Nos outros caras com quem fazia isso, dava para ver um pequeno tremor, algum tipo de reação, ódio, medo, alguma coisa. Mas com Pierre era como se nada tivesse acontecido."

O problema deles era que, oficialmente, Pierre não tinha feito nada que violasse as disposições para desligamento da Força Aérea. Só no fim de janeiro, quando Pierre foi preso pela polícia de Ogden por furto de carros, é que Stevens e Neubauer sentiram que tinham motivos para começar o processo de dispensa "indesejável" antecipada dele. Embora tivessem que esperar a condenação antes que Pierre pudesse ser dispensado, Stevens e Neubauer deram início à papelada de seu desligamento enquanto Pierre ainda estava na cadeia. No entanto, quando Pierre foi solto sob fiança em 20 de março, ainda aguardando julgamento, ele os surpreendeu ao pedir sua saída antecipada sob um novo regulamento, que previa o pedido de exoneração de um oficial que não tivesse conseguido se adaptar à vida militar. Sob esse novo regulamento, receberia uma dispensa honrosa. Embora Stevens e Neubauer quisessem Pierre desligado da Força Aérea de forma "indesejável", mais do que isso o queriam longe da Força Aérea *o mais rápido possível*. Sob o novo regulamento, não era necessária nenhuma condenação. Pierre foi logo tirado da linha de voo e atribuído permanentemente às tarefas de ordenação do quartel. Stevens chamava isso de "banho-maria", que deveria ser mantido até conseguir desligar Pierre da Força Aérea.

Dois dias após Pierre ter apresentado seu pedido de exoneração a Stevens, Andrews também pediu para ser desligado da Força Aérea. Andrews era outro caso, pensava Stevens. Poderia ter sido "um soldado bom à beça". No entanto, Andrews parecia nunca agir por conta própria, sendo levado pelo que estivesse acontecendo à sua volta. Em bando, era capaz de ser durão. Como Stevens relembrou, "Você podia deixá-lo morrendo de medo, até ele sair e conversar com alguns de seus companheiros".

Stevens começou a processar os papéis da exoneração de Andrews e lhe atribuiu às tarefas de ordenação com Pierre. Os dois se apresentavam na sala de TV cinco dias por semana, às 7h30 da manhã, para saber se iriam passar pano ou aspirador em algum corredor ou se iriam policiar as áreas ao redor do prédio de três andares e a caçamba em frente. No fim do dia, Pierre e Andrews ainda tinham mais tarefas de zeladoria para cumprir. Cada um deles havia recebido um Artigo 15 por deixarem de se apresentar para o serviço na linha de voo duas vezes. Como punição, os dois homens foram rebaixados ao nível de aeronauta básico e obrigados a cumprir duas horas de penalidade todas as tardes, das 16h às 18h horas, durante os trinta dias de abril. Nessas duas horas, Stevens ordenava que limpassem o chão, lavassem a latrina e realizassem outros detalhes de zeladoria na sala de ordenança do quartel.

Agora, sentado na sede do OSI informando seus supervisores sobre os aeronautas Pierre e Andrews, Stevens mencionou o Artigo 15 que os dois homens receberam e as horas de penalidade que estavam cumprindo todas as tardes na sua sala de ordenança.

"Mas ontem à noite", disse Stevens, "nenhum dos dois apareceu."

Embora a polícia de Ogden agora já tivesse provas suficientes para prender Pierre e Andrews por assassinato, pelo fato de estarem em uma base militar, havia complicações legais que atrasavam o processo. Se os depoimentos para justificar os mandados de prisão e busca fossem feitos sob juramento pelos policiais envolvidos e assinados por um juiz civil com autoridade adequada, era necessária uma etapa intermediária de revisão e autorização pelo comandante da base antes que a citação pudesse ser feita, e apenas de acordo com os procedimentos e diretrizes estabelecidos pelo comandante e seus assessores.

O comandante da base, Coronel James M. Hall Jr., reuniu-se com seus assessores legais militares nos escritórios do OSI por volta das 18h. Acusações de assassinato, sobretudo este assassinato, contra oficiais sob o seu comando deixaram o coronel Hall ainda mais cauteloso que o normal. Robert Newey, o promotor do condado de Weber, notificou o comandante Hall que os mandados e denúncias estavam sendo processados e lhe seriam entregues pessoalmente pelo sargento Greenwood da Força Tática de Ogden. Enquanto isso, solicitou Newey, o comandante poderia expedir uma ordem à polícia de segurança da base para deter os dois homens, caso fizessem qualquer tentativa de deixar a base? O comandante Hall se recusou a expedir essa ordem. Sua posição era de que, legalmente, não podia fazer nada para impedir os homens de saírem da base até que os papéis adequados das autoridades civis estivessem em suas mãos e tivesse tempo suficiente para avaliar sua legalidade. Qualquer tentativa de detê-los antes da revisão desses documentos civis, portanto, não seria possível. O comandante concordou em disponibilizar à polícia de Ogden homens adicionais para vigiar o quartel, mas, se os suspeitos tentassem deixar o quartel ou a base antes que os mandados chegassem, pela lei militar seriam obrigados a permitir a saída.

Por volta das 18h30, um membro da polícia aérea incumbido de vigiar o quartel viu Dale Pierre e William Andrews, junto de um terceiro aeronauta, saírem pela saída oeste do quartel, cruzarem o gramado até um estacionamento adjacente ao quartel ao lado, entrarem em um Ford Pinto amarelo-claro e irem embora. Quando o detetive White foi notificado da saída deles, os três homens já tinham passado pelo portão leste da base e saído em direção ao brilho do início da noite.

A noite de Ogden estava quente, e Jean Hamre, que morava no contraforte atrás da Weber State College, aproveitou a oportunidade para lavar as janelas sujas pelas neves e chuvas do inverno. Do deque onde ela estava, via-se um panorama da cidade e as cores do pôr do sol ainda refletidas no céu e no Grande Lago Salgado. Essa região de Ogden ao longo da encosta leste era alta e era comum as pessoas dirigirem lentamente, subindo e descendo as ruas, vendo o pôr do sol ou as luzes cintilantes da cidade à noite. Alguns estacionavam a fim de apreciar a vista. Então não foi incomum quando um carro que a sra. Hamre nunca tinha visto antes passou pela estrada acima de sua casa e, no fim da rua, chegou a um mirante e parou. Mas os três homens que saíram do carro *eram* incomuns; nenhum deles parecia interessado na vista. Logo, os três começaram a discutir. Estavam longe o bastante para sra. Hamre conseguir escutar alguma coisa do que estavam dizendo, mas ela ficou intrigada com o drama sendo encenado no fim de sua rua, tanto que, após cinco minutos de "olhar naquela direção de vez em quando" e ver que os homens "pareciam estar discutindo e argumentando uns com os outros", entrou em casa, pegou um binóculo e assistiu à pantomima pela janela.

Um dos três, um homem alto e musculoso de jaqueta jeans, estava sentado em uma pedra, enquanto os outros dois ficaram um de cada lado "discutindo violentamente" com ele. Dos dois homens em pé, um era alto, muito magro e de pele clara. Com os ombros curvados e óculos de aro dourado apoiados no nariz fino, parecia estudioso e frágil. De tempos em tempos se afastava, ficava sozinho um pouco, depois voltava e argumentava outra vez com o homem sentado na pedra.

"O que estava à direita, se estivessem de frente para mim, eu diria que tinha cerca de 1,75 ou 1,77 metro", disse a sra. Hamre em seu depoimento à polícia no dia seguinte. "Uma estrutura meio parruda, com a testa alta, quase entradas de calvície. Estava de calça verde-musgo e camiseta da Base da Força Aérea Hill. Foi quem eu observei mais. Ele só ficava lá com a mão no bolso."

Após 25 minutos, a cena terminou. Os três homens entraram no carro amarelo novamente e voltaram pelo caminho que chegaram. Em nenhum momento eles olharam para as cores do pôr do sol, agora quase derretidas no horizonte onde o lago encontrava o céu que escurecia.

"A primeira coisa que me veio à mente foi que haveria um tiroteio", relembrou Polo Afuvai, um dos sete policiais da Força Tática. Afuvai estava sentado em uma viatura sem identificação do lado de fora da sede do OSI, enquanto Greenwood e Moore estavam lá dentro sendo informados pelo comandante Hall sobre o ataque que estava prestes a acontecer. "Nós fomos para lá com a atitude de que era isso que ia acontecer. Mas as mãos ficaram suadas, sabe, transpirando feito o diabo. Fiquei molhado naquela noite, de verdade. Tinha glândulas de suor no meu corpo que nunca nem soube que existiam."

Bill Thorsted, outro membro da Força Tática, estava na viatura ao lado da de Afuvai, esperando. "Os sovacos ficaram molhados até o cinto", lembrou. "Sabendo que estavam lá dentro, mas sem saber o que iam fazer. Fiquei pensando, se eles não sabem o que está acontecendo do lado de fora, quando descobrirem, provavelmente a primeira coisa que vai acontecer é uma situação de reféns."

A quase dois quilômetros dali, White e doze outros detetives aguardavam com espingardas no perímetro de segurança da Força Aérea em volta do quartel. A base agora estava escura. Horas antes, quando os suspeitos saíram, parecia que a rede que fora jogada com tanta rapidez em volta deles tinha sido jogada de lado com a mesma rapidez. Mas a polícia continuou escondida e, enquanto a escuridão caía sobre a base, o contato de White do lado de dentro notificou que Pierre e os outros dois homens tinham acabado de voltar para seus quartos no quartel.

Quase mais duas horas de espera haviam se passado àquela altura. Os detetives parados no perímetro vigiavam com atenção as varandas iluminadas e as saídas de incêndio. Se Pierre e Andrews tentassem sair da base de novo, dessa vez não iriam sozinhos. Poucos depois das 22h, White recebeu a mensagem que todos estavam esperando: Greenwood e a Força Tática finalmente chegaram à sede do OSI com os mandados de prisão e busca para os dois suspeitos.

Dentro do OSI, Greenwood agora estava em conferência com o coronel Hall. Após revisar os mandados, o coronel expediu uma ordem que autorizava a polícia que cercava o quartel a prender Pierre e Andrews, caso necessário, a fim de impedir que fugissem. O próximo passo era elaborar um plano para fazê-los sair do quartel.

Coronel Hall, apontando para um mapa da região e uma planta baixa do quartel, informou Greenwood, Moore e uma dúzia de coronéis, majores e agentes do OSI sobre seu plano de ataque. Atiradores de elite deveriam ser posicionados de forma que as varandas dos quartos fossem eliminadas como rotas de fuga. A polícia aérea e a segurança da base estabeleceriam um perímetro de defesa em torno do quartel para isolar e conter um possível tiroteio. Greenwood e seus homens, se quisessem, receberiam armas automáticas e coletes à prova de balas para sua missão lá dentro: pegar Pierre e Andrews. Bater em suas portas, arrombar as portas aos chutes, se necessário, mas localizá-los dentro do quartel, mantê-los longe dos outros oficiais e desarmá-los, se possível. O coronel designou um de seus majores para liderar o ataque.

Uma hora antes, White e alguns outros detetives observaram Andrews se vestindo pela janela do seu quarto no segundo andar. Depois, as luzes se apagaram e a persiana foi fechada. Desde esse momento, nem Pierre nem Andrews foram vistos por nenhum dos policiais ou pessoal da Força Aérea. O quarto de Pierre ficou escuro desde o anoitecer. Embora ninguém soubesse onde Pierre e Andrews estavam escondidos no quartel, com guardas armados cercando o prédio, eles tinham certeza de que os dois homens ainda estavam lá dentro. Mas enquanto Greenwood estava ouvindo as informações do coronel e White aguardava no perímetro para o ataque ao quartel, a voz de um guarda da segurança da base de repente surgiu em todos os rádios: uma van Chevrolet azul-claro foi avistada passando em alta velocidade pela base em direção ao portão oeste.

Thorsted ainda estava com o motor desligado da viatura da Força Tática em frente à sede do OSI quando um agente pulou para dentro do carro.

"Eles entraram na van e estão tentando fugir!", gritou o agente.

O jovem policial engatou a marcha e pisou fundo no acelerador, com o agente do OSI gritando o caminho até o portão. Afuvai e o restante da Força Tática que aguardava do lado de fora do prédio do OSI saiu atrás de Thorsted. Eles ouviram pelo rádio que agentes de segurança da Força Aérea já se estavam se aproximando da van. Thorsted continuou dirigindo em direção ao portão, mas ainda estava a 1,5 km de distância quando ouviu que os agentes de segurança haviam parado a van e ordenado que os ocupantes saíssem sob a mira de armas.

Os passageiros eram um sargento-chefe e um amigo indo para casa. A van, idêntica à de Andrews, pertencia ao sargento. Quando Thorsted e o agente da OSI ficaram sabendo da prisão pelo rádio, logo pararam, deram meia-volta e correram de volta para o escritório do OSI. No caminho, Thorsted estava tentando fazer contato via rádio com Greenwood a fim de relatar o alarme falso com a van azul-claro. Mas, com a mesma rapidez que a van foi vista e detida, outro relato chegou pelo walkie-talkie do agente: Pierre e Andrews haviam sido presos.

Quando a notícia de que Pierre e Andrews tinham sido capturados chegou ao escritório do OSI, o coronel Hall estava acabando de entrar na etapa final de suas instruções. Ele fez uma pausa para ouvir o relato e, em seguida, para o espanto de todas as outras pessoas na sala, continuou coordenando seu plano de ataque com uma vareta. O major que fora designado para liderar o ataque com a Força Tática interrompeu o coronel duas vezes.

"Senhor coronel", disse, "os suspeitos estão presos."

"Sim", reconheceu o coronel, logo voltando à sua apresentação.

Ele ainda estava falando e apontando com a vareta quando Greenwood e Morre saíram correndo da sala.

Ninguém sabia quem tinha dado o sinal para ir em frente no quartel, nem por quê. Mas segundos depois que reportaram a van azul-claro saindo da base, os detetives que cercavam o quartel entraram correndo pela entrada leste e subiram as escadas até o quarto de Andrews no segundo andar.

Deloy White liderou este primeiro grupo de oito ou dez detetives, alguns com revólveres em punho, outros carregando espingardas. Ao se aproximarem da porta fechada do quarto de Andrews, metade dos homens passou silenciosamente para o lado oposto da porta, enquanto a outra metade deu cobertura a White. Com todos em posição, ele bateu na porta com o cano de sua espingarda. Não houve resposta lá dentro, mas após um instante a maçaneta virou e a porta se abriu ligeiramente. White acompanhou o movimento com a arma até que, pela fresta da porta, viu o rosto de um homem. O homem estava a apenas alguns centímetros atrás da porta, olhando direto para o cano de sua espingarda. Suas mãos estavam para cima, com as palmas abertas viradas para White.

Assim que viu que as mãos estavam vazias e não havia mais ninguém no quarto, o detetive abaixou a arma. O homem se identificou como William Andrews. Um dos detetives atrás de White avisou a Andrews que ele estava preso por assassinato, leu-lhe seus direitos e lhe perguntou se entendia esses direitos.

"Sim", disse Andrews.

O mesmo detetive então explicou seus direitos de forma mais detalhada, e outra vez Andrews disse que sim, entendia. Mas não fez nenhuma tentativa de falar outra vez, nem de protestar, nem de resistir à prisão. Após a tensão que vinha se acumulando por todas aquelas horas esperando do lado de fora no escuro, alguns detetives acharam que Andrews tinha sido quase decepcionantemente manso.

Glen Judkins, o detetive que havia prendido Pierre por furto de carro, estava parado no fim da fila do lado de fora da porta de Andrews. Embora pudesse ouvir White e o outro policial que leu os direitos de Andrews, não conseguia enxergar o suspeito por causa da fila de detetives à sua frente. Nesse momento, a fila se virou e Judkins de repente era o primeiro da fila, correndo pelo corredor com o detetive Lee Varley, indo atrás de Pierre.

A janela de Pierre no lado sul do quartel estava sob vigilância desde as 17h daquela tarde. Todos os policiais envolvidos sabiam que o quarto dele era o 223, do outro lado do corredor do quarto de Andrews, mais ou menos no meio do prédio. Mas assim que Judkins e Varley passaram pela sala de bilhar à esquerda, um aeronauta entrou no corredor à frente deles.

"Pierre não está no quarto", sussurrou o aeronauta, "está no térreo, no canto sudoeste."

Supondo que o restante dos policiais tinham ouvido a mesma mensagem e estavam logo atrás deles, os dois detetives passaram correndo pelo 223, foram até o final do corredor e pegaram a saída de incêndio do lado oeste até o primeiro andar.

O quarto no canto sudoeste do primeiro andar era o 106, a primeira porta à direita quando Judkins e Varley saíram da saída de incêndio. A porta estava fechada, e como Judkins precisava supor que Pierre estava armado, aguardou do lado de fora os outros detetives chegarem. Com mais homens para lhe dar cobertura, era maior a probabilidade de conseguir prender Pierre sem nenhum tiro ser disparado. Além do mais, não *sabia* se Pierre sequer estava no quarto. Tudo tinha acontecido tão rápido, e o aeronauta que cochichara a informação pareceu tão seguro, que Judkins tinha apenas seguido seus instintos. Ele e Varley podiam estar esperando de armas em punho do lado de fora de um quarto vazio. Em seguida, ouviram vozes lá dentro. Esperaram mais alguns minutos, e ninguém mais chegou para dar cobertura, quando de repente a porta do 106 se abriu. Um aeronauta negro saiu no corredor.

Judkins sabia que não era Pierre. Ele fez sinal com a arma. "Vai embora pelo corredor", disse em um sussurro conciso.

O aeronauta estremeceu ao ver a arma de Judkins e rapidamente se afastou. Mas, assim que saiu da porta, um segundo aeronauta botou a cabeça para fora do corredor. Este segundo oficial era alto e magro, tinha os ombros curvados e usava óculos de aro dourado.

"Ei, cara", disse para o primeiro negro, "está falando com quem?"

Ele levantou a cabeça e viu Judkins apontando um .38 em sua direção. Judkins balançou a cabeça.

"Sai pelo corredor", sussurrou outra vez.

Quando o aeronauta saiu para o corredor e se afastou devagar, deixou a porta entreaberta. As dobradiças ficavam do lado direito, na frente de Judkins, e a porta abria para fora, na sua direção. Judkins e Varley já haviam trabalhado em casos juntos, e cada um sabia como o outro reagiria. Ali no corredor, Judkins fez sinal para Varley olhar pela fresta da porta. Varley se inclinou para a direita e espiou lá dentro com um olho só. Viu um único indivíduo ainda no quarto, mas o homem estava sentado em um sofá curvado para frente, como se estivesse amarrando os sapatos, de costas para a porta. Varley não conseguiu ver as mãos do homem. Fez sinal para Judkins que parecia haver apenas um homem dentro do quarto, mas indicou que talvez houvesse outras coisas que não conseguia enxergar. Fez sinal para Judkins olhar, mas, quando fez isso, o homem no sofá se virou de repente para ele. Judkins reconheceu Pierre. Ele chutou a porta para trás e se agachou na entrada, segurando o .38 com as duas mãos.

"Ponha as mãos na parede!", gritou.

Pierre se moveu bem rápido para a esquerda. Judkins observou as mãos dele até estarem apoiadas na parede acima de uma cômoda. Sabendo que Varley estava lhe dando cobertura, Judkins colocou o revólver de volta no coldre e sacou as algemas.

"Agora coloque as mãos para trás, Pierre."

Pierre tirou a mãos da parede ao mesmo tempo e as colocou para trás.

"O que que foi dessa vez?", perguntou a Judkins.

"Aguente aí", disse Judkins, "os mandados vão chegar em um minuto."

Com Pierre algemado, Varley guardou sua arma e os três homens ficaram parados no meio do quarto, esperando os outros detetives chegarem. Durante o minuto que passou, nenhum dos três falou. De repente, o quarto estava cheio de homens de casaco e gravata, carregando espingardas. Um dos homens lhe disse que estava preso por homicídio qualificado, e depois segurou o mandado de prisão para Pierre ver. Ele olhou por um momento, depois levantou a cabeça e pareceu fixar os olhos em algum ponto logo acima dos ombros do policial. O policial entregou a Pierre um cartão com a advertência de Miranda impressa e pediu que ele o lesse. Mas Pierre apenas acenou com a cabeça que entendia e continuou a olhar fixamente.

Quando os policiais levaram os dois homens para fora do quartel naquela noite e os colocaram em viaturas separadas, algo que nunca tinham ouvido com relação ao seu trabalho começou a surgir por toda a parte. Aplausos. Do quartel ao leste, havia centenas de homens pendurados nas varandas aplaudindo e assoviando.

Os aeronautas ainda o aclamavam quando Greenwood estacionou em frente ao quartel. Pierre estava sendo levado ao estacionamento, e Greenwood instruiu seus homens para colocá-lo no banco de trás do carro. Em nenhum momento a expressão de Pierre mudou. Ele não dissera nenhuma palavra desde que fora preso. Quando foi colocado na viatura, continuou olhando para frente. Alguns aeronautas curiosos, outros fazendo troça, passaram pelo carro e olharam para o homem sentado no banco de trás. Pierre os ignorou.

Greenwood, com raiva pelos detetives terem entrado no quartel antes que a ordem fosse dada, mas satisfeito que as prisões haviam sido feitas de forma tão rápida e tranquila, entrou no banco de trás com Pierre. A essa altura, já tinham lido os direitos de Pierre duas vezes, mas Greenwood os leu outra vez. Pierre não deu sinal de tê-lo escutado. Quando perguntado em seguida se queria dizer alguma coisa, Pierre permaneceu em silêncio, mas dessa vez fez com a cabeça que não.

No outro carro, Andrews estava contando a um policial fardado que ele e Pierre só tinham ido até a cidade na noite anterior com outro aeronauta chamado Keith Roberts, deixaram Roberts na cidade, passearam um pouco de carro, voltaram à base para assistir ao filme *Jones, O Faixa Preta*, depois foram até um 7-Eleven perto dali comprar uns pacotes de cerveja, voltaram ao quartel e estavam na cama por volta da meia-noite. Andrews não se estendeu, e o policial, embora já tivesse lhe dado a advertência de Miranda três vezes, não o pressionou para obter detalhes.

O comandante Hall havia determinado que os mandados de busca elaborados pelo promotor Newey e assinados por um juiz do condado eram válidos e podiam ser executados legalmente na base. Com Pierre e Andrews presos, Greenwood mandou três policiais irem na viatura que transportava Andrews até a delegacia, e outros dois para acompanharem ele e Pierre. Os outros detetives e o pessoal da Força Tática se dividiram em grupos de quatro ou cinco e começaram a revistar os três quartos: o de Pierre, o de Andrews e o quarto onde Pierre foi preso. Os técnicos forenses, que estavam na base processando as provas desde que os primeiros itens haviam sido retirados da caçamba, participaram das buscas. Pouco depois de as buscas começarem, as duas viaturas que levavam Pierre e Andrews saíram do estacionamento do quartel.

No caminho até a delegacia, um trajeto de quinze minutos, Pierre falou uma única vez. Greenwood estava tentando conversar desde que o carro se afastara dos grupos aglomerados na frente do quartel. Perguntou a Pierre de onde ele era, se gostava da Força Aérea, o que fazia o dia todo na linha de voo. Pierre ficou sentado olhando para frente, sem falar, parecendo não escutar. A base estava escura e o motorista da viatura, Jerry Burnett, estava fumando um cigarro no banco da frente, enquanto Greenwood estava no banco de trás fazendo pergunta atrás de pergunta para Pierre e ouvindo apenas o silêncio vindo daquele canto. Burnett não conhecia as estradas do Campo Hill. Ao se aproximar de um cruzamento escuro, reduziu a velocidade para considerar as três possibilidades, perguntando-se em voz alta, "Como é que sai dessa base, diacho?".

Greenwood estava olhando pela janela para ver se reconhecia algum ponto, quando, do outro lado do banco de trás, ouviu, "Vire à esquerda aqui, senhor".

Pierre estava dando instruções. Burnett virou à esquerda e prosseguiu por outra estrada escura. Ao se aproximar do próximo cruzamento, Pierre falou outra vez.

"Vire à direita aqui."

Burnett e Greenwood depois descreveram o tom da voz de Pierre como "educado". A cada curva, até chegarem ao portão da base, Pierre "educadamente" orientou seus captores pela extensa base aérea. Mas depois que passaram pelo portão e estavam na rodovia em direção a Ogden, Pierre retomou sua expressão plácida olhando para frente, mudo.

A notícia sobre a captura de Pierre e Andrews já tinha se espalhado e, apesar de já ser quase meia-noite, as viaturas que os transportavam até a delegacia foram recebidas por uma multidão de uns duzentos cidadãos de Ogden. Os dois carros atravessaram a multidão e entraram na garagem da polícia no centro do prédio. Enquanto Pierre permaneceu sentado e imóvel no banco de trás, Greenwood saiu do carro, deu a volta e abriu a porta para ele sair. Quando os dois homens passaram pelo elevador no final da garagem, fotógrafos e cinegrafistas de notícias reunidos no corredor dispararam suas luzes fortes e flashes. Pierre apareceria no jornal do dia seguinte com os olhos fechados e o rosto contorcido de susto e irritação. Atrás dele, de casaco e gravata listrada, estava Greenwood, com um olho e o canto da boca visível à direita da cabeça inclinada de Pierre.

Um minuto depois, Fisher guiou Andrews pela multidão segurando-o pelo tríceps. Andrews foi fotografado com um brilho nos olhos e um leve sorriso no rosto.

Ninguém sequer tentou interrogar Pierre. Ninguém lhe perguntou onde esteve na noite anterior ou o que estava fazendo das 18h às 22h. Depois que entraram na delegacia, ninguém lhe dirigiu a palavra. Quando Greenwood entrou no corredor com Pierre, o delegado Jacobsen puxou o líder da Força Tática de lado e lhe pediu para lidar com a multidão que aguardava do lado de fora. "Faça uma declaração sobre as prisões e as acusações contra esses caras", disse a Greenwood. Outro policial pegou Pierre, levou-o até o elevador e subiram até o nono andar para ele ser fichado. Nenhum dos dois disse uma única palavra no elevador. Depois que Pierre foi fichado, o policial o trancou em uma cela sozinho até de manhã e saiu.

Agora era 1h da madrugada. Lá embaixo, no primeiro andar, Andrews foi levado a uma pequena sala usada pelos agentes de trânsito da cidade e colocado em uma cadeira, e suas mãos algemadas caíram atrás das costas da cadeira. O policial que estava de pé ao seu lado era um homem de porte robusto de 39 anos, cabelos loiros, óculos de aro de metal e rosto corado. R. E. "Pete" Peterson dava aulas de técnicas de interrogatório a outros policiais, e estava pronto para começar o interrogatório provisório de Andrews. Peterson tinha dois olhos acinzentados, um de verdade e o outro de vidro. Em casos difíceis, era conhecido por arrancar aquele globo de vidro da cabeça e apontar o que restava daquele buraco coberto por uma aba de pele para o suspeito.

Peterson leu os direitos de Andrews e perguntou se ele entendera. Andrews disse que sim. Em seguida, Peterson os explicou de novo, dessa vez com mais detalhes. Andrews novamente indicou que entendia. Peterson começou o questionamento e Andrews respondia devagar, pensando muito sobre cada pergunta antes de dizer qualquer palavra. Quando foi perguntado onde estava na segunda-feira à noite, a noite dos assassinatos, disse a Peterson que ele e Pierre estavam no cinema, vendo um filme chamado *Jones, O Faixa Preta*. O próprio Peterson havia falado com um dos aeronautas do quartel quando Pierre e Andrews haviam sido presos. O oficial lhe dissera que havia visto Pierre e Andrews no cinema da base no *domingo* à noite, assistindo ao mesmo *Jones, O Faixa Preta*. Peterson interrompeu Andrews e lhe disse que ele e Pierre foram vistos no cinema no domingo à noite, não na segunda. Isso mesmo, disse Andrews, eles tinham ido juntos ao mesmo filme duas noites seguidas.

Andrews, então, surpreendeu Peterson ao dizer que havia estado na Hi-Fi Shop na tarde do sábado anterior. Disse que, se tivessem encontrado impressões digitais dele em alguma das propriedades roubadas, era porque tinha tocado em *todas* as mercadorias da loja naquele dia.

Peterson foi tranquilo com Andrews, tratando-o com "delicadeza", para não ter a chance de "sujar" o caso. "Mas dava para ver que estava fervendo por dentro", disse sobre Andrews depois. "Até nós o prendermos e o levarmos para lá, acho que não tinha compreendido totalmente o que havia feito. Parecia um cara que estava tentando ser o mais tranquilo possível, mas não tinha um temperamento tranquilo. Quando o confrontava com alguma prova, só ficava olhando para a parede e eu precisava fazê-lo voltar a si. Aí parecia se lembrar, começava a falar, e de repente era como se dissesse 'Ai, meu Deus' quando caia em si. Acho que queria falar sobre aquilo, tirar aquele peso, mas não se permitia. Estava querendo que ele jogasse toda a culpa em Pierre. Mas ele morria de medo do comparsa. Toda vez que eu lhe perguntava sobre Pierre, ele ficava tenso. Acho que teria falado se não tivesse tanto medo de Pierre."

Após trinta ou quarenta minutos, Andrews enfim disse que não podia mais ajudá-los. Peterson perguntou, "Não pode ou não quer?".

"Os dois", disse Andrews.

***

Pierre e Andrews estavam presos, e os pertences pessoais das vítimas tinham sido encontrados na caçamba bem em frente ao seu quartel. Mas os 24 mil dólares em equipamentos de som ainda estavam desaparecidos. Lá na base, detetives, policiais da Força Tática e de serviços técnicos continuavam procurando.

Moore, Empey, White, Varley e um analista forense chamado George Throckmorton foram enviados ao quarto de Pierre. Na noite anterior, quase até o amanhecer, Throckmorton estava no porão da Hi-Fi Shop, desenhando a cena, medindo, fotografando, coletando evidências. Em sete anos trabalhando na polícia, foi a primeira vez que se viu em silêncio, concentrando-se nas questões técnicas a fim de controlar suas emoções. Foi a primeira vez também em que se referiu ao clima de uma cena do crime como "sagrado". O clima era diferente agora. Enquanto no porão ele e os outros tiveram cuidado para não perturbar nada, e até falavam em voz baixa, no quarto de Pierre era para botar tudo abaixo.

O quarto era sóbrio: duas escrivaninhas, duas cômodas, dois abajures, um beliche. Foi projetado como acomodação para dois homens, mas Pierre era o único ocupante. As paredes eram bege e, ao contrário dos quartos dos outros aeronautas, não tinham pôsteres nem fotos de mulheres. Em uma parede estava pendurada uma única foto emoldurada de Pierre, sentado de uniforme ao lado de uma bandeira americana, fazendo pose de orador. Empilhadas no chão estavam revistas de karatê, alguns catálogos pornográficos com fotos de mulheres nuas em preto e branco e um guia de bordéis do estado vizinho de Nevada. Embaixo de tudo, um carpete liso marrom-acinzentado.

O beliche foi desmontado e os colchões retirados. Os baús e armários de parede esvaziados. As luminárias foram analisadas, uma pequena geladeira foi examinada, todas as gavetas das escrivaninhas e cômodas foram abertas e reviradas de cabeça para baixo. O guarda-roupa de Pierre foi esquadrinhado e o conteúdo espalhado pelo chão. O teto foi conferido em busca de placas removíveis. Quando uma parte do quarto tinha sido vasculhada por um policial, outro vinha atrás dele e fazia a mesma coisa. E depois um terceiro policial, um quarto, até que o quarto fosse revistado cinco vezes. Mas, além de um casaco azul salpicado com um resíduo branco de produto químico e uma substância que parecia sangue escurecido, a única prova que encontraram eram folhetos de lojas de som. No verso de um folheto estava uma lista com três lojas de som de Ogden. Embaixo do nome de cada loja havia uma lista de equipamentos de som e seus fabricantes. A Hi-Fi Shop era a primeira da lista.

Do outro lado do corredor, no quarto de Andrews, outra equipe encontrou um par de luvas cirúrgicas de borracha escondidas na prateleira de um armário entre duas fronhas e uma camiseta. Um saco de papel pardo estava amassado dentro da lixeira e continha várias capas de discos de plástico transparente com a etiqueta da Hi-Fi Shop. Mas, assim como no quarto de Pierre, não havia nenhuma arma e nenhum sinal das dúzias de alto-falantes, amplificadores e toca-discos tirados da Hi-Fi.

Quando o quarto de Pierre tinha sido completamente revistado, Throckmorton disse que só faltava uma coisa a ser feita, olhar debaixo do carpete. Passava de uma hora da manhã, e a maioria dos homens já estava sem dormir por quase dois dias. O carpete cobria todo o chão, e a única maneira de olhar embaixo dele seria mover o beliche, as cômodas e outros móveis pelo quarto, para poder levantar o canto livre do carpete. Isso significava mover toda a mobília pelo menos duas vezes, ou até quatro. Depois que a mobília foi carregada para o outro lado do quarto pela primeira vez e empilhada no canto sudoeste, Throckmorton arrancou a ponta do carpete do lado oposto e não encontrou nada. Todos, exceto Throckmorton e Empey, saíram do quarto. Na saída, Varley se virou para Throckmorton e disse, "Não tem como esconder um aparelho de som debaixo do tapete".

Mais duas vezes Throckmorton e Empey arrastaram os móveis de um canto a outro, mas toda vez que levantavam o carpete, não encontravam nada. Após terem olhado debaixo do terceiro canto sem nenhum resultado, Empey saiu para se juntar a seu parceiro, Moore, e voltar para a delegacia. Throckmorton continuou trabalhando sozinho, finalmente indo até o corredor e pedindo a um agente do OSI que o ajudasse a mover o último móvel, uma cômoda, do canto sudeste do carpete. Quando o agente inclinou a cômoda para trás, Throckmorton enfiou a mão, levantou o carpete debaixo e começou a puxá-lo em direção ao centro do quarto. Mas antes que puxasse muito, apareceu um envelope branco entre o carpete e o forro.

"Ora, vejam só o que encontrei", disse Throckmorton.

Ele pegou o envelope e o abriu. Dentro, havia um contrato de aluguel entre Dale Pierre e a Wasatch Storage. A Wasatch Storage era um labirinto de depósitos parecidos com garagens na esquina das ruas 26 e Wall, a apenas algumas quadras da Hi-Fi Shop. Pierre alugara a Unidade 2 no dia anterior, 22 de abril, o dia dos assassinatos.

"Só pode ser lá que os equipamentos estão", disse Throckmorton ao agente. Ele saiu do quarto e gritou para White no corredor. "Bingo! Deloy, pegamos eles!"

Em algum momento depois das 2h, Deloy White voltou à delegacia e conseguiu um mandado de busca para a Unidade 2 da Wasatch Storage. A essa altura, todos os policiais que haviam ficado no quartel para revistar os quartos de Pierre e Andrews já tinham voltado para Ogden. A maioria deles sabia que o contrato de aluguel fora encontrado e ficou aguardando, preenchendo seus relatórios, até o mandado de busca ser expedido e chegar a hora de cumpri-lo. Todos queriam estar lá quando a porta do depósito se erguesse.

Apesar do horário, o mandado de busca foi rapidamente concedido. Então, liderada por Deloy White, uma procissão de policiais de todos os departamentos saiu pelos fundos da delegacia e dirigiu as três quadras até a Wasatch Storage. A Unidade 2 estava com um cadeado militar. Com cerca de trinta a quarenta policiais esperando na frente da unidade, White pegou um chaveiro que havia confiscado de Pierre quando foi preso. Uma das chaves serviu no cadeado. White o abriu e deslizou a porta para cima.

Meia dúzia de lanternas iluminaram a pequena garagem. Ela estava abarrotada de aparelhos de som caros, um verdadeiro baú de tesouros. Quando viram os metais brilhantes empilhados à sua frente, os policiais vibraram, e a multidão deu cerca de três passos para frente, depois pararam.

"Vamos voltar, pessoal", um dos capitães disse. "Sabemos que está aqui, não dá para processar tudo agora à noite. Vamos voltar de manhã quando pudermos pensar direito."

Quando o depósito foi fechado outra vez, White colocou seu próprio cadeado nele e o grupo de policiais se dispersou, dando tapinhas nas costas uns dos outros e dando parabéns. Mas, mesmo antes de chegarem de volta à delegacia, as sensações boas começaram a desaparecer. Mike Empey depois relembrou o clima quando voltou do galpão de depósito. "O comentário de vários policiais era que, mesmo que o caso estivesse basicamente encerrado, que as provas tivessem sido encontradas e as propriedades recuperadas, ainda havia todas aquelas pessoas cujas vidas foram arruinadas, e o que quer que fizéssemos não era suficiente para mudar isso."

Kevin Youngberg, agora com 33 dias de experiência na polícia, foi designado para vigiar o depósito. Do outro lado da rua da Wasatch Storage ficava um beco ao lado do antigo e abandonado Ranch Café. Youngberg entrou de ré com a viatura no beco, de onde tinha uma visão desimpedida da Unidade 2. Era madrugada de quarta-feira. Todos tinham saído, tinham ido para casa dormir, alguns pela primeira vez desde o domingo à noite. Mais tarde, descobririam o que havia no depósito, e os médicos e enfermeiras do St. Benedict por fim saberiam o que causara as queimaduras na boca de Cortney e a espuma sangrenta que saía de seus pulmões. Ninguém da polícia tinha visto nada específico, apenas um labirinto de equipamentos de som iluminados pelas lanternas. Ninguém tinha percebido a capa protetora de equipamento virada de cabeça para baixo no meio da pilha. Dentro da capa, havia um tapete automotivo preto e amarelo. Enrolado no tapete, havia um pequeno copo verde. Ao lado do copo havia uma garrafa grande, cheia até a metade, com um rótulo que dizia, "Acaba com o entupimento, não com o encanamento". Era Drano[1] líquido.

Youngberg ficou sentado sozinho em seu carro de patrulha, vigiando o galpão pelo resto da noite.

---

1 Marca norte-americana de desentupidor de canos e ralos. [NE]

✖ *Foi um erro ir até a delegacia. Lynn queria ir lá vê-los, e achava que não conseguiria entrar se eu não fosse junto. Então pensei, Bem, vou só para dar uma olhada neles. Essa foi a única coisa que me arrependo de ter feito.*

Logo depois que Pierre e Andrews foram capturados na terça-feira à noite, as estações de rádio e televisão transmitiram a notícia das prisões, e os jornais locais publicaram a matéria com manchete na primeira página na quarta de manhã. O pânico que estava crescendo em Ogden durante as 24 horas após os assassinatos agora estava se transformando em raiva, e um dos cidadãos raivosos era o cunhado de Byron Naisbitt, Lynn Richardson, pai do dono da Hi-Fi Shop, Brett Richardson.

Quando Lynn soube que Pierre e Andrews tinham sido capturados em Campo Hill, ligou para Byron. Os dois suspeitos estavam presos no nono andar do Edifício Municipal no centro de Ogden, e Lynn queria vê-los. Queria ir até o fórum, subir para o nono andar "e olhar aqueles desgraçados nos olhos", disse depois. "Foi um crime tão horrível e sem sentido, que queria ver se eles andavam sobre quatro patas ou não." Ele chamou Pierre de "cachorro louco covarde" e acrescentou: "Os dois eram covardes, sabe, só podem ser covardes para agirem dessa maneira. Falam que são negros, não podem ser negros, são amarelos. A gente queria ver quem poderia ter amarelado tanto assim".

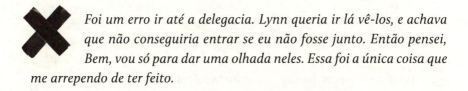

Byron duvidou que a polícia permitisse a entrada deles para ver Pierre e Andrews, mas concordou em encontrar seu cunhado na delegacia. A polícia estava com as joias de Carol, e Byron precisava ir até lá para pegá-las, de qualquer forma, e, embora não soubesse direito por quê, também queria dar uma olhada nos supostos assassinos, especialmente em Pierre. Queria "ver que tipo de pessoa podia fazer uma coisa dessas com outro ser humano".

Quando os dois homens chegaram à delegacia, Lynn foi encaminhado à sala do delegado Jacobsen e Byron à mesma do sargento, onde identificou e pegou as joias de Carol. Após assinar uma liberação, juntou-se ao seu cunhado, que já estava falando com o delegado. Quando a porta da sala se fechou atrás dele, Byron estendeu a mão para que os outros dois homens pudessem ver o que os assassinos haviam deixado passar. Na palma da sua mão havia três anéis e um relógio.

"Que bom que não pegaram esses também", disse. "Provavelmente seriam difíceis de localizar."

O relógio era um Rolex de ouro 14 quilates. Um dos anéis era cravejado com jade um diamante, e os outros dois eram anéis simples de ouro, um deles com um grande diamante solitário que Byron dera a Carol em um aniversário de casamento recente.

"Devia ter mais nos dedos dela aqui", suspirou Byron, "do que todas as coisas que eles carregaram para aquela caminhonete."

Lynn continuou olhando para as joias na mão de Byron e balançando a cabeça. Estava enfurecido quando entrou na sala do delegado, mas agora estava começando a se acalmar.

"Não se importavam com o que pegavam", disse. "A sanha de matar era tanta que era a coisa principal na cabeça deles, matar."

Jacobsen concordou com Byron que as joias teriam sido difíceis de recuperar, e por mais alguns minutos, os três homens se perguntaram como aquilo poderia ter sido ignorado. Mas o delegado duvidava que Byron Naisbitt e Lynn Richardson tivessem ido à sua sala para discutir por que os assassinos não tinham roubado mais do que roubaram. Ele viu no rosto de Byron uma expressão familiar, "como se suas entranhas tivessem sido arrancadas", a mesma expressão que já vira três ou quatro vezes antes, quando a família de uma vítima de estupro ou assassinato vinha à delegacia querendo confrontar o criminoso. Jacobsen estava esperando pela pergunta, e não precisou esperar muito. Quando a discussão sobre as joias terminou, Byron disse, "Qual é a possibilidade de vê-los?".

"Por que quer fazer isso?", questionou Jacobsen.

"Eu só quero", disse Byron, "quero olhar nos olhos desses caras, olhar bem nos olhos deles e ver que tipo de caras eles são."

"Queremos ver quem seria capaz de fazer uma coisa tão covarde dessas", disse Lynn.

Jacobsen pôde ver que nenhum dos dois estava armado, mas, ao ver a tristeza e a raiva no rosto de Byron, as lágrimas em seus olhos, perguntou-se se o homem, caso tivesse a chance, poderia tentar matar Pierre ou Andrews com as próprias mãos. O delegado também não tinha nenhum amor pelos suspeitos, mas sabia que permitir que Byron e Lynn subissem não resolveria nada e poderia levar a uma cena constrangedora para os dois futuramente. No entanto, por compreender os sentimentos deles, relutou em lhes dizer apenas para irem para casa. Queria que decidissem por conta própria que não queriam ver Pierre e Andrews, no fim das contas.

"Posso entender por que querem vê-los", disse, "mas não vamos criar esse tipo de problema."

Byron não entendeu direito o que o delegado quis dizer: nem ele mesmo sabia por que queria ver os assassinos.

Lynn disse, "Eu só queria dar a esses desgraçados o que merecem".

"Iria querer fazer a mesma coisa se isso tivesse acontecido comigo", comentou Jacobsen. "Sei como se sentem, o que querem fazer. Eu iria querer também. Mas me arrependeria depois."

Jacobsen lhes garantiu que as provas contra Pierre e Andrews eram substanciais e estavam aumentando. Listou para eles os itens que a polícia já tinha encontrado na caçamba do Campo Hill e os equipamentos roubados que recuperaram no depósito alugado por Pierre. Com esse tipo de provas contra eles, explicou Jacobsen, Pierre e Andrews não ficariam livres.

"Se vocês quiserem", acrescentou, "ligo para o xerife lá em cima e digo que estão subindo. Mas gostaria de colocar um ponto-final nessa coisa toda agora."

"Tudo que nós queremos fazer", disse Byron, "é olhar para eles."

"E por que querem fazer isso?"

"Não sei", disse Byron.

Jacobsen fez uma pausa por um instante, olhando para Byron. Em seguida, falou, "Dr. Naisbitt, se eu deixar que entre para ver Pierre, você vai matá-lo?"

A pergunta surpreendeu Byron. "Não", respondeu. "Cacete, por que eu iria querer matá-lo? Só quero olhar para ele."

"Você quer entrar na cela com ele?", perguntou Jacobsen.

"Não", disse, "não quero. Só quero olhar nos olhos dele."

É uma sensação estranha pedir para ver alguém que matou sua esposa e arruinou seu filho. Sabe? Acho estranho. E acho que não faria isso de novo. Quando me perguntaram se o mataria se o visse, pensei: Por que diabos iria querer fazer isso? Se fosse isso que eu tivesse em mente, seria igual a ele. Não era esse o propósito. E quando paro para pensar, nem sei direito qual era o propósito. Não tinha um propósito real. Nenhum proveito poderia ser tirado de vê-lo. Quando disseram, "Você vai matá-lo?", aquilo me fez perceber na mesma hora que estar lá era ridículo. Ridículo, ridículo. Sem motivo nenhum para estar lá.

"Não vim para matar ninguém", disse Byron. "Isso nem passou pela minha cabeça. Acho que talvez só quisesse ver que tipo de sujeito faria uma coisa dessas."

"Se for tão importante assim para você, posso pedir para alguém levá-lo lá em cima", disse Jacobsen. Ele perguntou a Byron, "É tão importante assim para você?"

Byron não respondeu a princípio, apenas continuou olhando para o delegado. Após um momento, disse: "Não, acho que não. Para mim, não". Colocou o envelope com as joias de Carol no bolso e se virou para o cunhado.

"Vamos embora daqui."

Antes de saírem, Byron disse ao delegado Jacobsen que estava grato pelo trabalho da polícia, que havia pegado os assassinos com tanta rapidez.

"Eu imaginei que fossem encontrá-los", disse, "só não sabia que seria tão rápido. Agora esses caras terão um julgamento e acho que isso vai determinar o que acontecerá com eles."

Nós seguimos o conselho deles e fomos para casa. Eles tiveram bom senso, e foi uma falta de discernimento da minha parte. Comecei a pensar, Isso é ridículo, que diabos estou fazendo aqui? Então fomos para casa, ainda bem. E nunca mais falei sobre isso com ninguém, sobre ir até lá, ou querer, os motivos, nada. Não sei o que estava esperando que acontecesse se tivessem me deixado entrar. Eu nem sei direito. Nem sei. Não sei como eles teriam reagido. Não sei como eu teria reagido, como teria me sentido. Achava que teria bastante controle, disso não há dúvida. Independentemente do que fizessem ou dissessem, eu não falaria nem daria um pio. Só olharia para eles.

Mas isso foi um erro. E fiquei feliz diversas vezes por nunca ter visto aqueles caras. Porque, depois que cheguei em casa e pensei a respeito, realmente não me importava em vê-los. Não era tão importante assim para mim. Eu tinha mais o que fazer, com minha esposa morta e Cortney à beira, sem me preocupar com aqueles caras, e resolvi que, quanto mais rápido e mais longe estivessem dos meus pensamentos, melhor minha vida seria. Porque eu não podia ganhar nada de bom ao confrontá-los. Se eles pudessem fazer algum bem a Cortney, os confrontaria na mesma hora. Se pudessem lhe fazer qualquer bem que fosse, os confrontaria dez vezes por dia. Ou quantas fosse preciso. Mas isso não mudaria a situação dele, e não mudaria a minha. Fui um pouco influenciado por outra pessoa, e nunca mais deixei isso acontecer de novo. Tentei ter controle total sobre como me sentia, pensava e agia daquele momento em diante.

Pouco depois que Byron Naisbitt e Lynn Richardson saíram da delegacia, Pierre e Andrews foram levados das celas do nono andar até as salas de audiência da cidade quatro andares abaixo, onde seriam acusados por homicídio qualificado. A denúncia citando as acusações contra eles foi lida e em seguida perguntaram a cada um dos réus se gostariam de consultar um advogado. Andrews solicitou uma entrevista com a defensoria pública e Pierre declarou que tinha uma advogada de outro caso, mas que não conseguira entrar em contato com ela. Para dar a Pierre e Andrews tempo de contatar seus advogados, o juiz adiou as acusações até o dia seguinte, quinta-feira, e eles retornaram às celas no nono andar.

A advogada de Pierre era Rita James, uma mulher jovem e inteligente que falava rápido, fumava constantemente e pontuava seus discursos com risadas curtas. Há pouco tempo, ela se divorciara de um advogado da Força Aérea no Campo Hill e estava advogando em uma casa reformada em Ogden. Naquela semana, estava em viagem de férias.

"Então, estava na Geórgia visitando meus pais quando a Hi-Fi aconteceu", disse depois. "E sabe quando você fica com uma sensação estranha? Bom, quando li sobre aquilo no jornal, tive a sensação estranha de que seria envolvida de alguma maneira, e isso não é em retrospecto, porque na época falei isso para minha mãe. E aí no dia seguinte saiu que Dale tinha sido preso e que estava esperando sua advogada voltar de férias. [*risos*] E eu lá, lendo aquilo no jornal Warner-Robbins no meio da Geórgia.

"Antes disso, houve algumas questões sobre as quais ele precisou de orientação e, claro, por ser militar, foi aos advogados da base, ao juiz advogado geral, e acharam que ele devia falar com um advogado civil. Então ele veio até mim. Da primeira vez, foi um entre vários suspeitos de outro homicídio lá na base. Queriam que fizesse teste de polígrafo, e nenhum dos JAGs de lá tinha muita familiaridade com polígrafo. Acho que nem abri um arquivo sobre ele na época. A única coisa que eu me lembro é a polícia dizendo alguma coisa sobre Dale ter as chaves do apartamento e dos carros de Jefferson e tudo mais, sabe, um conjunto completo das chaves do homem. E aí, vários meses depois, ele foi preso por furto de carro e me pediu para representá-lo no que acabaram virando três acusações de furto de carro.

"Agora, os furtos dos carros foram em janeiro de 1974, dois Rivieras e um Corvette. O *modus operandi* foi mesmo brilhante. Lembre-se de que Dale sempre negou ter furtado os carros. Mas o *modus operandi* era ir de uniforme até uma loja de carros usados, dar seu nome correto, fazer o teste drive de um carro que jamais conseguiria pagar com o número de listras que você tem na manga, dizer a eles que quer comprá-lo e que vai à cooperativa de crédito pegar o dinheiro; aí o carro desaparece naquela noite. Em seguida, ele é encontrado na base com um adesivo temporário que você recebe. Essa é uma maneira incrivelmente burra de furtar um carro. Ele não me parecia ser tão burro assim. Nem parecia ser violento, sórdido, cruel ou qualquer coisa desse tipo. Sabe quando algumas pessoas te dão calafrios quando você as conhece? Ele não. Nunca me pareceu nada além de quieto. Talvez um pouco estranho. Mesmo afirmando que não tinha furtado os carros, não conseguia dar nenhum tipo de explicação plausível para o que eles estavam fazendo [*risos*] com as placas dele e os adesivos temporários dele. Parecia ter mais inteligência que isso, então estava tentando ver se havia alguma possibilidade de, sei lá, não chegaria a uma defesa por insanidade, que isso obviamente não existia, ele não me parecia ser insano, mas alguns problema mentais atenuantes para poder chorar no ombro do juiz, sabe? [*risos*] E talvez tentar conseguir alguma ajuda para ele, em vez de uma sentença de prisão. Mas eu nunca consegui de fato tirar informações suficientes dele para ajudar muito."

Depois da cirurgia de Cortney na noite dos assassinatos, dr. Hauser alertara os Naisbitt que, se Cortney sobrevivesse até de manhã, a próxima grande crise ocorreria na quarta-feira à noite ou quinta de manhã, quando o inchaço no cérebro dele atingiria o ápice e o cérebro começaria a se distorcer dentro da cavidade na base do crânio. Se a pressão não diminuísse logo, o centro respiratório se paralisaria e Cortney morreria.

Quando dr. Hauser voltou à UTI no fim da manhã de terça-feira a fim de examinar Cortney após a cirurgia, descobriu que ele estava começando a reagir a comandos verbais. Mas à noite o visitou outra vez e escreveu a seguinte observação na ficha de Cortney:

> Embora a fraqueza do lado direito persista, ele agora está mexendo todas as extremidades sob comando. Por diversos motivos, sugiro que, apesar da melhora contínua, seu estado oficial continue sendo classificado como grave.

Dr. Hauser era sempre pessimista com as famílias de pacientes com lesão na cabeça. Traumas no cérebro eram, além de graves, imprevisíveis. No caso de Cortney, por trás de todas as reservas habituais de Hauser, estava seu primeiro diagnóstico ao examiná-lo na sala de emergência: nunca tinha visto um paciente com aqueles mesmos sinais sobreviver.

As enfermeiras continuaram conferindo sinais de inchaço no cérebro de Cortney, olhando suas pupilas a fim de verificar se estavam iguais e reativas à luz. O que dificultava a comparação das pupilas de Cortney era que seu olho direito estava cheio de sangue e virado para o lado.

No começo da noite de terça-feira, uma das enfermeiras observou que os olhos de Cortney estavam abertos e ele estava mexendo os lábios, como se quisesse formar palavras. Mas os olhos não estavam rastreando e não havia nenhum indício de que conseguia compreender o que estava acontecendo ao seu redor. Após alguns instantes, fechou os olhos outra vez e afundou de volta na cama.

Durante as horas tranquilas da terça à noite e quarta de manhã, Gary ficou no hospital depois que sua família foi embora. Às 2h30, estava no quarto com Cortney, observando as enfermeiras trabalhando em volta de seu irmão, vendo a boca dele franzir e abrir, depois fechar de novo. Às 6h estava de volta ao quarto de Cortney, que abriu os olhos e pareceu reconhecê-lo. Mas o momento foi breve. O aparente reconhecimento logo desapareceu e os olhos de Cortney se fecharam. Quando Gary viu Cortney mais cedo naquela noite, ele estava respirando sozinho, sem o respirador. Agora estava de volta no aparelho, auxiliando-o apenas esporadicamente.

Pouco depois de Cortney ser colocado de volta no respirador, no começo da manhã de quarta-feira, seu pai voltou ao hospital e estava na UTI acompanhado por dr. Wallace. Observaram Cortney respirando através do aparelho, iniciando a respiração sozinho apenas de vez em quando. Uma enfermeira virou Cortney e o posicionou. Às 7h15, dr. Hauser estava de volta ao leito. Examinou Cortney outra vez e encontrou o estado do garoto como havia previsto. Ele escreveu na ficha:

> Ao que tudo indica, em algum momento desde a última vez que o vi, ele precisou que MA-1 assumisse. Isso é, sem dúvida, reflexo do aumento da pressão intracraniana. Este edema cerebral deve chegar ao máximo — supondo que seja reversível — em algum momento hoje à noite.

Os médicos temiam que, mesmo que a pressão na cabeça de Cortney chegasse ao ápice e depois diminuísse, seu centro respiratório ainda pudesse estar destruído. Cortney, então, estaria morto, a não ser por seus pulmões se enchendo de tempos em tempos com ar do respirador. Byron disse a Gary que dera instruções à equipe da UTI para deixarem Cortney morrer, se era isso que devia acontecer. Não queria seu filho recebendo suporte artificial de um respirador, se seu cérebro tivesse parado de funcionar a tal ponto que perdesse a capacidade primária de pedir oxigênio. Na quarta-feira à tarde, dr. Rees escreveu uma ordem na ficha para tirarem Cortney do respirador de hora em hora por quinze minutos, para ver se continuava respirando sozinho. A ordem deveria ser executada até o período crítico passar.

Após prever que o edema cerebral de Cortney chegaria ao ápice em algum momento da quarta-feira à noite, dr. Hauser voltou ao hospital às 18h30 daquele mesmo dia. Ele notou que, embora Cortney ainda abrisse os olhos de vez em quando, não seguia comandos verbais como fizera 24 horas antes. A pressão dentro da cabeça de Cortney parecia estar aumentando, apesar das grandes doses de esteroides que estava recebendo.

Durante a noite, Cortney alternou entre o que pareciam ser intervalos de sono e acessos de inquietação, com a diferença entre os dois sendo pouco mais do que uma contorção do rosto ou espasmo do braço. O monitor ao lado de sua cama indicou que seu coração estava em taquicardia sinusal, batendo mais rápido do que cem vezes por minuto. Seguindo as ordens de dr. Rees, as enfermeiras continuaram tirando Cortney do respirador por quinze minutos a cada hora.

Pouco antes da meia-noite, um residente em seu turno cirúrgico passou na UTI para dar uma olhada em Cortney. Ele estava na sala de operação na noite dos assassinatos, auxiliando dr. Hauser a fazer as trepanações na cabeça de Cortney. Desde então, com frequência conferia o progresso de Cortney. Naquela noite, Cortney estava respondendo à dor no seu tendão de Aquiles direito pela primeira vez, uma melhora desde que o residente o vira de manhã cedo. Enquanto o residente estava examinando-o, Cortney de repente abriu os olhos e o residente achou que ele movimentou os lábios como se dissesse "oi". O movimento foi tão vago que o residente não tinha certeza do que ele quisera dizer, ou até mesmo se o movimento tinha sido proposital. Mas, na ficha de Cortney, escreveu "Código definitivo", significando que, se Cortney parasse de respirar ou se seu coração entrasse em fibrilação, todos os esforços deveriam ser feitos para salvá-lo. Depois, dr. Hauser pediu ao residente que parasse de escrever na ficha de Cortney.

Quando dr. Hauser viu Cortney outra vez durante a ronda na manhã seguinte, quinta-feira, o inchaço no cérebro de Cortney parecia estar diminuindo e ele parecia vagamente mais reagente do que na noite anterior. O monitor cardíaco ainda estava indicando taquicardia sinusal, mas estava ativando a MA-1 em todas as respirações. Após examinar Cortney, Hauser e os outros médicos concluíram que a causa do período de dependência contínua do respirador, possivelmente, nem era tanto pela pressão no centro respiratório de seu cérebro, mas sim por sua exaustão total. Seu corpo estava tão cansado que apenas não tinha energia para puxar a respiração. Hauser permaneceu cauteloso com o estado de Cortney e não deu aos Naisbitt nenhuma esperança de sua sobrevivência. Mas registrou na ficha dele:

> Está aguentando. Sinto que o ponto máximo do edema cerebral já passou.

Claire chegou ao hospital mais tarde naquela manhã e, quando descobriu que o inchaço no cérebro do irmão já tinha chegado ao máximo e ainda estava vivo, ficou cheia de alegria, pensando que agora Cortney sobreviveria e se recuperaria. *Eu lembro de uma coisa que me disseram. Acho que foi um dos médicos que falou, "Bem, nós achamos que se ele resistir até quinta, vai sobreviver". Acho que estavam preocupados sobre o cérebro dele, sabe, se ia começar a diminuir até lá, o edema ou algo assim. Acho que foi por isso que me falaram aquilo, e pensei, "Sério?". Sabe como? Tipo, eu realmente levei a sério. E quando ele viveu até quinta, eu pensei, "Uau, que demais!" Mas papai falou, "Isso é só uma etapa, você não sabe o que ele precisa passar". E eu não sabia mesmo.*

Na manhã de quinta-feira, a sala de audiência do município de Ogden estava lotada de espectadores, muitos de pé. Mas, antes que os guardas armados trouxessem Pierre e Andrews das celas do nono andar para a audiência preliminar, o recinto precisou ser esvaziado e todos foram revistados antes de serem autorizados a reentrar. Uma vez que entrassem, ninguém poderia sair. A advogada de Pierre, Rita James, ainda não havia voltado da Geórgia, e Andrews ainda não tinha se qualificado para representação pela defensoria pública. O juiz outra vez concedeu uma prorrogação até segunda-feira para dar aos réus a oportunidade de falarem com seus advogados. Depois, dentro da sala de audiência, o promotor Robert Newey disse aos repórteres que, se Pierre e Andrews fossem condenados, exigiria a pena de morte.

Como a maioria dos estatutos de pena de morte existentes na época, o de Utah era novo e nunca fora testado. Dois anos antes, em junho de 1972, a Suprema Corte do Estados Unidos havia proferido sua famosa decisão em *Furman contra Geórgia*, uma decisão que, ao grande público, pareceu considerar a pena de morte inconstitucional. Mas a decisão do caso não passou nem perto de ser tão decisiva assim. O tribunal se dividiu cinco a quatro contra o estatuto de pena de morte da Geórgia, com cada um dos nove juízes escrevendo uma opinião separada, uma ocorrência rara no tribunal superior. Dois dos cinco juízes que derrubaram o estatuto teriam declarado inconstitucional qualquer estatuto que autorizasse a pena capital, com a única justificativa de ser "cruel e incomum". Mas os outros três membros da maioria indicaram em suas opiniões que o aspecto do estatuto ao qual se opunham não era a pena em si, mas ao tamanho da subjetividade contida no argumento do juiz ou júri na decisão de quem morreria ou não. A arbitrariedade inerente a esse discernimento, não que a pena de morte fosse cruel e incomum, foi o principal fator da rejeição deles ao estatuto da Geórgia. A conclusão resultante dessas três opiniões foi que, caso a pena de morte fosse administrada de acordo com diretrizes mais rígidas para o juiz e o júri, diretrizes que permitissem menos discernimento e uma aplicação mais uniforme, esses três juízes não se oporiam à implementação da pena de morte.

Após a decisão do caso *Furman* ser proferida, as legislaturas da maioria dos estados, incluindo Utah, revisaram seus antigos estatutos de pena de morte usando como diretriz a soma dos raciocínios do caso. Em Utah, o novo estatuto de pena de morte previa que se, durante a fase que estabelece culpa ou inocência, o réu fosse condenado por homicídio qualificado, uma audiência separada ou bifurcada deveria ser realizada. Nela, o juiz ou júri ouviriam as evidências, atenuantes e agravantes, a fim de determinar se o réu seria sentenciado à prisão perpétua ou à morte pelo crime. As circunstâncias que o júri deveria considerar como atenuantes estavam listadas no estatuto e incluíam ausência de antecedentes criminais, perturbação mental ou emocional extrema, doença mental, intoxicação, influência de drogas e a juventude do réu. No momento do assassinato, se o réu cometesse outro assassinato ou estivesse envolvido na prática de estupro ou roubo qualificado, tivesse matado por lucro material ou outro ganho pessoal ou com o intuito de impedir que uma testemunha testemunhasse, esses fatores deveriam ser pesados pelo juiz ou júri em favor da imposição da pena de morte. O estatuto de Utah havia sido redigido recentemente para refletir as novas mudanças ditadas pela decisão *Furman*, e Newey disse aos repórteres reunidos no corredor do lado de fora da sala de audiência que, supondo que as provas fossem suficientes para a condenação, a nova pena de morte de Utah receberia seu primeiro teste com os suspeitos dos assassinatos da Hi-Fi, Dale Pierre e William Andrews.

No mesmo prédio, alguns andares abaixo, o posto de comando de Greenwood havia sido desmontado e D. K. White assumira a investigação. Na sexta-feira, um terceiro aeronauta, que vinha falando com a polícia desde a noite em que Pierre e Andrews haviam sido presos, também foi acusado de portar arma escondida e adulterar provas. O aeronauta era Keith Richards, um negro alto e magro com óculos de aro dourado. Roberts se encaixava na descrição do terceiro aeronauta dada por Jean Hamre, a mulher que viu os três negros discutindo perto de casa enquanto lavava as janelas na terça à noite. Outra mulher, que trabalhava em uma loja de lingerie logo depois da Hi-Fi Shop, tinha visto Roberts de casaco marrom em frente à loja, andando de um lado para o outro, das 7h às 9h horas na noite dos assassinatos. Roberts também foi visto pouco antes das 18h deixando Pierre e Andrews a meia quadra da Hi-Fi Shop e depois saindo em uma van azul-claro. À medida que mais provas envolvendo Roberts foram reunidas, as acusações contra ele mudaram de porte de arma escondida e adulteração de provas para roubo qualificado e homicídio qualificado.

Nesses primeiros dias após os assassinatos, os cidadãos continuaram ligando para a delegacia com informações que achavam que pudessem ajudar a polícia. A menina que falara com Pierre no beco atrás da Hi-Fi Shop, enquanto sua mãe pegava os recibos do dia da *Kandy Korn* ao lado, estava sendo escondida pelos pais na casa de uma amiga a oeste da cidade. Ela só tinha 13 anos e, quando seus pais descobriram que ela havia falado com um dos assassinos enquanto as vítimas estavam sendo amarradas no porão, temiam que o homem tentasse localizá-la. Quando a polícia a encontrou primeiro, ela disse que o homem falava de um jeito engraçado e apontou para a foto dele nos arquivos. Era Pierre.

Um adolescente que esteve na Hi-Fi Shop no sábado anterior aos crimes disse à polícia que, naquela tarde, vira dois homens negros na loja conversando sobre equipamentos de som com Stan Walker. Enquanto o alto ficou na sala de som conversando com Stan, o baixo andou até a frente da loja, olhando em volta e escrevendo alguma coisa em um papel apoiado em cima de uma fita cassete. O homem baixo perguntou se o garoto trabalhava na loja, e ele disse que não. Depois, o homem voltou, atravessou a sala de som até a porta dos fundos, virou para a direita e olhou para baixo das escadas que davam até o porão. Horas antes de Pierre e Andrews serem capturados, o garoto identificou o homem baixo que havia espiado pelas escadas como Dale Pierre.

Talvez a informação mais interessante recebida pela polícia tenha vindo de um sargento que trabalhava à noite no cinema da Base Aérea de Hill como bilheteiro. Em depoimento ao OSI, o sargento disse que no dia 2 de abril estava de porteiro no cinema quando vendeu um ingresso a um aeronauta negro usando uniforme com o nome "Pierre" costurado acima do bolso da camisa. (O nome chamou a atenção do sargento porque, dois dias antes, em seu trabalho diurno como localizador militar, recebeu um telefonema procurando um Aeronauta Pierre, e descobriu que só havia dois Pierres vivendo na base inteira.) O filme exibido naquela noite foi *Magnum 44*, com Clint Eastwood, e uma cena específica do filme agora era de grande interesse para a polícia de Ogden.

Na cena, uma prostituta está sentada no banco de trás de um táxi, contando um rolo de dinheiro e rindo. O taxista para em frente a um prédio, e um homem alto, o cafetão dela, entra no banco de trás. Está usando um grosso casaco de pele até o pé e quer saber onde a mulher esteve. Ela parece apavorada e logo começa a argumentar, dizendo que estava trabalhando em uma convenção e que estava agora mesmo procurando-o para lhe dar sua parte. O cafetão começa a bater nela. O motorista para o carro de repente e sai correndo. Então, o cafetão tira de um bolso do casaco de pele uma lata de Drano líquido e enfia um pouco do cáustico na garganta da prostituta. Ela tenta arranhá-lo e chutá-lo, mas, em questão de segundos, começa a ficar fraca, e o cafetão a empurra para o chão. Ela fica tossindo e engasgando, e o cafetão sai do carro. No filme, a prostituta morre em menos de um minuto após ingerir o Drano, com a mão caída para fora da porta aberta do carro.

***

A pedido de Byron Naisbitt, dr. Richard Iverson, um psiquiatra e amigo da família Naisbitt, examinou Cortney uma noite, perto do fim da primeira semana dele no hospital. Na noite anterior, Byron estava sozinho no quarto com Cortney, falando com ele como sempre fazia, quando de repente Cortney abriu os olhos e olhou para o pai. O que aconteceu em seguida, Byron não entendeu, e nenhum dos outros médicos conseguiu lhe explicar. Ele queria que um psiquiatra examinasse Cortney e desse a sua opinião.

Iverson ficou ao lado da cama de Cortney, testando certos reflexos, observando Cortney com atenção, falando com ele. Cortney ficou imóvel. "Eu estava olhando para um garoto com uma óbvia paralisia, os olhos semifechados e uma atadura na cabeça", relembrou Iverson. "Minha impressão inicial foi a de um garoto em coma, mas, depois que o examinei, decidi lhe fazer alguma perguntas. Em uma época, nossa casa era ao lado da casa dos Naisbitt, nós tínhamos uma piscina e Cortney ia lá em casa, nadava na piscina e brincava com meus dois filhos. Então comecei a falar sobre a nossa piscina e algumas outras coisas que fazíamos, e de repente percebi uma leve contração da boca de Cortney, uma pequena piscada do olho e talvez um pouco de movimento na testa. Isso indicou para mim que o que eu havia falado teve algum tipo de impacto emocional nele. Mas isso foi tudo que consegui, depois as coisas se desligaram."

A experiência de Byron na noite anterior tinha sido diferente, e foi isso que ele não conseguiu entender.

Ele falou, entende? Quando estava lá no Hospital Benedict, Cortney falou comigo. Aí eu não sei o que diabo aconteceu, e ninguém conseguiu me explicar aquilo. Estava questionando ele, estava tentando descobrir se sabia de alguma coisa, se podia testemunhar ou qualquer coisa. Cacete, todo mundo estava interessado. A polícia queria saber se ele conseguia falar. A família queria saber o que tinha acontecido. Todo mundo achava que ele ficaria cego, por causa do local do tiro, e eu estava ansioso para saber se ele poderia enxergar ou escutar. Mas ele falou comigo, e eu não consigo me lembrar qual noite que foi. Me lembro que fez que sim, que me reconhecia e podia me ouvir. Então perguntei se ele se lembrava do que tinha acontecido, e ele balançou a cabeça que sabia, e então começou a dizer o que aconteceu. Não sei como isso funcionou, com a traqueo ali. Não consigo entender essa sequência. Dá para falar se a traqueo estiver coberta, mas talvez eu tivesse feito as perguntas e ele fez sinal de volta... Não, ele falou comigo. Cortney falou cedo. Não me esqueceria disso. A sequência está toda confusa, mas logo nos primeiros dias ele recuperou a consciência e podia ouvir e podia falar. Perguntei se ele se lembrava do que tinha acontecido, e ele balançou a cabeça que sim, que sabia. Aí eu disse, "Quantos eram?", e ele falou, "Eram três, dois com armas". Aí falou que eles o pegaram, deram um chute no saco dele, um soco na barriga, levaram-no lá para baixo, amarraram-no e o forçaram a beber um negócio, depois disseram que iriam matá-lo, que iriam atirar nele. Eu perguntei, "Em quem eles atirariam, em todos vocês?", e ele disse, "Sim". Eu perguntei, "Quem eram todos vocês?". E dava para ver que ele estava pensando em quem diabos estava lá embaixo. Ele ficou pensando, pensando, e aí foi como se tivesse visto a imagem da mãe levando um tiro na cabeça. De repente, ele soltou um pequeno gemido agudo, seus olhos ficaram meio vidrados, caiu para trás e não disse mais nenhuma palavra. Achei que ele tinha simplesmente tirado aquilo da cabeça, bem naquela hora. Foi assim que pareceu para mim, porque ele estava falando até chegar ao momento em que lembrou que sua mãe fora morta. Não existe nenhum motivo pelo qual não conseguiria falar de novo, a não ser que ele apenas não conseguisse enfrentar a cena da morte de sua mãe. Ele fez aquele barulho como um gritinho, afundou-se de volta na cama e ficou lá deitado, meio catatônico. Não respondeu depois disso, então concluí que não conseguia lidar com aquilo, que era doloroso demais para ele. Pelo menos foi isso que achei. Porque eles não podiam explicar, entende? Fizeram imagens do cérebro dele, arteriografia e essas coisas todas, para ver se estava com hemorragia ou o que diabos tinha acontecido com ele. Mas eles ainda não sabiam. Imaginei que ele tivesse só desligado tudo e voltado para o próprio mundinho.

Cortney não havia falado desde então. Não havia aberto os olhos, mexido os braços, gemido, colocado a língua para fora nem feito qualquer coisa para reagir ao seu ambiente. Tendo feito contato uma vez,

Byron não conseguia entender como Cortney podia se desligar de maneira tão repentina e completa. Na noite em que dr. Iverson foi observá-lo, Byron lhe contou o que acontecera durante aquele único episódio. Ele queria saber como Cortney pôde falar por aqueles poucos minutos e agora não abria nem os olhos.

"Essa retração repentina é uma questão muito complicada", disse Iverson depois, "e eu não sei se alguém tem a resposta. Pode ter sido por causa de alguma patologia intracraniana aguda causada pela bala, ou pelos efeitos do edema cerebral. Algumas pessoas poderiam chamar de retração psicótica aguda. Já vi muitas pessoas com danos cerebrais, por trauma, drogas, tumores, mas o de Cortney é único em termos de trauma cerebral associado a um trauma emocional grave. Não sei nem se temos uma palavra para isso. Acho que temos que diagnosticá-lo como transtorno de estresse pós-traumático manifestado pela evitação de atividade, conversa ou contato que desperte lembranças do evento traumático.

"Me lembro que, depois de ver Cortney, saí e li a ficha dele, e os outros médicos estavam apenas se perguntando quando ele iria morrer. Disso me lembro perfeitamente, porque quando entrei lá até eu tive que me perguntar: 'Ei, você está sendo objetivo? Você conhece esse garoto, é amigo do pai dele. Essas coisas que está vendo nele realmente existem?'. Minha impressão era de que sim, esse rapaz tem uma lesão que vai deixar algum dano cerebral, mas sentia que a retração dele, o não falar, não era por causa disso. Quando ele falou com o pai, pensou no que tinha acontecido e lembrou-se do que acontecera com a mãe, os sentimentos que foram gerados se acumularam ao máximo, e de repente as emoções foram tão fortes que ele apenas desligou o pensamento, a fala e se retraiu da realidade. Enquanto o dano físico ao seu cérebro seria mais ou menos permanente, havia sempre a chance de que acabaria aprendendo a lidar com essas emoções. Então eu disse aos outros médicos, 'Lógico, ele teve trauma cerebral, fez cirurgia, mas acho que o *motivo* pelo qual não está falando, o *motivo* dessa retração que fica parecendo que ele vai morrer, é por conta de uma reação avassaladora por ter estado lá, ter visto o que aconteceu com sua mãe e com as outras pessoas, além do trauma em si.' Cortney é o único caso assim que já vi."

Um mês antes, Byron Naisbitt enterrara a própria mãe. Carol ajudara a planejar o funeral e dissera a Byron e às crianças que, quando morresse, não queria ser exposta em um caixão aberto. Que gostava do mogno africano, com interior bege acetinado, mas não queria que ninguém a visse deitada dentro dele. O próprio Byron disse que, quando morresse, não queria seu caixão aberto no velório. Agora, um mês depois, estava enterrando Carol e essas decisões tinham que ser tomadas.

Carol seria enterrada em suas roupas do templo: um véu branco, um pequeno avental verde e um manto branco que seria colocado sobre um ombro. Mas o vestido que usaria, Byron teria de escolher. Apesar de a funerária oferecer uma seleção de vestidos para enterro, Byron queria algo diferente. Não sabia exatamente o que estava procurando, mas já tinha feito compras suficientes com Carol para saber do que gostava nela e do que não gostava, e nada da funerária parecia certo. Queria algo mais animado, algo mais alegre para ela. Na manhã de quarta-feira, depois que saiu da delegacia, encontrou Claire e lhe disse, "Venha, vamos comprar um vestido".

No centro de Ogden, Byron e Claire foram de loja em loja, procurando o último vestido que Carol usaria. Enquanto Byron esperava do lado de fora dos provadores, Claire desfilava um vestido atrás do outro para ele, como Carol sempre fizera antes. Claire era tão parecida com a mãe que, só de vê-la rodopiar lentamente nos vários modelos, Byron podia sentir qual seria certo para Carol.

"Meu pai gosta de escolher roupas", lembrou Claire. "Para minha mãe, a gente escolhia, eu experimentava todos e ele dizia, 'Não, não gosto desse', ou 'Sim, gosto desse'."

O vestido que enfim pareceu adequado para Byron foi um longo e branco, com a gola alta e uma porção de margaridas. Era um vestido de casamento.

Depois que o vestido foi escolhido, Byron e Claire encomendaram o caixão de Carol, em mogno africano com o interior bege. Em seguida, tiveram que decidir se deixavam o caixão aberto, satisfazendo a obrigação que sentiam com aqueles que viessem se despedir, ou fechado, em respeito aos desejos de Carol. Por causa da autópsia, havia linhas perceptíveis na testa de Carol, e os agente funerários não conseguiram esconder o inchaço em seu rosto e pescoço, nem as queimaduras químicas em volta da boca. Byron achava que, dadas as circunstâncias da morte da esposa, sua aparência era boa, mas uma autópsia inevitavelmente muda o semblante e, levando isso em consideração, duvidou que Carol quisesse ser vista. Ainda assim, não tinha certeza se fechar o caixão era a escolha correta.

"Se for fechado", disse a Claire, "as pessoas podem achar que é porque a aparência dela não está boa."

"Mas está", disse Claire. "Além do mais, não ligo para o que as pessoas acham."

"Nem eu", disse seu pai,

Byron também falou com Gary e Brett sobre o assunto, e por fim decidiu que o caixão permaneceria aberto, mas apenas para a família. Os amigos que viessem oferecer suas condolências não veriam Carol deitada no caixão.

O velório de Carol foi na capela colonial *Lindquist & Sons*, das 18h às 20h horas da noite na sexta-feira. Byron pediu a seus filhos para chegarem à capela mais cedo naquela tarde, para poder falar com cada um deles a sós e poderem passar os últimos momentos com a mãe de maneira tranquila.

Brett e Diane foram os primeiros a chegar. Quando entraram, Byron estava sentado ao lado do caixão na frente da capela, no mesmo lugar em que estava desde manhã. Algumas noites antes, na UTI, Byron também falara com Brett e Diane em particular e dissera uma coisa da qual Diane nunca se esqueceu, porque dali em diante seu sogro nunca mais falou dos próprios sentimentos.

O pai de Brett nos pediu para irmos até a sala lateral, caso Cortney pudesse nos ouvir. E disse: "Sei que pareço forte, mas é só porque preciso ser. Vocês são casados e sabem como é, a relação do casamento, então vocês entendem mais do que ninguém na família como me sinto, o que perdi".

Para o velório na sexta-feira, Diane não sabia se o caixão seria aberto ou fechado. Apenas quando seu sogro pediu para eles chegarem cedo à capela ficou sabendo que o caixão estaria aberto para a família e que teria que ver sua sogra.

Eu tenho medo de olhar para gente morta, mas o pai de Brett foi muito reconfortante. Era o dia do velório, e ele nos telefonou e disse para irmos nos despedir. Ele disse, "Estou falando com ela há várias horas, e...". Ele a chamava de baixinha, era sempre baixinha, e os filhos chamavam-na de mã. E ele disse, "Venham se despedir da mã". Eu falei, "Não consigo". Ele disse, "Não há nada de misterioso na morte, é uma coisa natural". Ele falou: "A baixinha está aqui, e ela entende, está feliz. Estamos conversando há várias horas". Foi reconfortante para mim, porque senti que estava mesmo conversando com ela e que tudo estava bem. Ele disse, "Ela não quer que a gente fique infeliz, quer que a gente seja forte". Aquilo fez eu me sentir melhor, sabe? Olhei para ela de outra maneira. Quando olhei para ela mais tarde, achei que talvez ela realmente estivesse ali e pudesse nos ver.

Enquanto Brett e Diane caminhavam pelo corredor central da capela, Byron se levantou, foi até eles e os três se abraçaram.

"Está tudo bem", disse ele. "Vão lá, passem alguns minutos com ela e se despeçam."

A capela era grande, com muitos bancos com almofadas douradas dos dois lados do corredor. Lustres pendiam do teto abobadado, e o sol da tarde atravessava as janelas cor de âmbar. À frente da capela, arranjos florais forravam as prateleiras e depois rodeavam o caixão de Carol, que estava apoiado em uma armação de madeira na entrada de uma sala lateral ligada à capela do lado esquerdo. Durante o funeral, apenas a família ficaria sentada na sala lateral com o caixão.

Diane caminhou ao lado de Brett, segurando seu braço. Quando chegaram ao caixão, Brett olhou para sua mãe, de vestido branco com a gola alta e as margaridas. O véu branco tinha sido levantado do rosto e ela estava usando pequenos brincos de diamante. Na mão esquerda, Byron havia recolocado o grande anel de diamante que pegara na delegacia algumas manhãs antes. Apesar de já ter quatro dias desde que sua mãe fora assassinada, nada daquilo ainda parecia real para Brett. Ainda achava que podia sair da funerária e encontrá-la em casa. Ou que, se ligasse para o número da casa do pai, ela atenderia.

O funeral foi quase insuportável... É muito difícil se despedir. Me lembro de ficar com muita raiva de novo e ter dificuldade de lidar com tudo aquilo. Estava quase fora de mim de tanto ódio. Você sente um vazio tão grande, mesmo mal conseguindo acreditar que aquilo tinha de fato acontecido. Uma sensação de desperdício muito grande. Enfim, abriram o caixão para a família e ela parecia bem.

Todos passaram por uma autópsia do legista, e isso me aborreceu um pouco, ela ter passado por uma tão completa. Retalharam todos eles, e isso foi meio ruim. Dava para ver as costuras na frente da cabeça dela, sabe, onde tiraram o crânio e pegaram o cérebro. Acho que puseram de volta, mas é difícil ficar parecido com o que realmente era antes. Mas, considerando o que aconteceu, acho que a aparência dela estava boa.

Byron ficou sentado em um dos bancos na ponta do corredor e, à medida que cada um de seus filhos chegava, colocava o braço em volta deles, um de cada vez, e começava lhes dizendo que estava tudo bem. Claire chegou depois de Brett e Diane, e Gary foi o último dos três a andar pelo corredor até a frente da capela onde sua mãe estava.

Aquele dia todo foi uma loucura. Papai lidou com tudo muito, muito bem. Como é típico dele, foi para lá algumas horas antes, conferiu o caixão, viu se estava aceitável, decidiu que ela parecia natural o suficiente, dentro das circunstâncias, para mantê-lo aberto, cuidou de qualquer pensamento ou sentimento que tivesse na hora, e foi isso. Aí nós, os filhos, chegamos e ele levou cada um de nós até o caixão de mamãe, e tenho certeza que falou coisas diferentes para cada um de nós. Ele disse que nos amava e que mamãe nos amava. Explicou seu amor por mamãe, o que pensava sobre os últimos minutos dela e sobre a morte. Existe uma vida após a morte, ela morreu, isso é passado e não é nada que devemos ficar sentados ruminando. Ela viveu uma vida boa e completa, queria ser mãe e cumpriu sua missão muito bem. Sabe como? Ela se sentia realizada, sentia orgulho de seus filhos. Ela provavelmente teria gostado de ficar um pouco mais, então teria remorso por isso, mas, o que decidiu fazer, conseguiu realizar e viver uma vida plena. Foi uma boa mulher e o ajudou a terminar a faculdade de medicina. Depois, dedicou-se a criar os filhos. Ele disse para não sofrermos, que mamãe tinha feito seu trabalho aqui. Ela podia não ter realizado seu trabalho totalmente, mas estava bem "do outro lado", por assim dizer, e que nós, como família, estaríamos juntos outra vez quando morrêssemos, que isso é passageiro, sabe, é só uma coisa que acontece, que era apenas para aceitar e seguir em frente. Depois continuou dizendo que, de acordo com o laudo de médico legista, ela provavelmente morreu de forma rápida, no sentido consciente. Ele estava muito calmo, não necessariamente comedido, como se estivesse tentando conter a raiva, não tinha raiva nenhuma, muito calmo e calado, melancólico, em parte. Mas, por outro lado, já tinha lidado com suas emoções, e estava tentando ajudar cada um de nós.

Quanto o velório público de fato aconteceu, não houve velório nenhum, foi mais uma recepção, sabe, as pessoas chegavam, e como falei, foi quase... Papai foi a fortaleza. Tudo ia ficar bem. Ele tinha acalmado a família e transmitido seu amor para nós de tal forma que nós estávamos muito bem conosco e com nossos sentimentos, e agora era nossa vez de tentar transmitir nossa paz de espírito para as outras pessoas que tinham vindo nos prestar condolências. "Olá, como vai? Sim, foi trágico. Não se preocupe conosco, está tudo bem. Estamos bem." Nós é que estávamos consolando as outras pessoas, não o inverso. Sem papai, a gente não conseguiria fazer isso. Talvez sim, mas não àquele ponto. Foi tudo muito bem-feito. Fiquei com muito orgulho dele.

Depois que Gary ficou um tempo sozinho com sua mãe, ele trouxe sua câmera para a capela e tirou algumas fotos dela no caixão rodeada de flores. A princípio, a ideia de tirar fotos não lhe pareceu adequada. Depois pensou que, se Cortney vivesse, se recuperasse a consciência, talvez quisesse essas últimas fotos de sua mãe. Mas após tirar as fotos, Gary ficou com aquele rolo de filme por muito tempo, até que finalmente não parecia haver qualquer motivo para mandar revelar as fotos.

Embora a família tivesse pedido que fossem feitas doações em nome de Carol à Fundação McKay-Dee ou ao Fundo de Construção do St. Benedict, mais de cem arranjos de flores — cravos rosas e brancos, palmas-de--Santa-Rita vermelhas, amarelas e laranja, crisântemos lilás, margaridas, íris azuis, grandes crisântemos-da-china amarelos — enchiam o espaço naquela noite de sexta-feira, onde Byron, Gary, Brett e Claire estavam enfileirados ao lado do caixão de mogno, agora fechado. A quantidade de gente que veio ver Carol aumentou com tanta rapidez que a capela ficou cheia. Em pouco tempo, à medida que entravam no local, as pessoas eram acomodadas no próximo banco disponível, em vez de ficar na fila, aguardando serem chamadas à frente, uma fileira por vez. Muitos esperaram quase uma hora e meia para poderem expressar seus sentimentos à família Naisbitt. Quando o livro de registro de amigos e parentes foi finalmente fechado, continha o nome de quase 1300 pessoas.

À medida que cada um dos enlutados passava pelo caixão fechado para falar baixinho com a família por um instante — "Uma perda tão desnecessária", muitos disseram — a família lhes assegurava que estava aguentando bem, que grande parte da tristeza talvez tivesse se transformado em esperança para Cortney. Seus pensamentos, sentimentos e energias agora estavam sendo direcionadas para ele. Claire estava ao lado do pai enquanto as pessoas passavam devagar, segurando sua mão, beijando sua bochecha, muitas delas chorando. As pessoas e as palavras viraram um borrão em sua mente. Parada ali de pé, uma coisa que seu pai tinha dito enquanto estavam organizando o funeral lhe voltou à cabeça.

"Espero que a gente não tenha que fazer isso de novo semana que vem."

Na sexta-feira à tarde, Orren Walker foi liberado do Hospital McKay-Dee para comparecer ao enterro de seu filho Stan. O ferimento de bala atrás da cabeça de Walker havia sido superficial, e a caneta que Pierre chutara para dentro do seu ouvido esquerdo tinha sido removida com segurança. Tirando as cicatrizes circulares no alto da testa e sobre o ombro direito, pontos onde o Drano queimou sua pele, a testemunha ocular estava quase recuperada de suas lesões. Agora, estava em tratamento com altas doses de antibiótico para prevenir infecções no local do ferimento da bala e ao longo da tuba auditiva da orelha até a garganta. A semana inteira, na cama do hospital, Walker falou com a polícia, relembrando os detalhes do que acontecera no porão da Hi-Fi Shop. Quando Stan foi enterrado na sexta-feira, Walker, junto de sua mulher, seu outro filho e acompanhado por uma enfermeira e um policial, compareceram primeiro aos serviços funerários e depois à dedicação da sepultura. Dois dias depois, Walker sairia do hospital, para em pouco tempo começar uma longa série de aparições nos tribunais como a principal testemunha da acusação.

Michelle Ansley foi enterrada no sábado de manhã após os serviços na capela Lindquist, onde Brent Richardson discursou sobre sua nova e bonita funcionária que o convencera a dançar em um ginásio de colégio apenas uma semana antes. Para um grande grupo, Brent falou do noivado de Michelle e da data do casamento, 5 de agosto, depois citou dois textos filosóficos a respeito da morte e dos mistérios da vida. Quando os serviços para Michelle terminaram, seu corpo foi levado para sepultamento no mesmo cemitério onde Carol Naisbitt seria enterrada naquela tarde.

Sábado ao meio-dia na capela Lindquist, Byron e seus filhos outra vez se enfileiraram ao lado do caixão fechado e coberto de flores de Carol, enquanto as pessoas que não puderam ir ao velório na noite anterior chegaram cedo ao enterro para darem os pêsames. Já haviam se passado cinco dias desde os assassinatos, e o período de luto se prolongou primeiro pela autópsia, depois pelo tempo extra necessário para preparar o corpo de Carol para o velório. Depois vieram o primeiro velório e agora o segundo, e o enterro ainda estava por vir. Claire se perguntou quanto tempo mais tudo aquilo poderia durar. Com apenas os quatro ali na fila, sua família lhe pareceu bem menor. Ela queria que a tristeza tivesse fim, queria que Cortney acordasse e falasse com ela. Seu pai havia lhe dito para não se preocupar, que eles ainda precisavam trabalhar para fazer Cortney se recuperar, mas que sua mãe estava bem e agora tudo que precisavam fazer era aguentar essas últimas formalidades.

Às 12h50, a organista começou a música do prelúdio e as últimas pessoas da fila falaram rapidamente com a família e encontraram um lugar para ficarem nos fundos da capela. Os bancos e até as cadeiras dobráveis que foram colocadas como assentos extras estavam cheios, e muita gente estava de pé. Pouco antes das 13h, o diretor funerário, John Lindquist, abriu a cortina sanfonada verde que separava a sala familiar particular, onde o caixão estava, da capela cheia de bancos. Atrás da cortina, o caixão de Carol seria aberto para a família uma última vez.

Na sala particular com Byron e os filhos estavam tias, tios e primos dos dois lados da família. Quem juntou-se à família também foi o amigo de Cortney, Kelly McKenna. Kelly ouviu John Lindquist do outro lado da cortina pedindo silêncio às pessoas da capela enquanto a família se despedia pela última vez. Em seguida, Lindquist voltou à sala particular e removeu a tampa do caixão de Carol. A família se reuniu em volta do caixão enquanto Lindquist tirou o anel de diamante da mão de Carol, colocou em um envelope de moeda e entregou a Byron. Depois, substituiu os pequenos brincos de diamante com bolinhas de ouro simples que Claire lhe dera. Enquanto os brincos estavam sendo trocados, Kelly ficou de lado, onde dava para ver o rosto da sra. Naisbitt. Kelly já tinha ido a funerais antes, e para ele as pessoas mortas pareciam estar apenas dormindo com o rosto coberto por um pouco de maquiagem. Mas ele relembrou depois que a sensação foi diferente quando viu a sra. Naisbitt deitada no caixão.

"Eu fiquei com a família e tal, e nossa, foi aí que a ficha caiu. Teve um lance de caixão aberto, daí eu olhei para ela e vi aquela imagem... A sra. Naisbitt era muito bonita, mas não pareceu descansada para mim. O rosto dela parecia que tinha sido amarrado, dava para ver que teve uma morte horrível."

Com os brincos colocados, John Lindquist se virou para Claire e disse baixinho, "Quer colocar o véu no lugar?".

Os olhos de Claire se encheram de lágrimas enquanto amarrava o véu, e seus irmãos se abaixaram para dar o último beijo na mãe sobre o véu. Em seguida, Byron deu um beijo de adeus na baixinha, todos abaixaram as cabeças para uma rápida oração de família e o caixão foi fechado para sempre. Byron estava com lágrimas nos olhos quando a tampa do caixão foi abaixada, mas ele piscou para afugentá-las. Momentos depois, quando a cortina que separava a sala particular da capela lotada começou a se abrir, seus ombros estavam para trás e seus olhos estavam secos.

Quando a cortina se abriu, "Lara's Theme" , do filme *Doutor Jivago,* encheu a capela. Quando ouviu a música, Claire pensou: Esse é o começo do fim. Tudo vai acabar em breve, só mais algumas horas.

O orador principal do funeral era um homem agradável, um médico chamado Paul Southwick. Paul e sua esposa Beverly eram grandes amigos dos Naisbitt por mais de trinta anos, e nesse período as duas famílias já tinham feito muitas viagens juntas, jogado bridge e visto muitos filmes. As lembranças de cada uma delas foram entremeadas. Ali no púlpito, na frente da capela, dr. Southwick lembrou às pessoas reunidas que belas memórias são importantes, e que o ingrediente mais importante delas são as pessoas. Ele disse que Carol e Byron haviam se esforçado para criar memórias duradouras para seus filhos, experiências agradáveis e significativas para eles pela vida toda, e que haviam feito bem em deixar essas memórias para os filhos guardarem, agora que Carol tinha partido.

Ao recordar algumas lembranças mais leves que tinha dos Naisbitt, dr. Southwick fez algumas pessoas na capela sorrirem com a história da tigela de ponche vermelho que certa vez virou em cima do novo tapete branco de Carol, e o comentário de Byron, "Vamos ter que fazer mais ponche e tingir o resto do tapete". Ele contou sobre a ausência de Carol na festa de Ano Novo do grupo pela primeira vez em quase trinta anos, para poder ficar com a netinha recém-adotada, Natalie.

"Ela era louca pelos filhos", falou, "levava-os aos lugares e cuidava deles. Preocupava-se com a felicidade deles e como podia fazê-los mais felizes. E é claro", acrescentou, "foi isso que a levou àquela coisa horrível que aconteceu na Hi-Fi Shop. Foi seu amor e sua preocupação pelos filhos que a levou a esse trágico fim da vida."

Ao falar sobre as lembranças de família e sobre Carol, dr. Southwick havia conseguido manter a voz forte e clara, e suas anedotas, em especial, tiveram um efeito calmante sobre os ouvintes. Mas depois ele se voltou para Cortney e o sofrimento pelo qual o garoto passara, o horror que devia ter sentido e a perda que seu pai e irmãos deviam estar sentindo. Lágrimas brotaram em seus olhos e ele não conseguiu continuar. Os Southwick também haviam perdido uma filha quase doze anos antes, quando a menina de 8 anos caiu em uma cachoeira nas montanhas atrás de sua casa. Seu pai a encontrara com duas outras crianças caídas embaixo da cachoeira no dia após o Natal. Quando o dr. Southwick tentou falar de novo, tudo que conseguiu dizer foi, "Eu entendo o que eles estão sentindo".

Embora tivesse planejado falar mais sobre Cortney, dr. Southwick encurtou os comentários e, quando encontrou sua voz novamente, encerrou o discurso: "Acredito que seja apropriado comemorarmos a vida de Carol agora, porque nos últimos três ou quatro dias as árvores floresceram de repente e novas flores apareceram, fazendo a gente se lembrar de que a vida realmente surge do que parece morto, reafirmando a mensagem da Páscoa que de fato existe uma ressurreição para todos. É reconfortante saber que Carol, By e seus filhos um dia estarão reunidos".

Após dr. Southwick deixar o púlpito, outro homem subiu e cantou "Oh, What a Day", que foi seguida por uma breve bênção. As pessoas na capela ainda estavam sentadas em silêncio quando a organista começou o poslúdio, com a única música que Byron pediu que ela tocasse em memória de Carol, "Hawaiian Wedding Song". Ao final da música, os carregadores se levantaram e transportaram o caixão ainda sobre a estrutura, passando pelo órgão, pelo púlpito, pelas portas abertas da frente da capela até o carro funerário que aguardava. A família foi atrás. Mais tarde, uma cena do funeral que ficaria na memória de muitas pessoas sentadas na capela foi a última: Byron caminhando sozinho atrás do caixão de mogno de Carol e a organista tocando "Goodnight, Sweetheart".

"Quando estávamos chegando ao cemitério no alto da colina e olhamos para trás", recordou Brett, *"havia uma fila enorme de carros por dois quilômetros até a casa funerária, e outros ainda no estacionamento aguardando para vir. Quadras e mais quadras de carros. Foi gratificante saber que Carol tinha tantos amigos assim."*

A cidade de Ogden tinha recentemente proibido cortejos fúnebres, mas abriram exceções para as três vítimas dos Assassinatos da Hi-Fi. Para cada funeral, mandaram a polícia bloquear o trânsito em todos os cruzamentos da Washington Boulevard, e disseram aos motoristas dos cortejos para ignorarem os semáforos.

Carol seria enterrada no *Washington Heights Memorial Park*, que ficava em uma elevação ao sul de Ogden, com vista para a cidade e para a cordilheira Wasatch que se espalhava ao norte. Era um cenário verde e tranquilo, interrompido apenas por jatos do Campo Hill fazendo manobras ao sul. Grama e trevos rodeavam as lápides simples de mármore fixadas ao chão, e vidoeiros-brancos se intercalavam com perenifólias em torno do perímetro e em ilhas isoladas pelo terreno. Aquela tarde de sábado no fim de abril estava quente e ensolarada.

Na entrada do cemitério, carros da patrulha rodoviária bloqueavam o tráfego ao norte e canalizavam o cortejo fúnebre para os portões. Lá dentro, por causa de trotes telefônicos recebidos pelos Naisbitt (uma ocorrência típica após um grande homicídio), guardas armados foram posicionados pelo terreno como medida de precaução. Quando as limusines brancas e azuis da funerária chegaram com a família, seguiram pelos caminhos do cemitério que iam no sentido leste. Sobre o gramado verde, entre as árvores, eles viram um monte de flores frescas marcando o túmulo de Michelle Ansley. No gramado próximo ao local do túmulo de Carol, a imprensa havia colocado suas câmeras e cabos de som, tentando ser o mais imperceptível possível enquanto esperava a família chegar e a dedicação da sepultura começar. Naquela noite, os Naisbitt veriam a si mesmos e a longa procissão de carros no jornal da noite.

Cadeiras para a família foram colocadas perto do local, onde os Naisbitt se sentaram, esperando a chegada do restante das pessoas. Foi uma longa espera, muito maior do que a própria dedicação levaria. As flores que couberam em vans foram carregadas na funerária e levadas ao cemitério, onde agora eram empilhadas em volta do túmulo. Após passarem pelos portões do cemitério, as centenas de carros dirigidos pelos enlutados ainda precisavam ser estacionados bem próximos, em fila tripla, ao longo das vias para carros.

Quando as pessoas enfim tinham chegado, estacionado e se reunido atrás da família no lado leste da sepultura, os carregadores pegaram o caixão de Carol no carro da funerária e o carregaram pelo gramado, colocando-o entre as flores. Em seguida, o bispo da igreja dos Naisbitt se levantou diante das pessoas e anunciou que a sepultura de Carol seria dedicada pelo cunhado de Byron Naisbitt, Lynn Richardson.

Na Igreja de Jesus Cristo dos Santos dos Últimos Dias, o pequeno pedaço de terra que será o último local mortal de descanso do falecido é tradicionalmente dedicado como um lugar de paz e solidão, e talvez um lugar de contemplação para a família, quando vier visitar. O consagrador expressa gratidão pela vida do falecido, ora para que o solo esteja livre de profanação e que os restos mortais não sejam perturbados pelos elementos da terra até o momento da ressureição. A consagração de Lynn começou dessa maneira, lenta e atenciosa.

A oeste do túmulo de Carol, de frente para a família e para as centenas de pessoas reunidas ao leste, Lynn primeiro orou por todas as coisas espirituais em uma consagração tradicional. Mas então a amargura tomou conta de sua voz e ele pareceu não conseguir controlá-la. Ergueu a mão direita no sinal do quadrado, um gesto mórmon antiquado que no passado significava uma promessa ou compromisso. Poucas pessoas o viram sendo usado nos últimos vinte anos, e, para as que estavam ali diante dele naquele momento, pareceu um sinal de vingança. Com o braço levantado em ângulo reto, falou em tom amargo sobre uma sociedade que toleraria "essa matança sem sentido!". Junto da raiva em sua voz, as palavras fizeram várias pessoas levantarem a cabeça de repente. Mas ele não parou por ali. Com cada vez mais raiva na voz, descreveu o ato como "covarde" e as mortes como "inúteis" e, antes que pudesse encontrar as palavras para encerrar a consagração em nome de Jesus Cristo, pediu a Deus por vingança nas almas dos criminosos.

"Consagrei a sepultura", disse Lynn mais tarde, "mas estava com tanto ressentimento dentro de mim que não consegui nem fazer uma oração decente. Só conseguia pensar, como é que alguém podia fazer uma coisa tão covarde dessas! Nem me lembro o que falei, alguma coisa sobre... Não sei, estava com muito ódio e ressentimento. Algumas pessoas chegaram para mim depois e disseram, 'A gente ficou com um pouco de medo do que você diria'."

O ar de tensão que o pedido de vingança de Lynn havia criado de repente nos enlutados ainda pairava após ele murmurar a conclusão da consagração, abaixar o braço e se afastar da sepultura. Só quando o bispo se levantou de novo diante da multidão a tensão se dissipou.

"Isso conclui a cerimônia", disse. "Todos estão livres para ir embora agora."

Pouco a pouco, a multidão começou a se dispersar e as pessoas voltaram pelo gramado aos seus carros até saírem do cemitério. Quando Byron e os filhos chegaram de volta à funerária, ele lhes disse que dali iria dirigir até o hospital para ver Cortney, e que, quando saísse de lá, havia outra coisa que sentia que precisava fazer. "A baixinha não ia querer daquele jeito", explicou.

Cansados pela emoção, mas aliviados que o funeral enfim havia acabado, Gary, Brett e Claire voltaram com parentes e amigos para a casa do pai. Um bufê tinha sido preparado para todos eles por membros da Sociedade de Socorro da igreja.

Durante a visita de Byron ao hospital, Cortney botou a língua ligeiramente para fora, mas não mexeu mais nada além disso. Byron leu o comentário de uma enfermeira na ficha que Cortney não estava respondendo a comandos verbais, mas dr. Hauser escrevera algumas breves palavras encorajadoras: de tempos em tempos, Cortney parecia ciente de seus arredores. Byron ficou com o filho por um tempo, fazendo carinho nos braços do garoto e falando com ele. Depois, saiu da UTI, desceu até o estacionamento, entrou no carro e voltou sozinho para o cemitério.

Aquilo me incomodou. Acho que não fiquei muito satisfeito com a escolha de palavras de Lynn. Ele quis dizer alguma coisa sobre vingança e não queria isso para o último local de descanso da minha mulher. Só queria que a consagração fosse para que o Senhor cuidasse dali, para a baixinha ficar confortável lá e descansar em paz, sem nenhuma sensação ruim sobre o lugar. Era só isso que queria.

Exceto por um jardineiro e as abelhas esvoaçando entre os trevos, o cemitério agora estava deserto e quieto. Um monte alto de flores frescas e coloridas marcavam a sepultura de Carol no gramado leste. Byron cruzou a grama para ficar lá, com o sol nas suas costas. Com pensamentos de tranquilidade e amor, fez sua própria consagração silenciosamente, apagando as palavras anteriores de vingança que macularam o ambiente de paz. Era um ambiente ao qual retornaria com frequência. Muito depois de as flores terem murchado e sido retiradas, os funcionários do cemitério o viam parado em silêncio no mesmo lugar, olhando para os vidoeiros-brancos e as montanhas que surgiam atrás deles ao longe.

Muitas coisas podem ser ditas sobre uma relação de trinta e poucos anos.

Para mim, foi uma época de ansiedade total. Podia levar a vida por um tempo, aí depois ficava com essa sensação de ansiedade. Aí precisava ou ir dar uma olhada nele para ter certeza de que ainda estava bem, ou então ligar. Aí ficava ligando de duas em duas horas. Conseguia ficar umas duas horas, depois precisava conferir. E isso ficava assim, ah, isso ficava assim, dia e noite, durante um tempo. Eu acordava no meio da noite, ficava ansioso e imaginava o que estava acontecendo, aí ligava para o hospital. Provavelmente não esperava ouvir nenhuma melhora, mas ficava feliz de não haver nenhuma piora. Na maioria das vezes. Ficava feliz por ele ainda estar aguentando firme. Quando me tranquilizava, voltava a dormir.

Eu tinha um sentimento de ternura e amor por ele. Você odeia ver seu filho deitado ali todo arrasado por um tiro e todo queimado por dentro sem motivo nenhum. Sabe como? Sem motivo nenhum. Ele não tinha mais ninguém no mundo, a não ser eu e as pessoas à volta dele, com quem pudesse contar. E eu queria que ele soubesse que tinha apoio. Alguém que estava lá e se importava com ele. Quando o visitava, me abaixava, dava um beijo nele e dizia quem era, para que soubesse que eu estava lá, que estava tudo bem, que ele estava melhorando, para não ficar preocupado nem ansioso, que tudo ia ficar bem. Mas não sabia se estava escutando alguma coisa. É uma sensação de impotência. Ficava aborrecido, mas não podia fazer nada a respeito. Nadinha. Quando não tem nada que você possa fazer sobre alguma coisa, é melhor aprender a conviver com aquilo. E aí você apenas espera e observa, espera e observa. E espera que

COMA

tudo melhore. Mas na maioria dos dias não melhorava. Aí as coisas começavam pouco a pouco a se encaixar. E você fica com um pouquinho de esperança. Aí acontece outra coisa, e vai tudo por água abaixo. E aí isso melhora um pouquinho, e depois outra coisa acontece. E assim vai, nesse sobe e desce, sobe e desce. Qualquer coisa positiva que ele pudesse fazer era um dia bom e trazia muita esperança e felicidade ver que estava progredindo. E havia dias ruins. Você não quer atravessar muitos dias assim. Mas não tem fim, entende? Porque todos os dias que você entra no hospital você se lembra de que seu filho está em estado totalmente crítico, em um sofrimento total, e não há nada que você possa fazer. E é isso que me incomoda. Essa é a parte com a qual tenho mais problemas do que qualquer outra, é que... você... não... pode... aliviar o sofrimento dele. Não pode dividi-lo com ele, não pode ajudá-lo. Ele precisa fazer tudo sozinho. E estou falando de sofrimento! Deus! Não sei como diabos alguém pode aguentar o que ele precisou aguentar. E o que ele passou ninguém jamais saberá.

Então aqui está seu filho inteligente, começando a chegar naquele ponto da vida em que começa a se movimentar, começa a se desenvolver e começa a fazer algumas coisas que queria fazer, e alguém o arrasa sem nenhum motivo específico, e aqui está ele. Aqui está ele! O que restou. Mas ainda é seu filho, e seu coração dói por ele, simplesmente dói, sabendo muito bem que muitos dos desejos que ele tinha foram para o espaço. E você não pode fazer nada, nem uma coisa. É uma angústia que acho que ninguém consegue descrever. E você, enfim, chega ao ponto de saber que pode perder um filho. E, todos os dias que você não o perde, ainda existe o medo de que vá ser hoje. É uma angústia terrível, terrível. Mas você precisa perceber que não há nada que se possa fazer, que você precisa aceitar o que vier. Você precisa entender que perdeu um filho e qualquer coisa além disso é uma dádiva.

Pouco antes do meio-dia no dia do velório de sua mãe, Cortney deslizou a mão esquerda até a virilha, enrolou os dedos com força na via arterial inserida na artéria femoral da coxa esquerda e, com duas enfermeiras tentando segurar sua mão, arrancou a via da virilha. Na mesma noite, tentou puxar o tubo da traqueostomia da garganta. Ele agarrou as agulhas dos acessos intravenosos nos braços e puxou a sonda Foley que estava em seu pênis drenando a urina para um saco transparente. Uma noite depois de tentar arrancar a traqueo da garganta, meteu a mão na sonda e a arrancou.

Os movimentos de Cortney não eram intencionais, e sim reflexos intermitentes e primitivos. Além desses, ele mal se mexia. Se abrisse os olhos, ficaria encarando o teto, a parede da esquerda ou da direita, na direção em que estivesse posicionado na hora, com olhos que não se focavam nem rastreavam nada, apenas abertos e fixos. Depois os fecharia outra vez, parecendo cair no sono. Às vezes, contorcia uma das mãos ou um pé sob comando, e uma vez até balançou os dedos do pé. Mas essas respostas eram tão vagas que até a enfermeira ou o médico que tivesse presenciado o fenômeno não tinha certeza se, de fato, ele havia acontecido.

Dr. Ken Johnson, gastroenterologista, foi chamado para o caso por sua experiência em diagnosticar e tratar problemas no estômago e no esôfago. Casos de ingestão de soda cáustica são raros, e o próprio Johnson havia visto apenas três ou quatro, todos em crianças pequenas que engoliram o cáustico por acidente. "Quando vi Cortney pela primeira vez", relembrou Johnson, "ele parecia tão perto da morte quanto... Estava a uma fração de um fio da morte. Sua cabeça estava enfaixada, parecia descerebrado, sem movimentos intencionais, muitos barulhos nos pulmões. Toda vez que o respirador respirava para ele, podia ouvir os barulhos que saíam por suas vias aéreas. Também achava que estava com insuficiência cardíaca por conta da lesão no cérebro. Foi estressante. Rees estava chateado. Ele me falou, 'Essa é uma daquelas catástrofes horríveis e a gente só tem que fazer o que dá'. Posso afirmar que nunca fiquei tão envolvido emocionalmente com um caso desse tipo."

As lesões de Cortney levaram a tantas complicações que Johnson, Hauser e Rees frequentemente entravam em conflito uns com os outros: cada vez que uma complicação era tratada, piorava ou criava outras. A cada complicação que surgia, Byron Naisbitt consultava eles ou um dos vários outros médicos que eram trazidos para examinar seu filho. Ele não podia passar no corredor de nenhum dos hospitais de Ogden sem ser frequentemente parado por colegas que perguntavam sobre Cortney e ofereciam conselho. Muitas vezes chegava ao quarto de Cortney acompanhado por outro médico, um dos médicos principais do caso ou outro médico a quem pedira para dar uma opinião. Ele não fingia ser diplomático com seus colegas. Se algum deles tivesse conhecimento que pudesse beneficiar

Cortney, pedia. Se a opinião de outro médico parecesse viável, ele a discutia com Hauser, Johnson ou Rees. Estava sempre monitorando o estado de Cortney e os métodos usados para tratá-lo. Observava o filho com atenção, e às vezes percebia complicações se desenvolvendo antes que os próprios médicos percebessem.

"O comportamento de Byron, diria, era o mesmo do que geralmente é", recordou dr. Johnson. "Dava para ver que estava tenso, não estava nem um pouco relaxado. Mas forte, sabe? Ele foi como sempre era, mas dava para perceber que estava um pouco nervoso, um pouco agitado. Chegava e dizia, 'Como vai, doutor?'. Ele sempre me chama de doutor. Aí dizia, 'Como é que estão as coisas hoje? Boas?'. Eu falava, 'Bem... ele está um pouquinho melhor do que ontem'. Ele falava: 'Ah, isso é bom. Isso é bom. É, acho que ele está melhor. Ele vai sair dessa. Vai conseguir'. Ele se sentia assim o tempo todo. Sempre positivo. Não conseguia acreditar que estava sendo positivo daquele jeito. Ele estava incrivelmente otimista.

"Uma vez, acho que vi uma lágrima no olho dele. Foi perto do segundo dia, a primeira vez em que eu vi Cortney. Mas, assim que superou o choque inicial, acho que se esforçou de todas as maneiras para ser positivo. Com todo mundo. 'Ele vai sair dessa, não me diga que não vai sair dessa. Vai sair dessa porque posso ver isso.' Não lhe disse que Cortney não sairia dessa, mas, da primeira vez que vi o garoto, achei que as coisas não pareciam muito boas. E não podia acreditar que, com Cortney deitado ali com tubos entrando por todos os orifícios e sem nenhuma reação, Byron pudesse entrar lá e sair otimista. Mas ele saía.

"Teve uma ocasião logo no começo, quando achava que Cort não estava sabendo de nada, e Byron disse, 'Cort, pisque os olhos'. Ele piscava. Eu dizia, 'Cort, faça isso, faça aquilo'. Ele não fazia nada. Uma vez entrei e uma das enfermeiras disse, 'dr. Naisbitt esteve aqui e ficou falando com Cortney'. Aí eu disse: 'Como assim, falando com Cortney? Como conseguiu falar com Cortney?' Ela falou, 'Bem, Cort ficava levantando os dedos e fazendo sinais para ele'. 'Ah, está bom. Sério? Você estava lá? Viu Cortney responder?'. 'Sim, vi.' Então ela ficou do meu lado e eu disse alguma coisa para Cortney. Ele não fez nada, claro. Eu pedi para ele fazer alguma coisa de novo e não fez nada. Aí a enfermeira colocou a boca perto da orelha dele e falou: 'Cortney, agora levante o dedo como fez para o seu pai. Levante o dedo e mostre a dr. Johnson. Escute, Cort, você entende o que estou tentando dizer? Levante o dedo e nos mostre'. E ele levantou o dedo e balançou só um pouquinho. Talvez Byron sentisse que estava se comunicando com Cortney. Talvez ele tivesse algum tipo de sinal do garoto que eu não conseguia perceber."

Brett havia voltado ao seu emprego como instrumentador cirúrgico. Ele ainda estava com raiva por duas pessoas poderem causar tanto sofrimento e, toda vez que via seu irmão deitado na Terapia Intensiva, lembrava-se de que não havia nada que pudesse fazer. Era difícil para ele visitar o irmão.

Gary e Claire passaram mais tempo com Cort do que eu. Eu só entrava e saía, provavelmente porque tinha minha própria família. E para mim era difícil ir, por algum motivo. Não conseguia aguentar vê-lo sem fazer nada. Eles não sabiam que tipo de lesão cerebral ele tivera e os gases sanguíneos estavam todos descontrolados, estavam tentando equilibrá-los. E ele estava grotesco, sem cor, cinzento, sem vida. Respirava em suspiros, como se cada um fosse o último, e os batimentos dele chegaram a 230. Não sabia por quanto tempo mais o coração dele podia bater com aquela rapidez sem entrar em fibrilação. Ninguém dava nem um indício de esperança pela sobrevivência dele. Hauser nunca dizia uma palavra encorajadora, ele ficava dizendo, "Não conte com isso". Cort parecia mais morto do que um defunto e eu odiava vê-lo naquele estado, sabendo que não podia fazer nada por ele.

Entrava e segurava a mão dele, com os tubos saindo de seu corpo, o respirador sugando e soprando. Dá para sentir o cheiro da medicação que estão pulverizando no respirador, todas aquelas luzes piscando e os monitores rabiscando. Se me dessem uma moeda e um taco de bola, teria passado quinze minutos a sós com Pierre e Andrews. Não conseguia entender como uma pessoa podia fazer aquilo com outro ser humano.

Não gostava de ir porque odiava vê-lo tão detonado. Mas papai dizia, "A gente precisa entrar lá e ser positivo, precisa falar com ele, tocar nele". Nas primeiras duas semanas, as visitas foram iguais. Sempre tinha alguém da família lá quando chegava alguém novo. Eu entrava e perguntava à enfermeira como ele estava. "Alguma melhora?" "Não. Aqui está a ficha dele." Eu olhava a gasometria dele. "Alguma mudança?" "Nenhuma mudança."

Ele não se mexia. Não tinha reflexos. "Falou alguma coisa?" "Não." "Abriu os olhos?" "Não." Finalmente, depois de duas semanas ou mais, não lembro, ele contorceu a perna esquerda. Mexeu um centímetro, sabe? Aquilo foi um acontecimento. Eu queria ver alguma melhora, e era muito devagar. Era como ficar olhando o ponteiro da hora no relógio.

Depois de ver a ficha e falar com a enfermeira, eu entrava no quarto. "Cort, aqui é o Brett. Só vim ver como você está. A gente te ama. Continue tentando. Estamos te apoiando." Eu tocava na mão dele, no rosto dele. Depois, o deixava relaxar um pouco, avisava que estava lá, mas tentava não perturbar demais. Mas ficava tão inquieto lá dentro que nem conseguia me sentar. Antes de ir embora, batia outro papo curtinho com ele. "Cort, estou indo agora. Volto amanhã para te ver." Aí dava um beijinho na cabeça dele e um abraço, se conseguisse atravessar os fios.

"Eles não entravam lá e ficavam só olhando", disse um terapeuta respiratório que frequentemente encontrava a família Naisbitt no quarto de Cortney. "Você vê muitas famílias de pacientes entrarem e só olharem, com aquele jeito fixo. Mas eles não. Eles entravam e falavam com ele. Falavam sobre coisas que estavam acontecendo. Nunca se desmoronaram. Ficaram juntos e trabalharam juntos, e sempre tinha alguém lá. Dia e noite, sempre tinha alguém. Gary subia lá e ficava um tempo, depois descia aqui e falava conosco. Ele dizia: 'Vamos fazer Cortney superar isso. Não temos tempo agora de chorar pela morte da mamãe, a gente precisa se unir por ele'. Ele foi muito forte. Fico impressionado com a maneira com que eles enfrentaram tudo isso, se uniram e se apoiaram, e apoiaram Cortney. Eu vi dr. Naisbitt falando com ele. Vi a família toda fazendo isso. Vi Claire entrar lá várias vezes e falar com ele, e nada. Ele não estava respondendo a nenhum estímulo de voz, mas eles ficavam lá e falavam à beça."

Ao final da primeira semana de maio, Cortney ainda estava vivo, mas seu progresso era tão gradual e cheio de retrocessos que mal podia ser medido. De vez em quando, obedecia comandos para colocar a língua para fora ou apertar e abrir a mão esquerda. Na maior parte do tempo, contudo, ficava deitado imóvel, babando pelos cantos da boca, de olhos fechados e uma erupção vermelha, causada pelas enormes doses de esteroides que estava recebendo, se alastrando em seu peito, costas e rosto.

No dia 7 de maio, dr. Johnson levou Cortney para fazer uma endoscopia e dar uma olhada por dentro, com um microscópio de fibra ótica, nos danos causados pelo Drano ao esôfago dele. Johnson tinha esperado mais de duas semanas antes de olhar o interior do esôfago de Cortney, certo de que a maioria das cicatrizes agora estariam visíveis.

O interior do esôfago em geral é cinza, mas o de Cortney estava rajado de vermelho. Aos 33 cm e novamente aos 27 cm, Johnson viu duas ulcerações na mucosa. As duas estavam sangrando nas pontas, e na superfície delas havia pedaços de tecido, normalmente úmidos, que estavam ressecados e quebradiços pela queimadura da soda cáustica. Se alguma dessas lesões fosse profunda, seria preciso pouco para perfurar o esôfago, abrindo uma avenida para infecções entrarem e se espalharem pelo peito de Cortney. Considerando suas outras complicações, não teria quase nenhuma chance de sobreviver a uma infecção dessas. Apesar de dr. Johnson saber da dificuldade de calcular a profundidade de uma queimadura esofágica, achou que nenhuma das duas lesões parecia profunda. Só mais tarde descobriria que a aparência do esôfago de Cortney havia sido totalmente enganosa.

Byron continuou visitando Cortney todas as manhãs, repetia a visita na sua hora de almoço e todas as noites, às vezes até bem depois da meia-noite. Quando o visitava, entrava no quarto de Cortney e dizia, "Cortney, aqui é seu pai". Depois, pegava os braços de Cortney e os esfregava, ou então massageava as pernas do garoto enquanto falava.

"São 7h30. Você está no hospital há pouco mais de duas semanas hoje. Connie, a enfermeira, está aqui e está tomando conta direitinho do Duque. Então você não precisa se preocupar com nada."

Enquanto falava, Byron às vezes levantava as pernas de Cortney um pouco e as mexia para um lado ou para o outro, tentando reavivar a sensação de movimento no filho. Como sempre, examinava Cortney com cuidado, procurando sinais de novas complicações.

"Eu falei com os Terry na casa ao lado e com os Ruben, todos eles falaram para eu dar um alô para o meu parceiro doente. Disseram que não veem a hora de o Duque voltar para a vizinhança. E lógico, Kelly vem aqui para te ver toda tarde. E sabe quem ligou? Wolfgang! Queria saber quando você vai estar pronto para voar solo naquele Cessna Skyhawk outra vez."

Enquanto Byron o tocava e falava com ele, Cortney às vezes abria os olhos e ficava olhando para o teto, ou piscava se seu pai pedisse, mas na maior parte do tempo ficava imóvel, de olhos fechados, com a boca aberta e o corpo levemente febril. Às vezes, seu pai perguntava: "Cortney, você se lembra do que aconteceu com você? Você se lembra de ir até a loja?". Após aquele episódio em que Cortney falou com o pai durante os primeiros dias que estava no hospital, essas perguntas nunca recebiam nenhum tipo de resposta. Byron as fazia porque tinha medo que Cortney relacionasse seu ambiente atual com o que acontecera no porão.

"Você está no hospital agora, em St. Ben", dizia. "Você foi ferido na loja, mas está bem agora. Não há ninguém aqui para te machucar, você está seguro."

Byron tocava em Cortney e falava com ele o tempo todo que estava no quarto, mas não sabia se ele sentia o toque nem se entendia uma palavra do que estava dizendo.

Enquanto Cortney estava em coma no Hospital St. Benedict, Pierre estava na Penitenciária do Condado de Weber, aguardando seu julgamento por homicídio. Durante o tempo em que ficou lá, pouca coisa aconteceu. Leu alguns livros, folheou algumas revistas de carros e motos e ouviu as chamadas recebidas pelo rádio da polícia no fim do corredor. Houve uma fuga em maio e seis prisioneiros haviam escapado, mas Pierre e Andrews não estavam entre eles. Em um domingo, Pierre jogou uma bandeja de comida no guarda que lhe serviu uma coxa de frango frito, em vez da asa que havia pedido. Depois, Pierre tentou processar o xerife em 300 mil dólares por não lhe permitir tirar um cochilo à tarde.

Naquelas primeiras semanas, a correspondência de Pierre era cheia de ameaças de pessoas que queriam fazer com ele o que fizera às suas vítimas. As cartas vinham de vários estados do país, típicas mensagens de ódio após um assassinato em massa. Elas chegavam com outras cartas típicas de pessoas que estavam rezando por sua alma. Uma idosa do Missouri queria levar Pierre para sua casa quando ele saísse da prisão.

Pierre, Andrews e Roberts foram finalmente indiciados, todos acusados de roubo qualificado e homicídio qualificado. Os advogados deles deram início a uma série de audiências a fim de suprimir evidências e determinar se o julgamento dos três seria junto ou separado, em Ogden ou em outro lugar, aberto ou fechado para a imprensa.

Rita James havia renunciado ao cargo de advogada de Pierre, uma decisão inevitável desde o momento em que leu sobre a prisão dele no jornal da pequena cidade da Geórgia. Como explicou mais tarde, a pressão da comunidade que recairia sobre ela ou qualquer outro advogado local que defendesse Pierre não o beneficiaria. "Não era que todo mundo queria evitar essa batata quente, exatamente", disse. "Todos nós já tivemos gente aborrecida conosco antes, mas se Dale quisesse ter o que obviamente precisava, que era uma representação de primeira linha, então precisava ser alguém que não fosse se sujeitar àquele tipo de pressão, e isso significava procurar advogados em Salt Lake." Talvez mais importante, o outro motivo pelo qual Rita não poderia efetivamente representar Pierre era pessoal: Byron Naisbitt era seu ginecologista.

Rita visitou Pierre na cadeia e lhe explicou a razão de não poder mais atuar como sua advogada. Ele disse que queria um advogado particular e não um defensor público, e Rita concordou que a dimensão do caso provavelmente exigia mais experiência do que se poderia ter na defensoria pública. Havia outros motivos pelos quais achava que Pierre deveria procurar orientação particular: o chefe da defensoria pública de Ogden morava a três casas dos Naisbitt e podia estar sujeito à mesma pressão da comunidade que influenciara a renúncia de Rita. Além disso, enquanto Roberts tinha conseguido um advogado de fora do estado, Andrews já tinha concordado em ser representado por um defensor público. Com futuros conflitos prováveis entre os casos de Pierre e Andrews, a ética dificultaria a representação dos dois réus pelo mesmo escritório.

Após seu encontro com Pierre, Rita entrou em contato com vários advogados criminais em Salt Lake City e depois enviou ao juiz uma lista dos advogados dispostos a representar Pierre nos Assassinatos da Hi-Fi. Da lista, o juiz nomeou dois advogados, um dos quais já havia defendido uma dúzia de casos de homicídio qualificado e nunca tivera um júri que impusesse pena de morte a um de seus clientes. A defensoria pública alocou uma parte do seu orçamento para custear o advogado particular de Pierre, e os comissários do condado de Weber concordaram em negociar honorários adicionais e despesas legais para Pierre.

Um dos primeiros passos que os novos advogados de Pierre tomaram na tentativa de construir sua defesa foi marcar uma consulta para ele com um conhecido psiquiatra de Salt Lake City, dr. Louis G. Moench. Queriam saber se Pierre era legalmente são.

"Sim", disse dr. Moench, "acho que provavelmente é o crime mais horrendo que já ocorreu neste estado, até onde me lembro. Apesar de já ter ouvido alguns terríveis, acho que é o pior. A qualidade de sadismo aqui, a crueldade absoluta e desnecessária, a engenhosidade e a variedade de indignidades para com as pessoas, acho que esse é o pior.

"Como psiquiatra, examino muita gente para o tribunal. Neste caso, fui nomeado para examinar Pierre com a intenção de ver se ele era legalmente são para ser julgado. A determinação da sanidade ou insanidade dele foi tudo que foi feito, e ela é bem rudimentar, é mais um exame legal do que médico. Então as coisas que são mais importantes sobre esse homem, sobre descobrir o motivo, quais são seus problemas, seus padrões de raciocínio e os mecanismos dinâmicos infelizmente não fizeram parte do meu exame.

"Ele foi uma pessoa cooperativa na época, razoavelmente plácida, razoavelmente cordial, falou livremente sobre um pouco do seu passado e respondeu minhas perguntas. Mas tive a impressão de que ele não estava realmente me informando nada, estava apenas seguindo o fluxo de responder perguntas sem me ajudar muito.

"Ele nasceu em Tobago, no que chamam de Mason Hall, suponho que seja uma cidade. Foi criado em Trinidad e se mudou para o Brooklyn aos 17 anos. Havia um problema com seus pais, mas não o explorei. Disse que concluiu três anos e meio de faculdade em Trinidad do curso de ciência física, tinha média 7 e depois fez mais três meses de faculdade na Universidade de Long Island. Disse que ele e sua família são adventistas do sétimo dia ativos e que ele frequentava a igreja até o dia de sua prisão. Disse que trabalhou como auxiliar institucional em um departamento de atendimento infantil em Nova York como orientador de crianças por cerca de um ano. Não deu mais detalhes sobre isso. Disse que trabalhou como atendente da companhia telefônica por três anos e passou um breve período cozinhando em um restaurante durante uma greve da companhia telefônica. Entrou para a Força Aérea como voluntário em maio de 1973.

"Acho que a soma desse tempo todo não está correta.

"Ele disse que nunca teve nenhum outro problema legal, exceto quando foi acusado de furto de carro em janeiro de 1974 e não tinha sido julgado. Disse que sua vida doméstica em Trinidad era normal. Passava a maior parte do tempo em casa. O pai trabalhava de vez em quando. Disse que não se sentia desprovido. Foi disciplinado por surras, mas disse que mereceu. Ele e sua família iam à igreja com frequência. Falou que quando se mudou para Nova York não entrou para nenhuma gangue de rua, não bebia, não usava drogas e se dava bem com os irmãos. Fiquei com a sensação de que estava se apresentando como o senhor limpeza. Ele não preenchia os critérios de insanidade a ponto de não poder ser julgado. Fiquei com a impressão de que não havia diferença nenhuma entre o estado mental dele no momento do crime e no dia em que o examinei.

"Teria sido muito útil prosseguir a entrevista na tentativa de descobrir um pouco da dinâmica envolvida. Ele disse que se machucou em um acidente de moto por volta de 1965, com 15 ou 16 anos. Teve uma lesão na cabeça, disse que precisou de 25 pontos, passou dois meses no hospital e nega ter tido qualquer episódio de coma ou inconsciência, embora tenha dito posteriormente que tinha apagões temporários que duravam alguns minutos, várias vezes por semana. Disse que ninguém o tinha visto nesse estado, então não sabia dizer, mas achava que não tinha convulsões, não soltava a urina e nem tinha amnésia residual. Então não seria uma convulsão clássica. Isso é importante, porque algumas pessoas propensas a distúrbios de comportamento têm o distúrbio de comportamento em vez da convulsão. Elas agem durante aquele momento e depois, em geral, têm amnésia do que fizeram, da mesma maneira que alguém tem amnésia de uma convulsão.

"Não tentei argumentar a respeito das discrepâncias da história dele porque achei que não indicava nenhuma defesa legal de insanidade. Mas achei que estava me enganando. Nas subtrações em série dele, por exemplo — isso é bastante básico — ficava cometendo erros: 100 menos 7 é igual a 93, 86, 77, 61, 54, 44... Se esses erros fossem todos repetitivos, seria mais consistente com dano cerebral. Mas os erros aleatórios dele não eram tão consistentes. Seria necessário um trabalho neurológico nele, no entanto. Legalmente, não mudaria nada. Ele é legalmente são, mas essas coisas aparecem e são de interesse.

"Em geral, na metade da entrevista, a pessoa me conta basicamente os detalhes do que aconteceu durante o crime. Mas, quando Pierre estava falando sobre o dia dos assassinatos, apenas alegava não se lembrar muito a respeito. Recebeu um dinheiro de uns amigos para alugar uma garagem para a van deles. Disse que alugou a garagem. De acordo com ele, estava sentado com os caras enquanto eles — ele não — tomaram comprimidos, 'vermelhinhos'. Suponho que sejam Seconal, não tenho certeza. Me dava a impressão de ser sempre a vítima inocente de alguma coisa, que outras pessoas é que sempre o colocavam em apuros.

"Eles foram até a garagem e depois partiram. Levaram-no até a casa de um amigo onde podiam conseguir anfetamina, onde *eles* podiam, não ele, depois pararam em um posto de gasolina para abastecer a van. Ele foi a um mercado comprar Excedrin para dor de cabeça, Seven Up e uma Coca para Andrews, um dos outros réus. Depois foram a um parque, os outros dois fumaram maconha, e tudo aconteceu a partir dali. Ele não discorreu sobre o que aconteceu. Disse que depois estava colocando umas coisas na garagem, pareciam caixas de som, e apagou por alguns minutos. Falou que não sabia de onde as caixas de som tinham saído. Minha impressão foi de que não estava me contando tudo que sabia. Achei que estava tentando manter o controle sobre algumas informações particulares e não queria dividir comigo, e ainda estou convencido de que isso é verdade.

"Basicamente, acho que Pierre é uma pessoa muito inferior, isto é, ele tem um tremendo sentimento de inferioridade, ao mesmo tempo em que passa pelo processo de negação. Aí isso se torna uma sensação de poder. Seus sentimentos de querer poder, na minha opinião, representam seus sentimentos de inferioridade. É uma tentativa de compensação."

***

O peso de Cortney continuou caindo. No dia 8 de maio, duas enfermeiras deslizaram uma bandeja de metal embaixo dele e a bombearam para cima até o corpo de Cortney sair de cima da cama. Ele estava pesando 50 kg. Durante as duas primeiras semanas após o tiro, a alimentação de Cortney não foi essencial para sua sobrevivência, mas agora estava se tornando um problema sério. Após lutar contra infecções e traumas sem o benefício da comida, seu corpo estava começando a decompor o tecido muscular a fim de alimentar-se de si próprio. Para evitar isso, ele precisava de seis mil calorias por dia, uma dieta equivalente à de um lenhador ativo. Mas Cortney não estava sequer alerta o suficiente para engolir água.

A única maneira pela qual os médicos podiam alimentar Cortney com a quantidade de comida que precisava agora era por meio de um procedimento relativamente novo e difícil de regular chamado hiperalimentação. Apesar das dificuldades, Johnson logo começou a alimentação, injetando quantidades enormes de calorias e proteína diretamente nas veias de Cortney.

No dia 10 de maio, dois dias após dr. Johnson começar a hiperalimentar Cortney, dr. Hauser examinou o garoto e fez a seguinte anotação em sua ficha:

> Permanece em coma (18º dia) e reage apenas quando estimulado vigorosamente... Atrofia pronunciada na extremidade superior direita... Ele não fixa mais o olhar no examinador nem com estimulação. Sinto que as chances de uma recuperação funcional diminuem a cada dia de coma persistente.

No dia seguinte, uma enfermeira estava medindo os sinais vitais de Cortney quando percebeu uma leve contração logo abaixo do olho esquerdo dele. Os olhos estavam fechados e, tirando a pequena área da contração, seu corpo estava imóvel. Enquanto a enfermeira observava o rosto dele, de repente apareceram lágrimas no canto dos dois olhos, que logo derramaram e desceram por suas têmporas até a atadura esterilizada que ainda envolvia sua cabeça. A enfermeira tocou nele e, com delicadeza, tentou virá-lo de lado, mas, assim que o tocou, o corpo de Cortney se enrijeceu e seus finos músculos se retesaram e vibraram.

As enfermeiras continuaram falando com Cortney, mas ele não soltou uma palavra nem um gemido sequer. Se recebesse um comando para abrir os olhos, às vezes os abria ligeiramente. Se as enfermeiras lhe fizessem uma pergunta, com os olhos fechados às vezes mexia a cabeça ou até apertava um pouco a mão delas. Na maior parte do tempo, não fazia nada. Após ter chorado naquele dia da segunda semana de maio, lágrimas quase sempre brotavam em seus olhos quando as enfermeiras falavam com ele e lhe garantiam que estava seguro e que tudo ficaria bem. As lágrimas eram um dos poucos contatos que tinham com ele.

Ao voltar para a faculdade no dia seguinte do enterro de sua mãe, Claire teve uma erupção cutânea. À noite, quando tentou dormir em seu apartamento, tremeu descontroladamente e acordou de manhã sem conseguir se levantar da cama. Nos primeiros dias, teve dificuldade de se vestir e de dirigir. Ela perdeu as aulas da manhã todos os dias e, quando enfim se forçou a ir ao laboratório de química avançada, descobriu que não conseguia ler números simples no mostrador digital. Mas as provas finais abrangendo o conteúdo do ano inteiro do curso começariam na segunda semana de maio, e ela ainda precisava se preparar para elas. Dizia a si mesma que seu pai iria querer assim.

Durante essas duas últimas semanas de aula, Claire fez várias viagens de volta a Ogden para visitar Cortney, e ela e Scott enfim falaram com o pai dela sobre o noivado. Quando concluiu suas provas, mudou-se para a casa do pai e Gary com a intenção de começar a planejar o casamento e passar o máximo de tempo possível com Cortney.

A gente ia até lá e o visitava todos os dias, várias vezes ao dia. Quase sempre a gente tentava fazer turnos, para não ficar todo mundo lá ao mesmo tempo. Apesar de... ah, sei lá. Era difícil ficar lá sentada porque você fica neurótica, você quer que algo aconteça agora. Mas a gente fazia isso. Ia para lá, ficava sentada, segurava a mão dele, falava com ele, passava a mão no cabelo e dizia que a gente o amava. A gente dizia a ele que estava tudo bem. Estava tudo ótimo e que ele estava indo bem. Mas a aparência dele estava péssima. Só ficava lá deitado, comprido e magro. E estava todo amarelo. E ainda meio que tinha umas casquinhas em cima dele. Sabe, tipo sangue e essas coisas, da traqueo dele. Estavam sempre tirando uma gosma do estômago e dos pulmões e de tudo que é lugar. Um sangue seco, porque com certeza ele ficava soltando aquilo e aí coagulava. Eu me lembro que ele meio que tinha convulsões o tempo todo também, sabe? Aí quando ficava rouco, as enfermeiras vinham e aspiravam os pulmões dele. Dava para ver que estava tentando tossir. Ele se sacudia todo. Quer dizer, o peito dele meio que subia, como se estivesse querendo tossir, mas não conseguia por causa da traqueo. Eu lembro como era horrível. Eu ficava pensando, Será que eles não conseguem ajudar você a tossir? Provavelmente é assim que funciona o tempo todo com pacientes desse tipo. Mas para mim era... sei lá.

As enfermeiras eram muito legais. Elas vinham e trabalhavam em volta da gente, trocando frascos e aquelas coisas todas. Às vezes só tinha eu, e talvez Brett aparecia, ou então eu ia para dar um descanso a quem já estivesse lá por um tempo. Acho que realmente a gente ficava muito tempo no hospital. Eu passava a mão nos braços dele, se estivesse com frio. Parecia que sempre estava com frio porque colocaram um cobertor gelado nele, então ele estava sempre tremendo. Lógico, Cortney estava inconsciente. Parece que, por muito tempo, só ficava deitado lá. Não sei quanto tempo. E tinha uma coisa em cima dos olhos dele, tipo uma graxa ou algo assim. Não sei o que colocavam, nem por qual razão colocavam. Mas os olhos dele estavam meio escuros e pretos e engordurados por algum motivo. E, como falei, ele estava todo amarelo. Parecia tão doente, você não consegue acreditar. As mãos dele... as unhas estavam todas muito secas e corroídas. Sabe como? Era tipo... sei lá. Tinha umas coisas que saíam do rosto dele, acho que era onde o ácido, o Drano, tinha queimado tudo. Estava tudo com uma crosta. Para mim, era impressionante ele estar vivo de verdade. Eu não conseguia acreditar que você podia estar daquele jeito e ainda estar vivo. Tinha um monte de tubos e fios em tudo quanto é lugar, saindo do nariz, da garganta, de todos os lugares, todos os orifícios, sabe? E a cabeça dele estava enfaixada. Aquilo fazia ele parecer um pouco melhor, acho. Talvez não. Mas ele parecia... parecia meio que um... como é que parecia? Parecia uma pessoa morta. Só que com aqueles fios e coisas todas. Porque nunca se mexia, nem nada. Às vezes, lembro que ele meio que mexia os dedos, bem de levinho. Não foi logo no começo. E balançava os pés de vez em quando. Acho que primeiro foram os dedos. Isso foi depois de muito tempo, acho. Tipo, todo mundo pirou. Sabe como? "Ele se mexeu!"

Com menos de uma semana da hiperalimentação de Cortney por via intravenosa, os médicos descobriram que os rins dele não estavam "reconhecendo" e redirecionando os nutrientes para onde era necessário, mas os eliminando do corpo com o excesso de água. Ele ainda estava perdendo peso, e os médicos concordaram que teriam que encontrar outro método de alimentá-lo.

Agora tinham duas alternativas. Podiam abrir um buraco na parede abdominal de Cortney diretamente até o estômago e colocar um tubo de gastrostomia. Ou podiam tentar tirar proveito de um novo desenvolvimento no estado de Cortney: ele parecia estar demonstrando os primeiros leves sinais de despertar do coma. Até o cético dr. Hauser observou, "Definitivamente parece haver tentativas de seguir comandos verbais".

Embora Cortney ainda não tivesse começado a reagir ao seu entorno de maneira intencional, dr. Johnson esperava que, com aqueles pequenos ganhos aparentes de consciência, ele pudesse agora ficar alerta apenas o suficiente para ingerir oralmente pequenas quantidades de alimentos macios e fluidos, sem engasgar nem aspirá-los para os pulmões. Para a alimentação inicial, a enfermeira pingou 20 centímetros cúbicos de água dentro da boca de Cortney com um tubo alimentador especial. Vinte centímetros cúbicos são iguais a 20 ml, que foram colocados sobre a língua de Cortney cerca de 4 ml por vez. A princípio ele reteve a água na boca, recusando-se a engolir.

As enfermeiras argumentaram com ele, "É água, Cortney, é só água".

Ele ainda não engolia. As enfermeiras falaram com ele e o tranquilizaram, persuadindo-o até que, por fim, o rosto dele fez uma leve careta e cuspiu cerca de metade da água. Mas a outra metade daquele primeiro gole entrou na garganta de Cortney e deslizou para baixo até o estômago. Outros pequenos goles se seguiram e, quando o esforço terminou, ele havia engolido e segurado 8 ml de água esterilizada.

Após esse modesto sucesso, dr. Johnson mandou as enfermeiras colocarem de hora em hora gotas de caldo morno ou sorvete frio entre os lábios dele e tentarem persuadi-lo a engolir. Cortney segurava o líquido dentro da boca por muito tempo enquanto as enfermeiras falavam com ele. Às vezes fechava os olhos, contraía os músculos do rosto e engolia. Mas, na maior parte do tempo, até mesmo os míseros 60 ml que colocavam na boca dele simplesmente escorriam pelo queixo abaixo. Até quando parecia que Cortney havia engolido o líquido, às vezes a enfermeira depois percebia que ele estava apenas segurando-o dentro da boca. Então abria os lábios e deixava escorrer pelos cantos. Por fim, no dia 20 de maio, dr. Hauser escreveu na ficha de Cortney:

Quatro semanas da lesão hoje. Ganhos recentes no nível de consciência sendo mantidos, mas ainda incapaz de ingerir os fluidos necessários de manutenção pela boca. A gastrostomia deve ser planejada considerando a necessidade de cuidados de enfermagem de longo prazo. Prognóstico para recuperação funcional neste momento bastante ruim.

Os médicos haviam dado a Cortney cinco dias para responder à alimentação oral, e agora estava claro que, embora ele parecesse estar voltando do coma devagar, ainda não estava alerta o suficiente para engolir os fluidos necessários para se manter vivo. Dr. Rees programou a operação de colocação do tubo de gastrostomia diretamente no estômago de Cortney para a tarde seguinte.

Durante o período de cinco dias que os médicos estavam tentando fazer Cortney engolir, Brett foi visitar o irmão caçula um dia de manhã. Quando entrou no quarto, fez sua saudação de sempre, "Ei Cort, como estão as coisas?". Cortney abriu os olhos um pouco e o observou andar da porta do quarto até a grade da cama. A enfermeira percebeu na mesma hora. Cortney nunca antes tinha "rastreado". Quando abria os olhos, raramente parecia focar em alguma coisa, e ele nunca tinha acompanhado ninguém se movimentando pelo quarto. Mas naquela manhã Cortney tinha, de fato, observado Brett. Depois desse episódio, ele às vezes acompanhava as enfermeiras com os olhos em movimentos bruscos pelo quarto, com o olho direito ainda desviando para fora.

Com as reações de Cortney ao ambiente ficando pouco a pouco mais frequentes, seus períodos de inquietação pareceram se intensificar. Com a mão esquerda, começou a puxar a camisola do hospital, enrolando-a nos dedos retorcidos, às vezes agarrava a grade da cama no lado esquerdo da cama e se puxava para aquele lado. Sua mão e perna esquerdos se mexiam sem parar, e seus olhos ficavam abertos boa parte do tempo. Quando as enfermeiras o viravam do lado esquerdo ou direito, logo ele se puxava de costas outra vez. As enfermeiras frequentemente observavam que Cortney parecia "agitado", "angustiado" ou "apreensivo". Elas sempre o tranquilizavam, dizendo que estava tudo bem, que estava seguro e que não havia nada com que se preocupar. E aí Cortney começava a chorar em silêncio.

Uma noite, no período de uma hora, Cortney arrancou a agulha do acesso intravenoso conectado no braço direito, depois pegou a agulha maior que entrava na virilha direita e a sonda Foley que drenava a urina. A enfermeira conseguiu detê-lo antes que conseguisse puxar a sonda ou a agulha grande. Dois dias depois, arrancou o tubo da traqueo na base da garganta. No dia seguinte, puxou o acesso intravenoso da virilha direita outra vez, tirando um quarto da agulha antes que a enfermeira pudesse arrancar a mão dele da via. No próximo dia, agarrou a sonda Foley novamente e dessa vez a arrancou inteira.

Cortney começou a puxar as coisas com tanta frequência que foi necessário amarrar as duas mãos dele às grades da cama. As amarras eram longas o bastante, de forma que ainda era possível puxar o cobertor e a camisola, mas não conseguia alcançar os tubos e as agulhas. Embora Byron soubesse que as amarras eram necessárias, quando viu a angústia no rosto de Cortney e as mãos do garoto tremendo nas amarras, queria que as tirassem. Não queria que seu filho continuasse revivendo aquelas horas que passou amarrado no chão do porão da Hi--Fi Shop. Mas Cortney havia puxado todos os tubos de seu corpo pelo menos duas vezes, e, sem a mão esquerda amarrada, seria impossível manter qualquer tubo.

O próprio Byron encontrou uma solução para o problema. Após assistir à incisão e a colocação do tubo de gastrostomia por dr. Rees e dr. Johnson no dia 21 de maio, contatou uma mulher chamada Maxine Bradshaw, presidente de uma organização de voluntários da igreja SUD chamada Sociedade de Socorro. Byron lhe pediu se ela podia encontrar voluntários dispostos a ficar com Cortney algumas horas por dia, vigiá--lo e conversar com ele, e principalmente segurar sua mão para ele não precisar ser amarrado. A solução foi uma complicação para a equipe da UTI e irritou algumas enfermeiras, mas foi aceita por respeito a dr. Naisbitt e por compreenderem a situação.

Os voluntários começaram os turnos segurando a mão de Cortney às 7h do dia seguinte. Como o tubo de gastrostomia não pode ser usado para alimentação até a ferida em volta do tubo cicatrizar, os médicos estavam especialmente preocupados que Cortney não puxasse o tubo enquanto a incisão ainda estava nesse processo de cicatrização de três dias. Tendo que esperar três dias antes de poderem usar o tubo de uma forma ou de outra, não podiam permitir que Cortney o puxasse e atrasasse as alimentações ainda mais. Cortney agora estava pesando 45,8 kg.

Quando Byron não estava no hospital com o filho, ou estava atendendo seus próprios pacientes e fazendo um parto de bebê por dia, ou então era tarde da noite e estava em casa. Como Gary ficava no hospital à noite e Claire quase sempre estava com seu noivo Scott, Byron geralmente ficava sozinho lá. Ele tinha um grande apoio do irmão, dos parentes e da comunidade, mas sua vida não era nada parecida com o que era antes dos assassinatos.

Existe um vazio. Não importa com quem você fale, que trabalho você faça ou o quanto está interessado no que está acontecendo, ainda existe um vazio. Tem sempre alguma coisa faltando. Alguma coisa que foi deixada de fora. Principalmente no começo. E, conforme o tempo passa, isso não muda. Você precisa se virar com um tipo totalmente novo de vida. Toda vez que você sai de casa ou vai a algum lugar, está acostumado a ter alguém com você. Acostumado a fazer as refeições juntos. Acostumado a ir almoçar em casa e ter alguém lá. E agora você faz as coisas todas sozinho. Não tem ninguém lá. Você quer alguma coisa, você faz. Se quer ir a algum lugar, vai sozinho. Quando volta para casa, não tem ninguém para te receber. Você volta para casa e ela está vazia. Você é a única pessoa lá, e ela está mais escura do que o inferno. Quando a noite chega, ela é um monstro escuro.

Essa provavelmente foi uma das partes mais difíceis de tudo. A casa escura, em silêncio, sem ninguém lá. E aí bate uma solidão. Mas você sabe que é assim que vai ser.

***

Pelas próximas três semanas e meia, a Sociedade de Socorro ofereceu uma vigília de doze horas para Cortney, todos os dias. Quando a última mulher concluía seu turno no começo da noite, Byron, Gary, Brett ou Claire, ou frequentemente um dos tios Lynn Richardson e Paul Naisbitt, ficava com Cortney até a meia-noite, quando estudantes de enfermagem da Weber State continuavam a vigília como voluntários até as 7h da manhã seguinte, quando a primeira mulher da Sociedade de Socorro chegava para começar o dia outra vez. Byron disse às mulheres: "Tenho certeza de que Cortney ouve. Sei que não está reagindo muito, mas sei que ele escuta. Segure na mão dele e fique falando com ele, lhe conte o que está acontecendo".

Uma das mulheres falava com Cortney sobre veleiros e aviões. Outra sabia que ele tinha interesse em astronomia, então falava sobre os astros e os planetas. Outras tinham filhos nas classes de Cortney na escola, e contavam a ele o que estava acontecendo na aula nesses últimos dias do segundo ano do ensino médio. Liam livros para ele e seguravam fotos diante de seus olhos fixos. Quando Cortney progrediu para ficar sentado em uma cadeira de rodas à tarde, perto da janela, elas falavam sobre a cidade e apontavam para lugares importantes. Cortney nunca respondia aos esforços delas, nunca fazia um aceno de reconhecimento de uma foto, um prédio ou o som de uma voz conhecida. Até mesmo com os olhos abertos agora, ficava olhando fixamente para frente, parecendo não ouvir.

As mulheres achavam difícil falar com Cortney durante as duas horas, às vezes três, que passavam com ele todos os dias. Embora esgotassem um tópico atrás do outro que pudessem lhe interessar, nada do que diziam mudava a expressão em seu rosto. Algumas descreveram como uma expressão de tédio extremo, enquanto outras disseram que havia ódio em seus olhos. Mas outra coisa tornava as visitas emocionalmente difíceis para as mulheres: a maioria tinha filhos da idade de Cortney. Vendo seus próprios filhos crescerem, também tinham visto Cortney atravessar as fases ativas de sua juventude desde quando era bebê. Uma delas, uma vizinha dos Naisbitt com dois filhos, tinha visto Cortney uma noite, uma semana antes dos assassinatos. Quando passou de carro pela casa dos Naisbitt, Cortney estava sozinho na varanda da frente, com o sol poente refletindo em seus cabelos loiros, fazendo-os parecerem dourados. Cortney sorriu e acenou para a mulher que passava, e se lembrava de ter pensado que Cortney estava se tornando um rapaz impressionante, e que sorriso atraente ele tinha. Um mês depois, ela entrou na UTI para ficar com Cortney pela primeira vez e o viu deitado, em coma, esquelético, com tubos saindo da barriga, da garganta, fios nos braços e, antes que pudesse se conter, começou a chorar.

Venice Flygare, outra voluntária da Sociedade de Socorro que ficou com Cortney na UTI, depois falou sobre suas próprias experiências durante aquelas três semanas e meia.

"Muitas vezes, na hora que Byron aparecia, calhava de eu estar lá. Como ele ia entre os plantões, e também se tivesse um intervalo entre os partos ou cirurgias, vinha de avental cirúrgico, apenas por um minutinho, para dizer a Cortney que estava lá e que o amava. Um dia, quando By estava lá — claro que eu já tinha reparado nisso antes — Cortney ficava deitado de olhos fechados e aí meio que franzia o rosto e fazia uma careta. Fez isso uma vez quando By estava lá e eu disse, 'Você acha que ele está com dor?'. E o pai do menino falou, 'Ele pode estar se lembrando'. Só falou isso. Então muitas vezes ficava me perguntando se ele estava se lembrando da tortura pela qual passou. Uma coisa que me incomoda falar, talvez as outras mulheres também tenham passado por isso. Mas você ficava segurando a mão dele, porque ele começava a lutar se ficasse nervoso. Então sempre estava segurando a mão dele. Se ele conseguisse colocar as unhas embaixo das minhas, ele as fincava em minha mão. Nunca falei para ele não fazer aquilo, só tentava contornar a situação. Ou se conseguisse enfiar o dedo debaixo do meu relógio, ele torcia bem apertado. Um dia, By chegou quando isso estava acontecendo com a minha mão, e tentou explicar para Cortney que eu não iria machucá-lo de nenhuma maneira, e que ele não deveria me machucar.

"Eu achei que Byron foi muito forte. Não sei por dentro, mas com certeza nunca desanimou um minuto na frente daquele garoto. Quando chegava, perguntava se queria que eu saísse. Achava que talvez precisassem ficar sozinhos. Mas ele nunca me pediu para sair. Contava a Cortney quem estava lá e fazia uma visita como se pudesse escutá-lo, e talvez pudesse mesmo. Isso é uma coisa que nós não sabemos. Uma coisa que percebi, claro que você sabe o homem vaidoso que By Naisbitt é, e as enfermeiras comentavam que ele ainda se mantinha vaidoso. Nunca aparentava não ter dormido. Suas roupas estavam sempre passadas, limpas e elegantes, e estava assim todas as manhãs quando visitava o filho. Como sempre foi. Só de pensar que teria tempo de manter a boa aparência e de agir como agia, com tudo que estava passando... Ele chegava, abraçava Cortney, passava a mão no rosto dele, na cabeça, dava um beijo na bochecha e dizia que o amava. E aí falava sobre todas as coisas que iriam fazer. Que iriam pegar um barco e visitar lugares. Não sei se isso era para distrair Cortney do que pudesse estar se lembrando, mas eram os planos que estava fazendo para as atividades que iriam fazer. Acho que falou sobre fazerem um cruzeiro. Para mim, é difícil falar sobre... Acho que foi aí que perguntei se queria que eu saísse. Porque era... ah, não sei. Nunca tinha visto um homem agir daquela maneira. Completamente emocional. Ficava pensando na dor que estava passando com a perda da mulher, e ainda assim precisava direcionar todas as energias que lhe restaram para aquele garoto. Com certeza era uma coisa de contato que sentia que Cortney precisava, e talvez By precisasse disso também. Muitas vezes me perguntei se ele tinha a mesma sensação que eu tinha, que aquilo parecia tão fútil, sabe, que nunca iria adiantar de nada, pelo jeito que Cortney estava."

O tio de Cortney, Lynn Richardson, fazia visitas frequentes à noite, assumindo a responsabilidade de segurar a mão de Cortney após a última mulher da Sociedade de Socorro ir embora. Há pouco tempo, ele conseguira fazer Cortney lhe responder, dizendo, "Cortney, aqui é seu tio Lynn falando com você, aperte minha mão". E Cortney apertava. Se o tio lhe dissesse qualquer outro nome, a mão de Cortney continuava mole.

Na noite de 24 de maio, Lynn levou um baralho para o quarto. Byron também o estava visitando, e Lynn começou a distribuir as cartas para Byron e para si em cima do peito de Cortney. Os olhos dele estavam abertos, olhando fixamente para o teto. Enquanto jogavam cartas, Lynn e Byron conversaram, pegando e descartando no peito de Cortney, e ele deitado de olhos abertos, fixos, às vezes piscando, às vezes fechando os olhos por um momento. Após dar as cartas, Lynn estava pronto para descartar um dez, quando hesitou, abriu o leque de cartas de maneira uniforme e as segurou na frente de Cortney.

"Tire o dez para mim", disse.

Cortney parecia estar olhando para as cartas, mas não se mexeu.

"Vai lá, Cort", instou o tio, "sei que você consegue. Tire o dez para mim."

Byron estava observando os olhos do filho e Lynn incentivando, quando a mão esquerda de Cortney se levantou pouco a pouco da cama, tremendo. Ele piscou várias vezes como se uma película lhe cobrisse os olhos, com um olho ainda virado para o lado. A mão dele pareceu levar uma eternidade para alcançar as cartas, mas por fim Cortney colocou os dedos sobre o dez e puxou a carta da mão do tio.

"Você conduziu as cartas para baixo da mão dele", disse Byron.

"Tudo bem", disse Lynn, satisfeito com a resposta de Cortney, "vamos embaralhar e fazer de novo."

Lynn embaralhou as cartas e outra vez abriu o leque na frente de Cortney.

"Mostre para o seu pai aqui que não roubei, Cort. Vamos escolher uma diferente dessa vez. Por que não pega o quatro para mim?

A mão trêmula de Cortney novamente saiu da cama e subiu devagar. Ela demorou tanto tempo para se levantar que Lynn teve dificuldade de deixar as cartas paradas. Mas nem ele nem Byron disseram nada enquanto viam a mão flutuar sobre o alto das cartas até parar e puxar o único quatro.

Byron estava sempre procurando sinais de que Cortney continuava enxergando. Ele achava que talvez Cortney tivesse reconhecido seu rosto uma ou duas vezes antes, mas não tinha certeza. Que Cortney pudesse enxergar números pequenos e intelectualmente distinguir um do outro era um bônus que não estava esperando. Ele elogiou o filho e Lynn o elogiou também, mas o rosto sem expressão de Cortney não mudou. Em pouco tempo fechou os olhos e não os abriu mais pelo resto da noite.

Em uma manhã do fim de maio, duas enfermeiras entraram no quarto de Cortney a fim de prepará-lo para o que se tornara sua rotina diária: ficar sentado na cadeira de rodas por uma ou duas horas. Todos os dias, as enfermeiras colocavam Cortney na cadeira, amarrando uma faixa larga de pano em torno da cintura dele na tentativa de impedi-lo de escorregar para fora ou tombar para frente. Sem ela, ele não conseguiria ficar sentado. Mesmo com a amarra ele ficava caído para a direita, com os olhos apontados para o chão e a mão direita retorcida e prostrada sobre o colo.

Quando as duas enfermeiras naquela manhã apertaram os tubos de Cortney, prenderam a sonda no avental e desengancharam os frascos conectados ao acesso intravenoso para pendurarem atrás da cadeira de rodas, uma delas disse para ele, "Você vai andar para mim hoje, Cortney?".

Seus olhos estavam abertos, mas ele pareceu não ouvir. Durante a última semana, com Cortney ficando ligeiramente mais ciente de seu entorno, as enfermeiras começaram a desafiá-lo a dar um passo ou dizer uma palavra. Enquanto algumas tentavam uma abordagem mais delicada, outras eram mais exigentes. Cortney ignorava todos os esforços delas. Ele ficou tanto tempo de cama que seus músculos se atrofiaram a tal ponto que suas pernas não o aguentariam nem para ficar parado ao lado da cama. Durante aquela semana as enfermeiras vinham massageando seus braços e pernas, mexendo-os na cama em exercícios passivos de amplitude de movimento, esperando que em pouco tempo ele tentasse dar o primeiro passo desde que descera até o porão da Hi-Fi Shop.

Enquanto rolou Cortney de lado e o colocou sentado na beirada da cama, a enfermeira repetiu, "Hoje seria um bom dia para tentar, você não acha?".

Com uma de cada lado apoiando-o por baixo dos braços, as enfermeiras levantaram Cortney da cama e, quando o puseram de pé, frouxo e fraco nos braços delas, ele não se inclinou na direção da cadeira de rodas, como geralmente fazia, e continuou de pé, balançando-se sobre o apoio delas. Seu corpo estava escorregadio. Se as enfermeiras o soltassem, teria desabado no chão. Mas ele não deu nenhuma indicação de querer se sentar. Apenas ficou ali ao lado da cama, tremendo e segurando-se nas enfermeiras.

Nas manhãs anteriores, as enfermeiras arrastaram Cortney da cama até a porta do quarto e voltaram, só para reacender nele a sensação de movimento. Quando Cortney ficou de pé nos apoios naquela manhã, sem apenas cair em direção à cadeira de rodas que o aguardava, as enfermeiras sentiram que talvez ele estivesse pronto para tentar sozinho.

"Quer tentar andar para mim, Cortney?", disse uma delas, hesitante.

Ela foi para trás dele, enquanto a outra o segurou pela frente. Mas Cortney não levantou o pé. Apenas se balançou na mão das enfermeiras. A que estava atrás colocou o joelho contra a parte traseira do joelho dele e levantou o pé de Cortney delicadamente. O pé subiu e ficou pendurado como o de uma marionete. Quando a enfermeira abaixou o joelho, o pé de Cortney desabou no chão como se a linha do boneco tivesse sido cortada em duas.

"Cortney, que maravilha!", disseram as enfermeiras. "Vamos ver você fazer isso de novo."

Elas o elogiaram e o incentivaram, mas embora Cortney parecesse estar se concentrando em levantar o outro pé, ele não se mexeu. Mais uma vez a enfermeira de trás tirou o pé dele do chão com o joelho, e ele outra vez caiu para frente quando ela afastou o joelho. O rosto de Cortney estava sem expressão, mas, enquanto o elogiavam repetidas vezes, ele levantou o pé sozinho do piso de ladrilho, o suficiente para deixá-lo deslizar para frente por alguns centímetros. Ele ainda estava balançando entre as duas enfermeiras que o seguravam, mas aquele único e humilde passo foi um dos poucos movimentos intencionais que fizera desde os assassinatos, mais de cinco semanas antes.

As enfermeiras haviam esperado muito tempo para ver suas energias resultarem em algum progresso para Cortney, por menor que fosse. Após semanas se passarem e Cortney ter sido mantido vivo, mas ainda em coma, estava difícil para elas manterem o ânimo. Agora, quando seu pai recebeu a notificação e imediatamente foi ao hospital, uma das enfermeiras, empolgada, correu até ele e o abraçou.

Enquanto Byron ouvia as enfermeiras descreverem o primeiro mísero passo de Cortney, ele se lembrou do adolescente forte e coordenado que o filho havia sido. Era doloroso para ele agora pensar em Cortney lutando de maneira tão lamentável para arrastar um pé alguns centímetros para frente. Mas Byron ficaria entusiasmado só de saber que Cortney tinha saído da cama de novo. Ele esperou semanas para ver o filho movimentando um único dedo do pé, e agora não estava preocupado com a aparência que ele tinha enquanto movia os pés.

No dia seguinte, Cortney andou novamente, desta vez para dr. Rees, enquanto o médico fazia sua ronda no meio da manhã. Rees tinha ouvido relatos da ambulação de Cortney no dia anterior, mas ficou cético com relação a quanto do esforço tinha sido feito por ele e quanto pelas enfermeiras. Quando chegou, outra enfermeira estava levantando Cortney da cama para a cadeira de rodas.

"Quer andar para dr. Rees, Cortney?", disse. "Vamos mostrar a dr. Rees que você consegue andar."

Com outra enfermeira apoiando Cortney pela frente, ela ficou atrás como a outra enfermeira fizera e estava prestes a levantar o pé dele com o joelho, quando Cortney levantou o próprio pé e o arrastou para frente alguns centímetros. Em seguida, após hesitar um instante e se balançar para frente e para trás, Cortney arrastou o outro pé para frente.

Rees ficou incrédulo. "Acho que uma das melhores coisas que já vi foi quando Cortney se levantou e andou com apoios no St. Benedict. Não consigo me lembrar que dia foi, mas foi simplesmente inacreditável."

Desde que puxou as cartas da mão do tio, Cortney começou a realizar ações simples que exigiam pelo menos algum nível mínimo de coordenação entre a mão e os olhos. Uma tarde, levantou brinquedos coloridos de plástico no formato de pequenos animais e os examinou por um breve momento de um jeito desinteressado e vago. Mais tarde, pegou um aparelho de barbear e, com uma enfermeira segurando um espelho à sua frente, fez pequenos movimentos de raspagem no rosto. Ele segurava o aparelho sem firmeza e sua mão tremia, mas quando a enfermeira disse, "Ih, Cortney, você esqueceu um pedaço aqui", ele pareceu compreender e tentou, do seu jeito fraco, passar a navalha sobre o pedaço que aparentemente tinha deixado.

Durante a última semana de maio até a primeira semana de junho, o estado de Cortney melhorou a cada dia. Ele ganhou 5 kg com a alimentação pela gastrostomia e tinha começado a ingerir oralmente pequenas quantidades de papinha de bebê. Nos dias de sol, as enfermeiras o escoravam na beira da cama e depois o ajudavam a andar até a cadeira de rodas para que o levassem até o solário. Sua cabeça pendia quando andava, e às vezes precisava ser lembrado de arrastar o pé direito para frente, mas agora já havia progredido para oito passos dados sem ser estimulado pelo joelho da enfermeira.

Jackie Gelinas, a enfermeira noturna responsável pela UTI, estava envolvida nos cuidados de Cortney quase todos os dias das últimas seis semanas, e testemunhou a evolução de seu prolongado coma cadavérico para um estado de consciência esporádico. Mas, quanto mais progresso fazia, andando, segurando um aparelho de barbear, bebendo de um copo, mais hostil ele ficava.

Na manhã do dia 5 de junho, Jackie viu Cortney bater de repente em seu pai, e bater e bater várias vezes, enquanto o pai o segurava embalando-o nos braços.

"Vá em frente, Cortney", disse Byron, "pode me bater, se quiser."

Durante todo aquele dia e até as primeiras horas do dia seguinte, Cortney continuou agitado. Ele arrancou as cobertas da cama e bateu nas pessoas que estavam lhe fazendo companhia, e outra vez sua mão precisou ser amarrada. Depois, quando a enfermeira tampou sua traqueo com esparadrapo, forçando-o a respirar pela boca e pelo nariz, ele engasgou e tensionou o corpo, tentando tossir para expulsar a traqueo da garganta. Por fim, a enfermeira que o acompanhava no turno da noite reclamou com Jackie que ele havia se tornado tão hostil que não podia ajudá-lo. Jackie disse que ficaria com Cortney pelo resto da noite.

Jackie deixou Cortney gemer por um instante antes de entrar no quarto e fechar a porta. Enquanto tossia e hiperventilava, ela verificou seu pulso e pressão arterial em silêncio. Após registrar os sinais vitais dele na ficha, sentou-se na beirada da cama e olhou em sua direção. Ele a encarou de volta com um dos olhos, enquanto o outro estava caído para o lado.

"Cortney", disse Jackie em tom suave, "não há nada de errado com você. Consegue respirar tão bem quanto eu. Não vou tirar o esparadrapo."

Cortney se esforçou para levar a mão na direção dela, mas só conseguiu levantá-la alguns centímetros da cama, até chegar ao fim da faixa que prendia seu pulso à grade do leito.

"Faça o que quiser", disse Jackie. "Pode até gritar e espernear se quiser. Vá em frente, grite e esperneie."

Quando disse isso, "Os olhos dele se arregalaram, as pupilas ficaram tão grandes, tipo, 'Moça, te mataria se conseguisse sair daqui!'", ela relembrou mais tarde.

Depois Cortney gemeu alto e na mesma hora pareceu assustado com algum barulho que emitiu. Jackie continuou falando com ele, que foi ficando cada vez mais agitado ao ouvi-la dizer que não tinha problema gritar. Toda vez que abria a boca era como se não conseguisse acreditar no som da sua própria voz.

"Você consegue até falar, não é?", instigou Jackie. "Não há nada no mundo impedindo você de falar."

Quatro outras enfermeiras da UTI estavam cuidando de seus pacientes ou olhando os monitores na mesa das enfermeiras, quando ouviram um grito rouco vindo do quarto de Cortney. Antes que pudessem correr até lá, ouviram mais gritos. Quando se aglomeraram na entrada, viram Jackie sentada na beira da cama e uma espécie de rugido alto ainda saindo da garganta ferida de Cortney. Na ponta da amarra, seu pulso esquerdo chacoalhou na direção das enfermeiras que agora estavam reunidas no quarto atrás de Jackie.

"O que está fazendo com ele?", perguntou uma delas.

Jackie manteve os olhos em Cortney, que parecia irado e confuso.

"Você quer que a gente saia do quarto?", perguntou a ele.

Cortney ficou batendo no ar com o punho, como se quisesse bater em alguém e não soubesse como nem em quem bater. Em seguida, ele disse, "Sim!"

A palavra saiu lenta, e a voz de Cortney, após tantas semanas de silêncio, foi como um grasnado, mas foi claro o que disse. As enfermeiras achavam que nunca o veriam falar. Já tinham ficado pasmas quando, após tanto tempo em coma, o garoto tinha aberto um olho ou apertado a mão delas quando lhe pediam. Quando ele disse "Sim!" naquela madrugada, até Jackie ficou com lágrimas nos olhos.

"Está bem", falou, "o que acho que vamos fazer é levantar e ir até a mesa das enfermeiras. Você quer que eu ligue para seu pai?"

"Sim", disse Cortney outra vez.

As enfermeiras desamarraram as mãos de Cortney e, com cuidado para ficar segurando uma delas, colocaram-no de pé ao lado da cama, onde Jackie passou seu corpo debaixo do braço dele a fim de apoiá-lo. Com outra enfermeira do outro lado, ajudou-o a andar devagar até a sala principal da UTI e colocá-lo em uma cadeira de rodas. Duas das enfermeiras correram pelo corredor para contar às enfermeiras que ficavam na mesa do terceiro andar que Cortney havia pronunciado sua primeira palavra.

Ainda não eram 6h, mas Jackie tinha certeza que o pai de Cortney não se importaria de receber uma ligação tão cedo.

"Dr. Naisbitt geralmente ligava todas as manhãs para saber como Cortney estava. Naquela manhã específica liguei para ele primeiro, e deu para ouvir que ficou emocionado, sabe? Deu para perceber que estava começando a chorar."

"Vou subir assim que chegar aí", disse.

Pouco tempo depois, quando o pai de Cortney chegou, Cortney estava de volta na cama, mas ainda acordado. Jackie acompanhou Byron até o quarto de Cortney. Ele ficou olhando para o pai, mas mesmo após o pai abraçá-lo e tirar o cabelo de sua testa, Cortney não disse nada. Seu punho ainda estava se mexendo na amarra.

Jackie falou: "Cortney? Fale com seu pai. Diga 'Oi' para ele".

Byron achava que nunca mais ouviria o filho falar de novo, mas naquele momento Cortney abriu os lábios e bem devagar falou, "Oi".

"Dá para fazer melhor que isso para seu pai", disse Jackie. "Consegue dizer 'Pai'?"

Seu pai o observava com atenção, segurando a mão dele e massageando seu braço, quando Cortney abriu a boca de novo. Dessa vez, com a insistência de Jackie, começou a gaguejar, "Pai".

Byron estava sentado no lado esquerdo da cama de Cortney e Jackie no direito. Apesar de Byron ter se virado rapidamente e olhado para a janela, Jackie viu seus olhos se encherem de lágrimas.

"Talvez seja melhor deixar vocês dois a sós", disse ela.

Durante um tempo depois que Jackie saiu, toda vez que olhava da mesa das enfermeiras, ainda podia ver Byron, através do vidro do quarto de Cortney, segurando a mão do filho, às vezes falando com ele e às vezes olhando para a janela do outro lado.

No dia após Cortney dizer suas primeiras palavras, seu tubo de traqueostomia foi removido e sua fala melhorou rapidamente. Das respostas iniciais de uma palavra, progrediu para dizer frases rudimentares. Muitas vezes, ele apenas repetia o que ouvia as enfermeiras dizendo no quarto. Se uma delas dissesse, "Cortney, mexa o pé para a direita", ele gaguejava, "Mexer meu pé para a direita". Ou se uma enfermeira dissesse, "Você está bonito hoje, Cort", repetia, "Estou bonito hoje".

Embora Cortney ainda estivesse recebendo alimentação regularmente pelo tubo da gastrostomia, também estava ingerindo quantidades cada vez maiores de comida oralmente: pequenos bocados de ovos mexidos e frutas, até cereal matinal e bacon. Engolia as comidas sólidas com mais facilidade que os líquidos, ainda deixando os líquidos escorrerem pelo canto da boca, a não ser que lhe dessem um copo para segurar e virar sozinho na boca. Segurando o próprio copo, Cortney estava tomando vaca-preta, suco e milk-shake de canudinho.

No dia 8 de junho, Cortney foi transferido da UTI 1 para a UTI 7, um cubículo no canto noroeste da Terapia Intensiva com vista para a entrada do hospital, o estacionamento e a cidade adiante. Várias vezes ao dia as enfermeiras prendiam o tubo da gastrostomia de Cortney e seguravam os frascos conectados aos seus acessos intravenosos enquanto ele andava da beira da cama até a cadeira de rodas, com a camisola do hospital aberta atrás e pendurada em torno das coxas magricelas. Com Cortney sentado na cadeira, as enfermeiras o posicionavam perto da janela, onde podia ver os carros que passavam pelo hospital.

"Vamos procurar seu pai", elas diziam com frequência.

Apesar de a visão do seu olho bom, o esquerdo, estar borrada, Cortney aprendeu a reconhecer o carro de seu pai e, quando o via chegando ao estacionamento do hospital, apontava e dizia, "Pai".

Mas, apesar da consciência cada vez maior, com frequência Cortney ainda ficava irracional e seus humores flutuavam sem aviso ao longo do dia. Uma enfermeira registrou que Cortney "estava falando mais, escrevendo números na lousa, resolvendo problemas de soma, subtração e multiplicação prontamente". Algumas horas depois, outra enfermeira escreveu que Cortney "às vezes, fica muito violento, batendo e chutando. Tem uma expressão violenta nos olhos".

Quando dr. Iverson, o psiquiatra, examinou Cortney novamente naquela primeira semana de junho, fez a seguinte anotação na ficha de Cortney:

> O sensório está mais esclarecido — tem consciência do que está acontecendo — muitas de suas mudanças de humor são voluntárias e apropriadas... Quando se aborrece, precisa de interação pessoal e aceitação de qualquer sentimento que possa surgir. Esses sentimentos não devem ser reprimidos ou contidos. Essa expressão é terapêutica e necessária.

Dois dias depois, ao meio-dia, uma enfermeira ajudou Cortney na ambulação pela ala, depois tentou lhe dar o almoço. Cortney havia se ajudado a comer no café da manhã daquele dia, mas agora se recusava a comer qualquer coisa. Parecia cansado e apático, e mal respondia à enfermeira. De repente, enquanto a enfermeira falava com ele e segurava a colher em frente à sua boca, Cortney se empertigou sentado, com o corpo rígido e ficou olhando fixamente para a parede com uma expressão vazia nos olhos. A enfermeira lhe perguntou qual era o problema. Estalou os dedos na frente do rosto dele. Mas Cortney ficou travado naquela posição ereta por vinte segundos, olhando para frente, com a enfermeira ainda falando com ele, ainda tentando fazê-lo responder. Depois, tão abruptamente quanto se levantara, Cortney disse "Sim" e se recostou outra vez no travesseiro.

Iverson tinha certeza de que, após sete semanas, a maioria das lembranças da cena do crime já estariam trancadas nas profundezas da mente de Cortney pela amnésia. Mas aberturas permaneceriam. Alguma coisa que a enfermeira tinha dito, ou talvez a maneira como tinha segurado a colher em sua boca, de alguma maneira atingiu uma dessas aberturas, e, por alguns momentos naquele dia, Cortney se lembrou.

***

Durante a segunda semana de junho, Cortney ficou cada vez mais combativo, tentando golpear as enfermeiras, embora suas mãos ainda estivessem amarradas às grades da cama. Às vezes, ele murmurava e gritava "Cacete!" por horas sem parar, um "Cacete" grudado no outro até a palavra se tornar uma maçaroca sem sentido. Estava tão hostil que as enfermeiras que fossem passar pomada em sua erupção ou trocar os lençóis precisavam ter cuidado para não se aproximarem dele pelo lado esquerdo. Muitas delas tinham hematomas no corpo de quando tinham chegado perto demais ou se aproximado de Cortney pelo lado errado e sido atingidas por ele. Certa noite, ele pegou o braço de uma enfermeira e o girou para trás até ela ficar com lágrimas nos olhos e outras enfermeiras precisarem soltá-la.

Quando o restante do hospital estava em silêncio durante a noite ou madrugada, os gritos de Cortney muitas vezes podiam ser ouvidos ecoando da UTI pelos corredores do terceiro andar.

"Ele tinha muitos pesadelos à noite", relembrou John Smith, o fisioterapeuta respiratório que sete semanas antes tinha trabalhado para diminuir o edema sangrento que jorrava dos pulmões de Cortney. John ainda estava trabalhando no turno da noite em junho quando começou a receber ligações frequentes das enfermeiras da UTI.

"Lembro que me ligavam para ir até lá segurá-lo, porque ele ficava debatendo os braços falando, 'Cacete, cacete!'. Debatendo mesmo, tipo... quase como se estivesse lutando com uma sombra, mas sem nenhuma direção real. Ficava se debatendo e batendo na cama, e eu lembro que até tive que pensar, como é que eu vou entrar ali sem levar uma pancada?

"A gente tinha que segurá-lo e amarrá-lo, e isso era praticamente toda noite. Era possível ouvi-lo no andar todo, ele fazia um escândalo. Elas me ligavam, falavam, 'Sobe imediatamente!' e assim que pisava no terceiro andar já dava para ouvi-lo gritando. Isso foi quando ele estava na UTI 7 tendo aqueles pesadelos todos e tal. Eu só ouvia 'Cacete! Cacete! Cac...' um monte de vezes, tudo junto, sabe como? Sem pausa. E ele nunca abria os olhos. Estava sempre com os olhos bem fechados e os punhos cerrados. Foi nessa época que fiquei preocupado de termos criado um monstro. Todos nós ficamos nos perguntando o que havíamos feito. Na noite que o trouxeram, fiquei muito chateado com Hauser por não ter se dedicado mais a ele. Lógico, estava estudando, estava no maior entusiasmo, queria salvar todo mundo que entrasse pela porta da emergência. Mas agora tinha minhas dúvidas, que talvez estivesse pensando de maneira idealista demais. Achei que ele ficaria lelé o resto da vida."

Ao entrar em seu quarto, as enfermeiras muitas vezes encontravam Cortney se virando na cama, puxando sua camisola e xingando. Se lhe perguntassem qual o problema, reclamava que sua barriga doía. Praticamente toda vez que uma enfermeira o tocava, tentava bater nela, torcer seu braço ou dobrar seus dedos para trás. Quando não conseguia alcançar os acessos intravenosos em seu braço por causa das amarras em seus pulsos, gritava para as enfermeiras tirarem as agulhas. Em intervalos ocasionais, Cortney ficava quieto e cooperativo e falava frases apropriadas e inteiras. Na maior parte do tempo xingava, berrando "Cacete!" tão alto que às vezes dava para ouvir por todo o terceiro andar do hospital, e algumas vezes murmurando repetidas vezes tão baixinho e suave que uma enfermeira descreveu ser quase como uma cantiga de ninar.

Boa parte da hostilidade de Cortney parecia ter origem na frustração: ele estava incapacitado. Tinha pouco controle sobre sua bexiga e intestino, e com frequência tinha incontinência de urina ou de fezes na cama. Quando isso acontecia, ficava nervoso, choroso e parecia ficar constrangido. Se as enfermeiras tentassem ajudá-lo ou começavam a trocar seus lençóis, ficava hostil, como se não quisesse que ninguém soubesse o que tinha feito.

No dia 17 de junho, oito semanas após os assassinatos, Cortney foi transferido da UTI para um quarto particular da ala cirúrgica do outro lado do corredor. Lá, sua combatividade piorou. Batia nas enfermeiras e médicos, derrubava bandejas de comida, gritava com as visitas e arrancava as vias que alimentavam seu corpo com a mesma rapidez que os médicos as colocavam de volta. Lutava com os técnicos do laboratório com tanta força que eles não conseguiam tirar amostras de sangue, e o departamento de raio-x teve sorte de conseguir até mesmo imagens borradas do abdômen e do peito dele. Ele batia em Claire, batia em seus irmãos, batia em seu pai. Puxava o tubo de gastrostomia, e muitas vezes três ou quatro enfermeiras precisavam segurá-lo para alimentá-lo pelo tubo. Várias vezes ao dia, as enfermeiras podiam ouvi-lo deitado na cama implorando por uma injeção de analgésico.

"Eu ia ao hospital todos os dias quando ele estava na fase do 'Cacete'", relembrou Kelly. "Entrava lá, sentava e ele pulava da cama com os olhos arregalados, tipo... tipo enormes, aí virava e ficava 'Cacete, cacete, cacete!' bem assim. Eu ficava sentado e dizia, 'Cort, está tudo bem'. E ele lá, 'Cacete, cacete!'."

Uma tarde, Claire estava visitando Cortney em seu novo quarto, e ele estava sentado na cadeira de rodas olhando pela janela. Lá fora, fazia um dia quente de verão, e Claire estava sentada em silêncio observando Cortney que olhava para o gramado e para as casas lá embaixo. Durante muito tempo nenhum dos dois disse nada.

"Tá pensando no quê?", Claire enfim perguntou.

Cortney continuou olhando pela janela. Depois disse devagar, "Você já pensou que alguém estava atrás de você?".

"Ele ainda estava realmente perturbado", lembrou Claire depois. Mas não sabia direito como deveria lhe responder.

"Você não precisa se preocupar com nada, Cortney", ela respondeu. "Está tudo bem."

"Bem, já pensou nisso? Que alguém queria te matar?"

O pai de Claire tinha dito para não falar com Cortney sobre os assassinatos, a não ser que o próprio Cortney perguntasse especificamente. Ele disse que deveriam falar com Cortney sobre coisas felizes, sobre voar, esquiar e passatempos da família, e que não era para mencionar os assassinatos, o hospital, o período que ele passou na Terapia Intensiva ou o motivo de sua mãe nunca ter ido visitá-lo. Nas duas semanas desde que começara a falar, ele nunca havia perguntado sobre essas coisas. Agora a conversa de repente estava indo nessa direção e, mesmo que parecesse não se lembrar daqueles momentos, Claire tinha medo de dizer alguma coisa errada.

"Ah", disse ela, "você acha que alguém quer? Eu nunca pensei nisso."

"Você já pensou que alguém queira fazer isso?"

"Cortney, todo mundo ama você e está tudo bem. Você está indo muito bem, não acha?"

Cortney não respondeu. Ainda não havia se virado da janela e olhado para Claire. Minutos se passaram em silêncio outra vez. Então Claire disse, "Você quer falar mais sobre isso?

"Não", disse Cortney.

***

Nas primeiras três semanas que Cortney vinha sendo hiperalimentado, ganhou peso, e em meados de junho já estava com 51,7 kg. Mas então seu peso começou a cair abruptamente. Em uma única semana, 4 dos quilos que Cortney ganhara foram perdidos outra vez, e dr. Johnson não sabia a razão. Ele decidiu suspender a alimentação por dois dias, esperando nesse tempo persuadir Cortney a começar a engolir comida suficiente para evitar a hiperalimentação. Mas a esperança durou pouco. No dia 21 de junho, dr. Johnson fez a seguinte anotação na ficha de Cortney:

> Os planos eram tentar fazer o paciente ingerir mais pela boca e avaliar sua capacidade de ingestão oral. Até o momento, hoje ele não conseguiu comer mais do que uma parte de um sorvete de casquinha. A ingestão tem sido inadequada até mesmo para a manutenção de líquidos. Se isso persistir, a partir de amanhã, será forçado a receber alimentação por gastrostomia ou acesso intravenoso outra vez. Nível de febre aumentando — o pai informa que as reclamações de dor do paciente mudam de região. Não obtenho resposta do paciente para determinar onde é mais sensível.
>
> Impressão: estado clínico piorando lentamente.

Naquela mesma tarde, Cortney telefonou para o pai e disse que gostaria de fazer um passeio de carro. Dr. Rees e dr. Johnson autorizaram o passeio, e Byron chegou ao hospital com o carro às 16h30. Cortney foi levado para baixo na cadeira de rodas e, após alguns minutos de manobras delicadas, estava no banco da frente ao lado do pai, com o cinto de segurança afivelado e os acessos intravenosos pendurados na alça do casaco.

Byron dirigiu lentamente pela cidade por uma hora, falando com Cortney sobre a cidade e apontando lugares importantes, como a escola que o garoto frequentara. Quando voltaram ao hospital, dr. Wallace estava de plantão na sala de emergência e os viu chegando pela porta do pronto-socorro.

"Uma das coisas tristes", relembrou Wallace depois, "é que Cortney estava muito confuso, muito confuso. Conseguia andar e se locomover um pouco, mas sentia muita dor e sua palavra favorita era cacete, cacete, cacete, cacete. Dizia isso várias vezes desse jeito, sem parar, vinte e quatro horas por dia. E é claro que vinha da confusão. Me lembro que By chegou uma vez — isso foi depois que Cortney já tinha saído da lista crítica — e o colocou no carro para dar um passeio. Eles rodaram por aí uma ou duas horas e depois By o trouxe de volta. Como é que ele chamava Cortney? Ele tinha um apelido para ele. Duque? Enfim, Cortney estava muito irracional, muito hostil. Estava sempre batendo nas enfermeiras. Aí By estava ajudando-o a sair do carro e colocá-lo na cadeira de rodas, e disse, 'Bom, Duque, te vejo amanhã!' E Cortney foi e *pou!* bateu bem na boca de By, sabe, fez o lábio dele sangrar. By falou, 'Apesar de você ter me batido, volto amanhã'. E Cortney ficou sentado lá, 'cacete, cacete, cacete, cacete...'. Era muito... Até mesmo naquela altura do campeonato fiquei me perguntando se tínhamos feito a coisa certa ou não."

Cortney tinha se tornado uma pessoa quase impossível de se lidar. Ele puxava todas as vias, exceto o tubo de gastrostomia, e batia nas enfermeiras se elas tentassem reinseri-las. Rees colocou um acesso intravenoso nele um dia de tarde, e Cortney a arrancou uma hora depois. As enfermeiras que cuidavam dele estavam exaustas, e algumas até hesitavam em ficar no quarto dele sozinhas. Quando dr. Johnson lhes perguntava como Cortney estava indo, a resposta frequente agora era, "Não muito bem, doutor, acho que não vai sair dessa".

Rees queria levar Cortney para a cirurgia, anestesiá-lo e colocar uma via em sua nuca, descendo pela jugular, onde ele não pudesse puxar. Com a nova via, pelo menos poderiam alimentá-lo de forma intravenosa e lhe fornecer sangue, que ele precisava desesperadamente. Rees agendou a sala de operação para a manhã de 26 de junho. Durante a operação, Johnson planejou dar mais uma olhada no interior do esôfago de Cortney: já fazia sete semanas desde a primeira endoscopia, nove desde os assassinatos, e uma atualização das lesões causadas pelo Drano poderiam lhe informar por que Cortney estava se recusando a comer. Enquanto os procedimentos estivessem acontecendo e Cortney estivesse sedado, os técnicos do laboratório deveriam estar prontos para as hemoculturas, e o departamento de raio-x deveria fazer imagens do intestino grosso de Cortney imediatamente após a cirurgia. Mas no dia 26 de junho as operações foram canceladas. Dois dias depois, Cortney saiu do St. Benedict.

A última anotação na ficha hospitalar de Cortney foi feita por dr. Johnson:

> Planos do dia 26 foram cancelados. Acesso intravenoso não pôde ser mantido ontem. A febre do paciente continua e vai continuar se algumas medidas agressivas não forem tomadas. Possivelmente seja necessária a interrupção de todos os medicamentos, mas suspeito de fonte bacteriana em algum lugar da cavidade abdominal.

Por diversos motivos, os médicos decidiram transferir Cortney para a Terapia Intensiva do outro hospital de Ogden, o *McKay-Dee*. O cansaço da equipe de enfermeiras do St. Benedict estava ficando aparente; o McKay-Dee tinha novas e amplas instalações de fisioterapia, que Cortney precisaria se quisesse se tornar funcional novamente; um residente de cirurgia estava de plantão vinte e quatro horas por dia para auxiliar dr. Rees, caso Cortney precisasse de uma operação de emergência; e, como o consultório de Byron Naisbitt ficava no prédio adjacente, ter

Cortney no McKay-Dee seria mais conveniente para suas visitas frequentes. Mas o verdadeiro motivo pela transferência de Cortney dr. Rees explicou depois.

"O problema era que ele ficou sem nenhuma via. Arrancava todas. E estava tão agressivo que não dava para abordá-lo. Gritava, xingava, ficava abusivo e coisas desse tipo. Alguém tinha acabado de tentar assassiná-lo, e sabe-se lá o que estava se passando na cabeça dele. Talvez achasse que nós estávamos apenas continuando os eventos torturantes pelos quais passou. Então puxava tudo. Perdi a conta de quantas vezes tentei apenas colocar um acesso intravenoso no braço dele, ou em qualquer lugar. Mas se eu colocasse as vias onde ele pudesse alcançar, em cinco segundos tirava tudo. Nós o amarrávamos, dávamos grandes doses de medicamento para acamá-lo, mas ele estava maníaco. E o problema que estava mesmo me incomodando era como colocar sangue nele. Ele chegou a um ponto de estar tão combativo que não conseguia sequer colocar um acesso intravenoso nele para isso. E ele estava anêmico. Tentei durante cinco dias dar um pouco de sangue a Cortney, e ele me chutou no rosto, me mordeu e mais algumas coisas. Não deixava ninguém chegar perto dele. Uma vez, estava tentando colocar um acesso intravenoso e havia duas enfermeiras tentando segurá-lo quieto, e eu tentando conversar com ele, o pai dele também. Ele me deu um puxão e me chutou bem nas costelas. Eu bati contra a parede. Era de enlouquecer. Então a única alternativa que tinha era botá-lo para dormir e colocar o acesso intravenoso por trás, enterrar debaixo da pele e descendo pela jugular. Fui falar com o anestesista sobre isso, mas ele não quis nem conversa. O anestesista disse, 'Cortney precisa de sangue *antes* de o colocarmos para dormir'. Fiquei preso nessa posição muito ingrata de tentar colocar uma via nele para fazer o sangue voltar a subir, e a única maneira de fazer isso era botando-o para dormir, e o anestesista não queria botá-lo para dormir porque achava que o sangue estava baixo demais. Mas sabia que tinha um anestesista no McKay que faria isso para mim. No resumo de alta disse que o transferimos para fins de reabilitação, o que essencialmente seria verdade, mas o motivo real pelo qual o transferi foi que não consegui cooperação do chefe de anestesia do St. Benedict. No dia que o transferimos, tenho certeza de que o pai dele não se importa que diga isso, ele estava psicótico."

Na manhã seguinte à chegada de Cortney ao Hospital McKay-Dee, ele foi levado à cirurgia, onde o anestesista o sedou e dr. Rees fez um corte em sua jugular direita para inserir um cateter. Enquanto Cortney ainda estava sedado, Rees e Johnson fizeram uma endoscopia em seu esôfago com a intenção de dar uma olhada nas antigas lesões. Sete semanas antes, quando Johnson viu o interior do esôfago de Cortney pela primeira vez, ficou surpreso pela ingestão de soda cáustica não ter causado um estrago maior. Agora que as cicatrizes tiveram tempo de se aprofundar, Johnson esperava que o revestimento do esôfago parecesse mais corroído do que antes.

"Eu pensei, bem, ele está tendo dificuldade de engolir a saliva. Está com dor, provavelmente por estenoses no esôfago e inflamações graves. E vai estar com a aparência pior do que da primeira vez, porque sei que é assim que é. Já tinha lido a respeito e tinha visto uma vez. Então sabia que estaria pior. Mas não achei que fosse estar *tão* ruim assim."

O esôfago de Cortney, desde onde começava atrás da garganta até embaixo na úlcera da queimadura inferior, estava vermelho-sangue e inchado. Johnson não conseguiu ver além disso porque o tecido cicatricial das queimaduras cáusticas formou uma estenose como se fosse um gesso, tão apertada que a endoscopia não passava. Cortney vinha se recusando a comer porque tudo que engolia estava se acumulando na estenose. Se alguma coisa não fosse feita logo, seu esôfago se fecharia por completo.

PESADELO

Os médicos só tinham duas opções. Uma era cortar a estenose e transplantar uma parte do intestino para preencher a lacuna. Mas essa era uma cirurgia grande, e Rees tinha certeza de que se o colocassem na mesa de operação agora, considerando o estado metabólico de Cortney, ele morreria.

A outra era um procedimento relativamente simples chamado dilatação, em que um tubo cheio de mercúrio, afunilado em uma das pontas, é passado pela garganta do paciente, indo e voltando suavemente, para abrir o estreitamento. Mas também existe um perigo na tentativa de dilatar o esôfago: o tecido cicatricial que forma a estenose é fino e frágil, e sempre existe a possibilidade de o tubo rompê-lo. Um único furo de alfinete no esôfago de Cortney permitiria que o ar vazasse para dentro de seu peito e causasse um colapso em seus pulmões, seguido de uma enorme infecção quando a saliva vazasse para dentro com o ar. E o vazamento não poderia ser contido. Nenhum procedimento cirúrgico o taparia, e o esôfago não poderia ser removido, porque Cortney jamais sobreviveria a uma operação dessas.

Apesar do perigo de perfuração, para Cortney poder engolir novamente, os médicos precisavam tentar dilatá-lo agora. Esperar mais só faria a estenose se enrijecer, tornando as tentativas futuras de dilatação ainda mais perigosas.

Com Johnson auxiliando e Cortney deitado de lado, ainda sedado, Rees escolheu um dos finos tubos de borracha, chamados de bougie, e cuidadosamente introduziu a ponta afunilada na garganta de Cortney. Conforme a ponta do bougie se aproximou do estrangulamento, Rees o sentiu começando a emperrar. Pressionou o bougie suavemente na pequena abertura, tentando deixá-la mais larga, mas Johnson percebeu que estava tendo dificuldade.

"Como é que está?", perguntou Johnson.

"Apertado", relatou Rees. "Está muito apertado."

Reese tirou o bougie bem devagar, pegou um de tamanho menor, e novamente inseriu a ponta na boca de Cortney. Quando a ponta chegou ao estreitamento, Rees tentou passá-la para frente e para trás. Mas agora parecia ainda mais apertado do que antes. Mais uma vez, cuidadosamente retirou o bougie e pegou um terceiro, ainda menor. Depois que esse também ficou preso no tecido cicatricial, Rees decidiu parar. Eles não podiam permitir que a estenosa ficasse ainda mais rígida. Da maneira que já estava, Rees não podia mais correr o risco de abrir um buraco no esôfago.

Cortney foi levado da sala de cirurgia para a sala de recuperação, para ficar em observação enquanto acordava da anestesia. Durante os procedimentos pelos quais passou, seus sinais vitais permaneceram estáveis e sua baixa contagem de sangue não se mostrou problemática. Ele já estava recebendo sangue novo pelo cateter em sua veia jugular. Com Cortney na Recuperação, Johnson e Rees foram atender outros pacientes no hospital.

Pouco tempo depois, Johnson estava na escada entre um andar e outro quando ouviu a operadora do hospital chamando dr. Rees pelo alto-falante. Ouvindo o chamado, mas sem dar muita atenção, Johnson prosseguiu até o próximo andar, onde iria examinar um paciente. Durante o exame, ouviu a operadora anunciando o nome de Rees de novo. Dessa vez, Rees deveria comparecer à sala de recuperação imediatamente. Ao ouvir o segundo chamado, Johnson deixou seu paciente, foi até a mesa das enfermeiras e ligou para a recuperação para saber se havia alguma coisa errada.

Rees chegara apenas momentos antes e já estava examinando Cortney. A enfermeira informou que, pouco tempo depois que os dois médicos enviaram Cortney para a sala de recuperação, a pressão dele caiu e sua pulsação aumentou de repente. Ele ficou gelado e suado. Foi naquele momento que a enfermeira mandou chamar Rees.

Rees foi até o telefone para falar rapidamente com Johnson.

"Ele ainda está na recuperação e não está bem", disse ele. "Está tentando entrar em choque."

"Ai, meu Deus", disse Johnson, sabendo o que viria em seguida.

Então Rees disse, "Acho que o perfuramos".

Cortney foi levado às pressas para o raio-x e, assim que viu a primeira radiografia, Rees sabia que o esôfago estava perdido. Na imagem, uma pequena massa cinza-claro estava se formando no peito esquerdo, adjacente à estenose. Era ar que já estava começando a vazar pela perfuração.

A rapidez com que a bolsa de ar no peito de Cortney se expandisse nas próximas 12 a 24 horas indicaria o tamanho da perfuração. Por enquanto, havia pouco a se fazer, a não ser monitorar o vazamento e se preparar para colocar tubos no peito de Cortney, caso o ar aumentasse e uma infecção começasse a se formar.

Enquanto os médicos observavam o progresso do vazamento esofágico de Cortney pela radiografia, ele ficou na Terapia Intensiva, deitado em posição fetal sobre um cobertor gelado, tremendo e delirante com uma febre que se manteve entre 39º e 39,5º. Ele não aguentava ser tocado. Se as enfermeiras tentassem movê-lo ou virá-lo de lado, ele batia de leve na mão delas ou se agarrava à grade da cama para não ser virado. Conseguia se comunicar quando queria, mas na maior parte do tempo ficou retraído.

"Ele ficou como um animal lamentável sofrendo", disse uma das enfermeiras. "Quando estava sozinho no quarto, dava uns gritos terríveis, como um animal ferido. Mas se você entrasse e perguntasse, 'Qual o problema, Cortney?', era provável que você não recebesse nenhuma resposta. Nenhuma resposta mesmo."

Cortney estava pesando 48 kg. Apesar de frequentes injeções de Valium, Demerol e morfina, estava agitado, suado, com a respiração rápida e curta. Sabia que seu nome era Cortney, mas disse à enfermeira que só tinha 15 anos. Quando ela lhe perguntou onde estava, ele dizia não fazer ideia.

Algumas horas depois de tirarem as primeiras radiografias, um segundo conjunto mostrou que o vazamento de ar para o peito de Cortney continuava. O ar ainda não havia penetrado o entorno do pulmão, mas um fluido espesso estava começando a se formar logo junto ao pulmão. Horas depois, chegou a terceira leva de radiografias, e a situação no peito de Cortney havia mudado drasticamente.

A pequena bolsa de fluido que havia aparecido no segundo filme tinha se expandido rapidamente, invadindo a cavidade pulmonar e enchendo a região na base do pulmão de Cortney. À frente dele, pressionando para cima, estava uma massa ainda maior de ar.

As bolsas de fluido e ar continuaram crescendo até, 36 horas depois, o peito esquerdo de Cortney na imagem estar totalmente opaco, um bloco cinzento sólido. A perfuração não havia se fechado, e o ar e fluido resultantes no peito de Cortney estavam pressionando a cavidade pleural, fazendo seu pulmão entrar em colapso.

Rees levou Cortney de volta à cirurgia e inseriu dois tubos através de sua caixa torácica, um embaixo do peito para drenar o fluido e outro acima do peito para retirar o ar. Os tubos foram presos a uma bomba de pressão, mas o ar e o fluido não conseguiam ser aspirados com a mesma rapidez com que estavam se acumulando no peito de Cortney. No dia seguinte, o pulmão dele, como um balão esvaziado na ponta de uma vara, murchou ainda mais para trás, na direção dos brônquios, e o espaço deixado se encheu com o fluido que entrava.

Com o pneumotórax, Cortney entrou em dificuldade respiratória e não conseguia respirar sem uma máscara de oxigênio. À medida que o ar ia sendo retirado de seu peito, seu pulmão se reinflou parcialmente, mas agora o líquido denso estava mantendo o pulmão colapsado. E embora o tubo inferior estivesse drenando litros de fluido, os tecidos inflamados pela infecção continuavam fabricando ainda mais. O soro em si estava quase como um pudim, tão grosso que começou a entupir o tubo no peito. Em três dias, o tubo se fechou por completo e Rees fez planos de removê-lo e inserir um novo tubo na manhã do dia 4 de julho. Uma noite antes que Rees pudesse substituir o antigo tubo, o próprio Cortney pegou e arrancou o tubo do peito.

Desde a primeira noite no St. Benedict, quase dois meses e meio antes, as visitas ao irmão nunca tinham sido fáceis para Brett. Mas, agora, elas tinham se tornado piores.

Eu já tinha ido a hospitais um milhão de vezes e visto as pessoas sofrerem, mas ver Cortney sofrer daquele jeito era duro. Conhecia os tubos pleurais porque trabalhava na sala de cirurgia cardiovascular, e sabia o que estavam drenando. Entrar lá me deprimia. Nunca estava se sentindo bem, nunca estava confortável, estava sempre com dor, todo ferrado, plugado, desplugado, e me sentia muito mal por ele. Eu sempre tinha interesse nas fichas para ver o que podia tirar dali, quase como se ele fosse um paciente e não meu irmão, porque se o visse como meu irmão, se toda vez que entrasse lá me ativesse a isso, eu teria pirado. Sempre o tratei como Cort, sempre entrava, dava um abraço e um beijo nele, essas coisas, segurava a mão dele por um tempo e ficava lá, mas na minha cabeça precisava analisar tudo quase de maneira clínica. Era difícil ver meu irmãozinho deitado ali todo escangalhado e machucado.

Ele tinha passado por dez semanas de coisas que teria matado a maioria das pessoas. E mesmo assim estava fazendo progresso, e nós estávamos ficando muito animados. Aí, de repente, tudo virou de novo. Você pensava, O pobre coitado não vai aguentar mais. Alguma coisa vai estourar, o sistema dele todo vai entrar em colapso e ele vai morrer. Ele estava sempre flertando com a morte, e era difícil lidar com isso.

Nós tentamos continuar com as nossas vidas, mas aquilo estava sempre ali. Você vai ao cinema, antes de entrar, liga para o hospital. Você sai de casa, liga para o hospital. Quando você está trabalhando, acontece alguma coisa que te faz lembrar de tudo e os pensamentos voltam. Será que aconteceu alguma coisa? Será que a temperatura dele finalmente baixou ou será que conseguiram limpar o pulmão dele, será que o reinflaram de novo? O tempo todo, esses pensamentos.

Estava ocupado com a família e o bebê crescendo, e tenho certeza de que fui quem dedicou menos tempo ao hospital. Mas, mesmo quando ia lá, me sentia meio que voltando para tudo aquilo e ficando muito preocupado com as coisas, ficando com aquelas emoções todas acumuladas, e aquilo me arrasava pelo resto do dia, tentando lidar com aquilo tudo e botar no fundo da minha cabeça para que eu conseguisse resolver outras coisas. Era por isso que para mim era tão difícil ver. Acho que Gary passava um bocado de tempo lá, e Claire ficava muito com ele. Papai estava de volta à rotina, mas passava todo o tempo que tinha no hospital. Acho que ficou um pouco para baixo nessa época, porque ficou muito grave de novo, e a pergunta que se fazia era: quanto tempo mais será que Cortney aguenta antes de desistir?

Enquanto Cortney estava deitado com febre e respirando com a ajuda do respirador, Claire pendurou cartazes pelo quarto, cartazes coloridos e animados, alguns com fotos de aviões. Ela levava cartões engraçados lhe desejando melhoras, lia-os para ele e os segurava em frente a seus olhos para que ele pudesse ver. Falava-lhe sobre voar, tentava deixá-lo confortável e fazia pequenas coisas por ele que as enfermeiras não poderiam fazer. Segurava sua mão e sussurrava palavras de estímulo. Com um buraco no esôfago, o pulmão colapsado e uma infecção crescendo em seu peito, Claire estava fazendo a única coisa que conseguiu pensar em fazer: tentar dar a Cortney um motivo para viver, para que ele não desistisse.

"Essa foi a parte mais difícil", lembrou ela depois, "quando ele melhorou e trouxe esperança, e aí de repente tudo piorou."

Claire tinha seus momentos para baixo e suas dúvidas, disse Gary, mas foi solidária durante esse momento para tentar ajudar papai. O lance dela era, Não me aborreça com detalhes, diga que ele está melhorando, se estiver, e se for ter uma pequena recaída, tudo bem, vou tentar aguentar as pontas. Claire não quer saber quais são todas as complicações possíveis, quer saber se ele está bem e se vai melhorar. Se você ficar nisso, ela segue nos altos e baixos. Ela é forte assim.

Eu estava ficando impaciente para Cort melhorar, mas não sentia a intensidade emocional que senti quando ele estava no St. Benedict. Não sei se tinha me acostumado àquele nível de intensidade. Você não passa por uma coisa dessas sem ficar emocionalmente exausto, mas, conforme o nível vai subindo, você se acostuma, fica quase calejado. Lá no St. Benedict a gente ficou meio esperançoso, e aí de repente a gente voltou para o começo com esse contratempo. Eu já estava cansado, mas Cort ainda estava conosco, então estava animado. Tinha algumas dúvidas, tinha algumas preocupações, vacilava para lá e para cá, mas ainda voltava à antiga sensação que tive desde o começo, de que ele conseguiria. E era isso que ficava tentando dizer ao restante da família.

Papai estava sempre muito otimista. Tenho certeza que por dentro estava dilacerado, mas quando Cort estava se recuperando por um tempo, ficou muito otimista. Aí quando Cort teve esse retrocesso, papai ficou um pouco deprimido. Acho que foi mais uma exaustão emocional do que qualquer outra coisa. Estava ficando cansado. Eu tinha ficado para baixo antes, mas meio que peguei o embalo depois e estava animado nessa época, mesmo com os contratempos. Algumas vezes acabei trocando de papel com papai, a minha esperança tomando conta e a dele diminuindo por um tempo. Ele estava ficando meio desesperado. Pediu ao bispo para ir lá e abençoar Cortney outra vez. Estava tentando, estava procurando qualquer coisa que conseguisse, qualquer tipo de ajuda. Eu lembro que uma noite, no corredor da UTI, ele disse ao bispo, "Acho que vou perder meu filho".

Uma tarde Gary visitou Cortney no hospital, depois voltou para casa e encontrou o pai parado sozinho no quintal. Ele estava lavando a varanda, distraidamente molhando as folhas e os galhos sobre o concreto. Para Gary, Byron parecia cansado e deprimido.

Gary foi até o pátio e fez uma velha piada entre os dois.

"Já te falei, não vai conseguir fazer isso crescer."

O pai levantou a cabeça. "Como Cortney está?", perguntou.

Gary relatou o que as enfermeiras disseram e o que lera na ficha: Cortney parecia um pouco mais ciente de seus arredores, mas a enorme infecção no peito o mantinha febril e com dificuldade para respirar. O coração batia como se fosse atravessar as costelas. Com poucas mudanças, a história era a mesma que vinha ouvindo fazia uma semana.

Byron ouviu em silêncio, balançando a cabeça enquanto Gary falava. Em seguida, pela primeira vez desde os assassinatos, Gary pensou ter visto a máscara de compostura de seu pai cair. Estava em seu rosto, sua voz e suas palavras: ele não entendia como alguém podia sobreviver até mesmo às complicações que Cortney tivera no St. Benedict. Para Cortney agora ter um esôfago perfurado, enormes infecções no peito, um pneumotórax, febres altas...

"Não dá para aguentar uma punição desse tipo por muito tempo", seu pai disse. "Tenho esperança e sinto que ele vai sair dessa, só não consigo ver como."

No dia 4 de julho, Rees colocou o novo tubo no peito de Cortney, um pouco abaixo do primeiro, e pelos primeiros dez dias o fluido foi drenado. Mas mesmo com todo o líquido que estava sendo retirado da cavidade, as radiografias do peito esquerdo de Cortney permaneciam essencialmente iguais. Sem a máscara de oxigênio no rosto, ele mal podia respirar.

Enquanto Cortney estava deitado na cama, febril e suado, o tubo em seu peito retirava um soro espesso de cor escura, cheio de pequenos coágulos de sangue. Do tubo de gastrostomia na barriga escorria uma substância viscosa em vários tons de amarelo-verde. Ele gritava pedindo injeções para dor e gemia quando as enfermeiras tentavam movê-lo. Não aguentava nem ser tocado.

"Cortney estava usando toda a energia que tinha simplesmente para sobreviver", disse uma enfermeira. "Eu lembro que ele não tinha gordura nenhuma. Você olhava para aquele peito magro, com o coração batendo daquele jeito, parecia que ia saltar do peito dele."

Com o esôfago perfurado, a única forma de alimentação de Cortney era a fórmula injetada na gastrostomia e no acesso intravenoso que foi conectado na jugular. Mas essas misturas altamente concentradas estavam criando um ambiente rico em açúcar no corpo de Cortney, propício para outras infecções. Elas também deixavam as fezes líquidas, e ele tinha incontinência na cama quatro ou cinco vezes ao dia. As fezes líquidas causavam irritações e desenvolviam feridas em suas nádegas e virilha, verdadeiras aberturas na pele para as bactérias. Uma vez que entrassem, se espalhariam rapidamente, apesar das altas doses de antibiótico que Cortney estava recebendo.

Feridas abertas também estavam se desenvolvendo em suas clavículas e costelas, nas escápulas, cotovelos e joelhos, pontos onde a pele estava fina e esticada, começando a se rachar. Cortney estava tão macilento que não havia tecido gorduroso protegendo essas proeminências ósseas, e a pele que se rachava estava criando ainda mais avenidas para as infecções entrarem.

Com todos os sistemas de seu corpo já se esforçando além dos limites, Cortney não tinha defesas restantes para combater mais uma infecção. Ele estava tão perto da morte que as enfermeiras ficavam surpresas quando voltavam para seus turnos todos os dias e o encontravam ainda vivo.

"Levavam-no para a cirurgia para drenar um abcesso ou algo assim", relembrou uma delas, "aí ele ficava com a maior febre e voltava da cirurgia azul, sem conseguir respirar direito, e a gente pensava, Cortney não vai estar aqui de manhã."

Fica intenso, sabe? Fica muito intenso e você precisa constatar que pode acabar sem o filho. Cortney estava muito doente o tempo todo lá. Pulsação acelerada, infecções enormes e febre alta. Estava à beira da morte o tempo todo. E então precisei constatar que ele podia não sair dessa. E que, se não saísse, cada dia era uma dádiva. Cada dia que estivesse vivo, melhorando, ou pelo menos aguentando, ou apenas estivesse vivo mesmo, era uma dádiva. Uma dádiva completa. E essas sensações não mudam. Todo dia você olha para o seu filho e espera, Bom, hoje ele vai melhorar. Aí você entra lá e, minha nossa, a temperatura dele está nas alturas, os batimentos nas alturas. E ele lá deitado, tentando respirar, com um monte de tubos e de porcarias nele. É uma sensação dos infernos. É uma sensação que não dá para descrever. Você fica impotente. Não há nada que seja possível fazer a respeito. Você sabe que as pessoas que estão cuidando dele estão fazendo tudo que está ao alcance delas. E você sabe muito bem que se mais alguma coisa pudesse ser feita por Cortney, você podia ligar para alguém com mais experiência e eles fariam. Mas nós tínhamos todo mundo com toda a experiência já trabalhando no caso dele. Aí você precisa apenas confiar no julgamento deles, no profissionalismo deles, para fazer seu filho atravessar essa crise. Só isso. E as sensações que vêm junto disso, que são indescritíveis. Simplesmente indescritíveis.

Então, é lógico que as sensações são ruins, mas aí você espera que no dia seguinte as coisas melhorem. E essa esperança faz você se sentir melhor, aí você fica com a sensação de que consegue aguentar mais um dia, e ele aguenta mais um dia. E se ele aguenta mais um dia com todos os problemas, então a gente com toda a certeza do mundo consegue aguentar mais um dia com os probleminhas insignificantes que a gente tem. A gente não tinha problema nenhum. Cortney tinha todos os problemas. A gente só precisava esperar.

Febril e irracional, Cortney frequentemente dizia coisas sem sentido, às vezes durante a noite, enquanto dormia, mas a maioria durante o dia, quando estava acordado. Com os olhos abertos e uma expressão confusa no rosto, ele inclinava a cabeça e dizia coisas como, "A tampa do tanque está aberta" ou "Esse sete-quatro-sete é bacana". Assustado e aos prantos, uma vez gritou que os haddocks defumados estavam vindo pegá-lo. Quando a enfermeira prometeu que não deixaria ninguém suspeito entrar no quarto, Cortney disse a ela, "É que você não sabe, eles são mestres do disfarce".

Havia uma diferença entre Cortney dizendo absurdos e Cortney tendo pesadelos — sonhos, de fato, em que revivia a cena da Hi-Fi Shop. No dia 9 de julho de madrugada, quando ainda estava escuro, Cortney ficou com o sono agitado, sacudindo os braços e as pernas na cama. A enfermeira achou que ele parecia com medo. Em seguida, Cortney começou a falar como se houvesse mais alguém no quarto além da enfermeira.

"Esses dois homens", cochichou, "não os deixe me levarem lá para baixo." Depois, gritou, "Não me coloque no chão!".

Ele se debateu na cama, torcendo os braços e as pernas nos lençóis. Em seguida, parou e olhou para a enfermeira.

"Quando eles me colocaram no chão, alguma coisa explodiu!"

Com certa frequência, Cortney tinha pesadelos onde resmungava e se virava na cama sem dizer nada. Só falava de vez em quando. Ladora Davidson, que cuidava dele muitas vezes, lembrou de só ouvi-lo falar dormindo uma única vez.

"Foi no meio do dia", disse ela, "e ele acordou gritando: 'Eles estão descendo as escadas! Eles vão me pegar!'. E a próxima coisa que disse foi 'Ai, meu Deus! Minha mãe, minha mãe!'. Ele acordava muitas vezes, todo suado, e eu dizia, 'Cortney, estava sonhando com quê?'. E ele dizia: 'Não sei. Estava correndo'."

A perfuração não se fechou, e os tecidos inflamados pela infecção que ainda estava vazando para o peito de Cortney continuavam a fabricar o fluido espesso que se pressionava contra o pulmão. Ele reclamava constantemente de dor no peito esquerdo, e as alimentações pela gastrostomia o deixavam tão enjoado que engasgava e vomitava em quase todos os turnos. Xingava as enfermeiras, gritava pedindo injeções para dor e relutava em ser movido para qualquer coisa. Depois, no dia 24 de julho, as enfermeiras ouviram uma reclamação nova de Cortney, que só as enfermeiras do St. Benedict já tinham ouvido: ele havia desenvolvido de repente uma forte dor na barriga. Uma infecção abdominal que surgira de maneira breve e misteriosa no St. Benedict semanas antes parecia estar voltando, e dr. O. E. Grua, cirurgião abdominal, foi chamado imediatamente para examinar Cortney.

Dessa vez, Cortney conseguiu localizar a dor: cólicas abdominais no lado inferior direito. Os sintomas pareciam ser os mesmos de antes, quando seu abdômen acabou ficando distendido e firme e os barulhos intestinais pararam. Foram feitas radiografias, mas a região inferior da barriga de Cortney, onde dr. Grua suspeitava de um possível vazamento, parecia estar intacto. No dia seguinte aos exames, Cortney continuou suas reclamações habituais de náusea e dor no peito esquerdo, mas a dor no abdômen que havia surgido de repente parecia ter ido embora da mesma maneira.

Nas duas semanas seguintes, Cortney melhorou pouco a pouco. O tecido cicatricial estava enfim começando a fechar a perfuração no esôfago e o fluido parou de se formar no peito, permitindo ao pulmão começar o lento processo de se reinflar. Um fisioterapeuta começou a trabalhar com os membros dele. Cortney estava ficando gradualmente mais alerta, estava falando mais e, uma vez, até tentou sorrir para uma enfermeira.

No dia 6 de agosto ele reclamou outra vez de dores abdominais. Disse que estava com dor na barriga. Três dias depois, uma enfermeira percebeu que Cortney estava sentindo "desconforto na barriga". Em uma série de radiografias com contraste,[1] realizadas na tarde de 11 de agosto, o intestino de Cortney foi radiografado e se mostrou ainda mais obstruído do que estava no St. Benedict. A inflamação tinha se tornado tão aguda que, assim que viu os resultados das radiografias, dr. Grua agendou uma exploratória de emergência para aquela noite.

Antes de ser levado para a cirurgia, Cortney disse a uma enfermeira, "Minha barriga está muito mal". Pouco tempo depois, seu pai o acompanhou até a sala de operação e observou dr. Grua abri-lo, sondar a cavidade abdominal com os dedos e depois puxar os intestinos dele para fora, examinando-os como se estivesse lendo uma fita.

Acho que ninguém jamais vai saber o tormento pelo qual meu filho precisou passar, um tormento físico e mental. Acho que ninguém vai saber, nunca. E as pessoas falam de estresse, meu Deus. Quando você está todo queimado por dentro, sua cabeça toda baleada, e todos os sistemas do seu corpo foram estragados, não sei como é que alguém pode achar que isso não seja estressante.

Eu tive a sensação, naquela primeira noite, que Cortney ia sair dessa. Fui para casa, rezei um pouquinho e tive essa sensação daquele minuto em diante. E eu apenas aceitei isso desde o início. Não sabia o quanto aguentaria, mas sabia dentro de mim que ele ficaria bem. E que ele não morreria.

---

1 Substância que, ministrada ao paciente minutos antes do exame de imagem, permite uma diferenciação entre tecidos e estruturas, facilitando assim a realização de alguns diagnósticos. [NE]

Aí eles o levaram para a cirurgia no McKay daquela vez para dilatar o esôfago dele e o perfuraram, atravessaram direto, e a partir daí não tinha mais esôfago, era tudo hiperalimentação. E com a hiperalimentação, estavam dando muito açúcar para ele. Quando Grua o abriu, fizeram uma biópsia no fígado e estava todo degenerado por gordura, não conseguia processar aquele açúcar todo. Aí o intestino dele inflamou, ficou aderente e juntou tudo. E estavam tirando litros de substâncias de seu peito para que ele conseguisse respirar. Ele estava muito doente. Tinha febre alta todo dia. Taquicardia nas alturas. Sem fôlego. Doente para diabo. Tomando esses malditos medicamentos todos em doses cavalares, e ficando doente. Doente mesmo! Diacho, ele ficou doente assim por seis semanas.

Veja bem, quando você está com um pulmão capenga e já está sem fôlego de um jeito ou de outro, não consegue respirar, está com infecção em tudo que é canto, seu coração está batendo duas ou três vezes mais que a velocidade normal, e isso se torna constante, sua febre sobe, sobe, e desce e sobe, onde é que acabam as suas reservas? Estou te falando, todos os sistemas dele estavam estragados para caramba, não dá para entender. Qualquer uma dessas coisas podia tê-lo matado. Qualquer uma. O tempo todo lá ele podia ter morrido a qualquer minuto. Era uma coisa atrás da outra, e eu não entendia como alguém podia aguentar aquele tipo de programação uma semana atrás da outra, um mês atrás do outro. Achei que ele fosse... se fosse para ele morrer, achei que seria nessa época.

Os intestinos de Cortney estavam vermelhos da inflamação, e seu cólon estava grudado ao fígado. O fígado estava grande e mole. O apêndice também estava inflamado e torcido para trás. A válvula inferior do estômago, que dr. Grua suspeitava ser a fonte do possível vazamento, estava intacta, mas parecia enfraquecida.

Durante todo o procedimento, o anestesista teve dificuldade de mandar oxigênio o suficiente para Cortney, e os gases em seu sangue de repente ficaram desequilibrados. Byron correu até o anestesista várias vezes, conferindo o ventilador e a gasometria.

"Ele está rosa?", perguntava. "Está rosa?"

Quando dr. Grua concluiu a exploratória de duas horas, apontando suas descobertas para Byron, enfiou os intestinos avermelhados de Cortney de volta pela incisão. Em seguida, suturou a região enfraquecida na parte inferior do estômago e se preparou para fechar. Não havia mais nada que pudesse fazer a não ser descansar os intestinos, aumentar a cobertura de antibióticos, como fizera antes, e esperar. Quando Cortney saiu da sala de operação, ainda estava sob oxigênio alto.

Durante dias após a exploratória, Cortney ficou deitado de costas imóvel, com a incisão abdominal profunda presa por dois grandes botões brancos de osso costurados à pele da barriga. Embaixo dos ossos, os intestinos permaneceram em silêncio dia após dia, paralisados pela inflamação. Sua temperatura subiu novamente para mais de 39,5º e ele foi colocado de volta no colchão resfriado, tremendo e suando ao mesmo tempo conforme as enfermeiras tentavam controlar sua febre. Seu coração batia 170 vezes por minuto, e os médicos não conseguiam fazê-lo diminuir nem com massagem do seio carotídeo.[2] Ele não podia ser alimentado oralmente por causa do esôfago danificado. Não podia ingerir nada pelo tubo da gastrostomia por causa da inflamação nos intestinos. O único jeito que os médicos tinham de alimentá-lo era a hiperalimentação pela via intravenosa, e até isso precisava ser moderado para evitar ainda mais degeneração do fígado. Desde sua chegada ao McKay-Dee sete semanas antes, o peso de Cortney havia subido para 59,8 kg, mas agora começara a cair rapidamente.

Com doses pesadas de antibióticos, analgésicos e tranquilizantes sendo injetadas nele, Cortney estava letárgico e sem reação. Ainda assim, implorava por mais injeções contra dor, e implorava diversas vezes minutos após recebê-las. Implorava com tanta frequência por injeções para diminuir a dor ou ajudá-lo a dormir que as enfermeiras tinham de dizer não, tentar consolá-lo e confortá-lo até chegar a hora das injeções programadas. Ao falarem com ele, Cortney gritava, "Estou com dor! Estou com dor no corpo todo!".

Cortney ficou deitado na cama, com a consciência indo e voltando, durante cinco dias, até que, no dia 16 de agosto, a febre enfim começou a baixar. Seus sons intestinais pouco a pouco começaram a voltar e

---

2   Um tipo de manobra realizada no pescoço (seio carotídeo) na tentativa de tentar diminuir a frequência cardíaca. [NE]

a inflamação na barriga parecia, finalmente, estar diminuindo. No dia 17, sua temperatura ficou abaixo de 37,8° e ele parecia mais coerente. Nesse dia, Cortney perguntou a uma enfermeira, "Que doença é essa que eu tenho?".

Dois dias após perguntar sobre sua doença, Cortney quis saber por que estava no hospital. Continuava beligerante e pouco cooperativo, mas, agora que a febre tinha baixado, começou a verbalizar mais, ter conversas curtas com as enfermeiras. Antes da exploratória ele também estava falando mais com as enfermeiras. Na véspera da operação, tinha conseguido até organizar seus raciocínios o suficiente para dar uma explicação simples do funcionamento da calculadora que seu pai lhe trouxera de casa. Mas despertar de um coma é um processo confuso e gradual, e as medicações e a febre alta apenas contribuem para a confusão. Apesar dos sinais de maior consciência, as enfermeiras nunca achavam Cortney verdadeiramente coerente quando falava com elas. Agora, pela primeira vez, sentiam que às vezes estava de fato ciente do que falava. Uma tarde, ele disse a uma delas, "Queria acordar e descobrir que tudo isso foi só um pesadelo".

Claire foi até o sul da Califórnia por alguns dias de julho e trouxe orelhas de Mickey e uma camiseta da Disneylândia para Cortney. Àquela altura, ele já estava há tanto tempo na UTI e tinha reunido tantas coisas lá que seu quarto estava começando a ter a ambiência confortável do quarto de sua casa. Pendurado no teto, havia um avião laranja controlado por rádio com uma envergadura de 1,80 metro, presente de seus vizinhos de porta. Aviões menores estavam pendurados na barra acima da cama. Ele tinha um rádio portátil com fones de ouvido em um canto do quarto, e em uma mesa ao lado da cama havia um terrário cheio de plantas e um pequeno cervo de cerâmica. A responsável pela limpeza da UTI tinha levado o pôster do cockpit de um 747 para os engenheiros do hospital e pedido para eles fazerem um quadro para pendurar na parede, de forma que ficasse de pé na frente de Cortney como um verdadeiro cockpit, com todos os botões e mostradores. Havia os cartazes nas paredes que Claire tinha pregado, quebra-cabeças com os quais Cortney de vez em quando passava o tempo, seu tabuleiro de xadrez e, ali perto dele, a calculadora. Pendurada ao lado da cama, estava uma faixa de tecido quadriculado marrom com um cartão datilografado acima que dizia:

CORTNEY NAISBITT — SEGUNDA-FEIRA,
22 DE ABRIL DE 1974 — WOLFGANG LANGE

Embora Cortney estivesse aparentemente mais consciente agora, ainda prestava pouca atenção ao que acontecia à sua volta. Parecia que, quanto mais ele ficava ciente de seu entorno, mais deprimido e desestimulado se sentia. Quando andava, precisava ser lembrado de ficar ereto e, às vezes, até de levar o pé direito para frente. Ele queria que uma enfermeira o acompanhasse o tempo todo e chorava quando ficava sozinho, mesmo que por alguns instantes. Apesar de conseguir se comunicar com frases simples quando queria, na maior parte do tempo parecia cansado e desanimado.

"Ele tinha um pequeno toca-fitas e tocava o Kingston Trio", relembrou uma das enfermeiras. "Ele adorava aquilo. E tocava, acho que era o 'Violinista no Telhado'. A fita era meio velha e o som não estava muito bom em um trecho, mas ele queria ouvir aquilo sem parar. Isso e a calculadora eram as únicas coisas pelas quais ele demonstrava qualquer interesse. Quando estava aqui, seu amigo Kelly aparecia, mas muitas vezes Cortney não conversava. Acho que era porque estava muito doente. E nem sempre estava racional. Estava sempre meio semiconsciente. Xingava e se rebelava com tudo, mas na maior parte do tempo era apenas um pobre coitado, gemendo e chorando, que muitas vezes ainda não fazia parte da realidade."

O consultório de Byron ficava no prédio médico adjacente ao hospital. Com Cortney se tornando mais alerta, a frequência das visitas do pai ficou ainda maior do que antes.

Quando ele estava no McKay, eu corria lá e o via de manhã quando tinha acabado minhas rondas, para ver se estava tudo bem. Depois ligava para ele do consultório apenas para saber se estava tudo direitinho. Se precisasse ir até o hospital, passava lá para vê-lo. Na hora do almoço, subia rapidinho e dava um oi. E depois do trabalho ia lá mais uma vez para dar um alô. O dia todo eu dava uma olhadinha nele toda vez que estivesse lá. Passava para vê-lo. E, se ficasse um tempo sem ir, começava a pensar nele, aí eu ligava. Só para ele saber que tinha alguém cuidando dele, que não estava sozinho, que tinha alguém lá. A ideia toda era essa. Para que não achasse que tinham largado ele no hospital e ido embora.

Eu falava com ele, para saber como estava, o que estava acontecendo, o que tinha feito naquele dia. E tentava levar coisas novas para ele ter por lá. Ele tinha os aviões no quarto, a calculadora e tudo mais, esse tipo de coisa. Só para tentar deixá-lo confortável. Às vezes ele não falava muito, às vezes eu não falava muito. Entrava no quarto e só ficava sentado. Não acho que você precisa conversar. Você só precisa saber que tem alguém por perto quando precisar, só isso.

Os médicos que tinham virado o jogo a favor de Cortney, com todas as novas complicações que surgiam, muitas vezes se perguntavam se os remendos constantes no corpo dele se justificariam pelo retorno de seu intelecto. Ao longo das semanas, conforme ele aos poucos despertava do coma, seu comportamento permaneceu como o de uma criança muito mais nova do que sua idade cronológica. Ele chorava e xingava as enfermeiras, gritava que estavam tentando machucá-lo porque não gostavam dele. "Mas mesmo ali", disse uma enfermeira, "havia lampejos de um menino muito inteligente. Ele podia agir como se tivesse 4 anos, mas conseguia fazer coisas na calculadora que estavam intelectualmente acima de seu estado emocional."

Antes dos assassinatos, Cortney tinha uma fascinação por calculadoras e computadores, e um dia perto do fim de julho, seu pai trouxera uma pequena calculadora ao hospital. Quando sua família o visitava, criavam pequenos problemas para ele resolver. A princípio, segurando com firmeza a calculadora com os dedos rígidos da mão direita, Cortney apenas apertava os números que lhe diziam. Mas, aos poucos, ele se tornou capaz de criar os problemas sozinho, aprendeu a usar as funções corretamente e muitas vezes chegava à resposta correta. À medida que o tempo passou, os problemas ficaram mais complexos.

Um dia, Dr. Johnson entrou no quarto de Cortney a fim de examiná-lo e, então, viu a calculadora em cima da cama ao lado dele.

"Eu falei, 'Isso é para quê?'", relembrou Johnson. "E uma das enfermeiras disse, 'É para Cortney, o pai dele que trouxe'. E eu falei, 'Como assim?'. 'Bem, Cortney está resolvendo alguns problemas.' Aí eu disse, 'Ah, que tipo de problemas Cort resolve?'. 'Ih, está trabalhando com álgebra, trigonometria e umas coisas avançadas. Não sei, eles trazem os problemas para Cort, que os resolve na calculadora.' Achei aquilo um pouco incomum. Tinha me perguntado se um dia ele conseguiria voltar para a escola e participar das coisas, sobretudo quando ficava maluco e agia de maneira tão infantil, puxando os tubos e dando um chute de karatê em Rees. Achei que pudéssemos ter um garoto sem controle nenhum sobre suas emoções. Mas quando vi a calculadora e ele me mostrou o que estava fazendo, nessa hora achei que com certeza ele ficaria bem."

Um dos visitantes regulares de Cortney era um homem de 75 anos alegre e amável, um padre católico chamado Louis Kern. Padre Kern conhecera Carol Naisbitt e seus filhos uma vez, anos atrás, nas pistas de esqui, e depois os via esquiando em algumas ocasiões. Após os assassinatos, ele foi uma das primeiras visitas de Cortney, e desde então o visitava quase todos os dias.

"Quando li sobre o acidente e descobri que era aquela moça adorável e seu filho, bom, fui até o hospital e perguntei ao pai, eu disse: 'dr. Byron, o senhor sabe que sou um padre católico, mas sinto um grande interesse nesse garoto ali dentro, e eu o amo como ser humano. Posso lhe dar uma benção?'. E ele falou: 'Padre, ele precisa de toda ajuda que conseguir. Com certeza pode'. Então, Cortney estava inconsciente e eu fui vê-lo todas as noites no St. Benedict, fiz uma espécie do que chamamos de novena para ele, São Judas Tadeu, o santo das causas impossíveis. [risos] Porque desde o começo estava bem desesperador.

"Aí precisei viajar para a Europa e, assim que voltei, fui lá vê-lo, e me disseram que ele estava no Hospital McKay. Então fui visitá-lo todas as noites, e ele era mesmo um filho adequado daquele nobre pai. Realmente achava o menino extraordinário, e ele [risos] era humano. De vez em quando, usava uns adjetivos bem vigorosos. Eu meio que achava um barato, porque lembro que isso era um sinal de que estava melhorando. Não sei quando tive uma experiência assim que tenha me impressionado tanto, na verdade. Quando saía, dava um tchau normal de padre católico, e dizia, 'Bem, agora fique com Deus'. E um dia, ele me pegou de surpresa, foi a primeira palavra que ouvi dele na verdade. Ele disse, 'Fique com Deus também, padre'."

Padre Kern visitava Cortney à noite, e a primeira coisa que fazia quando entrava no quarto era se deitar no chão e fazer dez rápidas flexões de braço.

"Se consigo fazer isso", dizia a Cortney, "você também consegue." Depois ele se levantava e dizia, "Agora vamos lá, me dá um belo aperto de mão", e pegava a mão direita de Cortney, rígida e retorcida, afastava os dedos e colocava sua mão na dele.

"Muito bem, isso é bom, isso é bom. Agora estou com alguns problemas, Cort, você me ajuda?" Padre Kern dava aula de espanhol e francês em uma escola católica de Ogden, e à noite frequentemente precisava corrigir tarefas. "Você pode usar sua máquina para me ajudar a calcular essas notas?"

"Ele tinha um computadorzinho ali", recordou Padre Kern, "e ficava brincando com ele, e então me ajudava a calcular minhas notas. E corria tudo bem. Esquecia de todo o resto para me ajudar."

Como os psiquiatras esperavam, as memórias de Cortney com relação aos assassinatos pareciam ter sido apagadas por amnésia. Agora, incapaz de se lembrar do que tinha lhe acontecido, mas cada vez mais ciente de seu entorno, ficava confuso com o que via e sentia, e fazia perguntas. Em algum momento alguém teria de lhe dizer por que estava no hospital e como havia se machucado. Alguém teria de lhe explicar por que sua mãe nunca vinha visitá-lo. Mas como saberiam quando Cortney estaria pronto para ouvir?

"Foi avisado à família", disse dr. Iverson, "e deveria ter sido sugerido aos médicos, enfermeiras e todos os outros para deixarem o acidente quieto por muitos meses, até ele ter a chance de se recuperar fisicamente e se integrar em outras áreas de seu emocional e intelecto. Aí, talvez, isso pudesse ser abordado. Do contrário, achava que seria traumático demais para ele. Achava que, quando tivesse lidado suficientemente com a perda, começaria a falar a respeito. E que, se eles tocassem no assunto antes desse momento, ele poderia regredir emocionalmente. Se *ele* tocasse no assunto, indicaria que estava preparado para falar sobre isso."

Cortney tinha começado, com certa frequência, a fazer perguntas sobre si mesmo e a respeito do hospital, mas parecia desinteressado nas respostas. Era como se esquecesse a pergunta assim que a fizesse. Certo dia, quando Claire estava visitando Cort, ele perguntou a ela, "Por que estou no hospital?".

"Você sofreu um acidente", disse Claire.

Cortney não perguntou como o acidente acontecera nem quais tinham sido suas lesões. Parecia não querer saber mais.

Após sua primeira sondagem superficial com perguntas sobre o ambiente, ao acordar um dia de manhã no final de agosto, Cortney enfim perguntou sobre a mãe.

"Eu apenas disse que a mãe dele não podia estar lá naquele momento", lembrou a enfermeira, "e ele disse, 'Por quê?'. O pai disse que, se ele perguntasse, era para falar que a mãe estava doente. Porque ele queria contar pessoalmente a Cortney."

Quando as enfermeiras diziam que a mãe estava doente, Cortney não insistia no assunto. Até as respostas evasivas da família, como "Mamãe te ama, mas não pode estar aqui", não causavam nenhuma reação nele.

Em agosto, o anúncio do casamento de Claire saiu no Ogden Standard-Examiner.

Sabe quando sai a sua fotinho no jornal? Falando sobre o seu noivado, quando vai ser o casamento e essas coisas? Bom, isso saiu no jornal, e eu levei o recorte ao hospital. E lá dizia, tipo, "filha da saudosa Carol Naisbitt", ou algo assim. Eu não sabia se papai queria que ele lesse ou não. Mas ele disse, "Tá, dá para ele ler". Então Cortney leu e só falou, "Ah, que legal". Ele ficou muito empolgado com o Scott e tudo mais. Ele até quis ver meu anel. Mas não falou nada. Ele leu algumas vezes com bastante atenção. Umas duas ou três vezes, com bastante atenção. Mas não falou nada. Estávamos esperando que ele perguntasse a respeito, porque os julgamentos iam começar em pouco tempo e ele assistia à TV. Ele via televisão o tempo todo, e sabia de tudo que estava acontecendo na TV, sabe? Então lá estava ele, aquilo ia aparecer na televisão e papai não queria que ele soubesse pela TV. Mas também não queria contar. Porque queria que ele encarasse. Dr. Iverson foi quem meio que orientou papai. Ele falou: "A menos que ele pergunte especificamente sobre a mãe, nós não vamos dizer nada sobre isso. Porque ele sabe que talvez não esteja pronto para encarar. Quando ele perguntar, vai estar pronto." Então todos nós ficamos tipo, ai, por favor nos pergunte sobre isso.

Quase duas semanas haviam se passado desde que a febre de Cortney baixara após a exploratória. O estado dele, embora ainda frágil, continuava a melhorar e ele estava mais forte do que nunca desde que chegara ao McKay-Dee dois meses antes. Em algumas tardes perto do fim de agosto, Byron começou a tirá-lo do hospital para curtas visitas em casa.

Da primeira vez que o tiramos do McKay, que me lembre, nós o colocamos no carro e o levamos para casa, e ele estava com todos os tubos e frascos ainda nele. Demorava um bocado para Cortney entrar e sair do carro. Você precisa se lembrar que ele estava tão fraco que não conseguia fazer nada nessa época. Era um esforço enorme só para entrar em casa, para entrar no carro, ou fazer qualquer coisa, apenas para se locomover, era um esforço.

A princípio nós precisávamos levá-lo na cadeira, e pouco tempo depois ele conseguia andar só um pouquinho, aí saía andando do carro. Subia a entrada, passava pela porta da frente e ficava lá deitado no sofá. Não tenho certeza se ele sabia que estava em casa. Mas era bom para nós estarmos com ele em casa, e pouco a pouco ele foi ficando cada vez mais acostumado com aquilo, e era ótimo para todo mundo. Não sei se era ótimo para ele, mas era ótimo para nós. Era uma sensação de que estava havendo algum progresso. Após ficar no estado em que ficou por tanto tempo, era ótimo vê-lo se mexendo um pouco. Me fazia sentir que estava melhorando mais rápido. Sabia que basicamente ele não estava melhorando mais rápido, mas fazia com que eu tivesse essa sensação.

Depois nós começamos a levá-lo até o pesqueiro aqui no vale. Ele gostava de ir lá pescar quando era pequeno. Então nós o levávamos lá, com ele sentado na cadeira de rodas, e o empurrávamos até o riacho, balançávamos uma vara para ele. Ele tinha problemas para lançar a vara. Não tinha muita prática em usar a mão esquerda, e a direita não estava valendo nada. Mas pegava alguns peixes. Mais ou menos. Se parecesse que estava perdendo, a gente ajudava um pouquinho. Então, não sei. A gente ficava conversando muito. Claire foi umas duas vezes e Gary foi uma. A gente ia para lá, ficava sentado e pescava um pouquinho. Ele não estava... Não sei se estava acompanhando direito as coisas mesmo àquela altura. Não prestava muita atenção ao ambiente, sabe, mas parecia gostar de ficar lá sentado pescando.

Subindo o Ogden Canyon ao norte, em Nordic Valley, há uma antiga fazenda de gado leiteiro escorada nas montanhas. Atrás dos celeiros de leite, em um prado de grama verde e baixa, serpenteia um lento e profundo riacho abarrotado de trutas de cativeiro. No passado, os fazendeiros permitiam que as pessoas pescassem ali, cobrando uma pequena taxa pelos peixes pescados.

Na manhã do Dia do Trabalhador, dia 2 de setembro, Byron, Gary e Claire buscaram Cortney no hospital às 11h. Após colocarem Cortney no banco da frente e pendurarem o frasco do acesso intravenoso no gancho de roupas, Gary e Claire entraram no banco de trás e Byron dirigiu pelo Ogden Canyon até o criadouro de peixes. Apesar de ser cedo, as folhas em algumas das árvores nas montanhas Wasatch ao redor já estavam começando a mudar.

O cabelo loiro de Cortney tinha escurecido durante a longa estada no hospital. Ele estava pálido, com a pele marcada por manchas de pequenas protuberâncias avermelhadas. Em seu queixo havia uma espécie de cavanhaque, um fino bigode no lábio superior e pelos macios e finos cobrindo as duas bochechas. Naquele dia estava usando uma jaqueta amarela e um boné branco.

Quando os Naisbitt chegaram ao criadouro, Byron e Gary tiraram Cortney do carro e o colocaram na cadeira de rodas, enquanto Claire desenganchou o frasco do acesso intravenoso e o pendurou na haste de aço inoxidável atrás dele. Com Cortney estabelecido na cadeira, empurraram-no até o riacho. Cortney pegou uma vara de pesca com a mão esquerda, usando a mão direita em concha como ponto de apoio. Gary iscou o anzol dele e o ajudou a balançar a linha para dentro do riacho.

Em pouco tempo, Cortney fisgou um peixe e o puxou para fora da água sozinho. O peixe estava se debatendo na linha, e Gary ajudou Cortney a puxá-lo para trás por cima da grama. Depois, Gary segurou a linha e entregou a parte logo acima do anzol a Cortney, que a segurou com a mão esquerda. Com Claire segurando a vara, Gary tirou uma foto deles, Cortney sentado na cadeira de rodas segurando seu peixe e tentando sorrir.

Com uma nova isca no anzol, Cortney jogou sua linha um pouquinho dentro do riacho e esperou, posicionado na cadeira, por mais uma fisgada.

"Queria que mamãe estivesse aqui", disse ele.

Byron, Gary e Claire estavam parados ao redor dele, observando a ponta de sua linha. Entreolharam-se, mas não disseram nada, e logo Cortney estava novamente ocupado pela mordida de um peixe em seu anzol.

Após sentir outros puxões bruscos em sua linha e acabar tirando mais um peixe da água, Cortney disse ao pai que estava cansado e pronto para voltar. Ele pareceu feliz com o passeio do dia.

No trajeto de volta pela estrada sinuosa do cânion, Byron dirigiu devagar por causa do trânsito do feriado e dos pequenos sulcos que sacudiam o tubo da gastrostomia de Cortney, machucando sua barriga. Gary e Claire falaram com Cortney sobre os peixes que havia pescado, mas ele não falou muito até chegarem à metade da descida do cânion. Então, olhando para frente através do para-brisa, de repente perguntou a ninguém em específico, "Cadê a mamãe? Por que ela nunca vem me ver?".

Seu pai disse, "Bem, ela apenas não está aqui. Podemos deixar por isso mesmo?".

"Não", disse Cortney.

Os outros três ficaram em silêncio, imaginando se Cortney perguntaria de novo.

Byron estava preparado para contar a Cortney sobre a mãe e os assassinatos assim que tivesse certeza de que ele estava pronto para ouvir. Embora Cortney parecesse estar tocando no assunto pela primeira vez, Byron queria ter certeza. Cortney perguntou de novo e seu pai disse, "Cortney, sua mãe estava no mesmo acidente que você, e não está tão bem quanto você".

"Bom, se ela não pode vir me ver", disse Cortney, "posso ir vê-la?"

É difícil contar ao seu filho, que está em uma situação péssima, todo estropiado, doente e precisando da mãe, precisando do amor e do afeto que só ela pode lhe dar, da atenção e da força... é difícil contar a ele que ele não terá isso.

Chegaram à boca do cânion, onde há uma recepção e um estacionamento escondidos nas árvores do lado sul. Byron entrou no estacionamento deserto, parou o carro e desligou o motor.

Em seguida, disse para Cortney, "Você realmente não se lembra, né, filho?"

Cortney balançou a cabeça, olhando para o pai e aguardando.

"Sua mãe está morta, Cortney."

Por um momento, Cortney ficou olhando para o pai. "Ah, não", disse ele por fim. "Não está, não."

"Está sim", disse o pai, "e precisamos encarar o fato de que ela se foi."

"Não está, não", ele chorou. "Ela não se foi."

As lágrimas rolaram pelas bochechas de Cortney, e seu pai pôs os braços em volta dele e o deixou chorar.

Acho que ele sabia que a mãe tinha morrido. Nunca menti para ele. Ele teria que saber e teria que encarar o fato, e teria que conviver com esse fato. Não dá para mudar. Disse a ele que, no dia que tudo isso aconteceu, a mãe dele foi baleada e aconteceu com ela a mesma coisa que aconteceu a ele. Falei que ele era jovem e forte e conseguiu sobreviver, que sua mãe era mais velha e não teve forças para sobreviver. Que haviam tirado a vida dela.

Cortney chorou por um bom tempo nos braços do pai, que o segurou e o embalou delicadamente.

"Você sabe o que aconteceu com você", disse o pai, "a razão de estar no hospital e estar tão doente?"

Cortney balançou a cabeça.

"Quer ouvir sobre isso?"

Apesar de ainda estar chorando, Cortney fez que sim.

Seu pai lhe contou que, na volta da aula de voo em abril, ele parou para pegar umas fotos e foi pego por dois homens no centro da cidade. Sua mãe tinha ido procurá-lo e também foi capturada pelos dois homens. Os indivíduos os forçaram a beber alguma coisa cáustica e atiraram neles. Era por isso que ele estava doente e estava no hospital por tanto tempo, e era por isso que sua mãe não tinha ido visitá-lo.

Claire estava chorando no banco de trás ao lado de Gary.

Nós todos estávamos chorando. Cortney chorou, chorou, e papai o segurou e tentou confortá-lo. Ele disse que, mesmo que mamãe não estivesse lá, nós todos estávamos juntos e tínhamos uns aos outros. Ele disse, "É horrível você precisar saber disso, mas uma hora teria que saber". E disse: "Pode chorar, nós todos passamos por isso. Aconteceu meses atrás, e agora é a sua vez".

✖ O local de nascimento de Dale Pierre foi a ilha de Tobago, que fica nas águas azuis do Caribe ao leste da Venezuela. Trinta e dois quilômetros a sudoeste de Tobago fica Trinidad, onde Pierre passou a maior parte da infância. Essas ilhas mais ao sul das Índias Ocidentais, anteriormente sob a coroa britânica, agora faziam parte de um país simplesmente chamado Trinidad e Tobago.

No sul de Trinidad, entre a cidade de San Fernando a oeste e as plantações de cana ao leste, está a comunidade de Pleasantville, onde Pierre viveu dos 5 aos 17 anos com os pais, e depois um irmão e seis irmãs, em uma casa modesta de blocos de concreto. A casa era rosa com uma galeria amarela e fileiras de cobogós brancos acima das janelas envidraçadas. Na frente, havia uma cerca rosa e branca combinando, e no quintal, bem acima da casa, havia coqueiros e bananeiras cujas folhas balançavam pouco acima do telhado. Era a maior casa do quarteirão, cheia de móveis feitos pelo pai, um homem quieto com a reputação de ser um dos melhores marceneiros de San Fernando.

A uma pequena distância da casa rosa, por estradas que atravessavam os campos de cana, ficava a escola pública local, onde Pierre tinha aula com um homem chamado Cecil Colthrust. Professor favorito de Pierre, Colthrust tinha a voz grave e autoritária, e uma percepção incomum de cada aluno de sua turma. Uma tarde após os assassinatos,

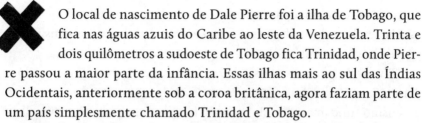

o professor estava na passagem aberta do segundo andar da pequena escola, lembrando-se de Pierre como jovem aluno, um dos mais inteligentes que havia ensinado.

"Tive Dale por dois anos", disse, "dos 9 aos 11 anos, preparando-o para o Exame de Admissão Comum no colégio [a partir do quinto ano do ensino fundamental]. Ele estava o tempo todo entre os três melhores da turma, muito consistente para uma turma de cinquenta alunos. Tanto o pai quanto a mãe eram membros ativos da Associação de Pais e Mestres, e eu visitei a casa deles em mais de uma ocasião. Nos falávamos bastante, não necessariamente sobre as crianças, só uma conversa amigável. Seria injusto da minha parte dizer que faltavam coisas em casa, porque não vi nenhum indício de maus-tratos. Acho que ele teve um ambiente familiar ideal, pais ideais. Não faltava nada. Eram pessoas muito religiosas, adventistas do sétimo dia. Muito, muito religiosos. O pai dele era um marceneiro muito bom, que trabalhava à noite aos finais de semana, inclusive. Eu o considerava um pai que queria o bem dos filhos. Eles tinham uma casa legal porque ele construiu muitas coisas para casa."

Nos primeiros anos da escola, Pierre era não apenas um bom aluno, mas também um corredor veloz, e representou Pleasantville como velocista na corrida de cem metros rasos. "Mas sempre que ganhava", relembrou Colthrust, "gabava-se de ser o melhor. Tipo, andava no corredor e fazia coisas para ser observado. Você tinha que vê-lo. Ele podia ser escandaloso. A aula podia estar acontecendo e ele gritar para alguém. Aí o professor dizia, 'Menino, qual é o seu nome?'. 'Eu sou Dale Pierre!' 'Ah, você é o sujeito que ganhou o...' 'Ele mesmo.' Essa atitude, sabe como? Ele queria se projetar, tinha que ser conhecido.

"Agora, se perdesse, bem, aí procurava algum tipo de desculpa para explicar a razão de ter perdido. Ele não aceitava. Eu me lembro de que uma vez, na matéria em que era melhor, matemática, ele não conseguiu a nota que se esperava dele, e simplesmente concluiu que, bom, o professor deve ter favorecido algum outro aluno para que tirasse uma nota maior, o que não era o caso, era só um puro descuido de sua parte. Mas ele não perdia sozinho, tinha que ser culpa de outra pessoa, nunca dele. E esse era Dale. Outra pessoa teria sido responsável por ele perder.

"Mesmo brincando ele tinha uma espécie de temperamento controlado. Podia ficar altamente ofendido e dava para ver, mas, quando percebia que teria que engolir a autoridade, ficava meio quieto. Não dava para chamá-lo de valentão, mas poderia ter sido se tivesse a oportunidade."

Colthrust leu sobre o envolvimento de Pierre nos Assassinatos da Hi-Fi em um jornal local chamado The Bomb. Quando também soube das prisões anteriores de Pierre pelo roubo do Corvette e dos Rivieras, e a maneira como ele foi pego em pouco tempo após voltar à cena do crime, Colthrust balançou a cabeça. "Um sujeito e tanto! Você está dizendo que ele falava isso, fazia isso, fazia aquilo e depois voltava e... Tudo faz sentido então. Sim, agora consigo ver. Agora que isso aconteceu e pude voltar minha mente lá atrás, certas coisinhas que ele fazia, seus maneirismos, digamos que seu comportamento geral, essa ideia de querer ser observado, querer que as pessoas soubessem, 'Bem, sou isso, sou aquilo', tudo meio que faz sentido agora. Ele amadureceu suas ideias fantasiosas. O que será que queria estabelecer? De verdade. Que era o maior?"

Em um sábado de manhã, um homem chamado Ben James estava tomando cerveja em um bar de Pleasantville, a apenas uma quadra da casa rosa onde Pierre viveu quando criança. Do momento em que os Pierre se mudaram para a nova casa rosa até imigrarem para os Estados Unidos doze anos depois, Ben James morava na casa ao lado. Naquela manhã no bar, Ben estava contando para uma pequena plateia sobre o filho de seus antigos vizinhos.

"Desde quando tava na escola", disse Ben sobre Pierre, "ele não valia nada. E os pais dele ficavam muito decepcionados com o que ele fazia quando tava crescendo. Não sei qual era a causa, nem o que aconteceu, mas eles ficavam muito preocupado durante o crescimento dele.

"Eu posso te levar lá em casa agora e te mostrar o coqueiro onde ele cresceu. Eu falava pra ele, 'Menino, não pega coco!'. Ele não tava nem aí pro que eu falava. Pegava o coco e deixava cair na cerca! O único problema que eu e os Pierre tínhamos era quando Dale vinha pegar coco. Nunca tivemos mais nada, então não posso dizer se tinha algum problema com a mãe ou o pai.

"O que posso te dizer é que, antes deles virem morar em Pleasantville, eu conhecia o pai. Dei trabalho pra ele fazer pra mim, que ainda tá na casa. Eu moro lá agora, se você entrar na sala vai ver uma mesa lá, que o pai fez pra mim. A cama no quarto de trás, o pai que fez pra mim. Tem um negócio lá na passagem, o pai que fez pra mim. Não tem nem o que falar disso, ele era um marceneiro bom. Tinha boa reputação, tá entendendo? Tem que dar crédito pro homem. Ele era um marceneiro muito bom e um cara que mantinha o caráter que tinha. Mantinha a palavra, mesmo na mudança e tal. Era um sujeito bom, um cidadão bom. A mulher dele também. Trabalhava de auxiliar de enfermagem no hospital.

"Mas Dale tinha problema quando tava crescendo. Ele fugia, às vezes dormia na minha galeria ou na galeria do vizinho, e não dava a menor pelota sobre isso! Ele não valia nada mesmo. Não sei por qual motivo, tá me entendendo? Tô te contando como era. Quando ele ficava fora, não sei que motivo tinha. Às vezes eles batiam nele, mas eu não diria que eles eram severos na correção. Eles corrigiam pra ele seguir no rumo certo.

"Bom, aí chegou a hora que eles melhoraram um pouco. Foram pros Estados Unidos e fizeram a casa deles lá. Por que você acha que eles carregaram o menino pra lá? Pra ele ter um futuro melhor! Os pais fizeram tudo que podiam por ele, fizeram tudo que tava ao alcance pro bem dele. Sei disso porque nós éramos vizinhos, e posso te dizer que eles não sossegaram pra dar pra ele esses benefícios.

"Desde então, a sra. Pierre voltou muitas vezes aqui em Trinidad, e eu nunca a via. Mas ainda assim, se eu pudesse expor a nossa relação, a família dela e eu, seria muito difícil. Então não vou expor isso...

"Hummmm, bom, os vizinhos falavam. Eu e a mulher tínhamos mais assunto que o homem. Porque um dia de manhã eu tava em casa e ela me revelou uma coisa. Eu nunca tinha interesse em descobrir, porque mesmo nós sendo amigos, eu não quero saber do passado dela. Certo? Mas aconteceu em 1959 ou 1958, por ali. Ela me contou e eu apenas aceitei, assim. Então veja bem, essa coisa, eu não quero revelar porque...

"Hum, o que eu quero dizer é o seguinte: a mulher tinha um irmão em Tobago que matou a outra irmã deles."

***

Pierre nasceu em uma colina chamada Jigger Hill em 21 de janeiro de 1953. Jigger Hill ficava no centro da pequena plantação de cacau de seu avô nas exuberantes montanhas centrais perto de Mason Hall, Tobago. Quando Pierre tinha 3 anos, ele e a família se mudaram para Trinidad, do outro lado do canal, e acabaram se estabelecendo em Pleasantville. Fazia três anos que tinham saído de Jigger Hill quando o tio de Pierre assassinou a própria irmã no mesmo barraco de dois cômodos onde Pierre nasceu.

O tio de Pierre se chamava Lennox; aos 19 anos, era o mais jovem de uma família de três meninos e quatro meninas. Em 1959, estava morando em Jigger Hill com o pai doente e sua irmã Merle, que estava grávida de sete meses. Um dia, uma disputa contínua por causa da recusa de Lennox em ajudar na colheita da plantação de cacau ou auxiliar nas tarefas domésticas virou uma briga, e Merle lhe disse que ele não era mais bem-vindo em casa. O pai ficou do lado dela. Furioso, Lennox pegou a balsa entre as ilhas para Trinidad, jurando que voltaria só para matar Merle. Semanas depois, no dia 12 de junho, retornou e, quando chegou a noite, foi até a casa silenciosa e escura em Jigger Hill, com a lanterna em uma das mãos e o facão na outra.

O corpo de Merle foi descoberto horas depois por seu cunhado, cuja lanterna iluminou a cena mais macabra que já tinha presenciado. Merle estava caído entre a sala e o quarto, com a camisola salpicada de sangue sobre a elevação de sua barriga, e poças irregulares vermelhas se coagulando pelo chão ao seu redor. Atrás da elevação branca, a cabeça de Merle estava caída de lado e torcida para trás, com pouco mais do que a traqueia prendendo-a ao corpo.

Após se esconder em uma mangueira a noite toda, Lennox foi capturado sob a mira de uma arma na manhã seguinte, ao se aproximar de um carro-pipa estacionado em uma estrada de terra. Ele não tentou fugir e, ao comando do policial que o prendeu, soltou a arma do crime, que ainda estava em sua mão.

Lennox ficou preso na cadeia de Scarborough até as próximas sessões programadas do tribunal serem realizadas em Tobago alguns meses depois. Quando a mãe afastada de Lennox foi pedir dinheiro aos outros filhos a fim de contratar um advogado para defendê-lo, a mãe de Pierre negou.

"Não vou dar nada", argumentou. "Lennox trouxe desgraça pra família, e não vou incentivar coisa errada nenhuma."

Quando seu caso enfim foi a julgamento, Lennox foi representado por um advogado branco de Trinidad. O testemunho mais prejudicial contra ele veio de seu pai, geralmente taciturno, que disse no banco das testemunhas que Lennox entrou com tudo na casa, feito um trator. Descreveu como Lennox cortou o pescoço de Merle, que estava grávida, com o facão, depois saiu procurando pelo mato onde o velho tinha fugido junto de uma neta para se esconderem. Lennox foi considerado culpado por homicídio qualificado e foi transferido para a penitenciária principal de Port of Spain, Trinidad. Enquanto seu recurso estava pendente, sua mãe o visitava, levando laranjas e mangas para ele comer. Um dia, ela lhe perguntou por que havia matado a irmã.

"Ela começou a falar demais", respondeu, "e aí aconteceu."

Alguns meses depois, Lennox foi levado para a forca.

Quando Pierre estava crescendo em Pleasantville, em frente à sua casa, do outro lado da rua, existia um poste que servia de ponto de encontro para os meninos da vizinhança. Pierre raramente tinha permissão de sair do jardim de casa, e os meninos que se reuniam no ponto de encontro sempre o viam espiando sobre a cerca rosa. Os Pierre não deixavam o filho sair do jardim, porque o núcleo do bando que se reunia do outro lado da rua era uma família de irmãos e os amigos deles, conhecidos localmente como "os arruaceiros".

"Eles não seriam um bom exemplo para Dale seguir", disse o professor de Pierre, Cecil Colthrust. "Se era proibido de brincar ou de se associar a eles, acho que seria para seu bem, porque eles vinham para cá e só nos davam problemas. Estavam sempre envolvidos em todo tipo de coisa, brigas, pequenos furtos. Eu não ia querer meu filho ali. Ia deixá-lo dentro de casa. E, se descobrisse que tivesse me desobedecido, daria uma bela bronca e talvez uma boa surra nele quando merecesse. O pai de Dale estava tentando fazer o melhor para o filho, impedindo-o de sair e vadiar naquela esquina lá."

Pierre ressentia as restrições impostas pelos pais e, conforme ficou mais velho, começou a sair escondido para o outro lado da rua para ficar com os garotos. Quando era pego, seus pais lhe davam "uma boa surra". As crianças em Trinidad eram frequentemente disciplinadas com o que se chamava de surra ou sova, que equivalia a bater com força usando um cinto. A mãe de Pierre era quem lhe dava a maioria das surras que levava, mas ele nunca pareceu se ressentir dela nem de seus atos.

"Apesar de minha mãe me bater com toda e qualquer coisa, e de maneira muito severa", escreveu ele depois,

> "não era uma coisa constante. Eu ficava períodos de até seis meses sem apanhar. Minha adoração pela minha mãe vem do fato de que, apesar de tudo, ela fez o possível para me incentivar a buscar uma instrução. Ela também me dava liberdade para visitar alguns dos meus amigos mais aceitáveis. No fim das contas, posso dizer com toda segurança que, quando as coisas apertavam, sempre pude contar com o apoio dela."

Embora Pierre professasse adorar a mãe, detestava o pai, um homem quieto e trabalhador de quem Pierre parecia se ressentir exatamente por essa qualidades. Uma vez descreveu o pai como um "workaholic clássico", e em uma carta escreveu o seguinte parágrafo sobre a sua relação:

> O conflito entre meu pai e eu era principalmente de personalidade. Não sou do tipo que vai ter calos nas mãos pelo trabalho duro. Sou do tipo de personalidade que você encontra em um escritório no 50º andar do Edifício Rockefeller, vestido com um terno de três peças moderno e conservador, que dirige uma Mercedes 450 SLC ou, mais provavelmente, uma Ferrari Dino e mora em uma cobertura na Park Avenue, e aqui está a base do nosso conflito.

Desde a adolescência, Pierre tinha uma fina cicatriz no lado esquerdo da cabeça que ia da testa até atrás, criando uma divisão natural em seu cabelo. Quando foi examinado para sanidade legal após os assassinatos, contou ao psiquiatra que havia machucado a cabeça em um acidente de moto aos 15 ou 16 anos e havia passado dois meses no hospital se recuperando. Disse que, após sair do hospital, tinha vários apagões por semana, insinuando que sofria de convulsões.

Pierre nunca sofreu um acidente de moto.

Um domingo de manhã após a igreja, quando tinha 13 anos, Pierre estava na frente da capela com um pequeno grupo de amigos, revezando-se para andar de bicicleta. Quando chegou a vez de Pierre, bateu com a bicicleta em um poste.

Embora estivesse sangrando de um corte na cabeça, Pierre nunca perdeu a consciência. Seus pais o levaram ao pronto-socorro mais próximo, no Hospital Geral de San Fernando, onde um jovem médico treinado no Canadá, dr. Edmund Chamely, deu vinte pontos no corte de 20 cm. Após costurar o ferimento, dr. Chamely examinou os olhos de Pierre para sinais de compressão ou inchaço no cérebro, testou seus reflexos e seus nervos motores e cranianos. O exame revelou que Pierre não sofrera concussão, e as radiografias mostraram que não houve fratura no crânio. Ao ser questionado depois sobre o incidente, dr. Chamely pegou a ficha médica de Pierre e escreveu as seguintes anotações sobre a lesão:

> Queda de bicicleta – 06/03/1966
> Sem concussão. Sofreu laceração de 20 cm no couro cabeludo esquerdo com perda de sangue. Ao ser examinado na enfermaria, não havia anormalidades neurológicas. Paciente não estava sofrendo. Sensório claro. Recuperação sem intercorrências.

Pierre passou a noite na enfermaria cirúrgica geral sob observação e teve alta no dia seguinte. Recordando partes de sua infância em Trinidad em uma carta, Pierre uma vez alegou ser "burro" quando criança e, ainda, recordou que os professores reclamaram sobre isso com sua mãe:

> [...] que eu era muito brincalhão e não estava aprendendo nada. Aí um dia minha mãe pegou e resolveu que eu ia aprender alguma coisa. Com um cinto na mão e meus livros da escola, eu era chamado à mesa todas as noites para ler, decorar poesia e fazer

aritmética, e qualquer erro era recebido repetidamente com o cinto. Após alguns meses, já tinha passado dos últimos da turma para, mais ou menos, o 5º lugar nas provas do fim do período. Dali em diante não teve mais volta. Serei eternamente grato aos meus professores e à minha mãe pela educação que tenho agora.

Pierre nunca passou do décimo ano. Após passar no Exame de Admissão Comum do governo da ilha, entrou no Colégio St. Benedict, uma escola particular, aos 11 anos. Com a nota de aprovação sendo 45%, Pierre terminou o primeiro período no St. Benedict com 49%. No segundo período, tirou 39,5. Após terminar o terceiro período com média 31,5, sua mãe o tirou da escola em janeiro de 1966 e o matriculou na Southern Academy, uma escola do governo apoiada e administrada pela Igreja Adventista do Sétimo Dia. Em seu primeiro período na Southern, as notas de Pierre foram apenas medianas, caindo a cada período seguinte. Em julho de 1967, sua mãe recebeu uma carta incomum do diretor:

> Lamento muito precisar trazer este assunto ao seu conhecimento. Recebi uma reclamação na minha sala a respeito de Dale estar extremamente falante e preguiçoso, e se recusar a fazer geometria e latim. Espero sinceramente que a senhora tenha uma conversa séria com Dale, que ele tenha corrigido seu comportamento e resolvido se encaixar em nosso programa aqui na Southern Academy quando a escola reabrir em setembro.

Quando a escola reabriu em setembro, Pierre reprovou em seis das oito matérias que tinha, e esse foi seu último período na Southern. Mas as notas ruins não foram o motivo de sua expulsão da academia. Uma das professoras de Pierre, Bernice James, disse: "Não me lembro de muita coisa sobre Dale. Lembro que ele tinha um temperamento explosivo, e isso podia te trazer problemas, obviamente. Também me lembro do nome dele ser citado com relação ao roubo de alguma coisa em algum momento. Disso me lembro, mas não consigo me lembrar de mais nada sobre o incidente".

Um formulário de recomendação posteriormente enviado à escola por um empregador em potencial foi devolvido com uma anotação escrita por outro professor de Pierre: "Foi culpado por conduta desonesta".

Frank Providence estudava na Southern Academy na mesma época que Pierre e concordou com os outros alunos que, enquanto frequentou a escola, Pierre roubou dinheiro, livros e um toca-fitas. Providence descreveu Pierre como "um sujeito que não falava muito. Ficava na dele. Você podia estar ali e ele podia estar ali, mas ele só ficava na dele. Era um cara meio pano de fundo. Sempre aqui e ali, meio que espreitando". Providence acrescentou que, se uma pessoa tivesse alguma coisa que Pierre queria, ele tentava ganhar na lábia ou tomava dela. "'Onde cê arrumou isso?'", disse, imitando Pierre. "'Bonito.' Você dava as costas, quando via, seu negócio tinha sumido."

Aos 15 anos de idade, tendo concluído o equivalente ao décimo ano com notas abaixo da média, Pierre saiu da escola para nunca mais voltar.

Após ser expulso da Southern Academy aos 15 anos, Pierre se tornou aprendiz na enorme refinaria de petróleo da Texaco ao norte de San Fernando. Na longa história da empresa, nenhum aprendiz jamais tinha sido dispensado. Dois meses após começar o trabalho, Pierre foi pego roubando de outro aprendiz e foi suspenso por uma semana. Em um relatório sobre o incidente, um supervisor escreveu que Pierre "mostrou sinais de arrependimento pelo que fez e prometeu que uma coisa dessas jamais aconteceria novamente".

Três meses depois, após mais cinco aprendizes relatarem ter seu dinheiro furtado, Pierre foi pego outra vez. Um aprendiz reclamou que sua carteira tinha sumido e, durante a revista que se seguiu, Pierre tentou devolver a carteira sem que ninguém visse. Em uma declaração detalhada aos supervisores, Pierre negou ter furtado a carteira, alegando que na verdade tinha "escondido". Ele não disse por qual razão queria "esconder" a carteira de outro aprendiz.

Já tendo sido suspenso por uma ofensa semelhante, Pierre foi dispensado do programa de aprendizes da Texaco. Após sua saída, não houve mais nenhum relato de furto.

Explicando sua dispensa da Texaco em uma carta anos depois, Pierre não mencionou esconder a carteira:

Em um dia de pagamento, depois de descontar meu cheque, tomei a liberdade de passear nas imediações do centro da cidade. Enquanto estava lá, minha carteira foi furtada, mas eu só dei pela falta dela quando voltei para o trabalho. Quando dei falta da carteira, fiquei muito irritado. Então, quando estávamos na PT eu vi a oportunidade perfeita de recuperar minha perda e aproveitei. Não houve nenhuma testemunha e nenhuma prova foi encontrada comigo, mas ainda assim as evidências circunstanciais pesaram muito contra mim e eu fui liberado da aprendizagem. Meus pais ficaram com muita vergonha e lidaram mal com isso, sobretudo minha mãe, mas eu nunca contei a eles o que tinha, de fato, acontecido. Pessoalmente, me senti péssimo com a coisa toda e meio que me isolei por um tempo. Eu tenho um ego terrível no que diz respeito à minha imagem.

Quando Pierre tinha 6 ou 7 anos, furtou da varanda de um vizinho uma pequena gaiola com um passarinho, um canoro preto e amarelo chamado gaturamo. Outro vizinho viu Pierre pegar o passarinho e notificou o dono, sr. Patterson, um homem mais velho que se recusou a confrontar o menino ou os pais dele sobre o incidente.

"Era apenas um passarinho", explicou depois, "e ele era uma criança tão pequena para mim. Eu jamais faria uma coisa dessas. Mas aquele Dale era um malandro."

Agora que Pierre tinha 16 anos, não estava mais na escola e não era mais aprendiz na Texaco, passava os dias em casa, jogando cartas com os meninos que vadiavam debaixo do poste do outro lado da rua. Seu pai o alertara para não se associar aos garotos que se reuniam lá, mas Pierre ignorou o pai. Uma tarde, voltando do trabalho mais cedo, seu pai o pegou jogando cartas e correu atrás dele até Pierre pular uma cerca e fugir para a casa da tia-avó. Ficou lá durante meses, fazendo apenas visitas ocasionais à família, geralmente durante o dia, quando seus pais não estavam em casa.

Um dia de manhã, Pierre voltou a Pleasantville, invadiu a casa dos Samuel do outro lado da rua, arrombou a fechadura da penteadeira e furtou uma bolsa branca da gaveta. A bolsa continha 88 dólares, dinheiro que o sr. Samuel estava guardando para os pagamentos de seu novo táxi.

Quando um dos filhos dele lembrou de ter visto Pierre em seu quintal naquele dia, e dois meninos do bairro o viram em San Fernando no dia seguinte comprando roupas novas em uma loja de departamentos, a sra. Samuel foi até a casa da tia e encontrou Pierre.

"Eu disse a ele, 'Dale, acho que você sabe o que me trouxe aqui'. E ele falou, 'Não'. Eu disse, 'Sabe sim, você sabe o que me trouxe aqui'. E disse, 'Por que você pegou o dinheiro, por que entrou na minha casa e pegou o dinheiro?'. Ele tentou se defender um pouco, dizendo que não era verdade, mas apenas isso. Aí eu disse: 'Por que fez uma coisa dessas? Se isso chegasse na polícia, talvez você não conseguiria ir para os Estados Unidos com sua mãe. Você é um menino bom, Dale. Olhe para suas irmãs, todas estão tentando chegar a algum lugar. Você precisa se comportar e não fazer coisas desse tipo'."

A sra. Pierre reembolsou à sra. Samuel os 88 dólares.

Pierre, depois, escreveu sua própria versão do incidente:

> Eu fui para casa um dia para ver como as coisas estavam. Nesse dia específico, peguei o atalho passando pelo quintal dos Samuel e fui para casa fazer minha visita, como pretendia. Após a visita, na qual uma das minhas irmãs implorou para que eu voltasse para casa, fui embora e retornei para a casa da minha tia. No dia seguinte, a sra. Samuel foi até lá e me acusou de furtar 80 dólares da casa dela. A alegação era tão absurda que fiquei furioso. A casa não tinha nenhum sinal de arrombamento, nem o lugar onde o dinheiro supostamente estava guardado. Você não acredita no ódio e na repulsa que senti pela sra. Samuel, vendo aquela vaca gorda sentada ali mentindo para mim na cara dura."

No dia seguinte, toda a coleção de discos de outro vizinho, furtada na semana anterior, foi encontrada na casa da tia de Pierre.

Carol Smith, uma menina agradável de corpo redondo e rosto rechonchudo, morava a umas quatro ou cinco casas dos Pierre, do outro lado da rua. Enquanto Pierre vivia em Trinidad, sua única relação com uma menina foi uma associação platônica com Carol. Após saber dos assassinatos, Carol falou sobre Pierre na adolescência, pouco antes de ele ir embora para os Estados Unidos.

"No primeiro dia, não vi os jornais direito, uma amiga me contou a respeito. Depois me sentei, durante uns quatro dias, lendo e relendo aquilo pra ter certeza de que era mesmo Dale. Dizem que quando você chega nos Estados Unidos e se junta a certas pessoas, acaba ficando do mal. Eu falei, 'Bem, ele já tinha seus péssimos modos, então meio que só aflorou mais'. Ele sempre foi um cara ruim. Tipo, se você estivesse jogando bolinha de gude, ele pegava todas as bolinhas e corria pra casa. Ou se você comprasse uma coisa nova, ele pegava e corria pra casa. Ou então jogava fora, escondia. E ele também mente muito bem. Dizem que ele lidava com muito dinheiro, e um gravador de fita e tal, mas não sei sobre isso.

"Os meninos do outro lado da rua meio que influenciaram Dale também. Porque ele gostava do que eles faziam, sabe? Ele queria ser um chefão também. Ele podia não estar envolvido na coisa em si, mas quando os menino chegavam e falavam, 'Aí, roubamos uma loja', ele queria fazer parte da ação. Sabe como? Fazia pergunta, queria saber o que haviam feito, como tinham entrado, e aí depois que descobria, ficava sentado pensando no que tinham dito. Tentava imaginar a loja e como eles haviam feito o serviço.

"Ele e o pai também não se davam muito, porque Dale era só um cara arrogante nessa época, sabe? Ele contava vantagem e queria ser um chefão. E o pai dele era muito quieto. Nunca mexia com ninguém. Mas Dale tinha esse clima de figurão naquela época. Haja o que houvesse, queria ser um chefão. Queria ter uma casa grande, com tudo dentro. Carrão. Queria ter o maior carro que já existiu em Trinidad. Aí todo mundo teria que olhar pra Dale. Quando Dale tivesse vindo pela rua, todo mundo teria que parar e olhar pra ele passando.

"Quando soube que ia embora para os Estados Unidos, fez grandes planos. Disse que estava feliz de ir embora, e que quando voltasse todo mundo aqui ficaria surpreso. Ele seria uma pessoa da alta sociedade, uma pessoa que saía nas notícias, e quando voltasse as pessoas diriam: 'Oi Dale, Como é que está?'."

Durantes os meses que precederam à partida da família para os Estados Unidos, em junho de 1970, Pierre ficou quieto. "Fiquei na minha porque preferi assim", escreveu ele posteriormente,

e em parte por causa das acusações da sra. Samuel. Senti que o sr. e a sra. Samuel estavam tentando me meter em problemas, então fiquei longe de tudo e de todos que fossem ameaças em potencial. O pessoal do quarteirão, em especial os Samuel, eram cobras, falsas e dissimuladas, na minha opinião. Esse medo foi agravado pelo constrangimento que sentia pelo incidente da Texaco. Na época, tinha tanta coisa passando pela minha cabeça que duvido que consiga me lembrar de tudo. Meu pensamento principal era me tornar um grande sucesso quando fosse para os Estados Unidos, só para poder voltar lá e jogar na cara de todo mundo. Nada me daria mais prazer do que ver a cara de dor e desgosto dos Samuel se eu me tornasse bem-sucedido. Enquanto estava lá, naquele quarto dos fundos, só pensava em como e de que maneira iria alcançar meu objetivo. Ficava pensando se eu iria ou não me envolver com hippies e perder meus objetivos de vista, se eu iria ou não acabar como Sam Cooke, levando um tiro por me envolver com uma mulher branca. Também me perguntava se ser transplantado para uma sociedade tão livre e solta, como descreviam a América para mim, faria eu me degenerar e virar um vagabundo. Enquanto esses muitos pensamentos corriam pela minha cabeça, repetia para mim mesmo: eu não vou deixar isso acontecer. Farei sucesso. Não vou perder meus objetivos de vista.

A ideia de me mudar para Nova York me causava mais empolgação do que eu era capaz de conter. Como você pode imaginar, a coisa que mais esperava era deixar a sra. Samuel verde de inveja. Até ficando em casa, me mantendo fora da vista, às vezes ficava com uma sensação de melancolia, que eu logo desfazia só de pensar em meus planos de sucesso e na inveja total dos Samuel. Meus pensamentos, fossem eles da natureza mais profunda ou mais superficial, consistiam somente em planos de *sucesso vingativo* [itálico de Pierre]. O único medo que consigo me lembrar de ter era de, talvez, ser sequestrado ou morto por algum maluco.

Não me lembro da data exata, mas foi 7 de junho ou de julho de 1970. Era por volta das 15h e me lembro de que estava muito calor. Meus primos estavam lá e também alguns amigos da família e dois amigos meus lá da rua. Eu ainda estou em Trinidad. As malas já estão feitas e eu estou pronto para ir embora para os Estados Unidos. Todos os vizinhos estão espiando pela janela, enquanto as pessoas tiram fotos de mim com meus primos, com vários parentes e da casa. Em seguida, nós colocamos as coisas nos dois carros que levariam os poucos escolhidos ao aeroporto — Aeroporto Internacional de Piarco. Eu devo embarcar em um Pan Am 707 em um voo direto para o Aeroporto LaGuardia em Nova York. Minha bagagem foi despachada, meu passaporte e visto conferidos, e dei meu último adeus a todos, com eles me desejando uma boa viagem. Quando anunciaram pela terceira vez, embarquei no avião que me levaria até Nova York.

Sentado na janela do lado esquerdo da aeronave, vi minha família e meus amigos ainda acenando para mim. Me lembro que pensei em conhecer as garotas hippies de quem a gente tanto ouvia falar em Trinidad. Fiquei pensando na dinheirama toda que ganharia e em comprar um carro esporte. Aí o avião decolou e eu quase chorei.

Quando cheguei em Nova York, por volta das 19h, desci do avião e a primeira coisa que notei foi o vento frio soprando. Já estava procurando a neve quando, então, vi a fumacinha saindo da minha boca quando eu ria. A próxima coisa que me confrontou foi o tamanho do aeroporto. Não me lembro exatamente das minhas reações, mas fiquei ali parado olhando para tudo. Eu me lembro de pegar minha bagagem e ir até um telefone, no qual liguei para o número que tinha e consegui falar com o colega de quarto do meu pai, porque meu pai não estava me esperando. Houve alguma dúvida com relação à minha vinda antes do restante da família.

Quando cheguei ao Brooklyn, estava escuro e me senti completamente perdido e desorientado pela complexidade de tudo. Eu me lembro de pensar, e se o motorista simplesmente pegar meu dinheiro e me largar onde quiser? Esse medo durou pouco, porque logo cheguei ao endereço. Enfim conheci o colega do meu pai, parecia que ele tinha ficado olhando pela janela me procurando. Ele me disse que teria que passar a noite no apartamento dele até conseguir ver com algumas pessoas se conseguiam localizar meu pai. Disse que meu pai tinha se mudado para um apartamento maior, já que estava esperando a nossa chegada em breve.

Ainda me lembro do meu primeiro dia nos EUA. Quando abri a geladeira, as comidas — principalmente as frutas — pareciam diferentes. Os refrigerantes eram em lata, e não em garrafas, como eu estava acostumado. Eu me lembro de ligar o rádio e a primeira coisa que ouvi foram notícias, e a primeira música foi "Band of Gold" da Freda Payne. A estação de rádio que eu sintonizei foi a wabc de Nova York. Passei a maior parte daquele dia olhando através da janela para as pessoas e os carros que passavam. Pensei em ir dar uma volta, mas logo desconsiderei a ideia por medo de me perder ou ser sequestrado ou qualquer coisa do tipo.

Finalmente o amigo do meu pai chegou do trabalho e me informou que tinha localizado ele. O amigo dele também me perguntou se eu tinha saído para ver as "franguinhas", e perguntei se ele criava galinhas. Ele soltou uma gargalhada e não entendi por quê. Perguntei do que estava rindo e ele me disse que estava falando das garotas, não de galinhas. Contei a ele que não tinha saído e o motivo. Ele me garantiu que não precisava ter medo de nada naquela vizinhança, que a maioria dos moradores de lá eram das Índias Ocidentais também. Arrumei minha mala e nós saímos para encontrar meu pai. O amigo do meu pai decidiu fazer um pequeno tour na região primeiro a fim de dar uma olhada nas franguinhas, como ele dizia.

Achamos o apartamento do meu pai, que estava uma bagunça total, porque ele estava pintando e decorando. O apartamento finalmente ficou pronto, e minha mãe, irmãs e irmão chegaram por volta de duas semanas depois. Nossa casa ficava em um bairro de classe média baixa. No entanto, vendo nossa casa por dentro você jamais acreditaria que era a casa de uma família de classe média baixa. Meus pais sempre foram muito zelosos a respeito das condições em que seus filhos viviam. Digo a você que minha casa era um lugar muito alegre para se viver, no que diz respeito ao ambiente. O bairro em si não era tão espetacular. Não era muito limpo, mas era mais seguro que a maioria. Era um bom lugar para se morar.

Agora, tinha chegado a hora para as pessoas da família que pudessem arrumar empregos. Meus empregadores foram três. O Departamento de Serviços Sociais, a Companhia Telefônica de Nova York e um lugar de fast-food chamado *Nathan's*. Do trabalho no Departamento de Serviços Sociais de Nova York não consigo me lembrar direito. Foi o primeiro emprego que tive quando vim para este país. Não me lembro muito do trabalho, exceto que odiava. Acho que trabalhava de zelador lá. Não tenho certeza.

Na companhia telefônica eu era atendente de balcão e queria ser operador, então não estava feliz com aquele trabalho. No Nathan's, o lugar de fast-food, trabalhei cerca de três semanas, porque estava de greve na companhia telefônica. Ficava na fritadeira e na máquina de sorvete. Saí do emprego porque me sentia humilhado de alguma maneira. Era mais um constrangimento do que qualquer outra coisa. Não gostava da ideia de ser serviçal de ninguém, e é exatamente isso que eu era, um cozinheiro de comida rápida. Odiava tanto aquele emprego que decidi furar o piquete e voltar ao trabalho. Eu não fazia parte do sindicato mesmo. Nessa época eu ficava constantemente esperando alguma coisa melhor. Achava que a minha formação exigia um trabalho melhor do que eu tinha na companhia telefônica. Queria fazer uma coisa mais importante. Sempre tive uma visão de mim mesmo como uma pessoa importante, muito próspera social e financeiramente, uma pessoa querida por todos que me conhecessem.

Talvez você se surpreenda, mas eu nunca fui do tipo amigável. E com certeza nunca fui extrovertido nem muito sociável. Todos os amigos que tinha podiam ser contados nos dedos. Minhas atividades se limitavam ao rinque de patinação do Park Circle e à Biblioteca Pública do Brooklyn na esquina da Eastern Parkway com a Flatbush Avenue. Também passava muito tempo no cinema. Posso até dizer que era um cinéfilo.

Eu andava com uns caras que podiam ser caracterizados como "garotões da cidade", aqueles tipos que manjam de tudo. Minhas aventuras sexuais, até conhecer esses caras, eram nulas, e por isso fui ridicularizado e zoado por um tempo. Nunca fiz e jamais farei parte de um "gang-bang". Acho esse tipo de comportamento deplorável e com certeza diz muito sobre o caráter moral e a dignidade social dos participantes. Mas eu fui mais ou menos forçado ao meu primeiro encontro sexual. Acho que o nome da garota era Lisa.

Comecei a aprender a dirigir porque a vontade de comprar um carro estava ficando maior. Agora já fazia dois anos que tinha vindo para o país. Precisei fazer a parte prática da prova de direção duas vezes até passar e, enfim, conseguir tirar minha habilitação. Comprei um carro — dois, na verdade. O primeiro foi um Pontiac Bonneville 1963. Eu tive um acidente porque não tinha fluido de freio nos cilindros. Não foi uma grande perda porque o carro só tinha me custado 150 dólares, mais o valor do registro e o seguro. Uns oito meses depois, encontrei uma enorme pechincha na Pensilvânia. Um Road Runner 1969 com motor 383 de alta performance e transmissão de quatro marchas. Custou 800 dólares. Depois bati o Road Runner em um racha, em uma noite de domingo. Ele escapou de mim a cerca de 180 km/h. Não aconteceu nada comigo, e depois fiquei entediado. Aí decidi entrar para a Força Aérea por dois motivos. O primeiro era porque aquela promoção na companhia telefônica não viria tão cedo. O segundo foi porque achei que seria legal me tornar um piloto.

Entrei no serviço ativo da Força Aérea dos Estados Unidos na primeira semana de maio de 1973 e fiquei instantaneamente decepcionado. Quando vi, estava a caminho da Base Aérea Lackland para o treinamento. Lackland fica em San Antonio. Minha cabeça foi totalmente raspada, embora tivessem me prometido que isso não iria acontecer. Acontece que eu tenho bastante consciência da minha aparência física, e fiquei arrasado com esse incidente.

As seis semanas de treinamento que passei na BA Lackland até que não foram tão ruins, no fim das contas. Mas ainda assim fiquei insatisfeito, porque soube que não ia ser piloto, e sim mecânico de helicópteros. Então perguntei a eles como poderia me tornar piloto. Quando me falaram dos quatro anos de faculdade, mais seis anos obrigatórios de alistamento na Força Aérea — dez anos era tempo demais — fiquei inquieto novamente.

Enquanto estava em San Antonio, acabei me apaixonando por uma mexicana divorciada. Fiz planos de me casar com ela, mas fiquei com medo e pulei fora. Aí eu fui enviado à BA Sheppard em Wichita Falls, Texas, para meu treinamento da escola técnica. Lá, eu conheci e depois me apaixonei outra vez por uma garota oriental. Ela era descendente de japoneses. Eu ia pedi-la em casamento, mas não consegui, depois do que aconteceu em San Antonio. Acho que o nome dela era Lisa.

Meu treinamento da escola técnica foi concluído e me formei. Fui designado para treinamento OJT na BA Hill em Utah. OJT significa treinamento no trabalho. Eu tentei trocar ou vender minhas ordens do Campo Hill, mas ninguém quis, então fiquei preso àquilo e ao destino.

Cheguei na BA Hill em setembro ou outubro de 1973. A rotina lá era a mesma da escola técnica, só que eu tinha vida própria. No meu tempo livre, não fazia muita coisa a não ser jogar bilhar, visitar o Clube dos Aeronautas de vez em quando e ler muito. Não participava de eventos sociais, exceto ir ao cinema. Isso é algo que qualquer pessoa da Força Aérea que me conhecia pode dizer. Muitas pessoas da base me conheciam, mas acho que nenhuma delas pode ser classificada como amigo. Não me lembro de como Andrews e eu ficamos amigos ou nos associamos, mas aposto que foi por causa de música. É a única coisa pela qual parecemos ter um interesse em comum.

Para explicar minhas prioridades e meus gostos, vamos colocar dessa forma. Sempre fui obcecado pela ideia da vida fácil. Sempre quis melhorar minha posição social, minha capacidade intelectual e minha condição financeira, mas na minha experiência a maioria dos militares negros parece estar contente com sua situação de vida. A desculpa para a passividade deles era sempre que "não dá para ir muito longe nesse mundo dos brancos". Eu sinto o contrário. Também sempre me pareceu que o militar negro mediano gosta de se vestir de maneira estranha ou desleixada. Tento estar apresentável o tempo todo. Me visto de maneira conservadora, e escolho roupas de cores que caiam bem com meu tom de pele. Os caras que eu conhecia mais, incluindo Andrews e Roberts, achavam bacana ser um dos rapazes, usar um monte de drogas, ostentar e perseguir todas as mulheres disponíveis em Utah, e saberem quais eram as últimas músicas do top 10 das paradas soul. Eu me liguei em fotografia, lia muito, jogava tênis e ia muito ao cinema. E, além do mais, prefiro jazz ao soul. Eles nunca me falavam muito sobre as festas deles porque eu nunca estava interessado, e além disso, eu nem mesmo andava com eles. Em uma ou duas ocasiões Andrews me contou sobre as "festas da pesada" que frequentava. Acho que é por isso que ele capotou duas vezes com a van, dirigindo em alta velocidade, e uma vez pegou o carro de alguém emprestado e bateu na volta de uma festa. Eu geralmente estava na cama à meia-noite. Passava muito tempo sozinho porque minhas prioridades e meus gostos eram drasticamente diferentes do que era considerado bacana pelos meus colegas militares. Não sabia dançar, nunca fumava e, como resultado, nunca conhecia nem me tornava popular com as garotas da cidade.

Como aeronauta, fui treinado para ser mecânico de helicópteros. Trabalhava nos H-53, o maior helicóptero que já vi. Mas estava bastante insatisfeito com minha posição e, como resultado, não fui um aeronauta modelo. Decidi que não gostava mais de Utah nem da Força Aérea, então pedi uma exoneração antecipada. Pelo que sei, ela foi aprovada pelo meu comandante direto e estava a caminho do comandante da base para aprovação final quando fui envolvido nesse caso.

Quando olho para trás, acredito que tudo que aconteceu comigo tinha que acontecer. Talvez exista alguma lição nisso aí que eu precise aprender.

Naquela tarde do feriado, quando a família de Cortney lhe contou sobre a morte da mãe, ele quis saber mais sobre o enterro. O pai disse que, logicamente, Cortney estava doente no hospital e por isso não pode ir, mas que tinha tido muitas pessoas e flores bonitas, e que a polícia tinha parado o trânsito e oferecido uma escolta especial à mãe dele até o cemitério. Chorando, Cortney pediu para ver o túmulo da mãe. Os quatro, então, foram até o cemitério na colina ao sul da cidade, onde Cortney ficou olhando por um tempo a placa de bronze gravada com o nome de sua mãe e a data da morte. Depois, sua família o levou de volta à UTI, com Cortney sentado na cadeira de rodas, ainda usando o boné branco e chorando. Quando a família foi embora, a enfermeira o ajudou a trocar de roupa e o colocou de volta na cama.

"Cortney", disse ela, "o que foi?"

"Eles me contaram o que aconteceu com minha mãe", ele falou. Nesse momento, seu rosto ficou vermelho e seus lábios começaram a tremer. "Mataram minha mãe, e espero que eles sejam mortos também."

Pelo resto da noite Cortney ficou aborrecido, com uma expressão de raiva cruzando seu rosto, até por fim adormecer. Quando a enfermeira Judy Baxter chegou para o turno da meia-noite, Cortney ainda estava dormindo e continuou assim até de manhã, quando ela entrou outra vez no quarto.

"Não me lembro por que entrei no quarto", disse depois, "mas ele estava acordado e eu lhe perguntei como tinha sido a pescaria. Acho que foram para o criadouro de peixes. Foi divertido para ele, que ficou muito feliz por ter saído do hospital. Ele já estava de saco cheio àquela altura. E eu perguntei a Cort como tinham sido as coisas com a família, e ele disse, 'Me disseram que minha mãe morreu. É verdade mesmo?'. Eu falei, 'É, Cortney. Quando você foi baleado, sua mãe estava com você. Ela morreu naquela noite'.

"Ele não disse nada. Ficou sentado lá. Estava sentada na lateral da cama dele e me lembro de segurar sua mão, e ele começou a chorar. Sem som, apenas lágrimas e mais lágrimas. Ele já tinha chorado antes, um choro com raiva, um pouco mimado, mas esse foi calmo, sem som, lágrimas rolando pelo rosto, só olhando para mim. E aí disse alguma coisa como: 'Por quê? Por que isso acontece?'. E continuou, 'É por isso que ela não vem me ver?'. Depois nós conversamos sobre aquilo por alguns minutos. Então ele falou, 'Ela morreu naquela noite?', e disse de novo que sim, que morreu imediatamente e não precisou passar por muita dor nem por nenhuma das operações e dificuldades que ele estava passando. Aquela noite foi uma choradeira. Falamos sobre a mãe dele por um tempo, e depois ele disse: 'Me disseram que minha mãe morreu. É verdade mesmo?'. E aí nós passamos por tudo de novo."

Após Cortney ter ouvido muitas vezes sobre a morte de sua mãe e começado a aceitar que ela havia partido, era difícil passar um turno sem que ele dissesse a uma das enfermeiras com sua fala lenta, "Me conta sobre a minha mãe". Em seguida, dizia, "Estou com saudade da minha mãe, estou com muita saudade da minha mãe".

"Depois que soube que sua mãe tinha morrido", disse uma das enfermeiras, "Cortney passou por um período de luto e chorou baldes de lágrimas. Começava a pensar na mãe, as lágrimas brotavam e ele soluçava e falava sobre ela. Às vezes chamava: 'Mamãe! Mamãe!', sabe, chorando durante o sono. Aquilo partia seu coração, mas quando acordava não fazia comentário nenhum. Era como se, assim que acordasse e ficasse consciente, bloqueasse aquilo tudo e pronto."

Os passeios de Cortney fora do hospital ficaram mais frequentes agora, especialmente no jantar de domingo, quando Gary, Claire, e às vezes Brett, Diane e a bebê Natalie iam para casa dele. Todos visitavam Cortney e depois, enquanto comiam, ele ficava deitado no sofá com os dois acessos intravenosos pendurados no tripé de aço. A refeição de Cortney era servida quando seu pai preparava a medida certa da fórmula e a injetava com uma seringa no seu tubo de gastrostomia.

A princípio, Cortney parecia entusiasmado para passar um tempo longe do hospital, mas depois que algumas semanas se passaram, parecia mais desconfortável toda vez que era levado para casa.

Depois das primeiras vezes que saiu do hospital por um tempo, ficava ansioso para voltar para o hospital. Ele se sentia mais seguro lá do que em qualquer outro lugar. Eu o levava para casa nos finais de semana. Nem isso... Buscava-o no sábado de manhã e o levava de volta no sábado à noite, e aí o buscava no domingo de manhã e o levava de volta no domingo à noite. E, às vezes, levava-o para casa à noite depois do trabalho. A gente só ficava sentado vendo TV ou o que ele quisesse fazer. Às vezes a gente o levava para dar um passeio, mas aquilo o cansava muito. E ele não estava muito interessado no que estava acontecendo ao redor por causa dos próprios problemas dele, entende? Quando o levava de volta no domingo à noite, ele ficava feliz de estar na sua própria cama de hospital. Estava mais assustado do que tudo, acho. Acho que tinha medo de ficar em casa porque tinha se acostumado com toda a segurança do hospital, todo mundo entrando e saindo o tempo todo. Estava mais confortável lá, e não o culpo. Era onde tinha tudo ao seu alcance e sabia que estava seguro.

O progresso de Cortney no hospital continuou lentamente, mas de forma constante. Quando seus olhos foram examinados, não conseguiu contar os dedos estendidos diante do olho direito torto, mas pelo menos o olho estava projetando luz. Ele ainda tinha períodos de náusea e vômitos, mas a perfuração no esôfago tinha se fechado completamente e ele conseguia engolir pequenas quantidades de suco, caldo e água. Seu peso subiu outra vez para quase 60 kg.

À medida que Cortney ia ficando mais alerta, também ficava mais ciente de suas deficiências e sua dor. Descobriu que estava incapaz. Quando o fonoaudiólogo colocou uma caneta em sua mão direita, ele não conseguiu movê-la sem a ajuda da esquerda. Se sentisse necessidade de urinar ou defecar, tinha que pedir para enfermeira levar o penico ou ajudá-lo a cambalear até a privada do quarto. Não podia fazer nada sozinho. Todos os seus músculos estavam atrofiados e contraídos. Quando o fisioterapeuta vinha alongá-los com exercícios de amplitude de movimento, a dor era tanta que Cortney relutava até que tocassem nele.

No dia 24 de setembro, cinco meses após os assassinatos, Cortney foi enfim transferido da UTI para uma enfermaria de cuidados intensivos. Quando saiu, as enfermeiras falaram sobre suas chances de sobrevivência.

"Você não aposta nada em uma pessoa que esteja tão doente assim", disse Annette Wilson. "Cortney estava doente demais, tinha muita coisa envolvida, e muitas vezes parecia que iria morrer a qualquer momento. Isso ainda em setembro. Alguns dias parecia que a gente estava progredindo, e outras vezes parecia que a gente estava indo ladeira abaixo. Até quando lhe demos alta, sabendo que estava com o esôfago todo esburacado e um monte de outros problemas, a maioria das pessoas aqui achava que ele não ia sair dessa, que, com todas as outras cirurgias e tudo mais que tinha pela frente, não sobreviveria. Todo mundo dizia, 'Bom, ele não vai viver muito tempo'."

No dia seguinte à chegada de Cortney na enfermaria de cuidados intensivos, deram um banho de banheira nele, passaram shampoo em seu cabelo, e seu pai o buscou às 17h. Uma festa surpresa tinha sido planejada em casa, e seu pai queria que ele estivesse com uma ótima aparência. Era o aniversário de 17 anos de Cortney.

Para a festa, oito amigos de Cortney se reuniram na casa de um vizinho, depois foram em grupo para a casa dos Naisbitt e tocaram a campainha. Enquanto esperavam Cortney ir até a porta, desenrolaram uma grande faixa que dizia "Feliz Aniversário Cortney!".

Dr. Naisbitt abriu a porta, deu uma piscadela para os meninos e disse em voz alta, "Só um minuto!". Quando a porta se abriu de novo, Cortney estava se arrastando para frente, com a mão direita junto ao peito e a cabeça baixa. Atrás dele, seu pai estava carregando o tripé que continha os dois frascos com vias que desapareciam para dentro da calça de Cortney e atrás da camisa. Quando ele enfim chegou à porta, todos os seus amigos gritaram, "Feliz aniversário!".

Chris Southwick estava atrás do grupo, segurando uma ponta das faixas. Quando ele e Cortney eram mais novos, pareciam-se tanto e passavam tanto tempo juntos que frequentemente achavam que eram gêmeos. Mas Chris não via Cortney havia cinco meses, desde o dia em que ele fora baleado.

"Eu me senti mal por não tê-lo visitado no hospital", disse Chris depois, "mas não consegui. Acho que foi o medo da aparência dele e de como estaria. Sabe como? Estava com medo disso. Além do mais, queria me lembrar de Cortney como sempre fora. Eu não queria vê-lo todo estropiado, todo ferrado. Queria lembrar dele e dos momentos que a gente passou juntos quando estava bem e feliz."

Agora, Cortney estava bem na frente de Chris, que enfim teve que olhar para ele. Cortney estava magro e macilento, seu cabelo tinha ficado castanho e sua pele estava pálida com um brilho anormal. Seu rosto e pescoço pareciam inchados, e a boca pequena e franzida. O olho direito estava virado para o lado. Acima do último botão de sua camisa, aparecia uma grossa cicatriz vermelha na base do pescoço.

"Não era Cortney", disse Chris. "Não o Cortney de que me lembrava. Eu nem o reconheci, ele parecia tão diferente. Estava tão menor e tão... parecendo tão diferente. Aquilo me chocou, sabe? Me deparei pela primeira vez com o que ele tinha passado, e foi muito, muito difícil. Não conseguia acreditar. Lembro dele parado ali, e falar, 'Oi, Chris'."

"Convide-os para entrar", disse Byron para Cortney.

Cortney se arrastou para trás a fim de liberar a passagem, e Chris, Kelly e os outros amigos passaram por ele e foram para a sala. Em poucos minutos Cortney se juntou a eles, com o pai seguindo atrás com o tripé.

Na sala, Cortney ficou sentado em uma ponta do sofá, escorado por almofadas, e ouviu as histórias relacionadas ao que os amigos tinham feito no verão e sobre a vida na escola, agora que tinham entrado no penúltimo ano. Quando lhe fizeram perguntas sobre a vida no hospital, Cortney respondeu lentamente, muitas vezes lambendo os lábios, às vezes tentando sorrir. Mas suas tentativas de sorrir pareciam mais uma carranca, com rugas marcando a testa e a boca ligeiramente aberta em círculo. Em um momento, ele até tentou segurar um copo de Coca-Cola na mão, mas tremeu tanto que teve que apoiá-lo.

Asa, uma mulher japonesa que trabalhava em meio período para os Naisbitt desde que Cortney tinha 10 anos, preparou um grande jantar com *chow mein*[1] para todos, exceto Cortney. Enquanto os amigos dele comiam *chow mein*, Byron fez piadas sobre o jantar especial que havia preparado para o aniversariante: uma fórmula líquida para colocar no tubo de borracha que saía da barriga de Cortney.

Após o jantar, Cortney teve ajuda para abrir os presentes e Claire trouxe o bolo que tinha feito para ele: um avião com glacê branco e balinhas amarelas como janelas. Todos comeram um pedaço de bolo e jogaram bilhar por um tempo ou conversaram com Cortney e viram seus presentes. Depois, agradeceram a dr. Naisbitt, Claire e Asa pela festa, despediram-se de Cortney e foram para casa para se preparar para a escola no dia seguinte. Quando foram embora, Byron levou Cortney de volta ao hospital.

No dia 2 de outubro, Claire e Scott se casaram no templo mórmon em Salt Lake City, e ela usou o mesmo vestido que sua mãe usara ao se casar com Byron no mesmo templo 32 anos antes. A cerimônia do casamento foi de manhã, e a recepção aconteceu à noite no *Ogden Golf & Country Club*. Com a ajuda do pai, Claire planejou tudo: a decoração e as flores em tons de pêssego e verde, um bufê para os setecentos convidados e uma banda tocando música dançante. Mas não foi tão divertido quanto imaginou que seria.

Teria sido muito mais divertido se mamãe estivesse lá. Ela teria amado endereçar os convites e conferir se tudo estava sendo feito direitinho. Procurar o vestido de casamento e tudo mais. Ela estava sempre me perguntando, o tempo todo: "Você e Scott vão se casar? Você acha que sim? Bom, o que ele diz? Ele diz coisas legais para você?". Ela sempre gostava de saber todos os detalhes. Aí eu falava, "Ai, mãe, sim, ele diz coisas legais para mim". Quando a gente estava comprando móveis e tal, ela falava, "Bem, você acha que Scott vai gostar disso?". E eu falava, "Sim, sim, acho que por ele tudo bem". E ela dizia, "Bom, se você acha que ele não vai gostar, talvez não devesse comprar". Ela dizia essas coisas. E isso foi um ano antes. Não, um ano e meio! A gente só estava namorando fazia um ano. Quando ela dizia essas coisas, a gente meio que dava risada daquilo. Aí ela dizia: "Lógico, a gente

---

1   Receita chinesa de macarrão frito com legumes, carne ou tofu. [NE]

não sabe se vai acontecer alguma coisa. Provavelmente não vai". Depois fa-lava, "Mas se acontecer". Aí eu dizia, "Tá, mãe, eu sei, se acontecer". Por fim, Scott me disse para não contar a ela que a gente ia ficar noivos. Ele falou, "Não, vamos fazer uma grande surpresa". Então eu disse, "Ok". Mas sempre quis contar para ela.

Acho que Scott e eu começamos a falar no assunto tipo em fevereiro. E aí, quando mamãe e papai estavam em Hong Kong... foi aí que compramos o diamante? Acho que Brett tinha acabado de encontrar o diamante. E Scott decidiu comprar. Mas disse: "Não conta para eles. Não conta para eles ainda". E eu falei, "Ok". Não ia contar para ninguém por um tempo. Porque a gente ainda não tinha decidido o que fazer. E Scott não tinha decidido quando me daria. A gente nem tinha o anel ainda. Só o diamante. Mamãe ficava me perguntando, mas não falei nada para ela. E nós duas tínhamos feito aquilo tudo anos antes, a porcelana, os cristais, móveis, comprando aquelas coisas todas juntas. Foi uma loucura, realmente. E o negócio é, sei que era isso que ela queria a vida inteira: ter a animação de deixar tudo prepara-do para o grande dia. Mas eu nunca contei para ela. E aí ela não estava lá.

Claire estava na fila da recepção com Scott, cumprimentando os convi-dados, quando Cortney apareceu na entrada com sua cadeira de rodas e os dois irmãos atrás dele. Naquele dia ele havia tirado as últimas agulhas do braço e estava vestido como um dos recepcionistas do casamento.

Nós fomos lá, vestimos ele para o casamento de Claire e o levamos para o Country Club, Gary e eu. Colocamos o smoking nele, abotoadura, uma camisa bufante e faixa na cintura. Ele estava muito dolorido no cor-po todo, sem resistência nenhuma. Toda força que ele tinha foi usada para se levantar, botar a roupa e ficar sentado na cadeira. Foi meio que uma luta vestir a roupa nele. A barriga estava doendo e ele estava com o tubo da gastrostomia para fora, logo abaixo do esterno, com um pe-queno grampo na ponta. A gente colocou para dentro, mas ainda ficava um pouco para fora. Lógico que ele não podia comer nada. Mal conse-guia engolir gelo. Acho que era só isso que ele conseguia. Enfim, bota-mos a roupa, tudo machucava e ele ainda não conseguia andar direito. Ele passou a maior parte do tempo sentado e querendo ir embora cedo.

Mas ter ele lá foi importante para Claire, sabe? Tinha uma fila que não terminava nunca. Claire saiu da fila e todo mundo parou e falou com ele. Foi meio que importante. Aí nós colocamos Cort sentado e deixamos ele aproveitar. Acho que ele não aproveitou muito. Acho que estava com muita dor. Ele só ficou sentado na cadeira, meio caído.

Lógico, Claire estava sorrindo de orelha a orelha, e papai estava sorrindo. Foi um evento bacana, mas acho que ainda havia alguns pensamentos ruins. Foi meio trágico mamãe não estar lá. Ela gostava de receber. Tudo tinha que ser perfeito. Não que o evento fosse ser diferente. Mas ela ficaria circulando a todo vapor, vendo se tudo estava perfeito. E teria sido. Ela teria programado tudo até o último segundo, até o último salgadinho ou sei lá o quê. Ela teria realmente gostado daquilo.

No começo de outubro, Cortney foi transferido de novo, desta vez para a ala de reabilitação, onde os médicos lhe puseram em um programa para lhe ensinar outra vez como cuidar de si mesmo: como se vestir, como se alimentar, como entrar e sair da cama, como passar o dia sem a ajuda física de ninguém. Mas Cortney tinha ficado tanto tempo na Terapia Intensiva que passou a depender das enfermeiras para tudo, e ninguém parecia conseguir motivá-lo para aprender de outra forma. Ele barbeava o rosto ou tomava banho não porque aquilo o fazia se sentir melhor, mas sim porque uma enfermeira o importunaria se não o fizesse. Muitas vezes, três enfermeiras levavam uma hora inteira só para persuadi-lo a sair da cama. Ele preferia ficar deitado o dia todo, vendo televisão e cochilando. Às vezes, quando devia estar em alguma sessão trabalhando arduamente com um terapeuta, ele apenas saía andando e perambulava pelos corredores ou ia até a mesa das enfermeiras, onde se sentava em uma cadeira querendo ser cuidado.

Desde a época do St. Benedict, um fisioterapeuta vinha fazendo exercícios passivos de amplitude de movimento com os membros de Cortney, a fim de impedir que seus músculos ficassem contraídos demais. Mas Cortney se opunha tanto a ser tocado que nenhum programa de terapia consistente tinha sido mantido. Agora, ele não conseguia levantar o braço direito acima da cabeça, estender o cotovelo direito nem endireitar o joelho direito. Sua mão direita estava praticamente inútil.

Por trás do problema das contraturas, consequência de ter ficado imobilizado por tanto tempo, estava a paralisia parcial do seu lado direito, resultado do tiro na cabeça.

Na ala de reabilitação, Cortney foi paciente do fisioterapeuta Steve Spencer, cujo trabalho era alongar e fortalecer os músculos de Cortney, ensiná-lo a andar novamente e por fim desenvolver mais destreza em suas mãos.

"Meu Deus, vi aquele menino pela primeira vez", relembrou Spencer, "e achei que estava à beira da morte. Ele sabia disso, o pai dele sabia disso, todo mundo sabia disso. Enquanto estávamos cuidando dele, poderia ter desenvolvido uma infecção e morrido a qualquer momento. Então estávamos tomando todos os cuidados com ele. Mas nossa! Ele era um tirano! Descontrolado, berrando 'CACETE! Sai daqui! CAC...'. Essa era a palavra que falava o tempo todo, falava essa palavra provavelmente umas quinhentas vezes durante a meia hora que eu trabalhava com ele. Estava muito fora da realidade. Tinha uns acessos de raiva, debatendo-se e lutando quase como se alguém estivesse tentando prendê-lo e arrastá-lo fisicamente para a morte. Literalmente puxava a gente pelo departamento afora, e a gente o segurando, um de cada lado, e ele gritando 'CACETE!' o tempo todo. Já treinei cavalos que eram mais cooperativos que Cortney. Uma vez estava abaixado alongando a perna dele, e ele foi e me deu um tapa do lado da cabeça. Subi igual a um louco. 'Se encostar em mim de novo, enfio sua cabeça na parede!' Ele tentou me bater de novo, pois simplesmente não entendia o que estava acontecendo.

"Cortney não cooperava, não saía da cama nem ia tomar café da manhã na sala de jantar. Parte da terapia de Cort consistia em fazer ele se virar sozinho, fazê-lo aceitar que as enfermeiras não iriam ficar à disposição dele, que teria que se levantar, vestir-se e ir para a sala de jantar, comer o jantar e participar da fisioterapia. Rapaz, ele não fazia nada disso. Nada funcionava. Você dizia, 'Quero que você vá lá embaixo e dê muito duro', e era sempre, 'Vamos brincar com meu computador' ou 'Vamos falar sobre a escola'. E não conseguia fazer com que entendesse que se não se exercitasse todos os dias, três vezes por dia, aquela mão iria piorar, ficaria cada vez mais dura, menos funcional, mais contraída.

"Mas ele estava morrendo de medo. Estava deprimido por achar que não conseguia enxergar. Acho que tinha medo de muitas coisas e, apesar de tudo isso, lidava com aquilo da melhor forma que conseguia. Talvez não lidasse com aquilo tão bem quanto eu gostaria, mas durante muito tempo ele sentia dor para caramba. Estava com aquele tubo saindo da barriga. Não conseguia nem engolir nada. Ele babava e tinha um monte de ácido desagradável e coisas regurgitando na boca o tempo todo, e estava doente. Contraiu alguma infecções. Então durante tudo isso não é que estivesse muito saudável e sendo um pirralho teimoso. Ele estava doente e fraco. Alguns dias vinha aqui e jurava que o cara iria... Ele parecia muito mal. E, apesar de tudo isso, continuava vindo e fazendo o que seu pai queria, então sinto que estava fazendo o máximo de esforço, na opinião dele. A única coisa que queria ter feito com Cortney era motivá-lo.

"Havia alguns momentos que ele ficava calmo. Depois que voltava da caminhada dele e estava de volta na cama, meio que queria que você ficasse por perto. Ele dizia, 'Não vai embora, fica aqui e fala comigo, brinca com meu computador ou escuta meus discos'. Ele se sentia sozinho. Entendia que estava com um monte de deficiência e sentia medo. Precisou se ajustar ao fato de que sua mãe tinha morrido, de que não conseguia enxergar pelo olho direito e de que não conseguia usar o braço direito. É um milagre esse cara ter sobrevivido. Achava ótimo, achava fantástica a recuperação que Cortney teve. Pensar em quantos danos sofreu, baleado bem na cabeça à queima-roupa. Não consigo nem acreditar atirar na cabeça com um .25. Lógico, o ácido no esôfago chegou mais perto de matá-lo que o tiro na cabeça. É, Cortney teve que superar muitas coisas que certamente nem percebi."

Após uma mudança de local para Farmington, Utah, no condado de Davis, 32 km ao sul de Ogden, o julgamento dos Assassinatos da Hi-Fi começou em 15 de outubro e durou um mês. Só a seleção do júri levou quase duas semanas. Quando os advogados de defesa tentaram forçar Cortney a aparecer como testemunha, dr. Iverson testemunhou que Cortney era vítima de amnésia retrógrada e não conseguia se lembrar de nada do incidente. Ele disse que jamais tinha visto, e provavelmente jamais veria de novo, um paciente que tivesse passado por aquele tipo de trauma. Acrescentou que duvidava que Cortney se recuperasse.

Iluminadas por uma fluorescência suave, as paredes em tom de marfim do tribunal eram revestidas por painéis de lambri escuros, e um relógio de cobre embutido em uma parede marcava o tempo silenciosamente. O promotor Robert Newey era calmo e sereno, falando com a voz tranquila enquanto desenrolava sequências de evidências com mais de trezentas provas e sessenta testemunhas. Em determinado momento, toda a área frontal do tribunal estava abarrotada com os 120 itens que haviam sido roubados da Hi-Fi Shop, 24 mil dólares em *receivers*,[2] toca-discos, amplificadores e caixas de som recuperados da garagem alugada de Pierre.

Newey ou os quatro advogados de defesa às vezes levantavam objeções, e uma vez houve uma troca de gritos quando o assistente de Newey supostamente pegou o advogado de Roberts treinando as testemunhas do seu álibi para testemunharem no banco. Em geral, entretanto, o clima no tribunal era tranquilo. Um dia no almoço, na metade do julgamento, um jurado desdobrou o guardanapo e encontrou um desenho rabiscado de uma forca e a inscrição, "Enforque esses pretos". Ao serem questionados pelo juiz, os jurados disseram que o incidente não os influenciara, e o pedido de anulação do julgamento feito por todos os quatro advogados de defesa foi negado.

Dia após dia, enquanto Newey chamava ao banco os policiais que haviam reunido as provas na cena do crime, os técnicos forenses que haviam examinado e fotografado as evidências e testemunhas que tinham visto Pierre, Andrews ou Roberts perto da Hi-Fi Shop na noite dos assassinatos, os três réus ficaram sentados em silêncio com seus advogados. Pierre estava na mesa de defesa a poucos metros de Newey, na maioria dos dias vestido com uma larga camisa preta e branca com grandes mangas bufantes.

À medida que o julgamento prosseguiu, Pierre fez anotações, fazendo o que pareciam manchas de tinta ou rabiscos nas margens, anotações que depois alegou serem um código especial para lhe fazer recordar de pontos importantes para levantar na apelação. Entre os períodos em que escrevia, muitas vezes olhava para os membros do júri, composto

2   Receptores de áudio e vídeo. [NE]

por onze homens e uma mulher, como se estivesse fazendo anotações sobre eles, mas suas notas consistiam apenas em um resumo dos fatos vindos do banco das testemunhas. Além de alegar perceber um preconceito óbvio em praticamente todos os 140 jurados em potencial questionados pelo tribunal e notar que não havia negros no júri, Pierre quase não fez nenhum comentário sobre o que estava pensando nem sobre o que estava acontecendo à sua volta. No final de uma página, ele repreendeu um policial: "Hoje vi uma coisa que me magoou muito, um policial trouxe uma mulher com um bebê no colo e a pôs na cadeia por causa de uma multa de trânsito. Não importa quais foram as circunstâncias, mas qualquer policial que seja capaz de colocar uma mulher e um bebê na cadeia e fichá-la 'por uma multa' só pode ser um cachorro. Um cachorro de verdade".

Pierre tinha dois advogados, Gil Athay e Robert Van Sciver, mas Van Sciver estava com laringite durante a maior parte do julgamento, e Athay conduziu a defesa de Pierre.

"Nós tivemos que usar basicamente uma defesa de identidade", disse Athay. "O testemunho de Orren Walker e sua descrição de Dale Pierre simplesmente não eram suficientes, a meu ver, para colocá-lo lá. Sua descrição inicial era de um cara de 1,78 metro. Pierre tem 1,65 metro. Walker nunca reconheceu a cicatriz na testa. E ninguém jamais falou sobre um sotaque estrangeiro nem sobre ter dificuldade de entender o cara. E foi isso que a gente usou. Era só o que dava para fazer. Olhamos todos os outros aspectos. Fizemos a defesa psiquiátrica possível, mas sem sucesso. Acho que nesse tipo de caso, você precisa fazer uma avaliação psiquiátrica. Quer dizer, existem fatos hediondos, existe uma garota estuprada, existe gente com soda cáustica derramada goela abaixo, existe gente estrangulada, canetas chutadas dentro do ouvido, existem todos os elementos horríveis. E Pierre passa a impressão de ser muito quieto, tranquilo, meio solitário, mas que nunca teve nenhum histórico anterior de violência, além de... Eu tenho que admitir que o 'além de' é o aeronauta que foi encontrado com o olho furado por um picador de gelo ou coisa assim, mas essa era uma associação muito nebulosa. Ele ia bem na escola. Acho que gostava da escola. Ganhou uma competição entre ilhas aos 7 anos, um programa de testes educacionais, não sei o que era. Mas era meio que aluno de honra ao mérito aos 7 anos em Trinidad. Tudo que me contou sobre o lugar foi uma experiência agradável. Ele gostava de Trinidad. Gostava de estar lá. Era aceito. Não era minoria, não era excluído, não era diferente. Negou ter qualquer tipo de problema enquanto estava lá. Qualquer tipo. Foi um menino muito religioso. E era assim que a vida dele era. Ele foi corista, sabe, o menino que cantava no coral de domingo."

No banco das testemunhas, quase duas semanas depois do início do julgamento, Orren Walker reviveu os detalhes que aconteceu no porão da Hi-Fi Shop desde a hora em que chegou, às 20h. Estendendo o braço, apontou para Pierre sentado à mesa de defesa e disse que aquele tinha sido o homem que o recebera com uma arma no alto da escada. Ele apontou para Andrews e o identificou como o homem que apontou o revólver para ele lá embaixo. Durante um dia inteiro e parte de outro, contou e recontou sobre a chegada de Carol Naisbitt, o Drano, os tiros, o estupro de Michelle e como se fingiu de morto enquanto Pierre tentou estrangulá-lo com um fio elétrico e, em seguida, chutou uma caneta esferográfica três vezes em seu ouvido. Ele mostrou ao júri a cicatriz no ombro, onde o Drano que escorreu de sua boca queimou a pele. Outra cicatriz em sua testa tinha sido tratada com cirurgia plástica. Ao falar do filho, Walker chorou, mas recusou-se a sair do banco.

Byron Naisbitt também foi ao banco testemunhar sobre as lesões sofridas por seu filho.

"Não consigo nem me lembrar do testemunho de Naisbitt em detalhes", disse Pierre posteriormente. "Fiquei com raiva pela maneira como estava obviamente manipulando o júri por compaixão. Na voz e nas caracterizações dele. Foi obviamente ensaiado. Ele parava e dava uma grande engolida no meio de uma frase e abaixava a cabeça. Acho que estava falando que o filho não conseguia comer ou algo assim, aí fazia uma pausa bem nas palavras exatas enquanto estava falando. Dois ou três jurados ficavam me olhando como se fossem me dar uma surra ou coisa parecida. Foi claramente ensaiado, dava para ver. Qualquer novato no tribunal podia perceber. Achei nojento. Mas eu tinha tomado aquele Valium e estava com aquela atitude 'tô nem aí'. Foi assim que me senti. Achei desagradável, aqueles detalhes que ele estava narrando.

"A parte que me deixou enjoado de verdade e eu precisei tomar outro Valium foi quando mostraram as fotos do lugar. Fiquei tonto. Eles tinham umas quarenta ou cinquenta fotos coloridas das queimaduras nos rostos das pessoas e onde o Drano desceu para os ombros delas. E a garota estava pelada e mostraram um close da bala nela, acho. Não lembro exatamente onde estava. Foi nojento, no geral. Tinham fotos da sala inteira lá. Nessa hora o tribunal interrompeu para o almoço. Falei para Athay que estava enjoado e ele chamou o médico."

Sexta-feira à noite, 15 de novembro, o júri ouviu os últimos resumos dos advogados e as instruções do juiz. Às 18h45 interromperam para jantar e começar as deliberações. O tribunal foi esvaziado e os prisioneiros foram levados de volta às celas por guardas armados.

A maior parte dos principais participantes do julgamento passou a noite no tribunal. Deloy White, o detetive da polícia de Ogden responsável pela investigação, estava sem casaco, com a coronha de seu revólver aparecendo debaixo da axila. Newey estava de colete e camisa. Na mesa da defesa, o advogado de Andrews, John Caine, jogava cartas com Pierre, Andrews e um repórter do Salt Lake Tribune, jogo que foi vigiado atentamente pelos seguranças com as mangas arregaçadas. Em uma pequena sala ao lado do tribunal, o detetive White, Lynn, o filho de Orren Walker, o promotor assistente e um repórter da televisão estavam envolvidos em outro jogo de copas. Roberts estava rindo com sua esposa na primeira fileira dos espectadores. A esposa estava fumando uma cigarrilha. O repórter do tribunal estava lendo um livro.

Às 5h, o júri retornou com o veredito. Pierre foi considerado culpado em todas as cinco acusações, três por homicídio qualificado e duas por roubo qualificado. Para Andrews, o veredito foi igual. Para Roberts, o júri ficou em impasse nas três acusações de homicídio, mas ele foi condenado pelas duas acusações de roubo. O júri foi questionado para garantir que este era o veredito correto e verdadeiro de cada jurado. Depois, a segunda fase do julgamento, a fase da sentença, foi discutida pelo juiz e os advogados. Sob o novo estatuto de pena de morte de Utah, se o réu fosse considerado culpado de homicídio qualificado durante a fase de culpa, uma audiência separada seria realizada a fim de determinar se o réu deveria cumprir prisão perpétua pelo crime ou ser executado. A fase da sentença foi programada para a quarta-feira seguinte, 20 de novembro.

Na fase da sentença de um julgamento por homicídio qualificado em Utah, as rígidas regras das evidências são relaxadas e o juiz permite ao júri ouvir qualquer argumento que considerar relevante para a sentença do réu. A maioria das informações apresentadas podem ser divididas em duas categorias: o caráter e o passado do réu, e se os interesses da sociedade serão mais bem servidos com o réu passando a vida na cadeia ou renunciando à vida diante do pelotão de fuzilamento.

Na história de Utah, 140 pessoas tinham sido consideradas culpadas de homicídio qualificado. Dessas, 79 tinham recebido a sentença de prisão perpétua, 61, recebido a pena de morte, e 31 de fato executadas. A última execução havia acontecido em 30 de março de 1960.

Na quarta-feira de manhã, 20 de novembro, o tribunal não estava tão cheio quanto ficara nas semanas anteriores ao julgamento. Pierre, Andrews e seus advogados outra vez ocuparam as mesas da defesa; Roberts e seu advogado não estavam lá. Durante o dia, Newey reiterou a hediondez dos assassinatos e se referiu à linguagem exata do estatuto de pena de morte de Utah, que dava poder ao júri de condenar os criminosos à execução. Newey disse que apenas a sentença de morte seria compatível com o crime que aqueles dois homens haviam cometido. Rebatendo as afirmações de Newey, os advogados de defesa chamaram ao banco sociólogos, criminologistas, psicólogos e religiosos armados com estatísticas e citações da Bíblia com a intenção de provar que a prisão perpétua era uma recompensa justa pelos atos de Pierre e Andrews e estava no melhor interesse da sociedade.

Quando as testemunhas de defesa tentavam provar que a pena de morte não era impedimento para crimes violentos, citaram estudos em que um estado com pena de morte apresentava um número maior de homicídios do que um estado vizinho sem pena de morte. Um doutor em criminologia afirmou que a pena de morte leva ao sensacionalismo, o que é um incentivo a alguns assassinos. O capelão protestante da Penitenciária Estadual de Utah falou sobre os conceitos de vingança encontrados na Bíblia.

Testemunhando em favor da acusação, um psicólogo clínico da penitenciária afirmou que, nos oito anos anteriores, dez pessoas cumprindo prisão perpétua por homicídio qualificado tinham sido soltas. Os dez homens haviam cumprido uma média de pouco mais de treze anos. O maior tempo tinha sido dezessete anos e o menor tinha sido nove anos e um mês. Dos dez soltos, três haviam cometido assassinatos novamente.

Durante seu argumento de encerramento, o advogado de Pierre descreveu ao júri o que aconteceria no dia da execução se eles impusessem a pena de morte a seu cliente: o sol nascendo, as correntes se arrastando, o réu drogado e chorando, sendo carregado até a cadeira onde seria amarrado e um coração seria costurado na frente da sua camisa, para onde os seis rifles seriam apontados.

Newey foi o último a se dirigir ao júri. Ele falou sobre os três jovens que imploraram por suas vidas naquela noite no porão, sobre pedirem ao sr. Walker para executar o próprio filho ao administrar o Drano, a náusea e o vômito que vinham com a garrafa na sacola parda que passava pela sala, as balas atiradas nas cabeças das vítimas uma de cada vez, muitos segundos ou até mesmo minutos entre cada tiro, o estupro de Michelle. A execução dos autores daquele crime, disse Newey, seria rápida e indolor, e não a tortura prolongada que as vítimas haviam sofrido.

"Quão humano foi o executor deles?", perguntou ao júri.

Embora o julgamento tivesse durado um mês, a fase da sentença levou apenas um dia, e o dia estava terminando. Agora o tribunal estava vazio, e os jurados, reunidos no jantar, após o qual começariam suas deliberações sobre a execução de Pierre e Andrews. Após o júri sair do tribunal e Pierre ser levado de volta à sua cela, Athay e Van Sciver o visitaram, fazendo brincadeiras, dizendo que ele provavelmente ainda seria o primeiro presidente negro da igreja mórmon. Pierre grunhiu. Às 19h, os dois advogados saíram para jantar.

Conversando com um conhecido em sua cela após os advogados irem embora, Pierre andava da porta amarela rebitada, com a abertura para refeições, até a parede amarela rebitada com uma única lâmpada, uma distância de cerca de quatro passos. Ele gostava de projetar um ar de inteligência e dignidade.

"Gosto de me considerar um sábio", disse. "Gosto de saber um pouquinho de tudo. Muitas vezes, eu me sinto branco, mas não me sinto mal por ser negro. Considero ser superior à maioria dos negros. Não confio neles. São barulhentos, mal-educados e têm hábitos como fumar e xingar que não fizeram parte da minha criação. E eu não me visto todo e fico me exibindo por aí como outros negros. Tenho meu próprio jeito de me comportar."

Pierre era obviamente forte no peito, braços e ombros, mas não tinha um porte físico intimidador. Para um homem baixo, era pesado, com 65 kg, mas sete meses na cadeia transformaram aqueles quilos em uma barriga. Enquanto desfilava de calça preta e camiseta branca de uma ponta da cela à outra, pontificava sobre vários assuntos, cobrindo a boca e dizendo "desculpe" toda vez que tossia ou pigarreava.

Pierre disse que não havia atirado em nenhuma daquelas pessoas na Hi-Fi Shop, porque enquanto o crime estava sendo cometido estava na base assistindo a um filme chamado *Jones, O Faixa Preta*.

"Eu ainda não sei onde essa loja fica", disse.

Um preso privilegiado se aproximou da cela de Pierre e colocou um copo de café quente na prateleira estreita logo abaixo da abertura. Pierre pegou o copo, olhou para dentro e o colocou de volta na prateleira.

"Ei!", gritou pela fresta. "Mais creme!"

Ele continuou andando de um lado para o outro.

"Pretendo iniciar o processo judicial depois", disse. "Por enquanto, vou só ficar na minha, depois volto e provo minha inocência. Queria depor para limpar a minha barra, mas sinto que posso vencer na apelação, e aí todo mundo vai ser liberado. Acho que daqui a uns três, talvez quatro anos, as testemunhas do estado vão esquecer o que realmente aconteceu, talvez alguns morram, e aí o estado não vai conseguir ter um bom caso contra mim."

Pierre explicou que o único motivo pelo qual não depôs a seu próprio favor foi que, para se absolver, precisaria envolver os outros que de fato tinham sido responsáveis pelos assassinatos, e um testemunho desses era proibido pela Bíblia.

"A Bíblia proíbe especificamente testemunhar contra alguém que perderá a vida", disse.

Desde que começara a falar, Pierre estava segurando uma escova de dentes de presidiário, de 7,5 cm, passando-a distraidamente nas costeletas esparsas e no bigode. Agora parara e vasculhava uma caixa de papelão nos fundos da cela, tirando uma Bíblia branca com fita vermelha desbotada. Folheou a Bíblia, dizendo que estava procurando por Números 35:30. Quando não achou, colocou a Bíblia de volta na caixa.

A passagem que Pierre estava procurando diz, "Todo homem que matar outro será morto, ouvidas as testemunhas; mas uma só testemunha não bastará para condenar um homem à morte". O capítulo continua, "Jamais aceitem resgate pela vida de um assassino, culpado de morte: ele com certeza deve ser executado".

"Só posso especular, cara", disse Pierre, "mas calculo uns cinco anos até eu estar solto. Nesse período, quero me formar para ser linguista. Já falo um pouco de espanhol e de francês."

Fez uma pausa por um momento, continuando a dar os quatro passos na cela. Depois, disse: "Quando sair, vou mudar de nome. Mas não conta para ninguém. Aí talvez compre um pequeno sítio de galinhas em algum lugar na Califórnia e entre no ramo de ovos".

Às 9h15, houve uma batida na porta e o carcereiro disse, "Pierre, se apronte".

O júri tinha decidido como Pierre deveria pagar por seu crime. Agora o oficial de justiça estava notificando todas as partes para se reunirem na sala do tribunal a fim de ouvir a decisão.

Enquanto aguardava o carcereiro abrir a porta, previu que receberia a pena de morte e Andrews pegaria prisão perpétua.

No tribunal, o juiz leu a decisão do júri. Pierre foi condenado a morrer três vezes pelas três vidas que havia tirado. Andrews também foi condenado à morte. Eles foram os primeiros homens sentenciados à morte sob o novo estatuto de pena de morte de Utah.

O anúncio da decisão do júri levou apenas alguns minutos. O tribunal logo foi esvaziado outra vez e, no saguão, do lado de fora, repórteres estavam entrevistando vários participantes do julgamento. Com as mãos acorrentadas à cintura, Pierre e Andrews foram escoltados por um esquadrão da polícia de volta às suas celas. Depois que foram trancados novamente, a cadeia ficou em silêncio. De manhã, os dois assassinos condenados seriam transportados para a Penitenciária Estadual de Utah para aguardar sua sentença. Sozinho em sua cela, Andrews se deitou na cama aos prantos. Do outro lado da mesa do carcereiro, Pierre olhou para fora através da pequena abertura da porta de sua cela. Ele estava comendo um saco de batata chips.

✖ O dia em que Pierre foi condenado à morte foi o primeiro dia de Cortney fora do hospital. Ao andar, conseguia apenas dar um passo, depois quicar um pouco enquanto arrastava o pé direito para frente. O olho direito ainda estava virado cegamente para o lado, e a mão direita ficava dobrada e apertada contra o peito. A única alimentação de Cortney era fórmula ou alimentos batidos no liquidificador e injetados no tubo da gastrostomia.

Byron foi aconselhado por psiquiatras que, para o bem de Cortney, o menino deveria ser colocado em um centro de tratamento especial, onde receberia terapia intensiva para suas deficiências físicas e emocionais. Mas Byron foi contra. *Eu o mimei bastante, talvez até mais do que deveria. Apenas cuidei dele, e tolerei sua imaturidade e coisas assim. Achava que ele já tinha tido estresse o suficiente e não iria pressioná-lo tanto. Mais cedo ou mais tarde ele superaria. Acho que os psiquiatras não concordaram com isso, mas não estou preocupado com o que diabos acham. Pensavam que ele melhoraria mais rápido se o tirássemos dessa casa e o puséssemos em centro de reabilitação intensiva. Ele ama esta casa. É aqui que ficava mais confortável. Eles achavam que ficar por aqui sozinho, sem mãe, traria de volta um monte de coisas. Que ficaria deprimido e faria besteiras. Mas eles não o conhecem. Não o conhecem nem um pouco. O que faz ele seguir em frente. Queriam tirá-lo de tudo isso aqui, tirá-lo de mim para o colocarem em um lugar onde*

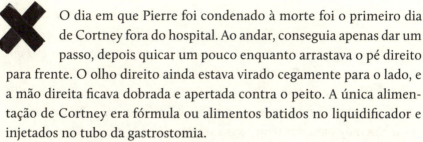

ficaria sozinho e teria que começar do zero. O que provavelmente era uma boa ideia, mas não sei se teria sido o melhor para ele, e com toda certeza não teria sido o melhor para mim. Depois de vê-lo passar por tudo aquilo, eu é que não iria despachá-lo. Portanto, certo ou errado, ele ficou aqui.

Nos finais de semana, Byron levava Cortney até o chalé da família em Big Cottonwood Canyon. Eles acendiam a lareira e Byron tentava levar Cortney para dar pequenas caminhadas. Na maior parte do tempo ficavam dentro de casa e jogavam xadrez, ou então Cortney brincava com a calculadora e eles conversavam. No fim de semana de Ação de Graças, foram caçar faisões em Idaho com os primos de Cortney. Ele estava tão fraco que não conseguia andar nos campos de grãos, então seu pai o colocou no capô de um carro com uma espingarda .20 na mão e lhe disse para observar os pássaros que o restante do grupo espantasse. À noite, de volta em casa, assistiam TV juntos até Cortney dormir.

Enquanto seu pai trabalhava durante o dia, Cortney ficava sentado em um sofá no canto da sala que logo ficou conhecido como o Canto de Cortney. Ele dormia, assistia televisão e pouca coisa além disso. Asa cuidava dele e conferia se estava confortável. Um tutor do programa residencial e hospitalar do conselho escolar ia todos os dias durante uma hora para ensinar inglês e história, mas Cortney nunca lia nenhuma de suas tarefas. Por fim, o tutor decidiu ler os capítulos em voz alta para ele durante as visitas, na esperança de que Cortney prestasse atenção. Até quando Kelly, Chris e outros amigos o visitavam à tarde, Cortney geralmente só ficava sentado e os escutava falar sobre o que estava acontecendo na escola.

Cortney sentia saudade do hospital. Ele não tinha enfermeiras para chamar quando precisasse de alguma coisa, ninguém para conversar quando estivesse com vontade. Havia parentes, amigos da família e Asa, mas Cortney não tinha com quem contar para fazer tudo para ele, como tinha no hospital. Precisou até aprender a se alimentar: a mexer nos grampos da gastrostomia, a medir os ingredientes da fórmula e depois encher e colocar a seringa no tubo. Claire o ajudou no começo, mas tentou deixá-lo fazer o máximo possível.

Papai ficava tentando nos dizer: "Não faça para ele, porque ele terá que aprender a fazer sozinho. Vai ter que ser autossuficiente".

Apesar de seu estado de fraqueza e esquecimento, Cortney decidiu no começo de janeiro que queria voltar para a escola, quase nove meses após os assassinatos. A decisão pareceu pouco realista para seu pai, mas nenhum dos médicos sabia dizer do que Cortney era ou não era capaz de fazer. Se Cortney sentia que estava pronto para voltar à escola, seu pai tinha que lhe deixar tentar.

Apesar de Cortney ter perdido o último mês do segundo ano na primavera anterior, havia passado para o terceiro ano com sua turma. Mas até Cortney admitiu que não tinha a energia para tentar a programação completa das aulas, então arranjou-se que ele frequentaria duas horas por dia, um dia pela manhã e no outro à tarde. Todos os dias em casa ele continuaria a ser ensinado pelo tutor por uma hora.

Antes dos assassinatos, Cortney não era conhecido entre os mil e quinhentos alunos da Ogden High. Seus irmãos tinham feito parte dos times de futebol americano e luta, e Claire tinha sido oficial de classe e líder de torcida, mas Cortney era mais solitário, amigável e fácil de abordar, mas socialmente desajeitado. Além de fazer parte do time de natação, associava-se pouco a grupos. Sua companhia constante e marca registrada era a pequena calculadora que usava pendurada no cinto.

"Antes do acidente, a gente ia na casa dele", relembrou Chris. "'Ei, Cort, vamos comer um hambúrguer no Circle', ou então 'Vamos no cinema', mas Cortney não era o tipo de cara que gostava de fazer essas coisas. Gostava de ficar em casa trabalhando em seus aviões ou inventando alguma coisa. Cortney era muito inteligente para essas coisas, em coisas científicas e coisas eletrônicas. Ele ia bem fundo nesse tipo de coisa."

Talvez por não o conhecerem antes, alguns alunos não reconheceram Cortney em seu primeiro dia de volta à escola. Quando descobriram quem ele era, muitos tinham sentimentos ambivalentes sobre vê-lo pelos corredores. Ficaram surpresos ao saber que ele tinha saído do coma, e ainda assim chocados com o quanto ainda parecia doente. Estava cinzento e esquelético, o corpo curvado para frente, os olhos arregalados e vidrados. Parecia distante. Muitas vezes não respondia quando alguém falava com ele, e às vezes não reconhecia alunos que tinham sido seus amigos antes.

"Assombrado", disse um aluno, 'é a melhor maneira de descrever Cortney naquela época. Assombrado."

O tubo da gastrostomia continuava em sua barriga, pouco disfarçado por baixo das roupas. Ainda era a única maneira com a qual ele podia comer. Se falasse, sua fala era lenta, e pausava frequentemente para lamber os lábios. Ao subir escadas, segurava o corrimão com a mão esquerda, subia com o pé esquerdo e depois lançava o direito para cima ao lado do outro, um passo de cada vez. Seu olho direito se desviava dos alunos que tentassem falar com ele.

A maioria dos alunos tinha lido sobre os assassinatos e as prisões na primavera anterior, e acompanhado o julgamento no outono. Eles sabiam tão bem quanto Cortney, talvez até mais, o que havia acontecido no porão da Hi-Fi Shop. Quando Cortney enfim retornou à escola, sua sobrevivência a tudo que eles tinham lido fez dele uma espécie de herói. Apesar de sua aparência, abordavam-no e falavam com ele, incentivavam-no e o apoiavam. Tentaram fazê-lo se sentir querido e bem-vindo outra vez. Mas boa parte dos sentimentos deles era de pena.

"Algumas pessoas faziam de tudo só para falar com ele e serem gentis", relembrou Kelly, "e Cort percebia isso. De certo modo ele gostava da atenção, mas às vezes não gostava que pessoas que nunca o conheceram antes e tal fizessem uma cena, como se tivessem sido carne e unha desde que ele nasceu, sabe como? Algumas meninas faziam isso. Eu percebia algumas garotas que estavam lá sentadas e falavam, 'Ooooi, Corrrtney', muito devagar, como se ele fosse surdo ou coisa assim. Cort sabia. Cort sabia direitinho o que estava acontecendo."

Cortney vinha frequentando a escola duas horas por dia por quase uma semana, quando os meios de comunicação ligaram para seu pai. Um repórter da Associated Press queria fazer uma entrevista e uma equipe de noticiário de televisão pediu permissão para filmar e falar com Cortney na escola.

Eles puseram umas imagens dele voltando para a escola e um dos professores dele na TV. Acho que uma câmera o filmou subindo as escadas ou algo assim. Mas não fizemos muito isso. Eu achei que todo mundo devia saber que ele estava melhorando o suficiente para, pelo menos, tentar voltar à escola, porque todo mundo tinha um monte de ideias diferentes a respeito de quais eram os problemas dele. As pessoas estavam muito preocupadas com ele. Eu recebia ligações, cartas e as pessoas perguntavam a outras pessoas próximas a mim, entende? Então conversei com a família e achamos que seria uma boa ideia informar exatamente qual era o progresso dele até aquele momento. Aí fizeram uma pequena matéria no jornal e o colocaram na TV voltando às aulas.

Cortney disse aos repórteres que estava no terceiro ano e pretendia se formar com sua classe, a classe de 1976. "Estou indo bem", disse ele na citação, "e todos os meus amigos acham ótimo."

Mas Cortney não tinha a energia para estar de volta à escola nem mesmo em tempo parcial, e com frequência ia para a enfermaria antes de concluir suas duas horas de aula. Estava instável e esquecia as coisas instantes após os professores terem explicado. Ele fazia as leituras devagar com seu único olho bom, e tinha dificuldade de compreender o que havia lido. Depois que apareceu na televisão e sua foto saiu no jornal, sua frequência na escola se tornou aleatória. Após a terceira semana de janeiro, não foi mais visto. Ele teve que ser levado para Salt Lake City, onde passaria quase um mês no hospital.

A única esperança de Cortney conseguir engolir comida novamente era uma reconstrução esofágica: uma cirurgia rara e complexa que exigia uma equipe de médicos e levava quase oito horas. Os resultados não são sempre satisfatórios.

Para selecionar um médico e tentar a operação, Byron foi ao Hospital LDS em Salt Lake City e analisou fichas até encontrar o cirurgião torácico com a maior experiência em substituição esofágica. Na região de Salt Lake, dr. Stephen Richards tinha realizado onze, um total de 25 se fosse incluída sua experiência na residência e em hospitais de veteranos. Todos os pacientes de Richards agora estavam comendo pelo menos comidas macias.

A situação de Cortney era a mais complexa que Richards já tinha visto: um total de cinco estenoses no esôfago e os órgãos ao redor grudados uns nos outros. Mas ele concordou em tentar a operação, e Cortney deu entrada no Hospital LDS no dia 22 de janeiro de 1975. Dois dias depois, foi levado para a cirurgia, onde Richards e outros dois cirurgiões cortaram fora o antigo esôfago, puseram-no de lado e trouxeram para cima um pedaço cortado do cólon abaixo do esterno de Cortney. Esse trecho do cólon foi afixado logo abaixo da garganta de Cortney e também ao pequeno pedaço remanescente do esôfago na entrada do estômago.

"Esse tipo de reconstrução não é igual ao esôfago de uma pessoa", explicou dr. Richard. "É preciso entender isso. Mas é uma maneira de as pessoas conseguirem comer e se nutrirem. A substituição do cólon perde a capacidade de contração, então na realidade é apenas um tubo de gravidade. As pessoas que têm esse tipo de operação precisam se sentar de maneira ereta quando comem, para que a comida desça."

Ao final da convalescença de três semanas e meia após a operação, Cortney se recusou a ir embora do hospital. Não queria voltar para casa e implorou ao pai que o deixasse ficar com as enfermeiras. Quando finalmente foi levado para casa, ameaçou arrancar o tubo da gastrostomia para que seu pai fosse forçado a levá-lo de volta.

Toda vez que o levava de volta ao hospital para uma cirurgia, tinha esse tipo de problema com ele por uma ou duas semanas. Até ele se estabelecer e se ajustar de volta à casa. E teve uma vez, minha nossa, que achei que nunca ia conseguir tirá-lo do hospital. Ele simplesmente se recusou a voltar para casa. Isso foi depois da operação grande. Ele não queria sair do hospital, caramba, e fim de papo. Estava tendo muita dificuldade de se adaptar.

Ele perguntou por que precisava ficar daquele jeito, e disse que talvez teria sido melhor ter morrido e esse tipo de coisa. Não tinha ninguém aqui para amá-lo e cuidar dele dia e noite, e sentia falta das pessoas às quais tinha se acostumado lá no hospital. Ele não tinha um monte de gente fazendo malabarismos, médicos correndo de um lado para o outro e enfermeiras pulando para lá e para cá. Não tinha essa segurança toda. E não tinha mãe, ele queria uma mãe. Estava tendo um pouco de problema para se adaptar psicologicamente, então era natural que ele sentisse um pouco de solidão, e que isso era muito mais do que ele poderia aguentar. Eu apenas não escutava, não tolerava aquilo e mostrei que, poxa, ele estava em muito melhor forma do que um monte de gente, que ele podia aguentar e que ia aguentar, que tinha aquilo e era melhor encarar que tinha, porque aquilo não ia desaparecer. E que eu não tolerava ouvir aquela bobagem.

Então ele decidiu que queria ser adotado. Estava aqui, ainda estava doente, estava chateado e assustado. Ele queria uma mãe e eu não tinha uma aqui para ele, então queria ser adotado onde tivesse uma mãe. Foi só uma fase que ele passou. Estava com pena de si mesmo e foi ruim. Queria ser adotado onde tivesse uma mãe porque não estava recebendo amor maternal. Eu apenas não escutava. Falei: "Tudo bem, se organiza aí, se quiser. Vai lá descobrir o que consegue". E cacete, ele ligou para todas as agências e estava fazendo o percurso todo. Tentando encontrar uma mãe. Ele contou a alguma sociedade que queria sair da minha casa, que estava sendo maltratado e a coisa toda. Tive agências me ligando, "Doutor, o senhor sabe o que está acontecendo?". "Com toda certeza, eu o incentivei." Eles me perguntaram se eu estava tendo problemas. Eu falei que eu não estava com problema nenhum, quem estava tendo problemas era Cortney.

Precisei ser firme o bastante para mostrar a Cortney que ele que não tinha mãe, que não ia ter mãe e que era melhor encarar esse fato e aprender a conviver com isso. Acho que ele estava passando por muitas mudanças naquela época. Meu Deus, ele estava tentando descobrir se era um indivíduo, se estava vivo ou morto ou o quê, se conseguia funcionar e desconfio que isso fazia parte da descoberta dele se conseguiria se virar sozinho.

Cortney continuou psicologicamente dependente de hospitais por muito tempo. Entre 15 de fevereiro, quando teve alta, e 10 de abril, quando seu pai o levou em um cruzeiro pelo Mediterrâneo, precisou voltar ao hospital quatro vezes para dilatarem seu novo esôfago. Para cada dilatação, ficava no hospital um ou dois dias, e toda vez relutava em voltar para casa.

Em abril, após o quarto retorno de Cortney ao hospital para dilatação, ele e o pai voaram até as Ilhas Canárias, onde embarcaram no navio *Golden Odyssey* e navegaram pela costa do Marrocos até a Espanha, passando pelo Estreito de Gibraltar. Cortney estava cansado na maior parte da viagem, em geral ficando a bordo nos portos de escala. Ele gostou do passeio em torno de Gibraltar, mas ficou enjoado de novo durante uma saída em Malta. Fez amizade com alguns membros da tripulação, que lhe mostraram a casa do leme e as casas das máquinas do navio, e isso pareceu lhe interessar mais do que ir para a terra firme. Antes de o cruzeiro terminar, Cortney passou por dois constrangimentos durante o jantar, quando regurgitou sua comida sobre a mesa.

Quando voltou do cruzeiro, Cortney precisou retornar ao hospital, dessa vez para abrirem seu pescoço e repararem a estenose em sua garganta cirurgicamente.

Quando recebeu alta, mais uma vez se recusou a ir embora e se tornou tão combativo e inflexível em sua recusa que o próprio dr. Richards precisou lidar com o problema de tirar Cortney do hospital.

"Eu até escrevi aqui: 'Cortney disse que não tem vontade nenhuma de voltar para casa. Ele só quer ficar no hospital. Após algumas discussões e a incapacidade de todas as pessoas que o estavam atendendo de convencê-lo que deveria ir para casa, foi necessário pegá-lo fisicamente e carregá-lo para fora do hospital'. Ele apenas se recusou a sair. Inclusive se segurava nas molduras das portas enquanto o carregávamos.

"Eu já operei pessoas que tiveram ferimentos de bala no peito, operei pessoas que levaram facadas no peito, mas nada que se prolongasse tanto quanto isso. Acho que nunca operei ninguém que tivesse tanto problema, aquele tipo de insulto violento. E aquela quantidade de déficit emocional."

Após voltar para casa, Cortney tentou mais uma vez voltar ao hospital alegando que a estenose havia voltado e ele não conseguia engolir. No entanto, em vez de dar entrada nele, dr. Richards atendeu o garoto na sala de emergência como um paciente ambulatorial. Na radiografia, o esôfago de Cortney parecia da mesma largura de quando ele deixara o hospital nove dias antes. Richards se recusou a dilatá-lo de novo. O médico disse a Byron que, mesmo que Cortney sentisse um estreitamento real no esôfago, contanto que conseguisse engolir líquido suficiente para se manter vivo, o tecido cicatricial remanescente acabaria se relaxando e ele seria capaz de engolir praticamente qualquer coisa.

Naquele verão, Byron levou Cortney várias vezes para velejar no Bear Lake ou para o chalé em Solitude. Pouco a pouco, ele foi se afastando da dependência de hospitais e enfermeiras, embora ainda visitasse a UTI do McKay-Dee duas ou três vezes por semana. Quando visitava, sentava-se perto de uma das enfermeiras mais velhas que tinham cuidado dele e colocava a cabeça no ombro dela. Uma vez, ele mostrou que conseguia amarrar o próprio sapato. As enfermeiras lhe davam um beijo na bochecha ou um abraço e conversavam com ele por alguns minutos sobre o que Cortney vinha fazendo. Depois ele ia embora dirigindo o pequeno Mazda automático verde que seu pai lhe comprara a fim de incentivar sua independência.

***

No dia 11 de agosto de 1975, quase um ano e quatro meses após seu primeiro voo solo, Cortney telefonou para Wolfgang. Desde outubro do ano anterior, ligava para seu antigo instrutor uma ou duas vezes por semana, primeiro do hospital e depois de casa, entre as operações. Todas as vezes queria saber quais capítulos do manual de voo deveria estar estudando. Mas, quando ligou dessa vez, Cortney tinha um pedido diferente: queria que Wolfgang o levasse para voar novamente.

Quando Cortney chegou ao aeroporto, no entanto, as coisas foram diferentes da última vez em que haviam voado juntos. Sua personalidade tinha mudado. Estava mais quieto e tinha dificuldade de se lembrar do que estava conversando. Para Wolfgang, ele pareceu hesitante e apreensivo. "Simplesmente não era o mesmo Cortney alegre que eu conhecia antes", disse Wolfgang depois.

Wolfgang pilotou o avião durante a decolagem, entregando os controles para Cortney após estarem nivelados no ar. Mas quando Cortney estendeu a mão para ajustar o compensador, sua mão direita trêmula não se mexia rápido o bastante. Wolfgang teve que ajustar o compensador para ele. Quando chegou a hora de Cortney ajustar o compensador de novo, ele estava tão concentrado em desenrolar o braço direito e a mão na direção do compensador que deixou o nariz abaixar e eles perderam altitude abruptamente. Ao mesmo tempo, uma asa começou a abaixar e Wolfgang precisou segurar os controles para que eles não começassem a girar.

"Ele decidiu que não queria mais voar", disse Wolfgang, "e começou a suar. Eu perguntei, 'Está passando mal?'. Ele disse, 'Não, só estou um pouco nervoso'. Aquilo foi uma mudança total. Eu falei, 'Quer voltar para o aeroporto?'. Ele disse, 'Sim, quero voltar'."

Wolfgang disse para Cortney não se preocupar. "Vai melhorar um pouquinho e aí a gente voa de novo. Quando estiver pronto, é só me ligar."

Alguns meses depois, Cortney ligou e Wolfgang voou com ele mais uma vez, mas estava óbvio que Cortney não sabia mais voar. Até quando conseguiu pegar o microfone do rádio na mão e ligar na frequência correta, não conseguia se lembrar o que precisava dizer. Após esse segundo voo, Cortney nunca mais voou com Wolfgang. De vez em quando Wolf ainda o encontrava no aeroporto e Cortney falava para ele, "Vai me levar lá em cima de novo?". E Wolf dizia, "Claro que levo. Vamos agendar o avião". Mas aí Cortney dizia que precisava ver com seu pai primeiro, ou que talvez fosse melhor esperar um pouco até ele ficar um pouco mais forte. Às vezes, de tarde, Wolfgang o via sentado sozinho atrás dos hangares pequenos, só observando os aviões. Cortney nunca mais reaprendeu a voar.

No outono, Cortney voltou para a Ogden High, onde novamente foi objeto de grande atenção. Os alunos falavam com ele nos corredores, incentivavam-no na sala de aula. Aquilo o fez se sentir bem-vindo e especial, e Cortney gostava de sua popularidade. Na primavera anterior, enquanto ainda estava passando pelas operações em Salt Lake City, muitos deles escreveram em seu anuário que ele era uma inspiração. Ao voltar à escola após tanto tempo no hospital, Cortney tinha uma identidade: era um sobrevivente dos Assassinatos da Hi-Fi.

"Quando voltou da primeira vez", disse um dos seus professores, "era como um herói voltando."

Cortney podia ser visto nos corredores carregando os livros debaixo do braço esquerdo, com a mão direita acima da barriga, tremendo. Ainda mancava de forma bastante visível, mas sua postura estava um pouco mais ereta e sua fala um pouco mais clara agora. Um oftalmologista havia cortado e realinhado os músculos de seu olho direito, juntando-o adequadamente ao esquerdo. Com o auxílio de finas lentes corretivas para miopia, a visão de Cortney voltara ao normal. Na escola, usava óculos fumê, até mesmo do lado de dentro.

Quando outros alunos abordavam Cortney entre as aulas para perguntar como estava, ele dizia devagar, "Tudo bem". Mas não conseguia subir e descer as escadas de uma aula para a outra na mesma velocidade dos outros alunos. Não podia comer a mesma comida, porque o topo do seu novo esôfago ainda era do mesmo tamanho que seu dedo mindinho.

Até uma colherada de sopa precisava ser erguida lentamente com a mão esquerda, deslizar no canto esquerdo da boca, girar para frente e depois para cima. Como não havia válvula na entrada de seu estômago, muitas vezes o ácido subia para seu novo esôfago, queimando-o e às vezes entrando em seus pulmões. Todos os dias Cortney precisava ingerir pastilhas de Maalox para neutralizar o ácido.

Na aula, Cortney era capaz de resolver problemas de trigonometria na lousa que impressionava outros alunos, mas não conseguia explicar verbalmente o que tinha feito. Os pensamentos e ideias pareciam estar dentro da sua cabeça, mas lhe faltavam as habilidades motoras para se expressar. Muitas vezes, palavras e fatos ouvidos apenas momentos antes se perdiam nas lacunas de sua memória, e então parecia não haver nada, nem mesmo o pensamento de que alguma coisa estava faltando. Com frequência, Cortney fazia perguntas que seus professores tinham respondido apenas minutos antes. A princípio, os professores e os outros alunos eram pacientes com ele. Mas depois, relembrou Kelly, "A maioria dos professores só falava, 'Bem, por que não esperamos a aula terminar, Cortney, daí descobrimos o que você tem a dizer'".

A recepção de herói que Cortney teve dos alunos terminou após algumas semanas. Agora, quando ele fazia perguntas que o professor tinha acabado de responder, eles reviravam os olhos ou batiam os pés. Ou riam.

"Foram um pouco cruéis com ele", observou uma professora, "avisando-o que seu período de benevolência havia terminado."

A realidade era que os alunos não podiam continuar fazendo exceções para Cortney. Em algum momento, teriam que começar a tratá-lo como qualquer outro aluno. A risada deles significava que Cortney não era mais alguém especial, não era mais um sobrevivente dos Assassinatos da Hi-Fi. Era apenas um deles.

Cortney passou o último ano sozinho, na maior parte. Via os amigos na escola e falava com eles, mas passava a vida fora da sala de aula em casa. Chris estava jogando futebol americano, e Kelly trabalhava em um supermercado 35 horas por semana. Outro amigo, Dave Whiteley, que compartilhava do interesse de Cortney por computadores e eletrônica, agora tinha uma namorada e passava a maior parte do tempo com ela. Uma vez, Dave e sua namorada levaram Cortney a uma lagoa para brincar com o barco controlado por rádio de Dave, mas Cortney não demonstrou muito interesse. Ele parecia cansado. Dave tinha outras coisas, além da namorada, que também ocupavam seu tempo. Ele e Cortney tinham começado a fazer aulas de voo na mesma época durante o segundo ano, e Dave agora tinha habilitação de piloto.

Os amigos às vezes visitavam Cortney em casa, e ele foi algumas vezes ao boliche e ao cinema, mas perdeu os jogos de futebol americano, os bailes da escola, as festas de inverno e a temporada de basquete. Ele não tinha energia para ficar sentado em arquibancadas lotadas e tinha dificuldade de engolir um cachorro-quente com Coca-Cola. Quando ligava para amigos só para bater papo, muitas vezes ligava de volta minutos após desligar, como se nunca tivesse feito a primeira ligação.

Mesmo na escola, Cortney ficava cansado durante o dia, frustrado e impaciente com suas perdas frequentes de memória. Às vezes saía da sala e perambulava pelos corredores ou ligava para o pai, que o incentivava a voltar para a aula. Em alguns dias, Cortney ia para a enfermaria da escola até a hora de ir para casa, ou até suas aulas de recuperação começarem de tarde, após a escola. Cortney estava fazendo aulas extras porque queria se formar com sua turma, e os créditos combinados do seu segundo ano, do curso de verão e das aulas particulares só lhe davam metade da quantidade exigida pelo estado para realizar a formatura. Se quisesse se formar com a classe de 1976, Cortney precisava obter no último ano metade dos quinze créditos que a maioria dos alunos obteve em três anos do ensino médio.

Tentando preencher os requisitos para a formatura, Cortney se matriculou em alemão, álgebra e trigonometria universitária, física, ciência da computação, natação e eletrônica. Duas vezes por semana, após a escola terminar às 14h45, fazia aulas de recuperação ou "dia estendido" de inglês e história americana até as 17h. Quase todas as noites Cortney estava na cama dormindo às 20h.

Conforme o ano passava, Cortney andava um pouco mais ereto, falava um pouco mais rápido e esquecia menos. Mas as mudanças aconteciam tão lentamente que as pessoas à sua volta mal notavam. E algumas coisas não mudaram. Ele ainda ligava pouco para a sua aparência, deixando o cabelo sem lavar, o rosto sem barbear e, às vezes, até se esquecendo de escovar os dentes. Nas poucas vezes em que tentou descolar um encontro, as meninas que ele convidava não queriam sair com ele. Para o baile de formatura, ele chamou quase todas as garotas que conhecia, mas a maioria delas estava namorando e quase todas já tinham companhia. Naquela noite, Cortney ficou em casa sozinho.

Cortney nunca reclamou de suas deficiências nem de ter que ficar em casa sozinho. Na maior parte do tempo parecia quase contente de ficar em casa e descansar, e estudar quando pudesse, porque apesar de estar ficando cada vez mais forte e ágil, ainda se cansava com facilidade. Sua única motivação era tentar se formar com seus amigos, mas estava tão fraco que até isso parecia improvável às vezes. Ele mal estava conseguindo dar conta de todos os cursos que precisava passar antes que lhe permitissem se formar com a Classe de 1976.

***

No fim da tarde de 27 de maio, os 492 integrantes da classe de 1976 da Ogden High School se reuniram no ginásio do estádio da Weber State College. Lá fora, na linha das 50 jardas, um grande palco havia sido montado com um cenário alto vermelho e branco. De acordo com o tema da celebração do bicentenário do país, trinta bandeiras americanas decoravam o palco.

O estádio ficava no sopé das montanhas, com o palco vermelho, branco e azul de frente para as arquibancadas do lado oeste. Enquanto os formandos se reuniam no ginásio, as arquibancadas se encheram com mais de dois mil pais, avós, irmãos e amigos. A Família de Cortney chegou cedo: seu pai, os dois irmãos e Diane, Claire e Scott. Dois jornais e a Associated Press já tinham publicado matérias sobre a formatura iminente de Cortney, e equipes de câmeras de televisão agora estavam se posicionando na frente do palco com a intenção de filmar a caminhada de Cortney para receber seu diploma.

A noite estava quente e agradável. Às 19h, a Orquestra da Ogden High School tocou "Pomp and Circumstance" enquanto os formandos começaram a preencher a seção reservada das arquibancadas, metade chegando devagar da entrada norte e a outra metade da sul. Byron logo identificou Cortney entre as túnicas pretas. Ele estava mancando, porém mais saltitante do que o normal, com a borla balançando ao lado do rosto. Seu pai não via Cortney tão animado em mais de dois anos.

Após a turma se sentar, o programa correu rapidamente, começando com a prece, seguida pelos alunos oradores e o discurso de abertura. Quando enfim chegou a hora de entregar os diplomas, a diretora Claire Fisher se levantou e pediu ao público que segurasse os aplausos até o último aluno ser chamado. Nesse momento, os formandos seriam apresentados como um grupo e as pessoas nas arquibancadas poderiam aplaudir a classe de 1976.

Ao mesmo tempo, a primeira fileira de trinta formandos se levantou e começou a caminhar pela pista de concreto até a beira do palco, onde aguardaram seus nomes serem chamados. Quando um nome era lido no alto-falante, o formando subia os degraus do palco e o cruzava diante das arquibancadas lotadas para cumprimentar a diretora e outros dignitários.

Bem mais da metade da turma já tinha recebido seus diplomas quando Cortney se levantou com sua fileira e desceu os degraus do estádio, um de cada vez, mancando perceptivelmente com a perna direita, mas ainda parecendo saltitar. Quando chegou embaixo, prosseguiu cruzando a rampa até o palco e aguardou seu nome ser chamado.

"Byron Cortney Naisbitt."

O aplauso começou com os 491 membros da sua classe. Enquanto Cortney mancava pelo palco, arrastando o pé direito e tentando desdobrar a mão direita, a classe se levantou de repente e continuou aplaudindo, e esses aplausos se juntaram aos das famílias nas arquibancadas e das pessoas no palco. Todos no estádio se levantaram e aplaudiram, e as câmeras de televisão acompanharam Cortney pelo palco, indo lentamente em direção à diretora que aguardava para apertar sua mão.

Depois que leram meu nome, meu pai falou que todo mundo nas arquibancadas se levantou e começou a aplaudir. Eu não vi porque estava muito concentrado em tentar abrir minha mão.

LEFT 1980

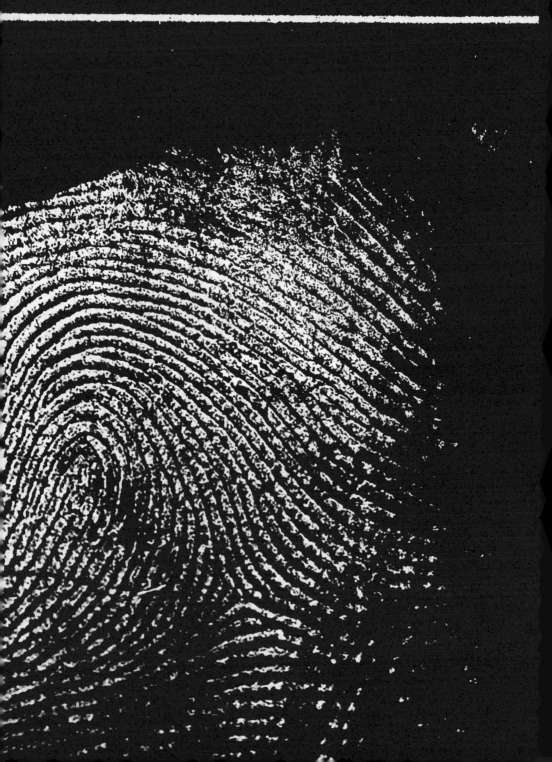

RIGHT 1990
EPÍLOGO

Mais de oito anos se passaram desde os assassinatos. A Hi-Fi Shop fechou, foi demolida para dar espaço a um novo shopping center no centro da cidade. Até o antigo prédio de tijolinhos vermelhos, que antes era o Hospital St. Benedict, fica apagado na encosta leste, com o hospital agora localizado em instalações novas e maiores a quilômetros dali. Na primavera de 1978, Byron Naisbitt se casou com uma enfermeira obstétrica, uma mulher com mestrado em enfermagem e sete filhos. Gary também se casou outra vez; sua nova esposa é uma executiva bancária com dois filhos de um casamento anterior. Atualmente, Gary está matriculado em um programa de doutorado em Química na *Brigham Young University*. Scott, o marido de Claire, concluiu sua residência em obstetrícia em 1979, e o casal se mudou para Ogden, onde Scott agora pratica obstetrícia e ginecologia. Eles são pais de três menininhas, das quais a mais velha acabou de completar 6 anos. Brett agora é vice--presidente de uma empresa de investimentos e desenvolvimentos. Ele e Diane adotaram mais dois bebês, ambos meninos. Natalie fez aniversário de 8 anos em novembro de 1981.

Brett: *Natalie tem uma foto de mamãe no quarto dela, e ama ouvir a história de quando foi adotada. Parte da história era mamãe vindo para cá de cinco em cinco minutos. Ela queria que nós estivéssemos sozinhos, Diane e eu, quando conseguíssemos o bebê, mas o advogado falou que chegaria às 15h ou* coisa assim. Aí às 15h05 mamãe apareceu. "Ele não está aqui, mãe, mas entre e espere com a gente." "Não, não, não", ela falou, "esse é o momento de vocês." Aí ela saía. Deve ter dado a volta no quarteirão e ficado lá sentada ou andando para lá e para cá, algo assim. Cinco minutos depois, ela estava de volta. Isso rolou por uns vinte minutos. Ela apenas não conseguia se controlar. Enfim, o advogado apareceu lá pelas 15h30. A essa altura, ela já tinha entrado e saído, entrado e saído. Natalie ama ouvir essa história cerca de uma vez por mês. E ama ouvir como a vovó ajudou Di a trocar a fralda dela pela primeira vez e aquelas coisas todas. "Me conta de quando fui adotada." Ela sabia tudo de cor.

À medida que foi crescendo, a gente contava a história sobre a adoção dela e ela perguntava, "Cadê a vovó?". "Bem, a vovó morreu." "É mesmo? Eu não vou ver ela?" "Não, você não vai vê-la." Aos poucos a gente foi contando pedacinhos da história. Então ela sabe como a avó morreu. Sabe que eles estavam em situação de assalto. Que homens maus entraram com armas, pegaram-nos e os fizeram beber um negócio terrível, depois atiraram neles e os mataram. Ela foi aceitando pouco a pouco que isso aconteceu com a vovó, que existem pessoas malvadas e que as coisas podem ser ruins, não é tudo bom. Ela não acha que está todo mundo querendo pegá-la, mas sabe o que aconteceu com a avó.

Mamãe teria aproveitado demais os netinhos também. É uma pena, porque ela tornaria as coisas divertidas para eles, faria coisas para eles, é uma pena que não vai ter isso. Porque a única neta que mamãe tinha àquela altura era Natalie. Durante cinco meses.

As coisas só foram se acalmar mesmo depois do julgamento. Depois que soube que aqueles caras tinham sido condenados. Não fui aos julgamentos porque não queria me envolver naquilo tudo. Acho que se tivesse ido lá e ouvido os depoimentos, sabendo o que sei sobre os fatos, acho que teriam que me amarrar. Mas me recuperei rápido. Estou seguindo a minha vida, fazendo as coisas que tenho que fazer, e não fico parado pensando, "Quando é que eles vão matar aqueles caras, quando vão matá-los?". Não vou ficar aqui perdendo meu tempo, porque não vai mudar nada. Isso vem se arrastando e continua se arrastando, mas vão morrer quando morrerem. Só é frustrante eles não terem morrido ainda. Se é que isso faz sentido.

Você precisa bloquear isso da sua cabeça. Mas ainda acontece. Tipo, quando você é apresentado às pessoas. "Naisbitt, Naisbitt. Sua mãe é a que...? Seu irmão é o que...?" E já tem mais de oito anos. As pessoas ainda me conhecem por isso. Acho que não saiu da cabeça de ninguém.

"Sim, era minha mãe e meu irmão." E aí me perguntam, "Quando é que vão executar aqueles caras?". Eu falo, "Não sei, sei tanto quanto você". Quase todas as vezes, todo mundo faz essa pergunta. Até hoje, acho que acontece uma vez por mês. Naquela época era bem mais. Mas entre essas épocas, tento não conviver com isso. Você aprende a aceitar, sabe? Tive que aprender a aceitar oito anos atrás.

Ainda existem coisas que surgem, tipo ir para o chalé em Solitude. Você tem alguns lampejos lá. Bom, eu tenho, porque mamãe gostava do chalé. Ainda consigo vê-la em cima do bar esperando os camundongos irem embora. Ela odiava camundongos. Quando os via, era a hora do bar. A gente ia esquiar, voltava, e ela em cima do bar, e os ratinhos por ali. Talvez ela nem tivesse visto um camundongo por uma hora, mas ainda ficava no bar. Eu imagino muito isso, um monte de coisinhas, algumas coisas que ela realmente curtia e aproveitava. Também tinha uns maneirismos de mamãe que eram meio que só dela. Ela fazia umas coisas engraçadas. Tinha um jeito de andar engraçado, estalava a língua. Essas coisas trazem lembranças, e você precisa tirá-las da cabeça.

Tenho certeza de que, se tivesse ficado doente e morrido ou coisa parecida, teria sido diferente. A gente provavelmente teria mais sentimentos como os que Diane teve quando a mãe dela morreu. "Ah, poxa, mamãe teria gostado mesmo de fazer isso, ou visto isso, ou se divertido com as crianças." Mas, no nosso caso, você precisa deixar muitas dessas coisas de lado por causa das circunstâncias em que mamãe nos deixou. É diferente. Quando você pensa nela, sempre tem a lembrança daquela noite. Do quanto aquilo foi grotesco. Acho que isso tira muito da tendência de ficar devaneando sobre as coisas. Porque nem sempre isso volta de maneira tão divertida quanto é para Diane pensar sobre a mãe. Quando penso na minha mãe, em algum momento daquele devaneio, sempre penso nela levando um tiro na Hi-Fi Shop.

Não sei como Gary, Claire ou Cort fazem, mas não gosto de me lembrar dela e pensar nela lá embaixo. Ao mesmo tempo, é uma coisa grande demais para simplesmente apagar. Não importa quanto o tempo passe, quando preciso pensar na mamãe, também vou ter que pensar na maneira como morreu. E acho que nunca vou superar isso.

* * *

Um assassino condenado à morte no estado de Utah verá seu caso passar por pelo menos oito níveis principais de reexame recursal, nove se for considerada a autoridade final do Conselho de Perdão. Além disso, o réu pode protocolar inúmeras ações provisórias fora do processo de recurso estabelecido, cada uma exigindo razões e argumentos perante um ou mais tribunais.

O primeiro recurso após a condenação e a sentença no tribunal de primeira instância vai automaticamente para a Suprema Corte de Utah. Se o réu perder lá, uma petição para remissão dos autos é protocolada na Suprema Corte dos Estados Unidos. Supondo que a Suprema Corte se recuse a ouvir o caso, o réu pode, então, voltar para os tribunais estaduais e começar com os pedidos pós-condenação no estado. Se essa petição for negada neste terceiro nível, um recurso é novamente aberto na Suprema Corte de Utah. Depois que a Suprema Corte de Utah ouvir o caso pela segunda vez e ainda se recusar a anular a condenação, baixar os autos para um novo julgamento ou impor uma sentença de prisão perpétua em vez da pena de morte, o caso vai outra vez para a Suprema Corte dos Estados Unidos. Perante a segunda recusa da Suprema Corte americana, o caso então entra no sistema federal, indo para o Tribunal Federal de Utah com um mandado de habeas corpus. Se o mandado for negado nessa primeira instância do sistema judiciário federal, ele avança para o Décimo Tribunal Regional Federal em Denver. De lá, o caso irá pela terceira e última vez para a Suprema Corte dos Estados Unidos. Os três membros do Conselho de Perdão, nomeados pelo governador, terão o poder de alterar a sentença para prisão perpétua.

Entre o momento em que uma petição é apresentada a um juiz e todas as razões escritas e enviadas para o tribunal, que pode se recusar a ouvir mais argumentos ou marcar uma data para ouvir os novos argumentos, até que se emita uma decisão, passa-se de um ano a um ano e meio. Em cada instância de recurso, uma suspensão da execução é quase automática até o juiz tomar uma decisão. Uma vez que a decisão é tomada, supondo que vá contra o réu, uma data de execução é novamente definida, que será cancelada depois, quando o próximo juiz concordar em ouvir o recurso do recorrente e a execução for suspensa de novo. Cada vez que a data da execução é reagendada, o tribunal é convocado novamente, e o réu, trazido sob guarda da penitenciária estadual até o condado onde foi condenado a fim de se apresentar outra vez perante o juiz que fixará a sentença.

Quase oito anos após serem condenados por assassinar três pessoas e sentenciados à morte, Dale Pierre e William Andrews ainda estão em segurança máxima na Penitenciária Estadual de Utah. A data da execução deles já foi definida cinco vezes e, ainda que em uma das vezes eles tenham chegado a dois dias de encarar o pelotão de fuzilamento, sua sentença ainda não foi cumprida. A apelação deles foi apresentada duas vezes perante a Suprema Corte de Utah e foi negada em ambas as tentativas. A petição de reexame deles foi enviada duas vezes para a Suprema Corte dos Estados Unidos, e também foi negada as duas vezes. O recurso deles está atualmente suspenso na sexta instância do processo de apelação no Tribunal Federal de Salt Lake City, enquanto um recurso separado em nome deles é levado à Suprema Corte de Utah. Se a sentença deles for enfim cumprida, terão se passado pelo menos doze anos desde que cometeram os crimes.

Claire: *Eu não falo muito sobre isso mais. As pessoas não me perguntam. Bem, mesmo se perguntam, não digo. Na maioria das vezes elas só perguntam, "Bom, como estão as coisas?". E eu digo, "Ah, tudo bem". Porque está, basicamente. Quer dizer, existem problemas, mas não há nada que elas possam fazer a respeito. Não é uma coisa que precisem saber. Quem quer ficar sentado ouvindo essas coisas? Então você só diz, "Bem, está tudo ótimo". E está mesmo. Se você pensar no progresso de Cortney, as coisas que passou e como está agora. É um milagre. Só por ele estar aqui. Eu sei disso. Mas ele ainda tem muito caminho pela frente. E você só espera que ele chegue lá. Porque vai ser muito difícil se não conseguir. Vai ser mais difícil para ele do que para qualquer pessoa. Nem sei se ele já consegue entender isso.*

Talvez eu devesse levar mais para o lado pessoal. Mas não acho que ficaria vingativa. Acho que nunca diria, "Ai, que bom que eles enfim morreram", ou coisa parecida. Porque não acho que me sinta assim de verdade. Só me sinto muito mal que alguém seja capaz de causar isso a si mesmo. Acho que é a decisão deles. Tenho certeza de que a família dele deve se sentir péssima também. Com certeza estão muito tristes. Devem estar sofrendo.

Provavelmente penso nisso todos os dias. Penso na minha mãe ou no que poderíamos estar fazendo, penso em Cort ou alguma coisa, sabe, alguma parte disso. Não sou uma pessoa mórbida, eu não acho. Mas você simplesmente pensa. Talvez algum dia eu pare de pensar. Quer dizer, não há nada que possa fazer a respeito. Não penso coisas ruins. Tipo, às vezes é tão engraçado, penso, ai, eu e mamãe vamos fazer isso. Aí eu penso, ah, não, acho que não vamos. Sabe assim? Tipo, eu acho que ela ainda está aqui. Muitas vezes penso isso. Às vezes parece que ela apenas está no centro da cidade. Acho que agora não parece mais tanto isso. Mas, durante muito tempo, pensei: Bom, mamãe não está aqui porque está no centro. Ela vai chegar em casa para o jantar. Não é doideira? Acho que é porque você está acostumado com aquilo. Mas mesmo depois que você sabe e aceita, ainda está tão acostumado com as coisas que aquela é a sua primeira reação. Aquilo me pegava de surpresa, sabe? Como eu disse, não faço mais tanto isso. Mas ainda penso em todas as coisas que a gente poderia fazer. Aí penso em fazer essas coisas com as meninas e o quanto vai ser divertido. Isso vai ser divertido. A gente sempre vai aos lugares juntas. Brincar na neve, ir ao zoológico, coisas assim. Então vai ser divertido. Seria mais divertido se ela estivesse aqui também. Ela poderia me ajudar, ficar com as meninas e nós iríamos todas juntas. Ela realmente ia se divertir muito. Mas fica para a próxima.

O julgamento dos Assassinatos da Hi-Fi, embora tenha sido o processo criminal mais sensacional da história de Utah, não foi um julgamento caro, pela maioria dos padrões. O júri não ficou reunido em um hotel e raramente comia mais do que o almoço com o dinheiro público. Os

15 mil dólares cobrados do condado pelos advogados de Pierre para honorários e despesas foram "talvez os honorários mais baixos na história do estado para um caso dessa magnitude", de acordo com o juiz que presidiu o julgamento.

A transcrição do julgamento teve 4.400 páginas e custou 16.480,20 dólares. Os honorários do juiz para o julgamento foram de 5.953,80 dólares e as refeições dos jurados somaram mais 819,95 dólares. O pagamento das testemunhas somou 826,80 dólares. O condado de Weber recebeu uma fatura de 4.837,36 dólares do departamento do xerife no condado de Davis (onde o julgamento foi realizado) por fornecer a segurança dos réus no julgamento. O advogado do condado de Weber e o oficial de justiça foram reembolsados 221,80 dólares pelas despesas de viagem. Outras despesas gerais e custos indiretos do julgamento totalizaram mais 10.215 dólares.

O custo total diretamente atribuível ao julgamento da Hi-Fi foi de 54.354,91 dólares.

Outras despesas não eram diretamente atribuíveis ao julgamento, mas envolveram tempo e recursos de instituições apoiadas com dinheiro público. O orçamento da defensoria pública do condado de Weber para 1974 era de 60 mil dólares, dos quais 12 mil foram para John Caine, o advogado de Andrews. Durante seis meses, uma grande parte do tempo de Caine foi dedicada à preparação e ao julgamento do caso em nome de seu cliente. O salário do juiz Wahlquist era de 36 mil dólares anuais; pouco mais de seis semanas daquele ano foram gastas presidindo as audiências e o julgamento dos assassinos da Hi-Fi. Ele estimou os custos de seu tempo e de viagem em 4.968 dólares. O uso de equipamentos e o número de horas-homem vezes um salário médio por hora para os policiais envolvidos na prisão dos réus e na condução de investigações subsequentes chegou a 30 mil dólares, uma aproximação que o delegado Jacobsen estimou estar perto de 10% do custo real. O departamento do xerife do condado de Weber listou despesas de 3.724,22 dólares, a maior parte pelo alojamento dos três presos durante sete meses, por 4,50 dólares por dia, a taxa fixa paga pelo governo para manter um presidiário federal em uma prisão de condado em 1974. O promotor do condado, Robert Newey, apresentou um valor de

15.494,84 dólares para a preparação pré-julgamento, seus assistentes, um investigador e quase um terço do seu salário de 17.500 dólares para aquele ano. Portanto, os custos adicionais proporcionalmente atribuíveis ao julgamento da Hi-Fi foram aproximadamente 60.187,06 dólares.

Enquanto Pierre, Andrews e Roberts estão na prisão, seus recursos continuam, e embora o advogado de Pierre não tenha recebido dinheiro adicional para entrar com o processo de recurso do caso, a procuradoria geral de Utah deve responder a cada instância do recurso. Earl Dorins defendeu a manutenção da pena em nome do estado desde o primeiro recurso para a Suprema Corte de Utah. Nos últimos sete anos, ele passou três meses por ano pesquisando, escrevendo e defendendo o caso da Hi-Fi e casos de pena de morte complementares em nome do estado. Seu salário durante o primeiro ano na procuradoria geral, 1974, era 12 mil dólares. Agora é 38.500 dólares. Quando está trabalhando nesses casos, mantém duas secretárias e dois escrivães ocupados na maior parte dos três meses. Uma vez, confrontado com uma enxurrada de mandados impetrados por advogados de defesa, precisou da assistência de cinco escrivães, que trabalham vinte e, às vezes, até quarenta horas por semana e ganham 6 dólares por hora. As secretárias ganham entre 10 e 16 mil dólares por ano. Apenas as fotocópias para uma única instância de recurso, trinta cópias de um documento de duzentas páginas mais as capas com impressão especial, saem por mais de 500 dólares.

Desde o dia seguinte ao da sentença, Pierre e Andrews ficaram presos em segurança máxima na Penitenciária Estadual de Utah. Após ficar na segurança máxima para sua própria proteção, Roberts acabou sendo transferido para a ala de segurança média, onde está abrigado atualmente. Por ser muito custosa e uma despesa desnecessária, a penitenciária nunca conduziu uma contabilidade de custos a fim de determinar a despesa de confinamento de um único preso. O único método de calcular o custo aproximado por preso é dividir o número total de presos alojados nas instalações pelo orçamento fiscal da penitenciária. Desde 1974, a média da população na Penitenciária Estadual de Utah a cada ano é de pouco menos de 1.000, e o custo por preso para o funcionamento da penitenciária permaneceu entre 9 e 10 mil dólares. Para os presos de segurança máxima, esse valor seria ligeiramente mais alto. O custo proporcional de manter Pierre, Andrews e Roberts durante os oito anos de sua prisão, portanto, está perto de 250 mil dólares.

Em Utah, como em todos os estados americanos, o dinheiro público patrocina os juízes e o sistema judiciário, os promotores, defensores públicos, a Penitenciária Estadual de Utah, a procuradoria geral do estado, as cadeias dos condados e a polícia municipal. Nenhuma agência, instituição ou fundo foi estabelecido para conceder auxílio financeiro, emocional ou de outra forma às vítimas de crimes violentos. Excetuando-se o dano incalculável à sua saúde e seu potencial, a perda dos anos de formação da adolescência e a morte de sua mãe, todas as despesas de Cortney resultantes dos assassinatos podem ser determinadas até o último centavo, pois como vítima ele que precisou arcar com todos esses pagamentos.

Byron Naisbitt possuía um extenso plano de saúde da *Blue Cross Blue Shield*, e Cortney estava coberto pela apólice. Em 1981 a empresa pagou débitos relacionados a Cortney de pouco menos de 75 mil dólares. Uma divisão da conta mostrou que os 66 dias no St. Benedict custaram 21.562,30 dólares. Os 145 dias no McKay-Dee deram 35.241,42 dólares. E os 56 dias de Cortney no Hospital LDS somaram 9.933,90 dólares. Vinte e sete médicos entraram com pedidos de serviços para Cortney, totalizando 7.767,30 dólares. O valor teria sido muito maior, mas a maioria dos médicos também tinha plano da Blue Cross Blue Shield e foram impedidos de cobrar seus honorários usuais. Dr. Rees, dr. Hauser e dr. Grua não cobraram nada por seus serviços.

Embora a apólice que cobria Cortney pagasse a fisioterapia, ela não pagava coisas como terapia ocupacional, fonoaudiologia ou outros serviços profissionais para ajudar Cortney a lidar com suas deficiências e levar uma vida mais produtiva e autossuficiente. Além dos 75 mil dólares pagos pela Blue Cross-Blue Shield, Byron Naisbitt pagou do próprio bolso mais 20 mil dólares.

Gary: *Eu realmente não acho que tive nenhum sentimento de raiva ou de vingança. Preciso admitir, evitei ouvir sobre isso na TV. Evitei falar sobre isso com as pessoas em geral, à medida que o tempo passou. Evitei ouvir o julgamento, apesar de muitas vezes ouvir o resumo no noticiário das 22h. Os detalhes sangrentos e as fotos eu quis evitar. Não queria que aquilo fosse* jogado na minha cara. Fui privilegiado o suficiente para lidar com meus sentimentos imediatamente, tirá-los do caminho, e desde então sou muito grato por ter conseguido fazer isso.

Removi o resultado da causa. Foi assim que lidei com isso, separando as coisas. Mamãe está morta porque foi assassinada. Não é uma coisa que eu teria escolhido. Mas está morta. Não dá para trazê-la de volta, não dá para fazer nada a respeito. Você fica impotente. Quando separei as duas coisas, coloquei esse assassinato específico na categoria de todos os outros assassinatos e, assim como em todos os outros, o estado tem leis para lidar com isso. Saber os detalhes de como mamãe morreu dificulta a separação da causa e do efeito. Se eu associar uma perda dolorosa com alguém que a causou de forma proposital, isso gera muita raiva. Se eu ficar com raiva, o que posso fazer a respeito? Não muito. Se todas as vezes que pensasse nela e em sua morte acabasse pensando em Pierre e Andrews, isso só me traria raiva e sentimentos de vingança. E eles são frustrantes, porque você não pode fazer nada sobre isso.

É uma reação emocional. O mecanismo pelo qual fiz isso, acho, primeiro foi mergulhar em Cort, me exaurir ficando com ele até precisar dormir. E então dormir. Depois voltar e me esgotar novamente com Cort. E não me envolver demais com as cerimônias do funeral até elas acontecerem. De certo modo, isso era uma fuga. Depois que consegui encapsular essas coisas direitinho, minha raiva e meu medo, para que estourar a cápsula? Peguei minha curiosidade sobre o julgamento, se aqueles caras são os caras que fizeram aquilo e tudo mais, e falei, "Bom, se me contentar que esses são os caras, primeiro, isso põe os detalhes bem diante dos meus olhos, e segundo, isso me dá um objeto de vingança. Agora, nada disso aconteceu conscientemente, foi mais no subconsciente. E é por isso que falo que fui abençoado, porque não foi uma coisa que percebi, planejei e fiz. Foi mais ou menos evoluindo.

Eu não conheço as leis. Admito que, toda vez que fico sabendo que eles receberam a data da execução, digo, "Ok, não preciso confrontar isso mais uma vez". E aí, de repente, na mesma hora eles acabam dizendo que receberam uma suspensão da execução. Eu fico um pouco confuso e um pouco perturbado, e falo, "O que está acontecendo?". Quer dizer, a gente fala uma coisa e faz outra. Eu gostaria de ter o privilégio desse sistema se estivesse no lugar deles. Ao mesmo tempo, parece um sistema bem ferrado. Mas consigo lidar com isso, não fico com raiva. Não saio por aí batendo na parede ou *coisa parecida. Eu meio que só levanto os ombros e digo, "Bom, qualquer dia alguma coisa vai acontecer". Qualquer dia desses, eles enfim vão esgotar os recursos ou então vão decidir as coisas a favor deles.*

Mas em termos de vingança e tal, não estou nem aí. Temos as leis para fazer o que quer que as leis façam. Eles fazem o melhor que podem para encontrá-los e provar que são as pessoas certas. Existem leis prescritas para fazer determinadas coisas com eles. Nesse caso, a pena de morte foi possível. E realmente não me importei. Não estava muito animado para eles voltarem à sociedade e ter que conviver com eles outra vez. Não estava animado em ter que sustentá-los. Pessoalmente, acho que a pena de morte é ok. Não tem como você ter certeza absoluta que aqueles são os caras certos. Sem certeza absoluta, fica difícil julgar. Mas, pela natureza da nossa sociedade, a gente precisa ter leis para reger a vida, e essas leis estipulam o que fazer nessa circunstância. Acho que elas são bem fundadas. Você quer ter certeza de que esses são os caras certos e quer que eles saiam da sociedade de um jeito ou de outro. São esses os dois objetivos básicos.

Pelo que fiquei sabendo enquanto a polícia estava montando o caso, ele era bem sólido. E isso para mim foi suficiente para decidir, "Ok, aceito isso". Não sei nenhum detalhe. Existem impressões digitais e relatos de testemunhas, e o cara te dá uma descrição antes de você pegar as pessoas, aí aponta para elas nas fotos da polícia, aponta para elas em uma fileira, as amostras de cabelo batem, as amostras de sangue batem, as balas batem, é um caso bem sólido. Sei que eles atingiram a maioria desses pontos. Não fui ao julgamento, mas me pareceu bastante sólido.

Eu vivo com as regras e os regulamentos, e estou disposto a fazer isso aqui. Apesar de só haver doze pessoas no júri, todo mundo da sociedade vive de acordo com as regras, portanto elas assumem sua parte proporcional da responsabilidade. Estou disposto a fazer isso. Então, se eles recebem a pena de morte, ok. Se não recebem a pena de morte, por mim ok também. Eu sabia que nossa lei não tinha sido testada. Sabia que existiam trocentas maneiras de eles tentarem escapar disso. Sei que, se estivesse no lugar deles, com certeza ia querer tentar todas as possibilidades de escapar e provar minha inocência. Consequentemente, sabia que ia levar muito, muito tempo. As chances de executá-los de fato, e nem tenho certeza de que é a melhor coisa a se fazer com eles, são, não vou dizer remotas, são bastante boas, mas isso vai levar muito tempo. Portanto, que se dane. O que vai acontecer, vai acontecer. Não tem como ficar sentado esperando eles terem o que merecem. Não existe razão para isso. Só aceitar que vai levar muito tempo.

Sinto que fomos muito abençoados com Cort, e sinto que Cort tem uma espécie de missão a cumprir em algum lugar, de algum modo, e é por isso que ele está aqui. Acho que com os problemas físicos ou ele vai ter que dominá-los para se preparar para outro papel, ou então essas deficiências físicas vão ter alguma importância. Conjecturas. Essa é a minha fé pessoal. Por algum motivo, Cort foi salvo para operar em alguma capacidade, porque pela opinião dos médicos ele poderia ter morrido. Acho que ele está melhor agora do que tinha a chance de estar, e acho que, se ele tentasse de verdade, estaria melhor do que está agora.

A morte de mamãe teve um grande impacto, mas isso já acabou e já passou, essa foi a história toda. E doeu, muito. Mas ao mesmo tempo, apesar de Cort estar tão mal quanto estava, ainda havia esperança. E foi uma esperança tão intensa que meio que tornou a morte de mamãe mais fácil. Foi prosaico, foi simples, ela morreu. Mas talvez Cort melhore, sabe, vamos esperar. Cort e esperança. Acho que foi para esse lugar que a maior parte das emoções foram, e isso é uma das coisas que manteve a família unida.

Na Penitenciária Estadual de Utah, Dale Pierre engorda e usa óculos com armação de plástico marrom, algo que ele escolheu para ficar "compatível" com sua imagem. Ele altera as horas de dormir e de acordar, mas quase nunca perde as novelas do fim da manhã e do começo da tarde que são transmitidas na TV. *One Life to Live* é a sua favorita. Assiste a jogos, escreve críticas curtas a respeito de filmes televisivos e programas educativos, joga vôlei no pátio, lê, trança os cabelos, tenta se hipnotizar, ouve música. Uma vez pintou um quadro de um pássaro vermelho sobre veludo preto, através de um kit de pintura por números, e o vendeu para um guarda. Seus pais lhe mandam dinheiro quando podem. Ele não é nem um pouco querido pelos outros presos da segurança máxima e mais de um deles já ameaçou matá-lo. Durante anos, estudou livros com títulos como *Como Transformei 1.000 dólares em 3 Milhões em Imóveis*, *Os Jovens Milionários* e *Os Muito, Muito Ricos*. Em junho de 1976, ele escreveu em uma carta:

> Vou fazer história. Na verdade, o que estou tentando fazer é realizar o que nenhum outro preso dos Estados Unidos realizou. Pretendo criar uma empresa com capacidade de receita anual de quarenta (40) milhões de dólares. Isso pode parecer um sonho absurdo, mas, se conseguir a assistência de que preciso, vou alcançar meus objetivos, da mesma maneira que Carnegie, Woolworth, Ford, Tiffany etc. alcançaram seus objetivos. Todos eles tinham uma coisa em comum, "sucesso", e é isso que procuro.

Enquanto esteve preso, Pierre fundou uma empresa que chamou de Poboi Enterprises Corporation, e em 18 de novembro de 1976, constituiu legalmente a empresa no estado de Delaware. Ele não tinha contrato social, estatuto, ações, ativos e nenhum dirigente além dele mesmo, mas a empresa estava aberta. Após fazer isso, assinou revistas de investimentos e escreveu cartas perguntando sobre anúncios classificados que ofereciam grande propriedades geradoras de renda para venda. Ele assinava as cartas, "Dale S. Pierre, Presidente, Poboi Enterprises".

Durante dois anos, de fevereiro de 1977 a janeiro de 1979, Pierre manteve um diário. Entre observações a respeito de quem estava conseguindo maconha de fora e para quem eles estavam vendendo do lado de dentro, e quem estava se envolvendo com quem em atividades homossexuais através da cerca do pátio, Pierre escreveu:

> Tive uma ideia simples para adquirir propriedades sem pagar sinal. Também tomei sete laxantes — quero me purificar. Nada mais.
>
> Agora formulei planos específicos a fim de construir uma empresa de 250 milhões de dólares.
>
> Decidi um novo nome para usar, "Clayton Leon Cassiram".
>
> Andrews está fascinado pela quantidade de material que colecionei sobre negócios imobiliários e impressionado com a minha persistência em ver essa empresa dar frutos. Acho que o sucesso é meu destino, sinto isso, especialmente por volta da última semana.
>
> Minha mãe sonhou que meus recursos fracassaram e fui o primeiro a morrer. Que sonho sórdido! Enfim, hoje é dia de lavar roupa.

A namorada de Andrews escreveu para ele hoje. Ela o alertou para tomar cuidado e não ser influenciado por mim. *Preciso me lembrar disso.* As pessoas sempre ficam desconfiadas quando tento ajudar. Por que será?

Viva! Viva! O estado nos deu uma televisão hoje. Nós a montamos rapidinho e ela funciona que é uma beleza. É uma Quasar, tem cerca de 21 polegadas.

Decidi mudar meu nome de novo. Desta vez é "Phil-bert Hamilton Bailey".

Voltei para as minhas novelas hoje. Parece que perdi boa parte da história em "The Doctors" e "Ryan's Hope". Mas parece que não perdi nada em "All My Children".

Eu li sobre a mansão da Playboy no oeste. Se eu tiver o dinheiro, vou duplicar os esforços dele em menor escala. Uma mansão com vinte ou trinta quartos em um terreno de 1 a 4 hectares.

A revista *Success* está com um artigo muito bom sobre a Amway. É o tamanho de empresa que pretendo criar. A limusine prateada, o iate, os três jatinhos corporativos, isso é a minha cara.

Vou tentar pegar 50 dólares emprestado para movimentar a empresa. Eu preciso mesmo começar. Vou criar uma empresa com ativos combinados de 1 bilhão de dólares. Adquirindo pelo menos 100 milhões nos primeiros 24 meses, expandindo para cerca de 500 milhões em 36 meses.

Meu novo nome escolhido hoje é Cody Jaye Cavalho.

Hoje deve ser o dia mais deprimente dos três anos que estou aqui. Athay me ligou para dizer que a Suprema Corte de Utah recusou meu recurso... Talvez eu escreva um livro chamado "Siga Esse Sonho", sobre minhas visões pessoais e sentimentos sobre estar no *Corredor da Morte* e sobre minhas dificuldades para construir meu império de negócios.

Acho que estou ficando deprimido sobre tudo. Tem uma matéria no Deseret News sobre Andrews e eu. Eles ainda estão tentando fazer a gente parecer ruim. Estou decidido a dispensar esses estrategistas imundos e mórmons degenerados. Espero que isso não soe violento.

Comecei a ler os livros do Paul Getty e concluí que ser um homem de negócios é mais difícil do que eu pensava.

Mudei de nome de novo. Agora é "Houston Lee Hoyt", em homenagem a H. L. Hunt.

Vou ao tribunal amanhã. Precisam definir uma nova data de execução para mim.

Bem, os caras durões e malvados entraram o ano novo com uma demonstração patética de uma estupidez criminosa. Todos eles gritaram "Drano" na contagem regressiva da televisão.

Andrews me falou que o negro mais rico dos Estados Unidos tem um patrimônio líquido de cerca de 23 milhões de dólares. Eu pretendo ter cinco vezes esse valor.

A Ebony Artists Corporation será a minha resposta à Playboy de Hefner. Pretendo tornar meus empreendimentos corporativos abertos a todas as raças. Não estou planejando ser um herói étnico.

Mudei meu nome de novo. Agora é "Del Ray Hoyt" para os negócios e Del Ray Khanhai para fins jurídicos. [No total, Pierre mudou de nome 27 vezes, por fim passando seu nome do meio para o sobrenome, o sobrenome para o nome e o nome para o nome do meio. Legalmente, agora seu nome é P. Dale Selby.]

Eu e Andrews tivemos mais uma discussão sobre fornicação, adultério e a responsabilidade que uma mãe deveria ter com seus filhos. Como era de se esperar, meus argumentos foram baseados em doutrinas puritanas da Bíblia, os dele não.

Isso pode parecer muito grosseiro, mas fiz meu exame médico pré-execução hoje por volta de 13h45. O médico diz que meus batimentos cardíacos ficam em torno de 90. Agora são 15h40 e o diretor pediu para me ver. Eu fui vê-lo e ele queria saber como eu queria que meu corpo fosse descartado... Assisti ao jornal local das 18h. Consegui uma suspensão da execução da Suprema Corte de Utah. Não me sinto muito diferente, exceto pela ausência da sensação de que uma desgraça pode acontecer a qualquer instante.

Andrews não está fazendo porcaria nenhuma além de ver televisão, ouvir rádio, comer e dormir. Ele não parece interessado em estudar o que será exigido dele como executivo provisório.

Eu preciso continuar a fazer planos e traçar meu destino corporativo final.

No dia 25 de setembro de 1981, Cortney fez 24 anos. Ele agora pesa 86 kg. Uma grossa cicatriz vermelha corre do lado esquerdo de seu pescoço, passa sobre o peito e desaparece em uma dobra de gordura perto do umbigo. Cicatrizes menores, pequenos redemoinhos de meias-luas, pontuam seu peito e braços onde antes os tubos e agulhas alimentavam seu corpo a fim de mantê-lo vivo.

Cortney não se lembra de nada que ocorreu em um período específico de quatro meses, do final de abril até o fim de agosto de 1974. Ele não se lembra de nada da estadia no St. Benedict e nada do McKay--Dee, até o dia em que sentiu como se estivesse acordando de uma noite de sono e viu duas enfermeiras, Ladora Davidson e Annette Wilson, ao lado da sua cama. Mas essas duas enfermeiras nunca trabalharam no mesmo turno. O "despertar" de Cortney foi um processo gradual de aumento de consciência, imagens da UTI se fundindo em uma cena até estar totalmente acordado. Ele se lembra com bastante clareza do passeio no Dia do Trabalhador com seu pai, Gary e Claire, quando ficou sabendo da morte de sua mãe.

Ao pensar no dia dos assassinatos, Cortney não consegue se lembrar de nada a respeito do seu voo solo e recorda apenas de quatro incidentes isolados que ocorreram naquela noite na Hi-Fi Shop. Ele se lembra de ser detido na porta dos fundos por um homem sem rosto, de gritar para Stan enquanto estavam deitados e amarrados no chão do porão, de ouvir passos para um lado e para o outro lá em cima. A última coisa de que se lembra é de ouvir a voz de sua mãe no alto das escadas. Os psiquiatras duvidam que vá conseguir se lembrar de muito mais que isso.

Desde sua formatura em 1976, Cortney continuou a melhorar física e mentalmente, embora durante esse período tenha atingido platôs nos quais parecia que não estava melhorando nem um pouco. Então, quase de repente, após esses longos períodos de seis meses ou um ano onde nada parecia acontecer, Cortney outra vez exibia sinais de habilidades que não havia exibido antes. Sua fala ficava mais clara, um pouco mais rápida, seu andar mais estável e sua postura mais ereta.

Após a formatura do ensino médio, Cortney frequentou aulas na Weber State College, mas suas notas eram ruins e o número de horas frequentadas não foram suficientes para que ele avançasse para o segundo, terceiro e quarto anos. Por fim, ele acabou se envolvendo apenas superficialmente com a faculdade, fazendo dois, às vezes três cursos por trimestre, a maioria relacionada a algum tipo de ciência da computação. Em um trimestre, se surpreendeu ao tirar um A e dois Bs.

Todos os anos desde os assassinatos, Cortney fazia um eletrocardiograma e uma tomografia para testar o funcionamento do seu cérebro. Oito anos e meio após ter sido baleado, parece não haver nenhum dano físico residual, nenhuma atrofia. Ao longo dos anos, ele tem realizado testes de QI, com resultados que aumentam constantemente. O mais recente foi 123. Mas Cortney ainda tem problemas de desempenho intelectual. "Ele não consegue botar para fora", diz seu pai. "Fica perdido em algum lugar ali dentro." Dr. Iverson sente que a enorme camada emocional que ainda existe na mente de Cortney está interferindo em seu funcionamento intelectual.

Os amigos de infância de Cortney estão todos casados e alguns já são pais. Desde o verão, após sua formatura em 1976 até o verão de 1981, Cortney morou na casa do pai, exceto por dois curtos períodos, um deles em um alojamento da Weber State e o outro em uma casa de recuperação para jovens com perturbações emocionais ou mentais. Ele não se adaptou muito bem em nenhum dos dois lugares. Não consegue lidar com o estresse como um adulto normal, e os rigores da vida universitária — a pressão acadêmica e as responsabilidades da independência — foram maiores do que ele era capaz de aguentar. Na casa de recuperação, ironicamente, a relativa brandura de suas deficiências o impediram de se adaptar. Nesses cinco anos na casa do pai, Cortney passou a maior parte do tempo na frente da televisão ou brincando por horas intermináveis com seu computador doméstico.

No verão de 1981, Cortney deu um grande passo a fim de se tornar mais independente: mudou-se sozinho para uma pequena casa de um conjunto habitacional, a quilômetros da casa do pai. Trabalha no Departamento de Serviços Sociais de Ogden e ganha dinheiro suficiente para pagar ao governo a hipoteca de sua casa com juros muito baixos. Passou a lavar o cabelo com mais frequência, fala menos sobre computadores e está aprendendo a cozinhar para si mesmo. Ele nunca reclama de suas deficiências. A cada ano, fica capaz de fazer mais coisas e, além disso, mostra uma maior diversidade de interesses. Ele está vivo e funcional, e isso por si só já deixa seu pai muito feliz.

Acho que a recuperação dele foi comovente. Não consigo acreditar que ele está vivo e tão bem quanto está. Sou grato por isso. Observei aquele garoto de perto durante todos aqueles meses, bem de perto. Sempre tive aquela sensação dentro de mim, que não importava o que acontecesse, ele sairia daquilo. E eu orei por Cortney. Se é uma resposta à oração ou outra coisa, não sei. Mas é assim que me sinto.

Ele não se lembra de nada. Não consegue se lembrar de nada dos cuidados intensivos lá no McKay até o final de agosto. Não se lembra daquela parte em que foi hiperalimentado, quando os pulmões dele estavam cheios de porcaria e abriram a barriga dele. Não lembra de nada disso. Felizmente. Espero mesmo que não se lembre. Espero que não tenha que reviver aquele terror. Se coloque naquela situação. O inferno, alguém te aterrorizando, te torturando, fazendo piadas e ameaçando te matar. Eles estavam brincando, se divertindo à beça lá. Pode apostar. Fizeram piada dos coquetéis que dariam a eles. O que aconteceu naquele porão foi uma atividade totalmente maliciosa e animalesca. E esse tipo de coisa não deve ser tolerada na nossa sociedade. Nós permitimos coisas assim durante todos os malditos dias das nossas vidas, e acho isso de uma burrice absoluta. Ninguém deveria ter permissão de tratar outra pessoa dessa maneira, e se safar disso. Ninguém jamais vai conseguir, ninguém jamais vai conseguir saber o terror, a dor, a angústia e a tortura que aconteceram lá naquela noite. Aqueles dois caras não têm a menor consciência disso. Foi um jogo que estavam jogando, e isso não deve ser tolerado.

Eu nunca disse uma palavra a ninguém durante o julgamento, nunca liguei para ninguém, não falei com ninguém, não li os jornais, fiquei livre e longe da coisa toda. Nunca tive uma opinião a respeito. Porque até aquele julgamento acabar, aqueles garotos eram inocentes. Mas agora eles são culpados, agora são culpados e estão rindo, percebe? Eles não estão apenas rindo de mim, estão rindo de você também. E as pessoas estão ficando tão cansadas de ouvir falar nos Assassinatos da Hi-Fi, em Dale Pierre e toda essa bobajada que, na hora que essa história for resolvido, vão dizer, "Pelo amor de Deus, vamos acabar com essas coisas, soltem esses meninos e vamos tirar isso de cima de nós!". E isso é uma idiotice. Aquela menina Ansley, cheia daquela substância e depois estuprada, pelo amor de Deus, esses caras precisam ser... É tolice tolerar isso. E ainda estamos às voltas com eles. Foram considerados culpados por seus pares e sentenciados, e não estamos fazendo nada a respeito, e isso só irrita e enfurece as pessoas, pensando que isso pode acontecer, mas nunca é feito nada. Talvez isso seja o devido processo da lei, mas acho que o levam longe demais.

Eu tinha raiva de pensar que alguém pudesse causar qualquer tipo de problema para minha esposa, e chegar a um assassinato era impensável. Se alguém lhe causasse qualquer angústia, isso me deixava nervoso. Cacete, é minha esposa. E ninguém vai lhe causar aflição nenhuma, se depender de mim. Ninguém. Nem mesmo por um dia ou um minuto. Ela devia ter total liberdade de ir e vir, pensar e fazer, o que quer que desejasse fazer. Em total segurança e total harmonia, e tudo que perturbe isso me perturba também.

Cortney só ficou aborrecido com sua própria situação uma única vez. O que o irrita mesmo é que alguém matou sua mãe. É isso que o preocupa mais. Ele não consegue entender por que esses caras não estão mortos. "Eles não receberam pena de morte?" "Sim." "Bem, eles não foram executados?" "Não." "E por que não? Eles executaram minha mãe. E duas outras pessoas. E tentaram me executar. E o sr. Walker. Por que nós somos diferentes deles?"

Esses caras sabem muito bem que não existe punição. Se eles aguentarem tempo suficiente, alguém vai acabar ficando com pena dos coitadinhos lá. Os direitos deles estão sempre sendo violados e ninguém está cuidando deles. Bem, e quem diabos está cuidando de Cort? Eu gostaria de ter a mesma quantidade de dinheiro que custou aquele julgamento e as despesas que vão custar para manter esses garotos na cadeia, ou o que quer que lhes aconteça, e colocar em um fundo de segurança para meu filho. Mas veja, ninguém pensa que ele tinha o direito de poder andar para cima e para baixo nessa cidade, de se sentir confortável e livre, de ter uma vida boa e normal, sem ser perturbada nem mudada por nenhuma outra pessoa. Esse é um direito que, em teoria, a Constituição lhe garante, mas ninguém nunca pensa sobre isso. Só estão interessados nesse outro lado da coisa. O estado e os contribuintes estão pagando por esses caras, e ninguém dá a mínima para o que está acontecendo com Cortney. Mas eu dou. E sei muito bem que, mais tarde, ou para sempre, ele vai ter problemas médicos, e não sei como vai conseguir lidar com essas questões financeiras. Mas ninguém está garantindo nada a ele. Pelo menos Pierre e o outro fulano lá têm hospitalização garantida, comida, abrigo, roupas, pelo resto da vida. Como criminosos. Mas ninguém garante a Cortney nada parecido. Como vítima. Que era totalmente inocente. Que não pediu e com certeza não queria esse tipo de tratamento. Ninguém garante nada a ele.

Eu não sei qual é a resposta, mas sei que os criminosos recebem cuidados e as vítimas são ignoradas. E muitas dessas vítimas não conseguem cuidar de si mesmas. Cortney tem sorte suficiente, ainda bem, por ter conseguido chegar a um ponto que consegue cuidar de si mesmo. Mas algumas vítimas não conseguem. E eu não sei como elas se viram. Se eu não tivesse plano de saúde para Cortney, precisaria vender um monte de coisa. Mas a conta teria sido paga. Ela teria sido paga se eu precisasse virar a noite, ou o que quer que precisasse fazer, mas teria sido paga. Da forma que está, já desembolsei por volta de vinte mil, e nem lembro para o que foi. Mas Cortney ainda não voltou à vida normal. E não sei se vai voltar ao normal um dia. E enquanto não voltar ao normal isso sempre vai me preocupar, entende? Como é que ele vai se virar na sociedade?

Não sou advogado, não sei nada sobre a lei, mas tenho observado tudo com um pouco mais de cuidado desde que isso aconteceu, e não vejo nenhuma justiça real. Para as vítimas. Sei lá. Acho que todo mundo deve ter um julgamento justo, um julgamento bom, honesto e justo e uma chance de questioná-lo, de entrar com recurso. Depois disso, acho burrice ficar com esse negócio de recurso, recurso, recurso. O que diabos eles estão fazendo? O que estão ganhando com isso? Já faz mais de oito anos e ainda estamos nessa, de um tribunal para o outro, um tribunal para o outro. Que diabos, por que não os soltam? Se vão fazer isso, por que não os soltam? Não estou nem aí para o que diabos façam, mas precisam fazer alguma coisa. Acho burrice ficar sentado. Foram condenados à morte e ainda estão lá sentados, perdendo tempo, depois de oito anos. Se vão soltar esses caras, então que soltem. Chega um ponto em que o cara já teve todos os julgamentos justos que pode ter. E isso ficar se arrastando mais e mais e mais é uma *idiotice tremenda, na minha opinião. É só uma gozação com a maldita lei. Se eles não têm coragem de cumprir a sentença, então por que não os soltam? Veja, para mim não faz diferença nenhuma. Eu não ligaria a mínima se soltassem Pierre, neste minuto, para sempre. Não estou pedindo para o mataram. Não me importa se vão matar ou não. Podem soltá-lo, não vai fazer a menor diferença para mim. Mas a lei diz que ele deve morrer como punição. E se é isso que a lei diz, então o maldito deve morrer. É simples assim. Do contrário, para que existe a lei? Se eles não querem executar as pessoas, então não criem a punição. É um escárnio da lei, só ridiculariza a lei e é risível. E isso me irrita demais. Se ela está certa, então tem que ser feita. Se está errada, então não devia nem existir. E se for prisão perpétua, então tem que ser a vida toda, e não chegar cinco ou seis anos depois e dizer: "Ai, olha como essas pessoas foram maltratadas. Essas pessoas foram difamadas aqui. Elas estão aqui e na verdade não tiveram a intenção de fazer isso. Elas pensaram melhor a respeito". Isso é um monte de besteira. Estou me lixando para a raiva deles, ninguém tem o direito de tirar a vida de outras pessoas. Nem de torturá-las ou de fazer qualquer coisa que mude a situação delas. Isso é antissocial, e não estou nem aí para qual seja a causa. Mas ninguém quer fazer nada sobre a punição, e eu não sei por quê. Estão tentando encontrar desculpas para dar liberdade às pessoas de fazerem o diabo que elas bem entenderem. E isso é uma estupidez. Ninguém força ninguém a fazer nada. E é a mesma coisa com esses garotos. Eles foram lá com uma intenção, e foram lá sabendo muito bem quais eram as consequências dos seus atos. Ninguém os forçou.*

Ainda estou irritado com a situação neste país de você não poder se sentir confortável para ir e vir com liberdade. Nós deveríamos ser capazes de fazer o que quiséssemos, ir aonde quiséssemos. De estar totalmente seguros e confortáveis. Até o dia em que isso acontecer, somos uns idiotas por tolerar as coisas do jeito que estão.

Setembro de 1990

Nove anos se passaram desde que terminei de escrever as palavras que você acabou de ler. Nesse período, muita coisa mudou e muita coisa continua igual. Byron Naisbitt, que completa 68 anos este ano, continua praticando medicina e fazendo partos, e se tornou avô mais dez vezes, tanto por seus próprios filhos quanto pelos de sua esposa Sue. Gary enfim concluiu seu doutorado em bioquímica e ele e Annette acrescentaram três menininhas à família. Claire e Scott têm mais dois filhos além de suas três meninas, duas das quais recentemente ganharam títulos nacionais de dança. Brett é corretor na Merryl Lynch, e Natalie, a bebê que ele e Diane adotaram pouco antes de Carol ser morta, agora é líder de torcida na Weber High School.

As mudanças mais dramáticas aconteceram com Cortney e Pierre. Nas muitas cartas que recebi das pessoas que leram o livro, sempre me faziam duas perguntas: Pierre foi executado? Como Cortney está agora? As respostas são "Sim" e "Casado, está bem".

Em 1987, após treze anos no caso, Earl Dorius, da procuradoria geral de Utah — que apelou por todos os recursos em nome do estado — enfim pediu demissão, entregando ao sucessor todos os arquivos sobre Pierre e Andrews, dezessete caixas de arquivo cheias de papéis. Quando Dorius calcula o número de vítimas do caso, inclui a si mesmo e sua família. "Se você olhar para as vítimas do crime de maneira periférica, sem dúvida considero toda a minha família e eu como vítimas indiretas. Minha vida inteira mudou, toda a direção da minha carreira no direito mudou por causa daquele cara. Minha filha mais velha agora está com 20 anos, casada. Ela nasceu em 1969, então tinha 5 anos quando peguei esse caso. Ele foi para a Suprema Corte dos Estados Unidos umas três vezes, apenas por certificação. Eu me lembro de, em um ano, trabalhar no escritório até as 22h na véspera do Natal, ir para casa, botar os presentes, abrir no dia seguinte de manhã e voltar para o escritório de tarde, no dia de Natal, para cumprir um prazo."

Em 1987, Dorius passou 80% do seu tempo no caso da Hi-Fi. "Eu também estava tentando administrar a divisão [de recursos criminais] e representar agências e outros recursos. Chegou a um ponto absurdo." Naquele mesmo ano, perguntei a Dorius se, caso tivesse a oportunidade, assistiria à execução de Pierre. "Estou tão azedo agora que adoraria ver", disse ele. "Só para saber que isso finalmente acabou e saiu da minha vida."

Alguns meses depois, na noite de 27 de agosto de 1987, Dorius dirigiu sozinho até o Centro de Treinamento de Correções, que fica do outro lado da rodovia da Penitenciária Estadual de Utah em Point of the Mountain. Da sua sala no capitólio, ele tinha acabado de ligar para cada uma das três famílias e lhes dizer que o juiz Byron R. White da Suprema Corte dos Estados Unidos negara a última das petições em cima da hora da execução de Pierre. Antes das ligações, Dorius assistiu aos advogados de Pierre sendo entrevistados na televisão do lado de fora da prisão, então sabia que os recursos tinham acabado.

No centro de treinamento estavam reunidos oficiais do governo, a imprensa e alguns paroquianos da igreja de Pierre. No auditório principal, Dorius deu uma curta coletiva de imprensa e depois voltou para uma sala de espera. "Nós aguardamos até a hora marcada que, pelo que eu lembro, era meia-noite ou 1h. Talvez tenha sido à 1h. Aí colocaram o advogado do condado de Weber e eu em um veículo com um acompanhante e um motorista, e nós passamos por baixo da rodovia e entramos no complexo até chegar a um prédio novo de segurança máxima. Não tinham me avisado do caminho que eu deveria fazer, aí nós saímos do carro, passei por uma porta, olhei para a minha direita e vi a cela onde estavam mantendo Pierre nas últimas 24 horas. Continuando a caminhada, avistei um conhecido, que agora é diretor da prisão. Fui o advogado da prisão anos atrás. Ele estava em uma sala no fim do corredor. A sala estava iluminada e achei que ele estava tipo em um escritório ao algo assim, e que dali eu seria levado para outro lugar. Então até mesmo antes de entrar na sala, comecei a dizer, 'Gerry, que bom te ver...', sem perceber que ele estava na câmara de execução e que Pierre estava logo à minha esquerda, talvez a um metro de distância, amarrado à maca, fazendo suas orações."

Nos seis anos desde que terminei o manuscrito de *Vítima*, o recurso de Pierre e Andrews passou lentamente pelos tribunais federais. Em 1981, o Tribunal Federal de Salt Lake City anulou o recurso, enquanto a Suprema Corte de Utah recebeu para análise o recurso devido a uma decisão recente em outro caso. Dois anos depois, o tribunal decidiu que os dois homens deveriam permanecer sob pena de morte. O caso então voltou para o Tribunal Federal a fim de continuar o percurso do sistema.

O Tribunal Federal negou o recurso, então Pierre e Andrews chegaram um passo mais perto de ter sua sentença cumprida. Em 1986, o décimo Tribunal Regional Federal de Denver, um painel com três juízes, decidiu por unanimidade contra os dois. Mas enquanto os advogados de Pierre protocolaram uma petição padrão de reexame, o advogado de Andrews entrou com um extenso documento e os dois casos se separaram. A vara distrital recusou sumariamente a petição de Pierre e o recurso foi para a Suprema Corte dos Estados Unidos que, em junho de 1987, após analisar os autos, não concedeu a remissão da pena de morte aplicada, indeferindo o pedido formulado pela defesa dos condenados. Excetuando-se os intermináveis mandados de habeas corpus, Pierre havia enfim esgotado todos os recursos legais. Sua única esperança era a clemência.

Em Utah, o poder de clemência não está na mão do governador, mas com os três integrantes do Conselho de Perdão. No começo de agosto de 1987, os advogados de Pierre entraram com o último recurso perante o conselho, que concordou em ouvir dez horas de testemunho, cinco em nome de Pierre e cinco em nome do Estado.

No primeiro dia da audiência, Pierre fez uma coisa que eu nunca imaginei que fosse fazer: confessou os assassinatos. Sim, ele tinha matado três pessoas, disse ao painel, apesar de não ter sido sua intenção.

Não tinha ido à loja com a intenção de matar ninguém. Ele encontrara o Drano no porão e apenas achou que aquilo ia fazer as pessoas pararem de falar. Sua explicação para os tiros foi mais longa e elaborada.

Com pouca emoção e se referindo a Cortney como o "menino Naisbitt", Pierre desenrolou uma história frágil que começou com as surras que tinha recebido na infância e progrediu para o preconceito que enfrentou após chegar aos Estados Unidos. Disse que em Trinidad, onde viveu pelos primeiros dezessete anos de sua vida, não sabia o que era preconceito. Apenas quando chegou em Nova York, na adolescência, que começou a sentir a dor, a frustração e a raiva que o preconceito poderia causar. Pelos próximos quatro anos, a sociedade americana o discriminou e o ódio começou a corroê-lo por dentro. A discriminação não parou quando entrou para a Força Aérea. Com esse ódio bem arraigado na noite do roubo, disse Pierre, sua cabeça também estava girando com uma mistura de Valium, cerveja e maconha, e ele estava com uma dor de cabeça enorme. Só pretendia roubar a Hi-Fi Shop, amarrar todo mundo e deixá-los no porão. Mas aí Carol Naisbitt entrou na loja e começou a gritar com ele, gritar até chamá-lo de um "preto sem Deus". Com toda a pressão que vinha sentindo do preconceito, misturada aos comprimidos, drogas e álcool, aquele rompante de Carol o fez se virar e atirar nela e, em seguida, atirar nos outros.

Enquanto o ouvia dizer isso, Cortney, que estava sentado ao lado de sua esposa algumas fileiras atrás de Pierre, amassou reflexivamente um copo de plástico em sua mão esquerda. Cerca de um ano antes, Cortney tinha começado a ter flashbacks sobre os assassinatos, às vezes pesadelos, nos quais suas pernas corriam o mais rápido que podiam sobre os lençóis e ele gritava, "Não, não, com uma arma não!". Quando acordava, agora se lembrava deles.

Desde que me casei com Cathy, comecei a me lembrar de coisas. Eu me lembro que Andrews tinha um estilete que passava em cima de nossos pescoços e dizia, "Quer sentir como é ter a garganta cortada?". E antes do sr. Walker entrar, lembro que Pierre chutou o rosto de Stan. Aí quando Pierre estava lá, explicando de maneira tão fria o que tinha feito naquela noite, outras lembranças voltaram com tudo, como a expressão no rosto de minha mãe quando foi baleada. E também que ela falou comigo e eu falei com ela. Eu disse que a amava e ela falou que me amava também, e que faria de tudo para que nada acontecesse comigo, para que eu saísse de lá vivo. Ela também disse que era a hora dela. Ele disse que atirou na minha mãe porque ela o chamou de "preto sem Deus". Ela não disse isso, acho que ela não conseguiria dizer isso nem se quisesse, não era do feitio dela. Tudo que ele falou sobre a minha mãe e a maneira que manipulou as coisas foi o que realmente me aborreceu, porque nada do que disse era verdade, exceto que atirou na cabeça da minha mãe e deu o Drano para ela beber.

"Pierre manipulou os fatos para justificar partes do seu comportamento", relembrou Dorius, "o que foi um absurdo. Tentou fazer parecer como se tivesse sido provocado pela sra. Naisbitt, quando na verdade já tinham botado o Drano na garganta dela e ela não podia falar: sua boca estava tapada com fita na hora que Pierre alegou que ela tivesse falado aquilo. Ele disse que estava sob efeito de álcool e drogas, e não existe nenhuma prova. As vítimas não sentiram cheiro de álcool nele: Orren Walker comprovou isso. Pierre tentou dizer que encontraram o Drano lá. Ele estava brincando a torto e a direito com os fatos. Nós esperávamos que ele testemunhasse principalmente sobre a infância, mas sentimos que talvez fosse querer testemunhar sobre o crime em si, e foi por isso que convidamos Orren Walker para ir até lá, para refutar."

Dorius chama Orren Walker de Santo Silencioso, um homem que suportou o inimaginável tanto fisicamente quanto psicologicamente, e tentou aprender e crescer a fim de usar sua experiência para ajudar os outros. Como fizera no banco das testemunhas treze anos antes, Walker disse ao corpo de jurados que Pierre demorou muito tempo para atirar em todo mundo, que saltitava ao andar como se estivesse se divertindo, que ele, Walker, não sentiu nenhum cheiro de cerveja no hálito de Pierre. A história de Pierre também não explicava o estupro, o chute da caneta esferográfica, o uso de duas armas e a conversa sobre os coquetéis alemães.

Dorius me pediu para testemunhar na audiência, já que eu era o único que conhecia o histórico de Pierre, sua vida em Trinidad. Após o testemunho de Pierre, Dorius queria que eu falasse sobre duas coisas: preconceito racial em Trinidad e a atitude de Pierre com relação ao álcool e outras drogas.

Eu me sentei em uma pequena mesa de frente para os três membros do painel do júri. Atrás de mim à minha esquerda, a menos de um metro de distância, Pierre estava sentado. Não o via desde janeiro de 1980, quando, ao sentir que nossa relação estava prestes a terminar e não conseguia pensar em mais nada para discutirmos, fiz-lhe a pergunta que nós simplesmente evitamos durante todos aqueles anos: como é que ele pode ter feito o que fez com aquelas pessoas? Ele agiu como se estivesse enojado e disse apenas, "O que faço é problema meu", e eu fui embora.

Nesse ínterim, Pierre leu *Vítima*. Quando um repórter do Miami Herald lhe escreveu para perguntar sobre o livro, Pierre escreveu de volta que sim, tinha lido; alguém lhe enviara uma cópia para autografar a capa interna. Ele escreveu ao repórter que, enquanto estava de posse do livro, "tomou a liberdade de ler". Pierre disse ao repórter que o livro era "amadorístico".

Para responder às perguntas dos advogados e do painel do júri, falei e li minhas anotações sobre a tensão que presenciei entre os indianos orientais e os africanos nas ilhas de Trinidad e Tobago. Durante minha pesquisa lá, ouvi muitas histórias de professores favorecendo as crianças indianas, e pelo menos um pai indiano que assassinou a própria filha por se casar com um africano. Quanto a Pierre ser usuário de drogas, eu tinha várias cartas dele e trechos de suas entrevistas nas quais ele professava seu desdém por drogas e álcool, exceto uma cerveja de vez em quando. A pedido dos advogados do governo, eu as li.

Em um anúncio choroso uma semana depois, a diretora do Conselho de Perdão Vicky Palacios anunciou que o conselho se recusou a suspender a execução de Pierre. Como ele foi condenado à morte em 1974, o estado de Utah tinha revogado o antigo estatuto de pena de morte que oferecia ao condenado a escolha entre a forca e o pelotão de fuzilamento. Pierre receberia uma injeção letal.

Quando Dorius entrou na câmara de execução, Pierre não lhe deu atenção. "Eu só o vi falando sozinho e olhando para cima", relembrou Dorius, "e ele estava com um acesso intravenoso colocado no braço. Os braços e as pernas estavam amarrados com força na maca.

"A câmara de execução era uma sala quadrada. Havia uma sala ao longo da parede sul da câmara para a imprensa, e havia uma parede que os separava de outra sala, no lado sul, destinadas aos convidados de Pierre. No lado oeste da sala é o local onde o executor ficava. A gente não conseguia ver lá dentro, mas existia um tipo de espelho falso daquele lado, e percebi que havia tubos saindo daquela área que passavam por um buraquinho e terminavam nos tubos do acesso intravenoso no braço de Pierre. Pelo que me lembro, acho que tinha uns dois ou três desses. No lado leste da câmara de execução não havia nada; apenas uma parede sólida. O lado norte era para todos os oficiais do governo, e a única maneira de nós tomarmos nosso lugar era atravessando a câmara de execução e depois saindo de novo do outro lado. Não tinham me avisado isso, então quando entrei lá não percebi que estava entrando na câmara. Eu comecei aquela conversa de 'Oi, tudo bem, velho amigo' e Gerry ficou com uma expressão muito tensa no rosto, tipo, a gente não devia estar conversando. Aí olhei para a minha esquerda e foi nessa hora que vi Pierre, então logo parei de falar. Apesar de ele estar sentado meio que na diagonal, com a cabeça, pelo que me recordo, virada bem para mim, estava ocupado com suas orações. Não sei se ele percebeu minha presença, porque estava amarrado na maca, e talvez também tivesse uma tira prendendo o pescoço dele. Então só vi Pierre falando, olhando diretamente para o teto lá em cima. Por fim, caminhei até o outro lado, olhei para trás e observei."

Do lado de fora, em um barranco com vista para a prisão, o adversário de Dorius todos esses anos e advogado de Pierre, Gil Athay, estava entre os 150 opositores da pena de morte que seguravam velas acesas em um protesto silencioso. A apenas alguns metros de distância, outras cinquenta pessoas se reuniam a fim de comemorar a execução e zombar dos opositores com gritos e risadas. Antes de Pierre, Athay nunca tivera a pena de morte imposta a um cliente, e ele lutou para revertê-la. Ao longo do percurso, perdera a tentativa de se tornar procurador geral de Utah porque se recusara a fazer concessões em suas crenças, o que fez dele um alvo fácil para seu concorrente. Durante minha pesquisa, encontrei pessoas que disseram que ficariam tão felizes de ver Athay diante do pelotão de fuzilamento quanto ficariam com Pierre.

Treze anos depois, a sentença estava, enfim, sendo cumprida, e Earl Dorius estava no novo galpão da prisão, testemunhando os momentos finais de Pierre. "O diretor recebeu a incumbência de ficar na câmara de execução e perguntar a Pierre quais eram suas últimas palavras. Não ouvi nada disso. Só o vi ir até Pierre e falar com ele um pouco, depois voltar e fazer um aceno ou algum sinal e iniciar o procedimento. Com respeito a Pierre, preciso dizer, acho que ele estava pronto para morrer. Desde o primeiro momento em que o vi, não houve nenhuma indicação de qualquer resistência por parte dele. Ele sabia que aconteceria.

"A única mudança perceptível que vi foi que, primeiro, ele dormiu. Depois, vi o peito dele arfar, acredito que uma vez, como um efeito paralisante, uma reação às drogas. E, depois, novamente foi como se estivesse dormindo. Fora isso, a única maneira que eu tinha de saber que ele estava morto era porque dava para ver pelo reflexo no vidro à minha frente. Percebi que as solas dos pés dele passaram de uma cor rosada para cinzenta. Ao que tudo indica, o protocolo é que um médico verifique os sinais vitais, espere cinco minutos, e verifique de novo, mas ela indicou que não havia nenhum, então tenho certeza de que morreu em questão de segundos, em vez de minutos. Sem dor nenhuma. Na verdade, como o advogado do condado e eu dissemos no carro, no caminho de volta, foi quase clínico. Como se estivessem sedando um paciente com a intenção de prepará-lo para a cirurgia. É a melhor maneira que consigo descrever. É a forma de execução aparentemente mais indolor.

"Depois uma pessoa da imprensa me perguntou o que achei, e tive que confessar que meu foco estava nos pés de Pierre, pelo ângulo que o corpo dele estava. E enquanto estava assistindo à execução, me ocorreu o pensamento, como é que aqueles pezinhos — eles eram muito pequenos, pareciam que talvez fossem tamanho 37 ou 38 — puderam causar tanto estrago. Pensei nos chutes da caneta esferográfica no ouvido de Orren e esse tipo de coisa, foi quase como se estivesse fixado nos pés dele. E aí tinha a parte da transcrição do julgamento que falava daqueles pés subindo escadas, sabe como, o padrão dos passos dele, como se estivesse frenético, correndo para cima e para baixo das escadas e sobre as tábuas do piso superior. Foi assim que Orren meio que sabia onde ele estava e se lembrou da diferença entre os passos de Pierre e os de Andrew. Eu só consegui pensar no padrão dos pés e no estrago que haviam causado."

Três drogas foram injetadas em Pierre para adormecê-lo, paralisar seus pulmões e parar seu coração. Um pouco após a 1h, ele foi declarado morto. Sua execução foi a primeira em Utah desde a morte de Gary Gilmore por pelotão de fuzilamento em janeiro de 1977, uma execução que encerrou uma moratória de dez anos da pena de morte nos Estados Unidos. Entre as execuções de Gilmore e de Pierre, 88 homens foram levados à morte por seus crimes. Pierre foi a 48ª pessoa executada em Utah e o segundo homem negro; o primeiro foi executado em 1926.

A Poboi Enterprises nunca teve o crescimento fenomenal que Pierre imaginou, nem ele alcançou seu objetivo pessoal de ter uma versão menor da mansão da Playboy. Pouco antes de ser executado, deixou todo o seu dinheiro para Andrews, que de repente ficou 29 dólares mais rico. Dos 2.300 presos que agora estavam no corredor da morte nos Estados Unidos, Andrews era o que estava lá por mais tempo.

Concluí o manuscrito de *Vítima* no outono de 1981. Depois de ter passado pela revisão final minha e do meu editor, enviei uma cópia para Byron Naisbitt como cortesia. Alguns dias depois meu telefone tocou e, quando o tirei do gancho, ouvi Cortney chorando do outro lado. *Eu tive que meio que "roubar" o manuscrito das mãos do meu pai porque queria ler e saber o que aconteceu naquela noite e nos quatro meses no hospital antes de eu acordar.* Estava tudo lá, tudo que Byron tentou contar para ele naquele dia, voltando do criadouro de peixes. Mas, até ler o livro que você também acabou de ler, Cortney não sabia quase nada sobre os assassinatos nem sobre seus primeiros quatro meses no hospital. Agora ele tinha lido tudo, e fiquei escutando enquanto ele chorava sobre o que tinha lido. Quando conseguiu falar, disse, "Eu não sabia que minha família me amava tanto".

Quando o livro foi publicado no fim do verão de 1982, Cortney já tinha quase 25 anos. Mas as jovens que ele conhecia através dos grupos e amigos da igreja ainda estavam na adolescência, a maioria delas já noivas ou prometidas para rapazes que estavam viajando em missões da igreja. Uma vez, por insistência de uma enfermeira que trabalhava para seu pai, Cortney foi à casa de uma moça e conversou por duas horas com a mãe dela, sem a moça dizer uma palavra sequer: ela estava sob cuidados psiquiátricos por conta de uma timidez incapacitante. Cortney me ligou um dia, no começo de 1985, para falar sobre algumas de suas experiências. "Pode ser imaginação minha", disse ele, "mas toda vez que conheço uma menina, pergunto o nome dela e falo o meu, consigo vê-la pensando, pensando, e aí eu sei o exato momento em que ela descobre onde já ouviu meu nome antes, e sei que ela está pensando, 'Ah, você é uma espécie de aberração, é o que deveria estar morto'."

Por volta dessa época, Cortney recebeu uma carta de uma moça chamada Nancy, que vivia em Boston. Nancy tinha lido *Vítima* e ficou tão comovida com a história que quis se corresponder com Cortney.

Ela escreveu para Cortney e até o visitou em Ogden, e ele viajou para conhecer a família de Nancy em Boston. Mas a relação terminou logo após isso.

Eu recebi muitas cartas como a de Nancy, algumas de lugares tão distantes quanto Nova Zelândia e Suécia. As cartas eram como pequenas janelas para a mente coletiva do público leitor, um público que todos os escritores sabem que existe, mas apenas como uma vaga ideia que raramente toma forma dentro do minúsculo cubículo onde a maioria deles trabalha. De vez em quando, quando a correspondência chega, a persiana de uma janelinha se abre. A espiada mais reveladora que tive, a que me fez perceber que, enquanto estava sentado sozinho trabalhando em outros projetos, as pessoas estavam lendo e se comovendo com a história, veio através de uma carta de uma mulher de 32 anos que vivia em Seattle. A carta chegou no começo de setembro de 1985. Tentei parafrasear o conteúdo, mas não consegui, então a citarei aqui quase na íntegra:

> Li o seu livro *Vítima*. Li há mais de um ano e tenho pensado muito nele esse tempo todo. Quero te escrever há muito tempo, mas não sei direito o que quero ou o que talvez precise dizer. Vou tentar porque isso é importante para mim. Espero que você entenda caso demore para conseguir colocar isso em palavras.
>
> Imagino que você receba muitas cartas de outras vítimas de crimes desde o lançamento do livro. Eu também sou uma vítima. Não só de crimes cometidos por estranhos, mas por aqueles de quem todo mundo espera e merece receber amor.

O parágrafo seguinte continua uma lista de tanta tortura, abuso e perda, tantos estupros, surras e ossos quebrados, que achei que ela com certeza estava me escrevendo para perguntar se eu estava interessado em contar sua história no meu próximo livro. Mas ela continuou por outro caminho.

> Estou fazendo terapia nos últimos três anos e provavelmente continuarei assim nos anos que virão. Eu entendo a mente de Cortney Naisbitt. Também sou uma pessoa que não é o que deveria ter sido. Conheço a dor, o medo, a perda, os desentendimentos, rejeições,

confusões, o ódio e a raiva. Sei como é alguém — vários alguéns, no caso — querer de verdade que você morra. Sofro de tantas fobias e todas tão extremas que não consigo funcionar na sociedade sem medicação. Conheço os pesadelos e o despertar em pânico que os acompanha. Sonambulismo. Querer sair e aproveitar o dia como a maioria das pessoas e não conseguir. Passar todos os momentos conscientes tentando evitar o suicídio, sempre perguntando a si mesma e a Deus por qual razão você sobreviveu ao insuportável. Sim, eu entendo Cortney Naisbitt. Sei o quanto é quase impossível encontrar um lugar "seguro" e se encaixar, sem nunca conseguir de fato se esquecer das coisas que você se forçou a esquecer no passado, enquanto elas estavam acontecendo.

Cortney é um sobrevivente e, por esse motivo, muitas vezes pensei em escrever para ele e dizer "eu sei". Mas nós vítimas temos dores e problemas demais para consegui sentir alguma coisa por alguém além de nós mesmos. As consequências da violência parecem durar para sempre conosco. Duvido que Cortney consiga se confortar ou até mesmo queira ter notícias de outra vítima. Não tenho certeza de que eu conseguiria fazê-lo se sentir melhor, de qualquer modo.

Acho que é aí que você entra. Você teve o tempo, o cuidado e o esforço de escrever de maneira clara o que ninguém que já foi uma vítima quer ouvir, e que, no entanto, elas precisam ouvir para poderem enfrentar e mudar. O estresse pós-traumático não é uma coisa da qual as pessoas devem se afastar. As vítimas precisam, mais do que qualquer outra coisa, de apoio e de pessoas que se identifiquem com elas e as entendam. Uma vez violado, o corpo de uma pessoa jamais ficará completamente curado. As vítimas perdem uma parte importante de si que não dá para recuperar. Em seu livro, *você* falou por nós, por todos nós, não só por Cortney Naisbitt, e isso significa tudo para mim (por exemplo). Muitas vezes tenho dificuldade de expressar com palavras para a minha terapeuta, meus orientadores e médicos o que estou sentindo, o que está acontecendo dentro da minha cabeça e/ou corpo, mas com seu livro posso abrir em uma página específica e dizer, "Escute isso, porque diz o que estou sentindo". Assim como Cortney, me perco dentro da minha cabeça. A menos que consiga encontrar alguma coisa com a qual identificar meus pensamentos e sentimentos, não consigo expressá-los para obter ajuda. Fico perdida e inacessível.

Por volta da mesma época que comprei e li seu livro no ano passado, também comecei a "despertar" do meu estado traumatizado, e seu livro foi de grande ajuda para mim no relacionamento com outras pessoas, inclusive com minha terapeuta. Esse "despertar" é o inferno à sua própria maneira (meu longo cabelo ruivo caiu, eu fiquei/fico dominada por raiva e dor emocional, os ataques de pânico pioraram terrivelmente etc.), e passei horas relendo partes do seu livro, dizendo a mim mesma que tudo que estava sentindo era apropriado para o que eu tinha passado. Às vezes, ligava para a minha terapeuta e dizia, "Encontrei o que estava querendo dizer! Deixa eu ler isso para você!". E fiz muitas "descobertas" por causa das coisas que você me ajudou a dizer, para que pudesse ser compreendida e acessada.

Gostaria de te agradecer por escrever *Vítima* e contar ao mundo a respeito de quem somos e da nossa importância. Pelo fato de sobrevivermos, o resto do mundo parece ter a opinião de que nós somos milagres de força, mas somos apenas pessoas. Pessoas que se despedaçam em meio à própria sobrevivência. Merecemos ajuda, respeito e sensibilidade com a nossa situação. Precisamos nos sentir seguros, o que só acontece quando somos ouvidos.

Gostaria de agradecer à família Naisbitt também, por se importarem e darem um pouco de luz e vida a partir da sua dor e tristeza. Deve ter sido um dos maiores "trabalhos feitos por amor" dos dias modernos, para dizer o mínimo! E obrigado a Cortney por sobreviver por pessoas como eu.

A carta foi assinada "Kathy".

Quando recebia cartas parecidas, sempre fazia cópias e as enviava a Byron e Cortney. Mandei uma cópia da carta de Kathy para Cortney, e enviei o endereço de Cortney para Kathy. Ela escreveu para Cortney e ele guardou a carta. Aqui estão algumas coisas que ela disse:

Eu tive um problema a minha vida inteira, especialmente três anos e meio atrás, quando entrei na terapia. Não conseguia colocar as coisas — pensamentos, experiências, problemas, diferenças, sentimentos — em palavras. Não sabia como me expressar. Não consigo distinguir sensações e sentimentos normais de anormais. E, por mais que ela tentasse, Jane (minha terapeuta) não conseguia fazer muita coisa. Então comecei a procurar livros que pudessem dizer o que eu precisava e não conseguia...

Foi aí que você, sua família e *Vítima* entraram. Conforme eu lia o livro, percebia que tudo estava diante de mim! Passado e presente! Os pensamentos, o tormento, os medos, o pânico, o choque, a depressão, a perda. Tudo! Outra pessoa soube e colocou aquilo no papel para que eu pudesse ler e me comunicar! Comecei a usar o livro na terapia. Ainda uso. Ligo toda animada para a minha terapeuta e falo, "Ei, Jane! Escuta isso! Estou me sentindo assim de novo, ou me senti desse jeito!". Quer dizer, de que serve a terapia se você não consegue se comunicar? Se você não consegue ou não sabe como dizer o que está acontecendo com você? O meu caso, pelo que já vi e soube dos outros, é relativamente raro, porque não apenas sobrevivi como dei tudo de mim para mudá-lo. Há quatro anos, não existe mais violência na minha vida. Estou em terapia medicamentosa e sofro de muitas fobias, mas consigo falar e me relacionar com as pessoas que querem me ajudar em um mundo que nunca conheci antes. A sua história foi a maior fonte de ajuda que encontrei.

Ela me ajudou de outra forma também. Para mim, é muito difícil (às vezes até impossível) chorar e botar para fora minha dor e minha raiva. Se você consegue encontrar alguma coisa para iniciar o processo, não demora muito até que você consiga relaxar e deixar sair! Eu me peguei relendo algumas partes de *Vítima* que levam ao ponto de ruptura toda a minha dor e a empatia que sinto por você e seu pai. Isso me liberta do confinamento. Eu descongelo. É como drenar um abscesso, suponho.

Sabe, Cortney, três anos atrás, uma das freiras da Catedral St. James aqui em Seattle me falou uma coisa que estabeleci como meta para superar um pouco do ódio que sinto por mim mesma.

Eu estava falando como me sentia inútil como mulher desde a histerectomia. Ela me disse que dar luz a um bebê é apenas *uma* das maneira de *dar vida!* Você de fato me ajudou a entender de maneira muito mais completa o que ela quis dizer. Você e seu pai, sua família toda, me deram vida de uma forma que ninguém mais deu. Você não imagina o que isso significa para mim! Meu caso não é como outros casos de abuso, dos tantos que já vi. No entanto, por causa de você e da sua luta pela sobrevivência, não me sinto mais tão sozinha com tudo isso. Você está aí de verdade e posso segurar o livro nos meus braços, ele é sólido e real. Tenho esperança e estou progredindo porque você e sua família abriram essa parte trágica e emocionalmente agonizante de vocês, e eu pude ouvir e falar também. Cortney, você me deu vida! Eu uso o livro com Jane, com meu orientador da igreja, meus médicos e agora até com meu padre! Você ajudou a me conduzir a uma vida nova e mais saudável através da sua dor e da sua raiva. Esse é o maior presente que se pode dar a alguém. Também é o mais difícil e o mais doloroso. Acho que não existe nenhuma forma de te agradecer o suficiente. Você me ajudou a fazer grandes mudanças...

Ironicamente, é quase uma benção o fato de eu ter descoberto você e a sua família, que, assim como eu, *tiveram* que encarar e lidar com essa violência terrível, sem correr ou tentar se esconder. A sua sobrevivência, Cortney, me dá um tipo especial de esperança também. Obrigada por existir e por ter a coragem, a força, o coração e a alma de estender a mão para pessoas como eu! Serei eternamente grata. Respeito sua nobreza. Estava perdida e apavorada e você me deu voz! Terei sempre amor e gratidão por você. Você é uma prece atendida...

Fique à vontade para escrever ou me ligar a hora que quiser. Por causa das minhas fobias, só saio quando necessário. E eu com certeza sou capaz de entender se você não tiver muita motivação para sentar e tentar colocar seus pensamentos no papel. Também tenho dificuldade com isso. Gostaria de escrever de vez em quando para ver como você está e te avisar que ainda estou aqui, viva e me importando. Mas mande notícias suas (meu telefone está no final desta carta). Por favor, continue cuidando bem de você. Você não está sozinho. Mais uma vez, obrigada. Que Deus abençoe e esteja sempre ao seu lado.

Quando Cortney leu a carta, pensou, *Finalmente, alguém que sabe como me sinto.* Ele ligou para o número de Kathy e eles conversaram por quatro horas e meia. No dia seguinte, se falaram por quase três horas. Pelas próximas seis semanas, os dois conversaram quase todos os dias. Por fim, Cortney, que ainda estava trabalhando na Base Aérea Hill e tinha poucos dias de férias restantes naquele ano, convenceu Kathy a visitá-lo em Ogden. Ao final de uma semana de conversas quase incessantes, o casamento aconteceu em Ogden conduzido por um juiz de paz, no dia 15 de novembro de 1985. Dois anos depois, eles se mudaram para Seattle, onde os dois recebem assistência e Cortney faz aulas de catecismo para sua conversão ao catolicismo. Em 1991, eles se casarão outra vez na Igreja Católica.

Cortney agora já passou mais tempo de vida como vítima dos assassinatos da Hi-Fi do que já havia vivido antes deles. Kathy me disse recentemente, "Cortney continua vendo cada vez mais do mundo, e quanto mais ele vê, mais gosta dele. Cortney está com mais energia do que nunca, está saindo pouco a pouco da sua concha e está pensando além dos assassinatos da Hi-Fi".

Não compareci à execução de Pierre, nem ninguém das três famílias. Esqueci que estava prestes a acontecer até amigos me mandarem recortes de jornal. Não falei com Byron a respeito, embora tenha lhe perguntado recentemente se ele se lembrava de como havia se sentido naquele dia, e ele disse o que achei que diria.

Para mim, foi apenas mais um dia. Meu único pensamento foi, bom, a sentença foi cumprida depois de toda essa embromação.

Ele acha, assim como eu, que o dilema moral não deve ser sobre a pena de morte, e sim sobre a ênfase dada ao bem-estar do assassino às custas da vítima. Seus comentários recentes reproduzem seus sentimentos de mais de dez anos atrás, quando disse as palavras que se tornaram o final do epílogo. Seus sentimentos não mudaram, nem as leis de Utah.

Vamos dar uma declaração, se quiser fazer isso. Nós falamos de justiça. A única coisa que consigo ver que seria justiça é se houvesse alguma maneira de cuidarem de Cortney, mesmo que fosse com o mesmo nível de cuidados que estão tendo com esse cara na cadeia. Gastaram milhões de dólares nos julgamentos, apelações e essas coisas todas. Mas ninguém se importa com o que acontece com a vítima. Ninguém pensou em Cortney. Os direitos dele nunca foram discutidos, os problemas dele nunca foram discutidos do ponto de vista do governo. As pessoas, no geral, querem saber como ele está, mas estou falando das pessoas que realmente podem ajudar em algo. Eu fico me perguntando o que acontece com as vítimas de crimes violentos que não têm condições de cuidarem de si mesmas. E ele não tem. Decidi que ele está provavelmente um pouco mais danificado do que eu pensava. Pelo menos, diante das circunstâncias, está limitado. Se pusessem 25 centavos de cada dólar em um fundo e o deixassem viver de juros e depois pusessem o dinheiro de volta em um fundo geral, isso talvez fosse uma espécie de justiça para uma pessoa que é totalmente inocente em tudo isso. E eles gastam essa grana toda tentando provar sabe-se lá o que nesses tribunais, e ninguém deu a mínima para o que aconteceu com as vítimas. Se você quer uma declaração, então é assim que me sinto sobre a justiça, garantir que a vítima de um crime violento receba pelo menos um pouco de cuidado. Eu não sei qual é a importância desses negócios todos de recursos, não mudou uma única vírgula desse caso todo. Só fica indo de um lado para o outro. Não sei quantos juízes já viram isso agora. Da última vez eram 48; isso foi quando aquele fulano lá recebeu a injeção, e teve mais um bocado desde então. E aí, veja bem, supondo que a sentença dele seja comutada e ele passe a vida na cadeia, esse outro cara está com comida, abrigo, roupas e cuidados médicos garantidos pelo resto da vida. Nada está garantido para Cortney. Nada.

Pelo que sei, custa cerca de 35 ou 40 mil dólares por ano para manter alguém em segurança máxima. E agora ele está lá há dezesseis, dezessete anos (risos), isso é loucura, além dessa bobajada toda, ah não. Essa é a única coisa que me incomoda. Não é a sentença, por mim podem soltá-lo. Vou te falar o que eu fiz, liguei para o procurador geral, ou sabe-se lá que diabo é o nome deles lá, e falei, "Escuta, quero fazer um acordo com você. Você solta esse cara, põe ele de volta na rua, e então pague a Cortney o valor que pagaria para manter esse cara na cadeia pelo resto da vida de Cort, uma vida que vai ser mais curta ainda por cima. Você ainda vai economizar um bom dinheiro". Ele achou que eu era doido. "Ué, a gente não pode soltá-lo." Pensei que não ia perder nada fazendo isso. Sabia que só iriam rir. Mas pensei que pudesse fazer alguém começar a pensar. Faria isso com prazer. Nossa, se eles fizessem isso, eu aceitaria na mesma hora. Solta o otário e paga para Cortney pelo resto da vida. Estou falando de Andrews. Eu faria isso até com Pierre. Faria porque estou mesmo preocupado. Eu adoraria ter feito esse acordo. Bota esse filho da mãe na rua. Eles estão dispostos a gastar milhões de dólares nessa merda toda, mas não querem gastar nada para cuidar das pessoas que foram lesadas.

Sei lá. Não há dúvida de que isso mudou a minha vida, caramba. Mas eu ficaria muito confortável se soubesse que cuidariam dele sem que isso fosse um estresse para Cortney. Eu queria que se importassem tanto com meu filho quanto se importam com aquele cara na prisão.

Um escritor de não ficção, de histórias que mergulham nas emoções humanas, enfrenta um dilema constante: precisa buscar a verdade, mas a fonte dessa verdade precisa sofrer de novo nesse processo; o escritor precisa forçar a passagem pela dor. A fim de extrair a experiência e torná-la real, precisa fazer as pessoas sofrerem, e, enquanto isso precisa dizer a si mesmo que o que está fazendo é necessário para chegar à verdade, e que se a verdade for libertada, a dor é justificada. Mas existem momentos em que a própria verdade parece trivial perto da dor que você imagina que está causando.

Conheci Byron Naisbitt em maio de 1975. Naquela noite, durante uma hora de intenso interrogatório feito por seu cunhado Lynn Richardson e seu sobrinho Brett Richardson, Byron apenas escutou. Disse aos três que desejava escrever um livro sobre o que havia acontecido, que para fazer isso precisava escrever sobre Pierre e esperava que eles entendessem, mas eu estava lá para tentar convencer a família a falar comigo, me contar o lado da vítima do crime — porque até onde eu sabia ninguém nunca tinha retratado isso em um livro. Queria saber, se eles pudessem me contar, como lidaram com essa tragédia em suas vidas. Ao final daquela hora, Byron andou até a frente da sala e, em silêncio, apertou minha mão. Ele me deu dois telefones, do consultório e de casa, e em seguida me disse: "Contanto que Cort concorde, se você acha que ouvir essa história vai ajudar alguém lá frente, eu aceito".

Mesmo depois de tanto tempo, só agora estou começando a entender esse compromisso.

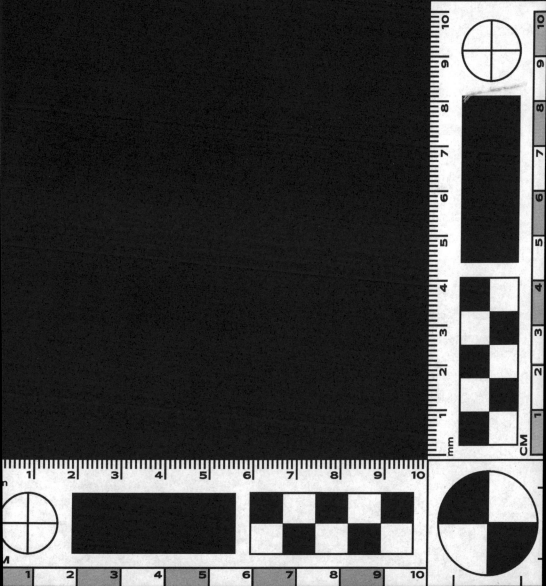

Os personagens cujos nomes aparecem neste livro já receberam os devidos agradecimentos, mas eu gostaria de agradecer-lhes outra vez. O valor do tempo e do consentimento dessas pessoas para explorar um evento de suas vidas por vezes doloroso de relembrar é imensurável. Além disso, gostaria de agradecer aos médicos, enfermeiros, paramédicos, professores, policiais, cidadãos de Trinidad e Tobago, amigos e vizinhos da família Naisbitt, cujos nomes não aparecem no livro, mas cujas contribuições foram essenciais para a minha compreensão da história. Um agradecimento especial ao Chefe Adjunto de Polícia Dave Reed e à enfermeira Bonnie Judkins.

Aproveito a oportunidade para agradecer pessoalmente e de forma pública a meus agentes Arthur e Richard Pine por contratarem um escritor novo em seu primeiro livro e, também, por me incentivarem durante os anos em que havia poucas coisas encorajadoras; meu editor Morgan Entrekin, cujo entusiasmo, sensibilidade e integridade são o que todo escritor sonha em encontrar em um editor; meus amigos Jim e Shera Arango e suas filhas Melinda, Valerie, Lisa e Samantha que, durante minhas frequentes viagens de pesquisa a Ogden, ofereceram-me um lar caloroso longe de casa; Becky Dittmer e Chris Jensen, não só por digitarem inúmeras páginas de transcrições e manuscritos, mas também por seu espírito de cooperação; Becky Valasek, que leu o manuscrito original e deu dicas para melhorá-lo; Patrick Chooko-lingo, proprietário e editor do jornal *The Bomb* de Trinidad e Tobago, por seu apoio e por me disponibilizar James Ramlogan, um repórter completo e ótima companhia, cuja esperteza foi de valor inestimável para o meu trabalho nas Índias Ocidentais; Irving e Sylvia Wallace por seu interesse genuíno em novos escritores e por me apresentarem aos Pine; Peter Schwed por segurar minha cabeça acima da água enquanto eu aprendia a nadar melhor; Gil Athay e Robert Van Sciver por deixarem um forasteiro acompanhá-los; Earl Dorius e Craig Barlow, do gabinete do procurador-geral de Utah, por suas explicações pacientes e pronta disponibilidade; Geoff Irvin da *Blue Cross-Blue Shield*, que me ajudou a compilar as despesas médicas; Fred Montmorency, um cidadão privado que me ofereceu sua pesquisa sobre o custo do julgamento do assassinato Hi-Fi; Tony Bair, por sua cooperação ao organizar visitas às prisões; à família Ernest Evans por sua fé e apoio; e a Randy, meu irmão e amigo, que foi tão incentivador e esperançoso como se o livro fosse seu.

Por último, gostaria de agradecer a minha mulher, Alison, que nunca me viu sem que eu estivesse trabalhando neste livro, com o qual me compartilhou durante sete anos. Sem seu amor, compreensão e sacrifício, esta obra nunca teria sido concluída. Agora podemos continuar nossa vida juntos.

AGRADECIMENTOS

GARY KINDER é autor best-seller do *New York Times*, advogado e empresário. Além de escrever livros, Kinder ensina escrita jurídica a advogados e juízes e, em 2012, fundou a empresa de software "WordRake", que foi pioneira no desenvolvimento de um programa de edição automatizado. Ele dedicou sete anos de sua carreira para a pesquisa e escrita da obra *Vítima*.

CRIME SCENE®
DARKSIDE

"Se para tudo há término e há compasso
E última vez e nunca mais e olvido,
Quem nos dirá de quem, em nosso espaço,
Sem sabê-lo, nos temos despedido?"

— **JORGE LUIS BORGES** —

DARKSIDEBOOKS.COM